Jan Schönfelder / Rainer Erices
Willy Brandt in Erfurt

Jan Schönfelder / Rainer Erices

Willy Brandt in Erfurt

Das erste deutsch-deutsche
Gipfeltreffen 1970

Ch. Links Verlag, Berlin

Die Deutsche Nationalbibliothek verzeichnet diese Publikation
in der Deutschen Nationalbibliografie;
detaillierte bibliografische Daten sind im Internet über
http://dnb.d-nb.de abrufbar.

1. Auflage, März 2010
© Christoph Links Verlag GmbH
Schönhauser Allee 36, 10435 Berlin, Tel.: (030) 44 02 32-0
www.christoph-links-verlag.de; mail@christoph-links-verlag.de
Umschlaggestaltung: KahaneDesign, Berlin,
unter Verwendung eines Fotos, das Willy Brandt
am 19. März 1970 am Fenster des »Erfurter Hofes« zeigt
(Ullstein-Bilderdienst, Berlin)
Satz: Bild1Druck GmbH, Berlin
Druck und Bindung: Druckerei F. Pustet, Regensburg

ISBN 978-3-86153-568-3

Inhalt

2. Teil: »Willy Brandt ans Fenster!«

Anhang

Vorwort

»Die Historie kennt viele Begegnungen von dramatischer Dimension, aber keine war von solcher Eigenart wie diese.«[1] Mit solch bedeutungsschweren Worten kündigte Marion Gräfin Dönhoff im März 1970 das erste deutsch-deutsche Gipfeltreffen in der »Zeit« an. Und sie sollte recht behalten. Nichts außer ihrer Sprache würde die beiden Deutschen Willy Brandt und Willi Stoph miteinander verbinden. »Ihr Gesellschaftssystem, ihre Lebensvorstellungen, ihr Rechtsempfinden, ihre Prioritäten, ihre Träume sind verschieden.«

Zum ersten Mal sollte ein frei gewählter westdeutscher Bundeskanzler offiziell zu Gesprächen mit einem kommunistischen Regierungschef in die DDR reisen. So etwas war bisher undenkbar gewesen. Deutschland war seit über zwei Jahrzehnten geteilt. Die Wirklichkeit des Kalten Krieges hatte beide Teile voneinander entfremdet. Die Realität am Ende der 60er Jahre war ernüchternd: Zwischen der Bundesrepublik und der DDR lag eine der am schärfsten bewachten Grenzen der Erde. Die größte deutsche Metropole, Berlin, war geprägt durch eine trennende Mauer. Bundesrepublik und DDR waren fest in sich gegenüberstehende Systeme eingebunden: politisch, militärisch und wirtschaftlich. Die Deutschen hatten sich auseinandergelebt. Die ostdeutsche SED-Führung sah inzwischen keine gemeinsame Nation mehr und beharrte auf der völkerrechtlichen Anerkennung durch die Bundesrepublik. Gerade für Bonn wollte Ost-Berlin Ausland sein.

Und nun sollte Bundeskanzler Willy Brandt nach Erfurt kommen. Der mächtigste Politiker Westdeutschlands auf dem Boden der DDR. Was würden sein Besuch und seine Gespräche mit DDR-Ministerpräsident Willi Stoph bringen? Das geteilte Deutschland stand vor einem Ereignis, das vieles verändern könnte. Vor allem das Verhältnis der Deutschen zueinander.

Den Weg zum ersten deutschen Gipfel hatten die Bundesbürger geebnet. Durch ihre Wahlentscheidung waren die Sozialdemokraten – gemeinsam mit den Liberalen – im Oktober 1969 erstmals an die Macht gekommen. Willy Brandt wurde Kanzler. In Bonn änderten sich die Verhältnisse grundlegend. Brandt wollte das Verhältnis zu den östlichen Nachbarn, vor allem zur DDR, verbessern. In den deutsch-deutschen Beziehungen sollte eine neue Ära beginnen. In seiner Regierungserklärung forderte er: »Unser Land braucht die Abstimmung mit dem Westen und die Verständigung mit dem Osten. 20 Jahre nach Gründung der BRD und der DDR müssen wir ein weiteres Auseinanderleben der deutschen Nation verhindern, also versuchen, über ein geregeltes Nebeneinander zu einem Miteinander zu kommen.«[2]

Die neue Ostpolitik kam nicht überraschend.[3] Schon in der Zeit der Großen Koalition zwischen 1966 und 1969 hatte es Signale einer Wende gegeben, die aber nicht vollzogen wurde. Gleichzeitig hatten die Liberalen in der Deutschlandpolitik seit langem ein eigenes Profil entwickelt.[4] Die Sozialdemokraten waren nun zu der Einschätzung gekommen, dass die völkerrechtliche Anerkennung der DDR in der Welt nicht mehr zu verhindern sei. Überdies lief die Bundesrepublik Gefahr, sich selbst international zu isolieren. Als erster Bundeskanzler erklärte Brandt, dass die DDR ein Staat sei. Er brach damit endgültig mit der Hallstein-Doktrin von 1955, die besagte, dass die Bundesregierung die einzig demokratisch gewählte Vertretung des deutschen Volkes sei. Dies war mit der Drohung verbunden, zu jedem Land die diplomatischen Beziehungen abzubrechen, das die DDR anerkenne. Brandts Formel lautete nun: »Auch wenn zwei Staaten in Deutschland existieren, sind sie doch füreinander nicht Ausland; ihre Beziehungen zueinander können nur von besonderer Art sein.«[5] Damit gab der neue Kanzler den bundesdeutschen Alleinvertretungsanspruch auf, ohne die DDR vollständig anzuerkennen.

Für die DDR war die neue Bonner Politik eine Herausforderung. Seit 1949 hatte die SED-Führung ein klares Feindbild gepflegt. Die bundesdeutschen Kanzler der CDU waren für sie stets Revanchisten und damit Feinde der DDR. Wie sollten die Ost-Berliner Machthaber nun mit dem Sozialdemokraten im Kanzleramt umgehen, der auf Dialog statt auf Konfrontation setzte?

10

Das Treffen von Erfurt hat in der Folge die Machtverhältnisse verändert. Denn der Umgang mit der Brandt'schen Ostpolitik war innerhalb der SED-Spitze umstritten und wurde für Machtkämpfe instrumentalisiert. Es gab Flügelkämpfe, die – wie in der DDR üblich – der Öffentlichkeit verborgen blieben. Der langjährige SED-Chef Walter Ulbricht und der aufsteigende Erich Honecker vertraten unterschiedliche Positionen. Wollte Ulbricht das Verhältnis zur Bundesrepublik entspannen, während Honecker bremste?

Der Weg nach Erfurt war für beide Seiten – West und Ost – ein schwieriger. Nachdem Brandt und Stoph ihre grundsätzliche Bereitschaft für baldige Gespräche erklärt hatten, trafen sich ihre Unterhändler. Den beteiligten Politikern und Diplomaten verblieben nur wenige Wochen, um das Treffen beider Regierungschefs vorzubereiten. Immer wieder verfingen sie sich in Konflikten, die der deutsch-deutschen Annäherung hinderlich waren. Die Vorgespräche glichen einem Pokerspiel. Es ging um alles oder nichts. Der Gipfel drohte zu platzen. Wo sollte das Treffen stattfinden, wie sollten die Regierungschefs anreisen, wer durfte teilnehmen, was sollte die Öffentlichkeit erfahren? Alles Fragen, die bis ins Detail geklärt sein mussten, bevor jener »Tag von Erfurt« stattfinden konnte. Es war die Pionierzeit der deutsch-deutschen Beziehungen. Die eiligen Verhandlungen der Unterhändler zeigen, wie zäh und – aus heutiger Sicht – nahezu kurios die Deutschen miteinander rangen.

Das vorliegende Buch beschreibt im ersten Teil den langen und schwierigen Weg nach Erfurt. Es schildert die aufreibenden Vorgespräche und rekonstruiert, wie es den Unterhändlern gelang, einen Kompromiss zu finden, damit das erste Gipfeltreffen überhaupt stattfinden konnte. Beschrieben werden die Motivationen beider Seiten für eine Annäherung und der mögliche politische Spielraum dafür. Es wird erläutert, warum das Treffen ausgerechnet in Erfurt stattfand. Wie konnte sich die thüringische Stadt gegen Berlin, Wien oder Helsinki durchsetzen und damit für einen Tag zur »heimlichen Hauptstadt deutscher Nation«[6] werden? Wer fällte diese Entscheidung? Welche Rolle spielten Geheimdienste oder die Sowjetunion? Das Buch beschreibt die »Kanäle«, über die Einfluss auf die innerdeutsche Entwicklung genommen wurde. Es zeigt, welche guten Drähte die sowjetische Führung in

Moskau sowohl nach Ost-Berlin als auch nach Bonn hatte. Auch die inoffiziellen »Briefträger« zwischen beiden deutschen Hauptstädten, die Informationen austauschten oder Signale sendeten, werden beschrieben. Nur eine Nebenrolle spielen in dieser Darstellung die parteipolitischen Debatten in der Bundesrepublik. Ein überzeugendes Alternativkonzept zu Brandts Marschroute gab es nicht, da die oppositionellen Unionsparteien innerlich zerstritten waren.

Der Ablauf des Erfurter Treffens wird im zweiten Teil des Buches weitgehend lückenlos dargestellt. Es werden die offiziellen Gespräche zwischen Brandt und Stoph geschildert und der Besuch des Bundeskanzlers in der KZ-Gedenkstätte Buchenwald, wo wohl das einzige Mal aus einem staatlichen Anlass das »Deutschlandlied« in der DDR erklang. Eine paradoxe Folge des ostdeutschen Prestigedrangs. Auch die bundesdeutsche Seite versuchte, die deutsch-deutsche Politik jenseits der politischen Gespräche zu inszenieren. Auch ihr ging es um symbolische Politik. Mit welchen Gesten und Worten wollte sie – im Gegensatz zur DDR-Führung – das Publikum in Ost und West erreichen?

Das Buch blickt hinter die Kulissen und setzt sich mit den Persönlichkeiten auseinander, die rund um das Erfurter Treffen eine wesentliche Rolle spielten. Neben Brandt und Stoph werden die beiden Chefunterhändler Ulrich Sahm und Gerhard Schüßler charakterisiert und ihre wichtigen Rollen beschrieben. Daneben tauchen Namen auf, die möglicherweise in diesem Zusammenhang überraschen, etwa der später enttarnte Kanzlerspitzel der DDR-Staatssicherheit, Günter Guillaume, oder die durch die »Kiesinger-Ohrfeige« berühmt gewordene Beate Klarsfeld. Außerdem widerlegt das Buch einige Legenden rund um den ersten deutsch-deutschen Gipfel, etwa jener des einstigen Auslandschefs der Staatssicherheit, Markus Wolf, der nach dem Zusammenbruch der DDR schrieb, dass die Erfurter beiden Regierungschefs zugejubelt hätten, als diese sich gemeinsam auf dem Balkon des Tagungshotels gezeigt hätten.[7]

Dass dieses Buch in der vorliegenden Form geschrieben werden konnte, verdankt sich nicht zuletzt den heute zugänglichen vielfältigen Quellen. Am 14. März 1970, knapp eine Woche vor dem historischen Erfurter Treffen, hat Dettmar Cramer in der »Frankfurter Allgemeinen Zeitung« geschrieben: »Es wird wohl noch geraume Zeit vergehen, bis man einen ziemlich zuverlässigen Überblick über die Hintergründe und den Verlauf der einzelnen Phasen bei der Einleitung und Vorbereitung des von Stoph am 11. Februar in seinem Brief an Brandt vorgeschlagenen Treffens der beiden Regierungschefs haben wird.«[8]

Cramer sollte recht behalten. Zwar wurden unmittelbar nach dem Treffen zunächst die wichtigsten offiziellen Dokumente publiziert. So druckten bundesdeutsche Zeitungen die Statements von Willi Stoph und Willy Brandt vollständig ab. Auch in der DDR wurden die Reden des Ministerpräsidenten und des Bundeskanzlers veröffentlicht. Außerdem erschienen in der Bundesrepublik noch im selben Jahr ausführliche Dokumentationen, die alle in Ost und West öffentlich verfügbaren Papiere zum Erfurter Treffen zusammenfassten.[9] Die DDR beschränkte sich dagegen nur auf Papiere der eigenen Regierung.[10] Aber interne Akten blieben sowohl in West als auch in Ost noch über Jahrzehnte unter Verschluss. Die ersten historischen Untersuchungen des Gipfeltreffens stützten sich folglich im Wesentlichen auf Gespräche mit Beteiligten und zeitgenössische Presseveröffentlichungen.[11] Erst mit dem Ende der DDR erweiterte sich schlagartig die Quellenbasis – allerdings einseitig: Die Archive der Staats- und Parteiorgane der DDR wurden zugänglich. Sperrfristen gab es nicht. Die Akten aus den Beständen der Regierung und der SED beschreiben nicht nur die Vorbereitungen in der DDR, sondern zeigen auch, dass die von der DDR gegenüber der Bundesrepublik stets beanspruchte und herausgestellte Souveränität nicht einmal gegenüber dem sowjetischen Bündnispartner existierte. Die DDR war ein sowjetischer Satellit, dessen offenkundiger Mangel an Legitimität die SED-Führung zu besonderer Willfährigkeit verdammte.

Die von der Forschung zunächst beklagte archivarische Asymmetrie, die durch die einseitige Öffnung der DDR-Archive entstanden war, ist inzwischen beendet. Nach dem Ablauf der Sperrfristen sind nun auch die bundesdeutschen Akten zum Erfurter Treffen zugänglich. Akten aus dem Kanzleramt oder dem Auswärtigen Amt konnten jetzt als Gegenüberlieferung zu den DDR-Beständen ausgewertet werden. Wichtige und exemplarische Papiere der Bundesregierung zur Deutschlandpolitik wurden außerdem teilweise ausführlich ediert.[12] Lediglich die Kabinettsprotokolle des Jahres 1970 und die russischen Akten sind noch nicht veröffentlicht beziehungsweise zugänglich.

Alle erreichbaren Dokumente zeichnen ein in sich stimmiges Bild, auch wenn sie aus völlig unterschiedlichen Perspektiven ein und dasselbe Ereignis beschreiben. Manchmal unterscheiden sich die Protokolle sogar nur in Nuancen und zeigen zumindest ein gewisses deutsch-deutsches Verständnis.

Zu diesen offiziellen Dokumenten geben Papiere aus den Nach- und Vorlässen von Willy Brandt, Egon Bahr, Ulrich Sahm oder Otto Winzer weiteren Aufschluss über das Treffen. Auch sie wurden teilweise ediert.[13]

Neben den offiziellen und internen Dokumenten gibt es eine Unmenge von Presseveröfflichungen zum Treffen.[14] Die Mehrzahl der Berichte, Interviews und Kommentare erschien in der Bundesrepublik. Dort wurden neben dem Treffen auch die Vorgespräche analysiert und kommentiert. Die Zeitungsartikel sind deshalb bestens geeignet, um in die Atmosphäre des Treffens einzutauchen. Sie zeigen, wie sich die Stimmung besonders der beteiligten Politiker vor, während und nach dem »Tag von Erfurt« veränderte. Im Gegensatz zu den nüchternen Protokollen und diplomatischen Floskeln in den offiziellen Berichten veranschaulichen sie in ihrer Subjektivität die Spannungen, die mit dem ersten deutschen Gipfel verbunden waren. Das gilt insbesondere für die Beschreibungen von Willy Brandt. Die Schilderungen der Reporter lassen erahnen, in welcher Gemütslage der Bundeskanzler damals in den Osten fuhr.

Ganz anders die Presseberichte in der DDR. In den Zeitungen erschienen hier im Vorfeld des Gipfels nur einige wenig informative Pressemitteilungen. Über die Verhandlungspositionen, den Verhandlungsstand oder die Stimmung während der Vorgespräche gaben sie kaum Auskunft. Trotzdem sind sie eine wichtige Quelle. Aus ihnen spricht die offizielle Position der DDR-Seite. Für westliche Journalisten und Beobachter boten die DDR-Veröffentlichungen Raum zur eigenen Auslegung. Welchen Ton schlug die Ostseite an? Auf welche Aspekte legte sie Wert?

In den vier Jahrzehnten nach dem Erfurter Treffen haben sich immer wieder Historiker mehr oder weniger intensiv mit der Begegnung von Willi Stoph und Willy Brandt befasst. Der ostdeutsche Geschichtsforscher Detlef Nakath äußerte sich wiederholt zu den deutsch-deutschen Beziehungen und zum Erfurter Treffen. In seinen »Deutschdeutschen Grundlagen« stützt er sich im Wesentlichen auf Staats- und Parteiakten der DDR.[15] Im Gegensatz dazu basiert die Überblicksdarstellung des westdeutschen Historikers Heinrich Potthoff zur Deutschlandpolitik vor allem auf westdeutschen Akten.[16] Auch außerhalb Deutschlands interessierten sich Wissenschaftler für das Erfurter Treffen und die Begleitumstände. Anfang der 90er Jahre legte der britische Historiker Timothy Garton Ash eine kritische Bilanz der deutschen, besonders der sozialdemokratischen, Ostpolitik vor.[17] Ashs Forschungen basierten sowohl auf Zeitzeugengesprächen als auch auf Archivfunden. Allerdings waren damals noch nicht alle Archive zugänglich, so dass Ash einige wichtige Bestände verschlossen blieben. Später legte die US-Amerikanerin Mary Elise Sarotte die Studie »A Small Town in (East) Germany« vor.[18]

Zuletzt erschien 2007 ein Aufsatzband, der sich mit dem Erfurter Treffen beschäftigte.[19] Anlass war die Sanierung des einstigen Hotels »Erfurter Hof«, in dem das Treffen stattgefunden hatte. Der Band versammelt Aufsätze, die sich mit der Hotelgeschichte und auch mit dem 19. März 1970 befassen. Unter anderem wurden die internationalen Auswirkungen des Treffens, die internen Vorbereitungen sowie der Ablauf des Treffens und das deutsche Presseecho untersucht.[20] Trotz der verschiedenen Schwerpunkte bietet der Sammelband auch nur Ausschnitte.

Ergänzt werden die Dokumente und Forschungen durch zahlreiche Memoiren. In den Erinnerungsbänden wird deutlich, welch große Bedeutung das Treffen für die Beteiligten besaß. Vor allem Mitglieder der westdeutschen Delegation äußerten sich ausführlich über das Treffen. Offenbar war selbst für die routiniertesten Politiker und Diplomaten die eintägige Reise in den anderen Teil Deutschlands ein aufwühlendes Erlebnis. Viel zitiert werden vor allem die »Erinnerungen« von Willy Brandt, für den der Besuch in Erfurt noch rund 20 Jahre später ein unvergessliches und zentrales Erlebnis war.[21] Ähnlich beeindruckt waren auch der FDP-Politiker Wolfram Dorn, der den Bundeskanzler nach Erfurt begleitete,[22] und Kurt Plück, der für einige Zeit nach dem Krieg in Erfurt gelebt hatte und später im Bundespresseamt arbeitete.[23] Auch Ulrich Sahm, der als Unterhändler das Treffen entscheidend vorbereitet hatte, befasste sich in seinen Memoiren ausführlich mit Erfurt. In »Diplomaten taugen nichts« schilderte er detailliert die schwierigen Vorgespräche.[24] Der überaus korrekte Diplomat gewährte darüber hinaus einen persönlichen Blick hinter die Kulissen und dokumentierte die menschliche Seite dieser deutsch-deutschen Tastversuche. Ein anderer Mitarbeiter des Bundespresseamtes, Franjo Schmitt, berichtet in seinen »Randbemerkungen« ebenfalls über die schwierigen Vorbereitungen.[25] Der Mann im Hintergrund, Egon Bahr, legte zwar ausführliche Erinnerungen vor, ging darin aber kaum auf das Erfurter Treffen und dessen Hintergründe ein.[26] Für ihn standen die Verhandlungen in Moskau im Vordergrund.

Der Chef der ostdeutschen Delegation dagegen hinterließ keine Erinnerungen zum Treffen. Willi Stoph starb 1999, gänzlich ohne öffentlich Zeugnis abzulegen. Dafür schrieb der frühere Leiter der »Abteilung BRD« im DDR-Außenministerium, Karl Seidel, nach 1990 ausführlich über die Hintergründe des Treffens.[27] Auch der ehemalige DDR-Unterhändler Hermann von Berg äußerte sich in seinen Erinnerungen detailliert über die »dramatische« Begegnung.[28] Der spätere Renegat lieferte im Gegensatz zu Seidel Episoden.

Unvergesslich war die deutsch-deutsche Begegnung offensichtlich auch für die westdeutschen Journalisten, die mit Brandt nach Erfurt gekommen waren. Sie berichteten nicht nur in ihren Zeitungen, Magazinen oder Sendungen ausführlich über das Treffen, sondern erinnerten sich auch noch mitunter nach Jahrzehnten fast minutiös an das Treffen.[29]

Die meisten schriftlichen Erinnerungen der Zeitzeugen liegen bereits seit Jahren vor. In ihrer Gesamtheit sind sie in der Forschung noch nicht beachtet worden. Sie alle haben gemeinsam, dass sie aus der »Ex-post-Perspektive« geschrieben sind. Manches wird dadurch verklärt, lässt sich aber über die inzwischen zugänglichen Akten korrigieren. Zusammen ermöglichen all diese Überlieferungen nun erstmals eine detaillierte Rekonstruktion der historischen Reise Willy Brandts nach Erfurt.

1. Teil:

Der schwierige Weg nach Erfurt

Kontaktversuche

Am 28. September 1969 wählten die Westdeutschen ein neues Parlament. Nach 20 Jahren CDU-Herrschaft stellte die Sozialdemokratische Partei Deutschlands erstmals den Bundeskanzler, die politischen Machtverhältnisse änderten sich grundlegend. Mit knapper parlamentarischer Mehrheit konnten SPD und FDP im Oktober eine Regierung bilden. Willy Brandt wurde der vierte Kanzler der Bundesrepublik.

Im linksliberalen Lager herrschte Aufbruchstimmung, auch was die Frage der innerdeutschen Beziehungen anging. Spätestens seit Mitte der 60er Jahre hatte in der Bundesrepublik ein Umdenken hinsichtlich der deutsch-deutschen Beziehungen eingesetzt: Entspannung statt Kalter Krieg. Zusammenarbeit, wo sie sinnvoll oder nützlich erscheint. Vor allem Sozialdemokraten plädierten für diesen neuen Weg. Sie gingen von einem nicht mehr zu ignorierenden und langfristigen Nebeneinander beider deutschen Staaten aus. Ihr Ziel blieb es, trotz des Gedankens einer Zweistaatlichkeit, die nationale Einheit zu wahren. Eine staatliche Einheit rückte somit in weite Ferne. So war es nicht verwunderlich, dass die SPD sofort nach der Regierungsbildung den Dialog mit dem Osten suchte, vor allem mit der Sowjetunion, Polen, der ČSSR und der DDR. In ihre Bemühungen mischten sich Realitätssinn und Hoffnungen: Der kommunistische Gegner kann nicht besiegt werden, also muss ein Arrangement gefunden werden.

Für die deutsch-deutschen Beziehungen begann somit eine neue Ära. Allerdings blieben zwischen beiden Seiten weiter deutliche Differenzen. Die Bundesregierung wollte lediglich die Existenz der beiden deutschen Staaten respektieren. Die Beziehungen zur DDR sollten weiter einen Sonderstatus behalten, das hieß unter anderem, dass Ostdeutschland kein Ausland darstellte. Die DDR dagegen wollte die Spaltung Deutschlands als gegeben darstellen und zementieren. Sie strebte die völkerrechtliche Anerkennung als selbständiger Staat an und betrachtete die Bundesrepublik als Ausland. Gleichzeitig wollte die DDR die Zusammenarbeit mit dem Westen stärken. Darüber hoffte sie, ihr politisches Renommee in der Welt zu steigern und letztlich den eigenen Staat zu stabilisieren.

Geheimdiplomatie

Eine herausragende Rolle in den sich anbahnenden Kontakten zwischen der Bundesrepublik und der DDR spielte Egon Bahr. Als langjähriger Weggefährte genoss er das besondere Vertrauen des neuen Bundeskanzlers Willy Brandt. Ost- und Deutschlandpolitik war »seit langem« Bahrs »Feld unaufhörlichen beruflichen Nachdenkens«, so Arnulf Baring.[1] »Sie war seine Lebensaufgabe, sein Hobby, eine Leidenschaft.« Bei Bahr sei sowohl ein emotionaler als auch ein rationaler Nationalismus zu finden gewesen. Als frisch gekürter Staatssekretär im Bonner Bundeskanzleramt war Bahr »Kopf und Herz« der neuen Ostpolitik. Bahr, der bereits 1963 die Formel »Wandel durch Annäherung« geprägt hatte, strebte zusammen mit Brandt die Aussöhnung mit den osteuropäischen Staaten an.

Bezogen auf die deutsch-deutsche Entwicklung war ihm klar, dass mit der DDR nur dann erfolgreich verhandelt werden konnte, wenn die Sowjetunion damit einverstanden war, also zuvor mit ihr Gespräche geführt wurden.[2] Chefdenker Bahr wusste, dass in den deutsch-sowjetischen Verhandlungen die deutsch-deutschen Beziehungen eine wichtige Rolle spielten. Also machte er sich das besondere Dreiecksverhältnis Moskau – Ost-Berlin – Bonn zunutze. Seinen eigenen Angaben zufolge begann Bahr im Jahr 1969 zunächst inoffizielle, diskrete Verbindungen in den Osten aufzubauen.[3] Die Sowjetunion zeigte sich gesprächsbereit. Im Januar 1970 folgten offizielle Gespräche in Moskau über einen gegenseitigen Gewaltverzicht.

Die neue Regierung nutzte jeden zur Verfügung stehenden Kanal, um im Osten zu sondieren und Signale an die DDR-Führung zu schicken. Dabei konnte Bahr auf schon bestehende Kontakte zurückgreifen. Bereits vor dem Regierungswechsel habe ein Mitarbeiter des DDR-Ministerratsvorsitzenden Willi Stoph Kontakt mit Bonn aufgenommen, schrieb Bahr rückblickend.[4] Der Mitarbeiter war Hermann von Berg, ein Vertrauter Stophs. Berg hatte außerdem Verbindungen zum Ministerium für Staatssicherheit (MfS). Kein Wunder, dass sein Wirken und seine Auftraggeber in der Bundesrepublik nie ganz klar wurden. DDR-Spionagechef Markus Wolf schätzte Hermann von Bergs »unkonventionelle Art, seine Schlagfertigkeit und Ironie«, die ihn zu einem beliebten Gesprächspartner von bundesdeutschen Politikern und Journalisten gemacht hätten.[5] Als »Verbindungsmann zur SPD-Spitze« sei Berg deshalb auch an das Ministerium für Staatssicherheit angebunden gewesen und von Wolf instruiert worden.[6] In den Unterlagen der Staatssicherheit wird Berg unter dem Decknamen »Günther« geführt.[7] Hermann von Berg selbst legt heute Wert darauf, dass er keine Verpflichtung für die Hauptverwaltung Aufklärung unterschrieben habe.[8] Er habe sich als »Nomenklaturkader« und Mitarbeiter des Ministerrates lediglich an die »Sicherheitsbestimmungen der Parteikonspiration« gehalten. Es sei »um Geheimdiplomatie, nicht Geheimdienst« gegangen.

Am 5. Oktober 1969, wenige Tage nachdem die Sozialdemokraten die Bundestagswahl gewonnen hatten, nahm Egon Bahr zu Hermann von Berg Kontakt auf.[9] Als Kurier diente ihm der Journalist Dettmar Cramer, der für die »Frankfurter Allgemeine Zeitung« arbeitete. Der promovierte Jurist und Berg standen schon seit Jahren miteinander in Verbindung.[10] Cramer war seit 1964 Korrespondent in West-Berlin und hatte enge Verbindungen zu Egon Bahr. Der Journalist richtete dem DDR-Funktionär aus, dass er sich in den nächsten Wochen unbedingt bei Bahr melden solle. Bahr würde wesentliche Teile der Regierungserklärung ausarbeiten und wolle ihn »über einiges informieren«, damit die DDR »vorgewarnt« und »nicht überrollt« werde.

Am gleichen Tag wurde Berg von der Staatssicherheit eine »Instruktion zur Bearbeitung der politischen Kontakte innerhalb der SPD« zur Lektüre und anschließenden Abzeichnung vorgelegt.[11] Er unterschrieb mit seinem Decknamen »Günther«. Mit dem Papier wollte die Staatssicherheit dem kontaktfreudigen Funktionär offenbar einen Maulkorb verpassen. In der Instruktion hieß es, der Wahlausgang erfordere »in der operativen Bearbeitung der vorhandenen Kontakte größte Aufmerksamkeit und Vorsicht«. Es dürfe bei Gesprächen mit bundesdeutschen Politikern keine Bemerkungen geben, die »Illusionen oder

Spekulationen« hervorriefen. Berg könne zwar Gespräche führen, dürfe aber nichts über die Standpunkte der DDR bezüglich der neuen Bundesregierung sagen. Alle Bitten der Gegenseite um Gespräche zwischen der Bundesregierung und der DDR sollte Hermann von Berg an seine Parteiführung weiterleiten. Dort würde entschieden werden. Mit dieser »Instruktion« machte die DDR einen der wenigen geheimen Kanäle zwischen Bonn und Ost-Berlin zur Einbahnstraße. Die Bundesrepublik sollte vertrauliche Informationen liefern, ohne dass die DDR welche preisgeben müsste.

Nachdem Berg die MfS-Instruktion unterzeichnet hatte, traf er sich am Abend mit Dietrich Spangenberg in dessen Privatwohnung.[12] Der Staatssekretär im Bundespräsidialamt informierte ihn über den aktuellen Stand der Regierungsbildung in Bonn. Auch über die Arbeit an der Regierungserklärung des künftigen Kanzlers gab der bundesdeutsche Spitzenbeamte Auskunft. Spangenberg berichtete dem Abgesandten aus der DDR, dass die neue Regierung zurzeit »alle jemals im Gespräch gewesenen Vorschläge zur ›Deutschlandpolitik‹« prüfe.

Beide Männer hatten offenbar Vertrauen zueinander. Zum Abschluss ihres Treffens habe Spangenberg gefragt, ob es Berg möglich sei, »nach Anruf aus Bonn« zu ihm zu kommen. Das sei zwar nur »im extrem wichtigen Fall« nötig, es stelle sich aber die Frage, ob Berg autorisiert sei, dann »nicht nur auf Spangenbergs Ebene« aufzutreten, sondern »weiter zu gehen«. Berg ließ nach eigenen Angaben die Antwort offen und erklärte, dass dies von Fall zu Fall entschieden werden müsse und erst dann, »wenn die Sache akut sei«.

Zwei Tage später, am 7. Oktober 1969, dem 20. Jahrestag der Gründung der DDR, kam der bundesdeutsche Journalist Klaus Ellrodt nach Ost-Berlin.[13] Ellrodt kannte Hermann von Berg schon seit Jahren.[14] Der Journalist hatte ihm regelmäßig Nachrichten sozialdemokratischer Politiker überbracht. Die Verbindung beider beschrieb der Historiker Hubertus Knabe später als »zwischen offiziöser und geheimdienstlicher Ebene changierend«. Diesmal richtete Ellrodt Berg aus, dass Bahr bereit sei, »Hinweise« der DDR entgegenzunehmen, »die geeignet wären«, in Brandts Regierungserklärung »genannt zu werden«. Die Bundesregierung denke »an bestimmte Formulierungen bzw. auch an grundsätzliche Überlegungen«, da sie »zu einer weitgehenden Übereinstimmung« mit den DDR-Auffassungen kommen wolle.

Die Zeiten hatten sich offenbar geändert. Noch nie hatte es eine solche Offerte aus Bonn gegeben.

Wochen später, am 24. Oktober, meldete sich Dettmar Cramer bei Berg – abermals mit einer Botschaft von Egon Bahr.[15] Der Vorgang lässt sich gut anhand der MfS-Akten nachvollziehen. Demnach lud Bahr zu einem Besuch ein. Er wolle Berg Brandts Regierungserklärung vorab übergeben und interpretieren. Berg ging darauf ein. Zwei Tage bevor der Kanzler seine Erklärung abgeben würde, traf er sich am 26. Oktober mit Bahr zu einem vertraulichen Gespräch in dessen Privatwohnung in Hangelar bei Bonn. Das Treffen war offensichtlich ein Zeichen des guten Willens der Bundesregierung und ihr diskreter Versuch, um Vertrauen in Ost-Berlin zu werben. Es war ein enormes Wagnis für die Bundesregierung. Denn wenn ruchbar würde, dass Brandt seine erste Regierungserklärung vorab an Ost-Berlin übermittelt und erläutert, wäre der Skandal perfekt gewesen.

Der Mittelsmann Dettmar Cramer blieb während des anderthalbstündigen Gespräches dabei. Bei der Aktion sei es darum gegangen, so schrieb er rückblickend, »die flexibleren, weitsichtigeren Kräfte in Ost-Berlin davon zu überzeugen, daß der jetzt eingeleitete Prozeß [die Ostpolitik], über den Bonn Einverständnis mit der östlichen Führungsmacht herbeizuführen hatte, auch in ihrem eigenen Interesse liege«.[16] Mit der vertraulichen Übermittlung der Regierungserklärung habe die Bundesregierung gehofft, das Interesse Ost-Berlins an einem Dialog zu wecken und den kompromissbereiten Kräften »Argumente in die Hand zu geben«. Gleichzeitig sollte der »Betonfraktion im SED-Politbüro jeglicher Vorwand für eine vorzeitige negative Festlegung« genommen werden.

Nach den Angaben Hermann von Bergs verlief das Treffen in einer »distanzierten Atmosphäre«.[17] Bahr habe eingangs den Journalisten Cramer »nochmals zur absoluten Verschwiegenheit verpflichtet«. Er habe das damit begründet, dass Brandt den Vorschlag Spangenbergs, Hermann von Berg und damit Stoph vorab über die Regierungserklärung zu informieren, »nachdrücklich […] verneint habe«.

Nun informierte Bahr. Der DDR-Emissär schrieb mit. Die Reinschrift, die das MfS von den Notizen anfertigte, umfasst zehn Seiten.[18] Demnach berichtete Bahr zunächst über die atmosphärischen Zustände im Kanzleramt nach dem Regierungswechsel: »Alle Sekretärinnen und

Mitarbeiter hätten zunächst vor den neuen Herren gezittert, da sie die Einleitung einer ›Christenverfolgung‹ befürchteten.« Der neue Kanzleramtsminister Horst Ehmke habe »einen Schock erlitten«, als er festgestellt habe, dass es im Kanzleramt nicht einmal eine Registratur gebe. Nun arbeite das Amt. Allerdings habe das Glückwunschtelegramm des sowjetischen Ministerpräsidenten Alexej Kossygin Schwierigkeiten bereitet, da niemand Russisch könne.

Danach kam Bahr zum eigentlichen Thema. In der Regierungserklärung werde Willy Brandt keine bundesdeutschen Verhandlungspositionen gegenüber der DDR preisgeben, um der Opposition keine Angriffsfläche zu bieten. Aber: Die Erklärung werde nicht allgemein bleiben, da sonst Missverständnisse aufkommen könnten. »Niemand solle getäuscht werden, und die Bundesregierung wolle nichts verschweigen.« Bahr ließ nun die Katze aus dem Sack: »Anerkennung als Staat – Ja. Völkerrechtliche Anerkennung – Nein.« Das bedeutete nach 20 Jahren Zweistaatlichkeit eine Sensation, die der DDR-Emissär in Ost-Berlin melden konnte. Bahr erklärte auch, wie das neue Miteinander erzielt werden solle. Es werde einen Vorschlag an die DDR-Regierung geben, »auf Regierungsebene, ohne Diskreditierung, gleichberechtigte Verhandlungen aufzunehmen. Dazu sei als ein Schritt geplant, einen Brief des Bundeskanzlers an Willi Stoph zu richten, aber nur, falls die DDR auf das Verhandlungsangebot der Regierungserklärung positiv eingeht.« Berg zitierte Bahr wörtlich: »Bleibt Ihr stur, bleiben wir es auch – was sollte dann ein Brief?« Als Test für die Verhandlungsbereitschaft der DDR werde die Bundesregierung eine bevorstehende Rede des Kanzlers in West-Berlin ansehen. Sollte die DDR wie üblich gegen den Aufenthalt eines Kanzlers in der Stadt protestieren und Brandt mit »agitatorischem Gebell« beschimpfen, könne er anschließend nicht »nett« zur DDR sein. Ein solches Verhalten war nicht unüblich: Während frühere Bundesregierungen stets jede Gelegenheit genutzt hatten, die Zugehörigkeit West-Berlins zur Bundesrepublik zu demonstrieren, protestierte die DDR umgehend gegen dieses Ansinnen und pochte auf den Sonderstatus des Westteils der Stadt als »selbständige politische Einheit«, der kein Teil der Bundesrepublik sei.

Außerdem teilte Bahr Berg mit, dass das Wort »Wiedervereinigung« in der Regierungserklärung nicht vorkommen werde. Brandt hoffe, dass beide Staaten vom Gegeneinander zu einem Miteinander kämen. Wenn die DDR den gleichen Willen habe, sei die Bundesregierung bereit, ihren Alleinvertretungsanspruch aufzugeben. Berg zitierte Bahr: »Hallstein-Doktrin? Über Tote redet man nicht mehr.« Brandt werde allerdings in seiner Regierungserklärung nicht vorschlagen, beide deutsche Staaten in die UNO aufzunehmen. Die Bundesregierung meine, dass es zuerst zu einem Gewaltverzichtsabkommen zwischen der Bundesrepublik und der DDR kommen sollte. Ein geeigneter Vorschlag für die nötigen Verhandlungen werde der DDR im außenpolitischen Teil der Regierungserklärung angeboten. Ein subtiler Hinweis, dass die Bundesrepublik bereit war, die DDR als Staat anzuerkennen.

Nach den Aufzeichnungen Egon Bahrs bezeichnete Berg »Struktur und Verhalten der Regierungserklärung« als »sehr geschickt«.[19] Die DDR-Führung »schwimme in der Frage der völkerrechtlichen Anerkennung etwas, aber es sei klar, daß sie nicht expressis verbis von der Bundesrepublik verlangt werde, man dafür auch keine Unterstützung durch die anderen sozialistischen Länder erfahre«. Ulbrichts Erklärung, nach welcher zwischen beiden Staaten Sonderbevollmächtigte statt Botschafter ausgetauscht werden sollten, gelte nach wie vor. Das hieß: Die DDR war bereit, auf eine vollständige völkerrechtliche Anerkennung zu verzichten. Bahr notierte außerdem, dass Berg »sein anfängliches Bedauern« darüber, dass »sein Chef« nicht in der Regierungserklärung erwähnt werden sollte, »mit vollem Verständnis« zurückstellte. Damit hatte Bahr die wichtigsten Punkte der Regierungserklärung Berg gewissermaßen heimlich übermittelt.

Im Auftrag Brandts begann Bahr nun, die Kontakte zwischen der Bundesregierung und der DDR-Regierung geradezurücken.[20] Eine »Kleiderordnung« sei unumgänglich. Der Staatssekretär stieß sich vor allem am Rang und der Funktion Hermann von Bergs. Es gehe nicht an, dass ein »Ministerialdirektor der Regierungsinstanz Stoph« mit Staatssekretären der Bundesregierung verhandele. Nach Angaben Bergs teilte Bahr ihm mit, dass er »stark daran interessiert« sei, mit ihm »›über politische Dinge‹ nicht nur zu sprechen, sondern zu verhandeln«. Bahr habe mit Juristen schlechte Erfahrungen gemacht. In diesem Zusammenhang habe er »völlig übergangslos« DDR-Staatssekretär Michael Kohl einen »Korinthen-Kacker, der nicht politisch verhandeln kann«, genannt. Nach eigenen Angaben protestierte Berg gegen diese Formulierung. Bahr habe ihm in der Folge vorgeschlagen: »Lassen Sie sich zum Staatssekretär beim Ministerrat, als Sonderbotschafter oder zu sonstwas ernennen, sonst können wir uns nicht mehr sehen.« Die Bundesregierung sei dafür, dass es aufhöre, dass »DDR-Vertreter durch die Hintertür kommen müssen«. Bahr habe ihm außerdem nahegelegt, dass Stoph mit einem Brief auf die Regierungserklärung Brandts antworten und Verhandlungen zustimmen solle. Bei dieser Gelegenheit solle er Berg bevollmächtigen, diese Verhandlungen vorzubereiten. Bahr habe im Auftrag des Bundeskanzlers außerdem zugesagt, dass ein Brief Stophs, wenn gewünscht, nicht veröffentlicht werde. Als wichtigste Aufgaben der deutsch-deutschen Verbindung habe Bahr die Bereiche Post, Telefon, Verkehr und Reisevereinfachungen genannt. Es müsse etwas für den Mann auf der Straße herauskommen.

Gemäß den Aufzeichnungen von Bahr hat Berg an dieser Stelle bestätigend genickt.[21] Der DDR-Emissär erbot sich als Verhandlungspartner, da bei ihm »sämtliche Westkontakte« zusammenliefen.

Abschließend bot der Staatssekretär Berg an, am nächsten Tag wiederzukommen.[22] Dann könne er Brandts ausgearbeitete Regierungserklärung entgegennehmen. Berg nahm dieses Angebot an und kam wieder. Doch nach der Übergabe des Textes gab es plötzlich ein Problem: Der offenbar zerstreute DDR-Emissär wusste nicht, wie die Telex-Nummer des DDR-Ministerrates lautete.[23] So konnten nur mit einem teuren deutsch-deutschen Blitz-Ferngespräch die wichtigsten Passagen der Regierungserklärung nach Ost-Berlin durchgegeben werden.

Der neue Bundeskanzler

Der Deutsche Bundestag in Bonn war am 28. Oktober 1969 bis auf den letzten Platz besetzt. Zum ersten Mal in der Geschichte war ein Sozialdemokrat Bundeskanzler geworden. Willy Brandt trat ans Rednerpult und gab seine Regierungserklärung ab. Sie war eine deutschlandpolitische Sensation. Brandt sagte, wie der DDR vorab signalisiert: »Auch wenn zwei Staaten in Deutschland existieren, sind sie doch füreinander nicht Ausland; ihre Beziehungen zueinander können nur von besonderer Art sein.«[24] Mit dieser Formel brach der neue Kanzler ein jahrzehntelanges Tabu. Bislang war der östliche Teil Deutschlands von den bundesdeutschen Politikern als Zone, Gebilde, Phänomen oder »sogenannte DDR« bezeichnet worden. Für sie war die DDR-Regierung, da nicht demokratisch gewählt, schlicht nicht vorhanden. Deshalb konnte sie auch kein Gesprächspartner sein. Und so war die DDR auch 20 Jahre nach ihrer Gründung nicht von der Bundesrepublik völkerrechtlich anerkannt worden. Brandt gestand der DDR nun immerhin die Eigenschaft zu, ein Staat zu sein, und wertete sie damit deutlich auf. Auch wenn er einschränkte: »Eine völkerrechtliche Anerkennung der DDR kann nicht in Betracht kommen.« Obwohl die Formel neu und umstritten war: Sie deckte sich mit dem Wiedervereinigungsgebot des Grundgesetzes. Der Widerspruch zwischen Anerkennung und Wiedervereinigung war damit aber nicht gelöst.

Dass Brandt unmittelbar nach der Regierungsübernahme die Wende in der Deutschlandpolitik einleitete, kam nicht überraschend. Als Regierender Bürgermeister von West-Berlin hatte Brandt die innerdeutschen Konflikte hautnah erlebt. Als Ende 1958 der sowjetische Staatschef Nikita Chruschtschow unter massiven Drohungen die Umwandlung West-Berlins in eine selbständige politische Einheit forderte, bestand Brandt auf die weitere Zugehörigkeit zu Westdeutschland. Er beharrte auf dem Viermächtestatus Berlins, als einer freien Stadt. Spätestens mit dem Mauerbau im August 1961 fühlte sich der Mann aus Lübeck mit Berlin emotional verbunden. Brandt war seitdem auf die Ostpolitik fixiert.[25] Aus dem »Kalten Krieger« wurde ein Versöhnungspolitiker. Sein Ziel war es, die Teilung Deutschlands erträglich zu machen und die Menschen wieder Schritt für Schritt einander näherzubringen. Als Bundeskanzler wollte er neue Akzente setzen. Mit seiner staatlichen Anerkennung ging Brandt gegenüber der DDR in Vorleistung. Er schlug dem DDR-Ministerrat in seiner Regierungserklärung gleichberechtigte Verhandlungen über eine vertragliche Zusammenarbeit vor. »Aufgabe der praktischen Politik in den jetzt vor uns liegenden Jahren ist es, die Einheit der Nation dadurch zu wahren, daß das Verhältnis zwischen den Teilen Deutschlands aus der gegenwärtigen Verkrampfung gelöst wird.« Das war unmissverständlich. Brandt wollte eine politische Gesamtlösung für die beiden deutschen Staaten. Aus einem Nebeneinander sollte ein Miteinander werden. Das bedeutete für die politische Tagesordnung auch, dass die im Westen als Ziel proklamierte Wiedervereinigung in weite Ferne rückte.

Brandt soll ins Schwitzen kommen

Auf die DDR-Führung hatte die neue Bonner Linie zunächst keine erkennbare Wirkung. Zumindest nicht nach außen. Wie gewohnt protestierte die DDR gegen den angekündigten West-Berlin-Besuch Brandts, der der Bundesregierung eigentlich als Test für eine Annäherung galt. Das DDR-Außenministerium warf dem neuen Bundeskanzler vor, »in die Fußstapfen der annexionistischen Politik der Kiesinger und Strauß« zu treten.[26] Brandt solle alles unterlassen, »was Ruhe und Sicherheit in und für Westberlin gefährdet«.

Intern allerdings wurde die veränderte Situation heftig diskutiert. Die SED-Spitze stand nach Brandts Offensive vor einer entscheidenden Frage. Wollte sie den neuen Bonner Kurs nutzen, um sich der Bundesrepublik anzunähern, oder sich lieber weiter abgrenzen? Staatschef Walter Ulbricht handelte. Innerhalb von 24 Stunden ließ er Brandts Regierungsprogramm analysieren. Zwei Tage nach der Regierungserklärung trat das SED-Politbüro am Döllnsee, wo Ulbricht gerade Urlaub machte, zu einer außerordentlichen Sitzung zusammen.[27] Die Spitzengenossen des zentralen Entscheidungsgremiums der DDR waren sich uneins, wie sie mit der neuen Situation umgehen sollten. Denn mit dem Regierungswechsel war ihnen das gewohnte Feindbild vom westdeutschen »Revanchismus« eigentlich abhandengekommen. Die rasch entworfene Analyse bewertete das Regierungsprogramm trotzdem vorrangig negativ.[28] Die Autoren warfen der neuen Bundesregierung vor, Friedfertigkeit nur vorzutäuschen. »Die Regierung gibt die Grundpositionen der feindseligen Bonner Politik gegenüber der DDR nicht auf, aber paßt sie dem veränderten Kräfteverhältnis an und sucht sie flexibler zu praktizieren.« Die Studie empfahl, die bisherige Westpolitik fortzuführen und weiter auf eine Abgrenzung zum Westen zu setzen. Damit war Walter Ulbricht nicht einverstanden.[29] Er wollte den Dialog mit Bonn und damit Brandt und die SPD unterstützen. Er war der erste Spitzengenosse, der dem Bonner Machtwechsel etwas Positives abgewinnen konnte. In einem Politikwechsel sah er wohl vor allem wirtschaftliche Vorteile für die DDR.[30] In der Bundesrepublik habe sich etwas verändert, sagte Ulbricht. Die neue Regierung sei ein Fortschritt, einige Forderungen Brandts kämen der DDR entgegen. »Ich schlage vor eine Änderung der Taktik, eine Änderung auch ge-

Stophs Brief an den Kanzler sei dabei zum Ausgangspunkt für die Etablierung der inoffiziellen Ebene zwischen Bonn und Moskau geworden.

Die DDR reagiert postwendend

Bereits nach zwei Tagen traf im Bonner Kanzleramt eine Antwort der DDR auf Brandts Brief vom 18. Februar ein. In dem um 9.55 Uhr eingehenden Fernschreiben teilte DDR-Staatssekretär Michael Kohl Kanzleramtsminister Horst Ehmke mit, dass Gerhard Schüßler beauftragt worden sei, »die technischen Fragen der Vorbereitung der Zusammenkunft« von Brandt und Stoph zu klären.[121] Schüßler erwarte den Vertreter des Bundeskanzleramtes am 2. März um 10 Uhr im Büro des Ministerrates. Kohl bat Ehmke: »Teilen Sie uns bitte rechtzeitig Name und Funktion Ihres Vertreters mit.«

Der Brief sorgte in Bonn für Erleichterung, auch wenn er keine direkte Antwort an den Kanzler enthielt. Ulrich Sahm schrieb in sein Tagebuch: »Damit ist der Brief von Brandt voll akzeptiert worden.«[122] Der Ministerialdirektor entwarf umgehend ein Antwortschreiben. Mit dem Entwurf ging er in den Bundestag, um Ehmkes Unterschrift einzuholen. »Nach einigem Hin und Her mit Genscher erhalte ich die Unterschrift und das FS geht heraus, mit dem ich der anderen Seite als Delegationsleiter benannt werde.«[123]

Damit standen die beiden Männer fest, die den Weg zum ersten deutsch-deutschen Gipfel ebnen sollten. Doch wer waren sie eigentlich? Ulrich Sahm war in Bonn bis dahin offenbar nicht besonders aufgefallen. Vor dem Regierungswechsel war er parteiloser Ministerialdirektor im Auswärtigen Amt gewesen. Dann war er ins Kanzleramt gekommen. Seine Art, so schrieb ein Beobachter, wirkte »bedächtig«, aber seine »Fähigkeit zur klaren Analyse, Entschlußkraft und Organisationstalent« wurde hoch geachtet.[124] Im Kanzleramt war der 52-Jährige in der Abteilung II für innerdeutsche und auswärtige Fragen zuständig. Brandt schätzte seine »ungewöhnlich solide Art und Arbeit«.[125] Sahm galt als schweigsam. Kollegen, wie Botschafter Erwin Wickert, rühmten seine »guten Eigenschaften des alten preußischen Beamten«. Journalisten beschrieben ihn als gelassen und nervenstark.

Über seinen Gegenpart Gerhard Schüßler, den stellvertretenden Leiter des DDR-Ministerratsbüros, war im Westen wenig bekannt. Schüßler hatte viele Jahre an der Akademie für Staats- und Rechtswissenschaften »Walter Ulbricht« in Potsdam-Babelsberg gearbeitet. Als Stoph ihn in das Büro des Ministerrates holte, habe er als Aufsteiger kurz vor der Übernahme des Rektorats gestanden, berichtete ein geflüchteter DDR-Funktionär in der Westpresse.[126] Vor allem sei er kein »Apparatschik«, eher ein flexibler Kommunist. Schüßler galt als »ehrgeizig« und »zu eigenen wissenschaftlich fundierten Standpunkten und unorthodoxen Neuerungen« neigend. Er sei Teil einer neuen Parteielite, unter deren kontinuierlichem Einfluss manches Tabu zu bröckeln beginne. Der geflüchtete Funktionär schrieb Schüßler relativ große Macht zu. Bei ihm, glaubte er, liefen die Fäden der »gehobenen staatlichen Personalpolitik« zusammen. Mehr noch: Bei Schüßler würden »die Weichen für das künftige geistige Regierungsprofil« gestellt.

Nach der Zusage aus Ost-Berlin stellten sich den Beamten der Bundesrepublik neue Fragen. Wie könnte Bonn abhörsicher mit den eigenen Unterhändlern Kontakt aufnehmen? Experten des Bundeskanzleramtes sahen »keine technischen Schwierigkeiten«, um eine gesicherte Leitung zwischen dem Kanzleramt in Bonn und dem West-Berliner Gästehaus der Bundesregierung beziehungsweise dem »Bundeshaus« herzustellen.[127] Das Bundespostministerium prüfte außerdem eine Funkverbindung zum Wagen des Bundeskanzlers für eine mögliche Fahrt in die DDR.[128] Das Ergebnis stimmte optimistisch. Der »öffentlich bewegliche Landfunk« aus West-Berlin, über den das Festnetz der Bundespost angewählt werden konnte, sei in Ost-Berlin überall zu empfangen, da dieser eine Reichweite von bis zu 40 Kilometern habe. Allerdings dürften Funkgeräte in der DDR nicht benutzt werden.

Während sich die Regierungsstellen in Ost und West allmählich auf Gespräche einstellten, schaltete die DDR-Propaganda auf Konfrontation. Die DDR-Bürger sollten keinerlei positive Erwartungen an die Bundesregierung haben. In Bonn saß weiterhin der Feind. Am 20. Februar legte Propagandachef Albert Norden SED-Chef Walter Ulbricht einen »Themenplan« für die Kommentare in den DDR-Zeitungen sowie Rundfunk- und Fernsehstationen vor.[129] In dem Papier wurden nicht nur die Themen für die nächsten Tage aufgelistet, sondern auch die Argumentationen und Formulierungen detailliert vorgegeben. Die Vorgaben drehten sich ausschließlich um das deutsch-deutsche Verhältnis und steigerten sich in ihrer Tonlage von Tag zu Tag. Angewiesen wurden zunächst Kommentare über Bonner »Vorbedingungen«. Darin sollte es heißen: »Die Bürger der DDR werden eine Position, wie sie derzeit von der Regierung Brandt/Scheel vertreten wird, niemals akzeptieren.« Weitere Kommentare sollten sich mit den Themenkomplexen »Die Frage Krieg oder Frieden kann nicht länger in der Schwebe bleiben«, »Warum ist die völkerrechtliche Anerkennung der DDR unabdingbar?« und »Alldeutsche, Großdeutsche, Innerdeutsche – eine Linie, eine Politik« beschäftigen. Dabei sollte der jeweilige Kommentator auf »die Etappen der konterrevolutionären Strategie des westdeutschen Imperialismus gegen die sozialistische DDR und ihr Scheitern am Bündnis mit der Sowjetunion und der sozialistischen Staatengemeinschaft sowie an der Stärke der DDR« eingehen. Außerdem wurde angewiesen: »In Presse, Rundfunk und Fernsehen sind täglich Stimmen von Bürgern der DDR zu veröffentlichen, in denen die volle Übereinstimmung aller Schichten der Bevölkerung mit der konsequenten Politik von Partei und Regierung gegenüber den politischen Manövern Bonns zum Ausdruck kommt.«

Auch die parteiinternen Argumentationen legten Norden und Ulbricht fest.[130] Dabei ging es vor allem darum, bei den eigenen Genossen ideologische Verwirrungen zu vermeiden und das Feindbild zu schärfen. Unter anderem sollte erklärt werden, weshalb die DDR der vom »aggressivsten imperialistischen System in Westeuropa« beherrschten Bundesrepublik Verhandlungen angeboten habe. Anschließend stand die Frage »Warum ist der Sozialdemokratismus heute die Hauptmethode des Imperialismus, um in die sozialistischen Länder einzudringen« auf der Tagesordnung.

Honecker schießt gegen die SPD

Das neuerliche propagandistische Feuer gegen die Bundesrepublik und die sozialliberale Regierung wurde am 22. Februar eröffnet. An diesem Tag veröffentlichte das »Neue Deutschland« eine Rede von Erich Honecker, die der ZK-Sekretär bereits am 16. Februar gehalten hatte.[131]

Mit seiner Rede vor Schülern der Parteihochschule offenbarte Honecker seine kompromisslose Position gegenüber dem Westen. Er prangerte an, dass sich mit dem Regierungswechsel in Bonn nichts verändert habe. »Kapitalistische Großkonzerne« würden noch immer alle »wichtigen Schalthebel der Macht in den Händen halten«. Verändert habe sich die »Phraseologie und die Methodik« des Imperialismus. So verberge sich hinter der »sogenannten ›neuen Ostpolitik‹ […] die alte revanchistische und konterrevolutionäre Politik«. Honecker behauptete, dass die »kapitalistischen Ausbeuter« in der Bundesrepublik einen dritten Weltkrieg vorbereiten würden. Der bundesdeutschen Sozialdemokratie komme dabei eine spezifische Rolle zu. Die Regierung Brandt solle, »im Sinne des langfristigen Eindringens in die sozialistischen Länder, das Tor nach dem Osten öffnen« sowie »das staatsmonopolistische System in Westdeutschland für die Auseinandersetzung mit dem Sozialismus effektiver machen«. Den sozialdemokratischen Führern sei die Funktion zugewiesen worden, »im Kampf gegen den Sozialismus in Europa gegenwärtig den Vorreiter zu spielen«. Im Unterschied zu CDU/CSU-Politikern setze die »sozialdemokratische Variante« auf »flexiblere Methoden«. Honecker warnte: »Die sozialdemokratischen Minister begleiten ihre auf ›Transparenz‹ eingestellte Politik gegen die DDR und andere sozialistische Länder mit einer Welle des Nationalismus und versuchen dabei, die CDU/CSU sogar noch zu übertrumpfen. Das wird ihnen jedoch nur schaden.« Abschließend forderte Honecker von der Bundesregierung, die DDR vertraglich anzuerkennen: »Ohne diesen ehrlichen Schritt nach vorn, ohne den Abschluß eines solchen Vertrages setzt sich die Regierung Brandt – und dies mit Recht – vor der Weltöffentlichkeit dem Verdacht aus, hinter dem Nebel von schönen Worten über Frieden die revanchistischen Forderungen des westdeutschen Imperialismus und Militarismus durch ein in der Substanz unverbindliches Gewaltverzichtsabkommen zu tarnen.«

Mit der Veröffentlichung der Rede entfachte die DDR, wie geplant, ein wochenlanges propagandistisches Dauerfeuer gegen die Bundesrepublik.[132] Westliche Beobachter fragten sich, was der Grund für diese plötzliche Offensive sei.[133] Gab es in der DDR-Führung Meinungsverschiedenheiten über ein deutsch-deutsches Spitzentreffen? Sollten die Erwartungen der DDR-Bevölkerung und der östlichen Nachbarn gedämpft werden? Oder wurden Vorwände gesucht, um die Vorgespräche scheitern zu lassen?

Ebenfalls am 22. Februar legte Außenminister Otto Winzer Ulbricht eine erste Verhandlungskonzeption der DDR vor. Deren Kernsätze lauteten: »In dem Gespräch ist die Bereitschaft der DDR, über die Grundfragen der Beziehungen zu verhandeln und darüber entsprechende vertragliche Vereinbarungen zu treffen, immer wieder in den Vordergrund zu rücken. Das Gespräch ist so zu führen, daß seitens der DDR die Möglichkeit einer Fortsetzung des Gespräches offen bleibt.«[134] Ulbricht akzeptierte, er war verhandlungsbereit. Der Parteichef strich sogar einige Passagen, die Verhandlungen über eine Gewaltverzichtsvereinbarung ablehnten und der völkerrechtlichen Anerkennung der DDR absolute Priorität einräumten.

Diplomaten am Telefon

Tags darauf, am späten Vormittag des 23. Februar, griff Ulrich Sahm im Bonner Kanzleramt zum Telefonhörer und wählte erstmalig die Ost-Berliner Nummer 2090.[135] Am anderen Ende meldete sich Gerhard Schüßler im DDR-Ministerrat. Sahm teilte kurz und knapp mit, dass er von der Bundesregierung beauftragt sei, die Vorverhandlungen über ein Treffen zwischen Brandt und Stoph zu führen. Er werde mit vier Begleitern in zwei Wagen am 2. März um 9.45 Uhr am Grenzübergang Heinrich-Heine-Straße eintreffen. Über Rang und Namen der Begleiter werde er schriftlich informieren.

Einen Tag später konnte DDR-Außenminister Otto Winzer Walter Ulbricht, Erich Honecker und Hermann Axen vom Politbüro die Namen und Funktionen der mitreisenden Bonner nennen.[136] Ernst-Günter Stern war der DDR bereits ein Begriff. Er hatte unter anderem an den deutsch-deutschen Verkehrsverhandlungen teilgenommen. Jürgen Weichert kannten die Funktionäre bislang nur aus dem Nachrichtenmagazin »Der Spiegel«. Mit den Namen Müller und Fritsch konnten sie dagegen gar nichts anfangen. »Mutmaßlich handelt es sich um Vertreter des Innenministeriums und der Presse.«

Nachdem Sahm sein Telefonat mit Schüßler beendet hatte, entwarf er ein Schreiben für den Bundeskanzler zur »politischen Vorbereitung«

des Treffens mit Stoph.[137] Darin formulierte er die zentralen Verhandlungspositionen und Gesprächsziele der Bundesregierung. Für den Fall, dass Stoph »die bekannten Beschuldigungen und Forderungen« erheben werde, solle Brandt einen Abbruch der Gespräche vermeiden, empfahl Sahm. Auf Diskussionen über den DDR-Vertragsentwurf solle er ausweichend reagieren: »Vertragliche Regelungen« könnten erst am Ende der Verhandlungen stehen. Deshalb sollten von beiden Seiten Unterhändler beauftragt werden, um die in einer »Zwischenkommission« aufzunehmenden Verhandlungen darzustellen und eine Tagesordnung für ein zweites Treffen in Bonn zu entwerfen. Sahm entwickelte drei Verhandlungspakete, die in der Kommission verhandelt werden sollten: Beziehungen zwischen der Bundesrepublik und der DDR, menschliche Erleichterungen und Abbau von Diskriminierungen. Das Thema Wirtschaft sollte nach seiner Meinung vorerst ausgeklammert werden, um den innerdeutschen Handel nicht zu gefährden.

Neben dem Entwurf zur »politischen Vorbereitung« legte Sahm dem Bundeskanzler eine Zusammenfassung der ersten Diskussionen und einen Fahrplan für die »technischen Vorgespräche« vor.[138] Der Ministerialdirektor erwartete, dass die Vorverhandlungen nach einem Tag beendet sein würden. Die bundesdeutsche Delegation sei aber darauf vorbereitet, auch länger für Gespräche zur Verfügung zu stehen.

Sahm fasste die Ziele der Bundesregierung für die Vorgespräche zusammen. »Der Besuch sollte möglichst bald stattfinden.« Es sei ein »reiner Arbeitsbesuch« geplant. Bei allen Vorvereinbarungen sei darauf zu achten, dass sie bei einem Gegenbesuch von Stoph in Bonn ebenfalls angewandt werden müssten. Ausdrücklich betonte Sahm, dass die Anreise des Bundeskanzlers bei den vorbereitenden Gesprächen nicht thematisiert werden soll. Geplant war, dass Brandt am Vorabend des Ost-Berlin-Besuches eine Maschine der amerikanischen Gesellschaft »PanAm« nach West-Berlin nehmen sollte. Nach geltendem Besatzungsrecht durften keine bundesdeutschen Maschinen West-Berlin anfliegen. Begleitende Journalisten sollten mit »British Airways« und »Air France« anreisen. Die Nacht würde der Kanzler im Gästehaus der Bundesregierung in der West-Berliner Pücklerstraße 14 in Dahlem verbringen. Für den nächsten Morgen stellte sich Sahm eine Kolonnenfahrt zu einem innerstädtischen Grenzübergang vor. Bezüglich Flaggenschmuck, Ehrenkompanie und Hymne nannte er keine besonderen Wünsche. In der Mittagspause sollte die bundesdeutsche Delegation nach West-Berlin fahren. Eine gemeinsame Pressekonferenz mit Stoph zum Abschluss der Gespräche sollte es nicht geben. Für die Heimreise plante Sahm einen Flug von West-Berlin.

Zur gleichen Zeit begann das Bundespresseamt, sich auf die Kanzlerreise publizistisch vorzubereiten.[139] Dabei unterschied es zwischen einer Informationsoffensive Richtung Osten und einer Richtung Westen. Mit Interviews und Hintergrundgesprächen sollte die Öffentlichkeit über die Verhandlungen und die Reise informiert werden. Die offiziellen Erklärungen sollten vorerst allgemein bleiben und »geeignet sein, den politischen Rahmen für das technische Vorbereitungsgespräch abzugeben«. Das Bundesamt entwarf einen konkreten Zeitplan, der vorsah, wo und wann sich die Spitzenpolitiker der Regierungskoalition äußerten. Den Auftakt sollte am 3. März eine Sendung im ZDF mit »Zielrichtung: BRD« machen. Am folgenden Tag sollte sich der Bundeskanzler im »Deutschlandfunk« mit »Zielrichtung: DDR« äußern. Auch Gespräche mit ausländischen Journalisten wurden geplant, um sowohl die osteuropäischen Medien als auch die »westlichen Verbündeten« und andere Staaten zu informieren. Als Höhepunkt beabsichtigten die Beamten am Vorabend des Treffens einen Auftritt des Bundeskanzlers im ARD-Fernsehen. Als »Zielrichtung« vermerkten sie: »urbi et orbi; vornehmlich: DDR«.

Am Abend des 23. Februar nahm Sahm an einem Essen Walter Scheels für den israelischen Außenminister teil.[140] Dabei hatte er die Möglichkeit, mit Ralf Dahrendorf von der FDP über Genschers Ost-Ambitionen zu sprechen. Der Innenminister hatte wohl ursprünglich nach Ost-Berlin mitreisen wollen, nun aber zurückgezogen. Dahrendorf sagte, Genscher habe der Presse entnommen, »daß das Gespräch mit Stoph nicht zu dem großen Erfolg führen werde, mit dem er ursprünglich gerechnet hatte«. Nun sei vorgesehen, Wolfram Dorn, den Parlamentarischen Staatssekretär aus dem Innenministerium, als Vertreter der FDP reisen zu lassen. Dahrendorf fügte warnend hinzu: »Wir sollten aber vorsichtig sein; Dorn habe nicht ganz durchsichtige Beziehungen nach Ostberlin.« Damit spielte er auf die früheren FDP-Kontakte in die DDR an. Auf Wunsch Dahrendorfs teilte Sahm diese Warnung am nächsten Tag dem Bundeskanzler mit.

Medienoffensive zum Zweiten

Zwei Tage später legte Regierungssprecher Conrad Ahlers dem Bundes-kanzler sein Drehbuch für die »publizistischen Begleithandlungen« vor.[141] Nach Plück schlug auch er eine große Medienoffensive vor: Brandt solle am Vorabend seiner Reise eine fünfminütige Fernsehan-sprache halten und außerdem ein Informationsgespräch mit den »50 wichtigsten Chefredakteuren« führen. Auch ausländische Kor-respondenten sollten mit ihm sprechen können. Explizit schlug Ahlers ein Interview mit Hans Ulrich Kempski von der »Süddeutschen Zei-tung« oder mit dem »Stern« beziehungsweise dem »Spiegel« vor. Inhaltlich sollte es dabei vorrangig um die Bundesrepublik gehen. Für die Zielrichtung DDR und Osteuropa sollte Brandt mit verschiedenen Rundfunksendern und dem ZDF sprechen. Ahlers empfahl dazu ein Informationsgespräch mit den in Bonn akkreditierten osteuropäischen Korrespondenten. »Dies«, erklärte der Regierungssprecher, »wäre eine gute Gelegenheit, überhaupt einmal mit diesen Kollegen zusammen-zutreffen.« Die geplanten Aufgaben müssen Ahlers wie ein Mammut-programm erschienen sein. Er fügte hinzu: »Die reine Aufstellung dieser Vorhaben sollte nicht erschreckend wirken. Die Termine wer-den zeitlich richtig verteilt werden. Außerdem handelt es sich ja immer um dasselbe Thema.«

Gromyko nordet Ost-Berlin ein

Am 24. Februar macht die DDR erstmals die direkte völkerrechtliche Anerkennung zur Voraussetzung für die Aufnahme von deutsch-deutschen Gesprächen. Im »Neuen Deutschland« hieß es, die Regie-rung Brandt wolle Maximalforderungen durchsetzen, »indem sie zur Vorbedingung macht, daß die DDR nicht gleichberechtigt, nicht als Völkerrechtsobjekt am Verhandlungstisch sitzt. Es versteht sich von selbst, daß daraus nichts wird.«[142] Damit war die Parteizeitung kom-promissloser als der Parteichef.

Doch lange konnte die DDR diese Bedingung nicht aufrechterhalten. In Moskau gab es inzwischen andere Vorstellungen. Am gleichen Tag traf Andrej Gromyko zu einem, wie es hieß, offiziellen Freundschaftsbesuch in Ost-Berlin ein. Das »Neue Deutschland« schrieb, dass es bei dem Besuch »unter guten Freunden« darum gehe, »Meinungen zu aktuellen Fragen auszutauschen« und die »Politik gegenseitig abzustimmen«.[143] Tatsächlich wollte der Außenminister die gemeinsame Linie in der Deutschlandpolitik festlegen. Begleitet wurde er von Valentin Falin, dem Experten der sowjetischen Deutschlandpolitik.[144]

Gromyko, der als harter und unflexibler Verhandlungspartner galt und deshalb im Westen »Mr. Njet« genannt wurde, hatte zuvor in Moskau mit Egon Bahr verhandelt. Darüber und über den neuen Kurs der Bundesregierung informierte er die SED-Führung in einem vierstündigen Gespräch persönlich und ausführlich: »Man kann ja nicht alles schreiben.«[145] Es seien in Moskau Fragen der Anerkennung, der Grenzen und der Einheit angesprochen worden. Bahr habe, sagte Gromyko, die sowjetische Seite in den Gesprächen »angenehm überrascht«. Trotzdem habe die Sowjetunion den bundesdeutschen Kurs »sehr hart und scharf« kritisiert. Gromyko informierte die »Freunde« über die künftige »Strategie und Taktik der Sowjetregierung« und deren Erwartungen an die ostdeutsche Verhandlungslinie für das bevorstehende Gipfeltreffen. »Wir glauben, daß der Kampf um eine volle Anerkennung der Deutschen Demokratischen Republik ohne jegliche Vorbehalte in jeder Beziehung auch weiterhin geführt werden muß.« Grundsätzliche Abstriche in der »strategischen Linie« dürfe es nicht geben. Gleichwohl führte Gromyko, wie dem Gesprächsprotokoll zu entnehmen ist, auch ein »taktisches Moment« an und verlangte von der SED-Führung Flexibilität. Sie solle die Anerkennung nicht allzu sehr in den Vordergrund stellen: »Wir glauben, daß das, was bisher gemacht worden ist, vollkommen richtig ist, und daß man sich im vollen Sinne des Wortes weiterhin an diese Generallinie der Festigung des internationalen Status der DDR halten muß, daß man sich aber während der Gespräche nicht auf diese Frage allein beschränken, sie nicht zur Vorbedingung für die Lösung anderer Fragen machen soll.« Schon die Anerkennung der polnischen und der DDR-Grenzen durch die Bundesregierung wäre eine große Leistung. »Die Hauptsache ist doch, daß solche Fragen gelöst werden, die die internationale und völkerrechtliche Lage der DDR festigen und die eigentlich Inhalt der völkerrechtlichen Lage sind.« Gromyko warnte die ostdeutschen Verbündeten, dass überzogene Forderungen an die Bundesregierung von dieser genutzt werden könnten, die öffentliche Meinung für ihre Politik zu mobilisieren. Unbedingt müsse der Vorwurf vermieden werden, die DDR stelle inakzeptable Forderungen. Zudem sei der Erfolg des Treffens davon abhängig, wie es in der Öffentlichkeit dargestellt werde: »Das Gespräch, die Tatsache des Gesprächs und der Ort des Treffens, das alles muß so organisiert ausgewertet werden als faktische staatsrechtliche Anerkennung des völkerrechtlichen Status der DDR.«

Ulbricht lenkte ein: »Wir stellen die Frage der völkerrechtlichen Anerkennung nicht als Vorbedingung.« Jedoch sei im Auge zu behalten, dass die geplanten Gespräche zwischen Stoph und Brandt »noch nicht auf gleichberechtigter Basis« stattfänden. Gleichzeitig versuchte Ulbricht die sowjetischen Genossen unter Druck zu setzen. Die völkerrechtliche Anerkennung der DDR durch die Bundesrepublik müsse Vorbedingung für jedes Abkommen zwischen Bonn und Moskau sein. Ulbricht sagte, die DDR werde Brandt »wie einen ausländischen Staatschef empfangen«, »ohne diese Frage hochzuspielen«. »Aber wir werden diesen Besuch als Ausdruck der Anerkennung der Deutschen Demokratischen Republik als souveränen Staat ausnutzen, damit Verhandlungen zur Herbeiführung gleichberechtigter Beziehungen geführt werden.« Dann umschrieb Ulbricht seine Vorstellungen von Brandts Verhandlungsstrategie. Dabei zeigte er seinem sowjetischen Gast, wie gut die DDR-Spitze über Bonner Interna informiert war. Brandt, erklärte Ulbricht, wolle ein Kommunique vereinbaren. Darin sollten innerdeutsche Beziehungen vertraglich geregelt werden, ohne die DDR völkerrechtlich anzuerkennen. Außerdem sollten Unterkommissionen gebildet werden, um »auf dem Weg der innerdeutschen Beziehungen in absehbarer Zeit die Einheit Deutschland« wiederherzustellen. Ein solches Verhandlungsergebnis sei zu verhindern. Brandt sei »der Vorreiter der Liberalisierung in der DDR. Hinter ihm kommt dann das ganze Heer der Revanchisten mitsamt der Bundeswehr.« Dem werde Stoph entgegentreten: Die DDR setze auf Abgrenzung. Ziel sei die friedliche Koexistenz »zwischen der souveränen DDR und der BRD«. Dafür seien lange Verhandlungen nötig. Beim ersten Treffen würden beide Seiten lediglich ihre »Grundposition« präsentieren. Grundsätzlich gelte aber: »Der Sozialismus steht höher als jede Frage der nationalen Beziehungen.«

72

Dann meldete sich Stoph zu Wort: »Ich halte es für völlig richtig, wenn Genosse Gromyko sagt, daß wir Westdeutschland in die Defensive bringen müssen und nicht zulassen dürfen, daß die Westdeutschen in der Offensive sind.« Die DDR dürfe deshalb »nicht einfach starr nein sagen«. Allerdings müsse »ganz scharf […] dieses ganze Gerede über menschliche Beziehungen, menschliche Kontakte usw. zurückgewiesen« werden. Hier verfolge die Bundesregierung eine »demagogische Linie« und appelliere an »menschliche Gefühle«. »Wir sind nicht bereit«, so Stoph, »auf dieser Grundlage menschliche Beziehungen zu entwickeln.« Stoph kündigte an, die genaue Position Brandts zur Grenzfrage zu ergründen.

Anschließend warnte Ulbricht davor, die Bundesregierung und ihren ostpolitischen Kurs zu unterschätzen. Denn die Brandt'sche Ostpolitik sei keine originäre Idee der Sozialdemokraten. Sie stamme »ursprünglich aus dem Kopf des ehemaligen Kriegsministers Schröder« und werde vom »klügeren Teil des Monopolkapitals« unterstützt. »Die Expansionspolitik […] kann man besser durchführen, wenn man gegenüber den befreiten Ländern als Sozialdemokrat auftritt.«

Gromyko und die DDR-Führung bescheinigten sich abschließend gegenseitig, dass sich ihr bisheriger gemeinsamer Kurs bewährt habe. Die ostdeutschen Genossen beugten sich schließlich den sowjetischen Empfehlungen: »Wir stimmen Ihrem Bericht und Ihren Erwägungen über die weitere Entwicklung der Strategie und Taktik in den Beziehungen zwischen der DDR und der BRD zu.« Die volle völkerrechtliche Anerkennung der DDR war von nun an nicht mehr Bedingung für ergebnisorientierte deutsch-deutsche Gespräche. Das Gespräch »unter guten Freunden« war tatsächlich eine Positionsbestimmung. Es offenbarte dem »selbstsicheren« sowjetischen Außenminister, so schrieb ein Historiker, die »tiefliegende Angst« seiner deutschen Gesprächspartner, »schlichtweg überfahren zu werden«.[146]

Am nächsten Vormittag sprach der sowjetische Außenminister mit seinem DDR-Amtskollegen Otto Winzer.[147] Das Gespräch drehte sich um die Politik der USA. Aber auch die deutsch-deutschen Beziehungen kamen nicht zu kurz. Winzer warb bei dem sowjetischen Bündnispartner um Unterstützung für die eigenen Ziele. Die Alleinvertretungshaltung der Bundesrepublik müsse durchbrochen werden. Im abschließenden Kommuniqué hieß es: »Die Außenminister tauschten Informationen und Erwägungen hinsichtlich der mit der Regierung der BRD unterhaltenen Kontakte aus. Sie stimmten in ihrer Einstellung zu den dabei aufgeworfenen Fragen und den entsprechenden Schritten völlig überein. [...] Die DDR und die UdSSR erwarten, daß die Regierung der BRD in ihrer Politik Verantwortung und Realismus zeigen wird.«[148] Der Begriff der »völkerrechtlichen Anerkennung« wurde nicht erwähnt. Die Einmütigkeit mit ihren ostdeutschen Bündnispartnern verblüffte offenbar die sowjetische Führung. Denn in der Vergangenheit war es nicht immer leicht gewesen, die DDR auf eine gemeinsame Linie in der Westpolitik zu verpflichten.

Die sowjetische Führung berichtete später dem bundesdeutschen Unterhändler Bahr über die Gespräche von Gromyko in Ost-Berlin und von der Stimmung der ostdeutschen Genossen. Bahr wiederum informierte darüber aus Moskau in einem persönlichen und vertraulichen Schreiben (»Am liebsten wäre es mir, Du würdest diesen Brief vernichten.«) an den »lieben Willy«, den Bundeskanzler: »Der Besuch Gromykos in Ostberlin war in einem Punkt für die sowjetische Seite überraschend. Zum ersten Mal hat Ulbricht keinen Widerstand geleistet, sondern im Gegenteil erklärt, er nehme alles an, was die sowjetische Seite ihm empfehle.«[149] Aus sowjetischer Sicht sei Ulbricht inzwischen am positivsten und Honecker am dogmatischsten. Stoph sei »etwa in der Mitte«. Zur Verhandlungsstrategie der DDR hatte Bahr in Erfahrung gebracht, dass es der DDR vor allem um einen Zeitgewinn und die gleichzeitige Aufnahme von weiteren diplomatischen Beziehungen zu anderen Ländern gehe, um so die Verhandlungsposition zu stärken. Solche Informationen verschafften der Bundesregierung einen Vorteil: »Ich gestehe«, so der DDR-Funktionär Karl Seidel noch nach Jahrzehnten, »daß ich heute noch über den Vertrauensbruch der sowjetischen Seite, die Bahr über die Haltung der DDR bei dem bevorstehenden Treffen Brandts mit Stoph in Kenntnis setzte, empört bin.«[150] Die Information sei »ganz gewiß von Andropow gekommen«, dem KGB-Chef.

Nach dem viertägigen Besuch des sowjetischen Außenministers in der DDR nahmen die öffentlichen Attacken der SED-Presse gegen die Bundesregierung ab. Bereits 1970 spekulierten politische Beobachter, dass Gromykos Besuch in Ost-Berlin die entscheidende Wende in den innerdeutschen Beziehungen gebracht habe.[151]

In den Bonner Ministerien wurde das Treffen in Ost-Berlin aufmerksam beobachtet und analysiert.[152] Die Beamten im Auswärtigen Amt kamen zu dem Schluss, das »im Hinblick auf die innerdeutschen Spitzengespräche eine Weichenstellung vermieden werden soll, die von vornherein auf Scheitern angelegt ist. Insofern scheint sich das sowjetische Interesse durchgesetzt zu haben, die Chancen für ein der östlichen Seite vorteilhaftes Ergebnis des gesamten Verhandlungsprozesses offenzuhalten.« Es sei aber noch unklar, ob die DDR auf ihre Verhandlungslinie endgültig eingestimmt worden sei.

Gleichzeitig bereiteten sich die bundesdeutschen Unterhändler auf ihre ersten Gespräche in Ost-Berlin weiter vor. Sie stand vor ungelösten rechtlichen, symbolischen und politischen Fragen. Am Abend des 26. Februar traf sich Brandt mit seinen Vertrauten. Ehmke, Bahr, Sahm und Büroleiter Gerhard Ritzel erwartete ein langes Gespräch. Es gab Bier, Schnaps und belegte Brot.[153] Sahm notierte in sein Tagebuch: »Brandt, der anfänglich sehr müde und abgespannt war, wurde zunehmend munterer.« Die Männerrunde legte Punkt für Punkt das Gesprächsprogramm fest. Sie beschloss die Reiseroute und den Ablauf des Ereignisses. Demnach sollte Brandt nun am Vorabend der Begegnung mit Stoph mit einer US-Militärmaschine nach West-Berlin fliegen. Dort sollte er ohne besondere protokollarische Ehren empfangen werden und dann den Abend privat oder mit der Delegation verbringen. Am nächsten Morgen würde Brandt mit eigenem Wagen zu den Gesprächen nach Ost-Berlin fahren. Für die Mittagspause sollte der Kanzler in den Westteil der Stadt fahren, wo er nach dem Ende der Gespräche eine Pressekonferenz geben sollte.

Am nächsten Tag traf Sahm die letzten Abstimmungen mit den beteiligten Ressorts und führte mit seinen Begleitern weitere Gespräche.[154] Am Abend würdigte das ZDF den Unterhändler mit einem Porträt.

Bevor die bundesdeutschen Unterhändler im Ministerrat empfangen werden konnten, wurde dort alles genauestens überprüft.[155] Alles sollte sauber und ordentlich wirken. Ein Fernsehgerät im Präsidiumszimmer wurde justiert und der Deckel einer Verteilerdose ausgewechselt. Im Foyer tauschten Handwerker einen Teil des roten Läufers aus, da ein Loch im Teppich entdeckt worden war. Im Beratungssaal wurden die Teppiche gespannt, im Chefzimmer der Fußbodenbelag an den

Ecken frisch geklebt. Im Essensraum wurden einzelne Fensterrahmen frisch gestrichen. Außerdem wurde die »Auswahl und Anbringung von Wandbildern« geklärt.

Trotz dieser konkreten Vorbereitungen schien es in der DDR-Führung noch immer Meinungsverschiedenheiten über den bevorstehenden Besuch zu geben. Entsprechende Signale erreichten Bonn. Kurt Plück, Mitarbeiter des Bundespresseamtes, bekam in diesen Tagen, so erinnerte er sich später in seinen Memoiren, »eigentümliche Informationen« aus Ost-Berlin.[156] Ein bundesdeutscher »Berliner Korrespondent einer überregionalen Zeitung«, der zuvor in Bonn tätig gewesen war, berichtete ihm: »Das Treffen solle an einem Tag in der zweiten Märzwoche stattfinden. Die Tagesordnung solle möglichst offen sein. Stoph werde zunächst hart und kühl sein, hoffe aber auf Gelegenheiten außerhalb des Protokolls (Mittagessen, Kaffee). Bei diesem Termin werde nichts herauskommen; möglichst große Pressebeteiligung sei erwünscht, Pressekonferenzen der Delegationssprecher oder des Bundeskanzlers seien möglich, auch eine Ehrenkompanie (aber dies müsse nicht sein). Alle bisher lancierten Mitteilungen seien hiermit obsolet.« Wer der Überbringer der Botschaft mit »seriösen Kenntnissen der Ostberliner Führungsszene« war, ist unklar.

Auf Konflikte in der SED-Führung deuteten auch die weiteren Informationen, die Plück aus Ost-Berlin erhielt: »Am 17. Februar habe das Politbüro beschlossen, das Gespräch Stoph – Brandt, falls es dazu komme, nach drei Stunden platzen zu lassen. Die Exponenten dieser Vorstellung seien Honecker, Verner und Norden gewesen. Der inzwischen erfolgte Besuch des sowjetischen Außenministers, der offensichtlich in Folge seiner ersten Gespräche mit Staatssekretär Bahr in Moskau eingeflogen sei, habe aber den Politbürobeschluß gekippt und die Ansichten Stophs, die von Ulbricht gedeckt würden, zur Geltung gebracht. Honecker stütze seine Abneigung gegen Gespräche Bonn – Ostberlin mit dem Hinweis auf parteiinterne Meinungsumfragen in der Arbeiter- und Angestelltenschaft: 70 v. H. der Arbeiter hätten nicht die DDR, sondern Deutschland als ihr Vaterland angegeben. Stoph verbinde mit einem erfolgreichen Gespräch mit Brandt die Hoffnung, sich in der Nachfolgeschaft Ulbrichts dauerhaft gegen Honecker durchzusetzen.« Ging es also nicht nur um Meinungsverschiedenheiten in der DDR-Führung, sondern eskalierte möglicherweise sogar ein Machtkampf?

Am 1. März sprach FAZ-Redakteur Dettmar Cramer erneut mit Hermann von Berg.[157] Cramer richtete Grüße von Bahr und Ehmke aus und übermittelte kurze Botschaften: Bahr, so notierte Berg später, begrüße es, »daß endlich die ›Chefs‹ miteinander reden würden«. Der Bonner Staatssekretär schien weiterhin unzufrieden mit Berg zu sein. Denn »seine Hinweise« seien »nie mit der DDR-Haltung kongruent«. Deshalb halte Bahr »künftig wenig oder nichts von diesen Privatgesprächen«. Auch bei Kanzleramtsminister Ehmke gab es Zweifel. Ehmke, so notierte Berg, wollte deshalb wissen, ob er »überhaupt noch im Geschäft sei«. Bergs Antwort: »Natürlich bin ich drin. Warum denn nicht?«

Verhandlungspoker

Erste Verhandlungsrunde

Der 2. März 1970 war ein nasskalter Tag. Schmutziger Schneematsch lag auf den Straßen Berlins. Gegen 9.45 Uhr näherten sich zwei schwarze Mercedes-Limousinen mit Bonner Kennzeichen von Westen kommend dem innerstädtischen Grenzübergang Heinrich-Heine-Straße. Es war ungewöhnlich viel los – zumindest auf der westlichen Seite des Grenzübergangs. Journalisten und Fotografen standen bereit und richteten Kameras und Fotoapparate auf die vier ankommenden Beamten. Die beiden Fahrzeuge zwängten sich durch die schmale Lücke in der Betonmauer. Offensichtlich verwirrt durch die unübersichtliche Übergangsstelle, gerieten sie auf die LKW-Spur. Ulrich Sahm, der Sohn von Heinrich Sahm, der Anfang der 30er Jahre Berliner Oberbürgermeister gewesen war, saß in einem der Fahrzeuge und vermerkte dazu: »Auf der Straße stand ein NVA-Soldat in Reichswehr-Uniform mit Pelzmütze, der mit einem weißen Stock nach links zeigte. Es dauerte einen Augenblick, bis unser Fahrer verstanden hatte, daß wir nicht diese, sondern eine parallele Durchfahrt benutzen sollten.«[1] Die ortsunkundigen Fahrer mussten zurücksetzen. Beim zweiten Anlauf klappte es. Die Journalisten verfolgten die Szene von der Westseite. Manche wollten gesehen haben, dass die Bonner Fahrzeuge beim Überqueren der Grenze nicht kontrolliert wurden. Die DDR-Grenzposten hätten sogar salutiert.[2] Dagegen berichtete »Bild«, die Pässe der Bonner seien »peinlich genau« kontrolliert worden.[3] Sahm notierte in seinem Tagebuch, dass ein Offizier die Wagen gestoppt hatte: »Staatsgrenze der Deutschen Demokratischen Republik. Bitte Paßkontrolle.«[4] Die Bonner zeigten ihre Ausweise. Sahm stieg aus und informierte die Grenzposten, dass das Delegationsmitglied Stern später eintreffen werde. »Dies brachte die DDR-Herren in eine gewisse Verwirrung, und wir mußten warten.«

Hinter der Mauer wurden die Männer schließlich vom persönlichen Referenten des Staatssekretärs beim DDR-Ministerrat, Skomira, empfangen.[5] »Ein kurzer Mann, mehr quer als hoch, in einem leuchtend blauen, gesteppten Anorak«, vermerkte Sahm.[6] Nachdem die Unterhändler die Grenzkontrollen passiert hatten, setzte sich ein Wagen der Volkspolizei vor ihre beiden Limousinen. Die Bonner beobachteten aufmerksam: »Wir fuhren«, so Sahm, »durch graue Berliner Straßen, der Schnee war schmutzig und nicht fortgeräumt, armselig gekleidete wenige Menschen auf den Straßen mit armseligen Läden. Keiner beachtete die Wagenkolonne. An einem großen Platz mit Kreisverkehr sperrten zwei Polizisten – auch in den kleidsamen flachen Pelzmützen mit weißen Zeigestöcken – den nicht vorhandenen Verkehr, um uns durchzulassen.«

Die ungewöhnliche Fahrt endete in der Jüdenstraße vor dem Haus des DDR-Ministerrates. Dort wartete bereits ein weiteres Dutzend westlicher Journalisten. Ost-Berliner Schaulustige waren nicht zu sehen. Die vier dunkel gekleideten Beamten, die nun den Wagen entstiegen, waren nicht in geheimer, aber in heikler Mission unterwegs: Sie sollten über das Treffen zwischen DDR-Ministerpräsident Willi Stoph und Bundeskanzler Willy Brandt verhandeln. An der Spitze der Gruppe stand wie verabredet Ulrich Sahm, Ministerialdirektor im Bundeskanzleramt. Zu seiner Delegation gehörten Ministerialdirigent Jürgen Weichert, Regierungskriminaldirektor Hans-Wilhelm Fritsch und der Abteilungsleiter Inland im Bundespresseamt, Werner Müller. 45 Minuten später stieß noch Ministerialrat Ernst-Günter Stern dazu. Sein Flugzeug nach West-Berlin war wegen eines »Bummelstreiks« nicht rechtzeitig abgefertigt worden. Bevor die Gruppe das Gebäude betrat, beantwortete Sahm einige Fragen der wartenden Journalisten. Anschließend wurden die Bonner mit ausgesuchter Höflichkeit in das Haus gebeten. Westliche Beobachter erspähten noch dicke rote Teppiche. Dann schloß sich die Doppeltür.

Die Bonner Emissäre zogen ihre Mäntel aus. »Eine ältliche Garderobenfrau nahm unsere Mäntel entgegen, schweigend und ohne unseren Gruß zu erwidern oder zu lächeln – aus Gesinnung oder aus Angst?« Die Gäste fühlten sich fremd. »Alles roch und wirkte wie frisch gestrichen und frisch desinfiziert«, schrieb Sahm. Auf dem Tisch im Sitzungssaal standen Äpfel, Apfelsinen und Bananen. Dazu gab es Pralinen und

Zigaretten. Dann stellten sich die Delegationen gegenseitig vor. Punkt 10 Uhr begannen die Verhandlungen. Die Sondierungsgespräche, die offiziell als »technisches Vorgespräch« bezeichnet wurden, konnten sich hinziehen. Die beiden Fahrer der Bonner Emissäre wurden zu einer Tasse Kaffee gebeten.

Was würde die westdeutschen Unterhändler nun erwarten? Immer wieder hatten in den vorangegangenen Wochen die DDR-Zeitungen die neue Deutschlandpolitik der Regierung Brandt attackiert. Unmittelbar vor Verhandlungsbeginn hatte das SED-Parteiblatt »Neues Deutschland« noch einmal die Position der DDR deutlich gemacht: »Die Regierung der DDR ist zu konstruktiven sachlichen Verhandlungen bereit«, aber diese könne es nur auf gleichberechtigter Grundlage geben, »wie sie zwischen souveränen Staaten und Subjekten des Völkerrechts besteht«.[7] Das von Brandt vorgeschlagene Gewaltverzichtsabkommen könne daher nur zwischen Staaten abgeschlossen werden, die sich völkerrechtlich anerkennen. Die Emissäre waren verunsichert. Wie ernst meinten es die ostdeutschen Verhandlungspartner tatsächlich? Waren sie wirklich zu »konstruktiven sachlichen Verhandlungen« bereit? Die Westdeutschen wussten, dass sie mit Gerhard Schüßler auf einen harten Verhandlungsführer treffen sollten. Der 42-jährige stellvertretende Leiter des Ministerratsbüros galt im Westen als »absolut parteitreu«.[8] Bereits bei vergangenen Ost-West-Verhandlungen hatte er bewiesen, »daß die SED politische Fairneß rücksichtslos taktischen Finessen unterzuordnen weiß«.

Unter diesen Umständen sollte Sahm als Verhandlungsführer Zeitpunkt, Tagesordnung und Modalitäten einer Begegnung zwischen Willi Stoph und Willy Brandt absprechen. Im Kopf hatte er Brandts Wunsch nach einem nüchternen eintägigen »Arbeitsbesuch« mit wenig protokollarischem Aufwand.[9] Nach Plan der Westdeutschen sollte das Treffen aus zwei Teilen bestehen: Am Vormittag sollten vorbereitete Erklärungen ausgetauscht werden. Am Nachmittag sollten die Regierungschefs direkt miteinander sprechen. Außerdem mussten die Unterhändler eine Menge Details klären. Dürfen Funkgeräte mitgenommen werden? Ist eine Pockenschutzimpfung notwendig? Mit welcher Geschwindigkeit fährt der Bundeskanzler durch Ost-Berlin? Plant Ost-Berlin etwas anderes als den von Brandt gewünschten unspektakulären Empfang am Grenzübergang? Denn keinesfalls sollten Stoph oder gar

Außenminister Otto Winzer an der Mauer stehen. Auch der Ost-Berliner Stadtkommandant, Generalmajor Helmut Poppe, war unter Verweis auf den entmilitarisierten Status Berlins im Empfangskomitee unerwünscht. Und natürlich sollte auch die Ausschmückung des Sitzungssaals geklärt werden.

Eine weitere schwierige Aufgabe bei den Vorgesprächen hatte Werner Müller vom Presseamt zu erfüllen. »Er soll«, schrieb der »Spiegel«, »das Einverständnis der DDR-Gastgeber zur größten Invasion westlicher Pressevertreter nach Ost-Berlin erreichen.«[10] Brandt wolle seinem Besuch die »totale Publizität« sichern, um östlicher Desinformation vorzubeugen. Die »Süddeutsche Zeitung« rechnete mit »mindestens tausend« Journalisten, die den Kanzler nach Ost-Berlin begleiten würden.[11] Vor allem kam es den Westdeutschen darauf an, dass Ost-Berlin bei der Auswahl der mitreisenden Journalisten nicht mitreden dürfe. Darüber hinaus sollte Sicherheitschef Hans-Wilhelm Fritsch die möglichen Stationen des Kanzlers in Ost-Berlin erkunden und den Schutz für Brandt organisieren.

Trotz des umfangreichen Themenkataloges war Unterhändler Sahm optimistisch. Er ging, wie der »Spiegel« berichtete, davon aus, »das Szenarium lasse sich innerhalb eines einzigen Tages aushandeln«.[12]

DDR-Verhandlungsführer Gerhard Schüßler standen ebenfalls vier Regierungsmitarbeiter zur Seite, angeblich zwei vom Außenministerium und zwei vom Büro des Ministerpräsidenten. Laut bundesdeutschem Protokoll waren die Namen und Funktionen einiger Mitarbeiter nicht eindeutig.[13] Die DDR hatte ihre Gründe, sich in dieser Angelegenheit bedeckt zu halten, denn einer der beiden Regierungsmitarbeiter war in Wahrheit Oberstleutnant Reichel vom Ministerium für Staatssicherheit.[14]

Das Gespräch begann. Schüßler begrüßte die Gäste und las eine Erklärung vor: »Ich glaube, daß es bei konzentrierter Arbeit möglich sein wird, die anstehenden Fragen schnell und ohne Verzögerung zu lösen.«[15] Schüßler wies darauf hin, dass nur technische und protokollarische, nicht politische Fragen geklärt werden könnten. Dann präsentierte Schüßler sein Drehbuch für das Gipfeltreffen. Schnell wurde den westdeutschen Unterhändlern klar, dass auch die ostdeutsche Seite detaillierte Vorstellungen vom Ablauf des Treffens hatte. Allerdings gab es kaum Berührungspunkte.

Schüßler schickte grundsätzlich voraus, dass es sich bei dem Treffen zwischen Brandt und Stoph »um ein offizielles Treffen der Regierungschefs zwei unabhängiger souveräner Staaten« handele. Deshalb hätten die gleichen protokollarischen Regeln wie bei Treffen anderer Regierungschefs zu gelten. Die DDR wollte den Bundeskanzler also mit großem protokollarischen Aufwand in der »Hauptstadt der DDR« wie den Staatsgast eines fremden Landes empfangen, um die Souveränität der DDR und die Zweistaatlichkeit zu untermauern. Brandt und seiner Begleitung sollte das Kronprinzenpalais Unter den Linden, das Gästehaus der DDR-Regierung, als Residenz zur Verfügung gestellt werden.[16] »Selbstverständlich« werde vor der Residenz die Flagge der BRD gehisst. »Ebenso selbstverständlich erfolgt die Aufstellung von Ehrenposten.« Am besten würde das Treffen in Berlin-Schönefeld beginnen. Dort könne Brandt mit dem Flugzeug landen. Das Flugzeug sei ja das zeitsparendste Verkehrsmittel. Am Flughafen solle ein roter Teppich ausgelegt werden, Flaggen würden gehisst und die Hymnen gespielt werden. »Eine Ehrenkompanie der Landstreitkräfte der Volksarmee werde die militärischen Ehren bezeigen, der Bundeskanzler werde die Front abschreiten«, notierte der bundesdeutsche Protokollant. Anschließend sollte die Ehrenkompanie an den Delegationen vorbeimarschieren und im Anschluss daran eine festlich geschmückte Wagenkolonne den Weg in die Innenstadt nehmen. Sieben Motorräder sollten der Kanzlerlimousine, einem sowjetischen Modell, Marke Tschaika, als Ehreneskorte vorausfahren. Am Wagen selbst würden die Flaggen der Bundesrepublik und der DDR wehen. Gegen Ende seiner Auftaktrede sprach Schüßler noch einige Details an. So stünde für Brandt ein Arzt zur Verfügung. Schreibmaschinen könnten auf Wunsch gestellt werden. Als Termin für das Gipfeltreffen schlug Schüßler den 12. oder 13. März vor.

Sahm dankte Schüßler für den »freundlichen Empfang und auch für die Herrichtung des Beratungstisches«. Er stimmte ihm zu, dass nur über technisch-organisatorische Fragen gesprochen werden könne. Dann wies Sahm darauf hin, dass Brandt ein »Arbeitsgespräch« wünsche. Die von Schüßler vorgeschlagenen technischen und protokollarischen Regelungen ließen sich aber nur schwer mit diesem Wunsch vereinbaren. Er glaube, dass es zunächst leichter sei, sich auf einen Termin zu einigen. Der avisierte Termin sei schwierig, da zu dieser Zeit der schwedische Ministerpräsident Olof Palme in Bonn weile. Er schlage deshalb den 16. März oder auch den 14., 17. oder 19. März vor. Dann ging Sahm auf die protokollarischen Details ein. Das von Schüßler vorgetragene Programm sei das eines Staatsbesuches von Staatsoberhäuptern. Bei Regierungschefs sei ein derartiges Zeremoniell nicht vorgesehen. Er plädiere für eine schlichtere Form des Treffens, so ehrenvoll das angebotene Protokoll auch sei. Auf Flaggen, Stander an den Limousinen und ein gemeinsames Mittagessen sollte deshalb verzichtet werden. »Diese Dinge liegen dem Bundeskanzler nicht und wer ihn kennt, weiß, daß er ein Mann ist, der mehr auf die Sache wert legt als auf die äußerlichen Normen.« Zur Reiseroute erklärte Sahm, er glaube, der Bundeskanzler werde »auf die gleiche Weise einreisen« wie die Unterhändler. »Aber darüber kann man noch sprechen. Das ist seine Vorstellung.« Zum Mittagessen wolle der Kanzler nach West-Berlin zurückkehren. Als Ort für das Treffen akzeptierte Sahm den Sitzungssaal im Haus des Ministerrates. In die Zusammensetzung der DDR-Delegation wolle er sich nicht einmischen, sagte er. »Wir werden keine Bemerkungen über Ihre Teilnehmer machen und denken, daß Sie dies auch nicht gegenüber unseren Teilnehmern tun.« Darüber hinaus sprach Sahm noch einige Details an. So sei ein Arzt für den Kanzler nicht nötig.

Nachdem Sahm geendet hatte, änderte sich das Gesprächsklima. Schüßler ging auf Brandts Wunsch ein, über West-Berlin einzureisen. Über den Status der geteilten Stadt gab es unterschiedliche Rechtsauffassungen. Die DDR wollte den Westteil Berlins, den sie als »selbständige politische Einheit« und nicht als Teil der Bundesrepublik definierte, unbedingt aus dem Besuch heraushalten. Für die bundesdeutsche Seite war es dagegen wichtig, dass der Bundeskanzler und ehemalige Regierende Bürgermeister von West-Berlin bei seiner Reise nach Ost-Berlin auch den Westteil der Stadt berührte. Brandts Vorstellungen, so Schüßler, seien »eine starke Vorbelastung des Gesprächs« und für die DDR ein »unfreundlicher Akt«. Wenn der Kanzler nicht mit dem Flugzeug kommen wolle, dann könne er auch mit einem Sonderzug in die DDR einreisen. Möglich sei auch eine Fahrt nach Ost-Berlin über die Autobahn. Die Einreise über West-Berlin jedoch, erklärte Schüßler, sei nicht zumutbar. Dann wollte er das Thema wechseln. Doch Sahm blieb dabei und warb um Verständnis. Im Allgemeinen sei es so, dass der

Anreiseweg vom Anreisenden gewählt werde. Brandt wolle doch in West-Berlin keine Funktionen ausüben, sondern lediglich übernachten. Weichert sprang Sahm zur Seite. Die Gespräche seien zu ernst, um sie durch protokollarische Dinge und Zeremonien zu belasten. Rede und Gegenrede – der Konflikt war unvermeidlich. Einen Verhandlungsspielraum gab es in der West-Berlin-Frage nicht. Die Gespräche, die ursprünglich nur einen Tag dauern sollten, waren nach wenigen Minuten in eine Sackgasse geraten. Die Westdeutschen fragten sich, ob es dem DDR-Verhandlungsführer tatsächlich »nur« um die völkerrechtliche Anerkennung ging oder ob die Vorgespräche überhaupt zum Scheitern gebracht werden sollten.

Schüßler bestand darauf, dass Brandt direkt nach Ost-Berlin anreisen solle. Sahm verwahrte sich gegen die Charakterisierung »unfreundlicher Akt«. Eine solche Formulierung sei »sehr stark« bei Staaten, die bisher keine Beziehungen zueinander unterhielten. Die Beziehungen zwischen den beiden seien noch nicht von der Art, »daß wir von dem Angebot, hier bei Ihnen zu übernachten, Gebrauch machen«. Und weiter: »Das wäre ein Übermaß, was uns da angeboten wird, was wir zu achten wissen, aber das wir nicht annehmen werden.« Aus rechtlichen Gründen könne der Bundeskanzler Schönefeld nicht anfliegen, sagte Sahm. »Auch wir hätten im übrigen in der innenpolitischen Diskussion unsere Schwierigkeiten.« Schüßler fasste zusammen: »Es steht also Meinung gegen Meinung.«

Danach diskutierten die Unterhändler über den Ablauf des Besuchs. Beiden Seiten rangen um die Details im Drehbuch. Hinter den protokollarischen Streitpunkten steckte mehr als Detailversessenheit und Spitzfindigkeiten. Vielmehr ging es um Symbole, die eine völkerrechtliche Anerkennung der DDR nahelegten, was die Westdeutschen im Gegensatz zu ihren Gastgebern unter allen Umständen vermeiden wollten. Während Schüßler die Vorschläge der Bundesdeutschen als »niedrigen Stand« umschrieb, der in der DDR sonst nicht üblich sei, erbat Sahm eine »protokollarische Herabminderung«. Brandt lege keinen Wert auf Stander am Auto und eine Residenz. »Sehr gewichtig« sei darüber hinaus die Bitte, auf alle militärischen Aktivitäten zu verzichten und keine Hymnen abzuspielen. Schüßler beharrte auf dem aufwendigen Protokoll. Sollte die DDR darauf verzichten, bestehe die Gefahr, dass in der Presse berichtet werde, »daß wir Herrn Brandt sehr schäbig empfangen haben, und wir lassen uns nicht nachreden, daß wir in solchen Fragen kleinlich sind«. Die Diskussion drehte sich im Kreis. Während die DDR-Seite das Protokoll als »üblich« bezeichnete, widersprach Sahm. »Aber unser Verhältnis ist nicht üblich. Das ist einmalig in der Geschichte, und das wollen wir überwinden, und deshalb wollen wir das Protokoll sachlich und nüchtern machen, wie es dem tatsächlichen Stand entspricht.« Dann sprach Schüßler die Beflaggung an. Sahm beharrte auf Nüchternheit: »Wir sind interessiert, daß alles sachlich verläuft; und wir werden die Flaggen nicht runterreißen.« – Schüßler: »Das wird auch nicht möglich sein.«

Noch vor der Mittagspause besichtigten beide Delegationen den Verhandlungsraum und die für die Bundesdeutschen vorgesehenen Arbeitsräume. Selbst für den Arzt sollte ein Zimmer zur Verfügung stehen. Sahm entdeckte in einem Glasschrank Hansaplast-Pflaster und Pinzetten.[17] Über den großen Sitzungssaal waren die Bonner wenig überrascht. Dessen Lage war ihnen »bereits durch den vom BND zur Verfügung gestellten Lageplan des gesamten Gebäudes bekannt.« Trotzdem: »Es wirkte wieder alles wie neu, kalt und feierlich.« Über den Rundgang berichtete später der »Spiegel«: »Preußisch karg« sei der Raum im Haus des Ministerrates: »schmucklose, frischgetünchte Wände, roter Auslegteppich, grünbespannter Konferenztisch, zu jeder Seite doppelte Stuhlreihen.«[18] Auch ein Arbeitszimmer für den Bundeskanzler sei bereits eingerichtet gewesen: »Für ihren Gast vom Rhein haben die Ost-Berliner ein Chefbüro mit Schreibtisch, Telephon, Fernsehgerät und Sitzecke reserviert.«

Um 12.15 Uhr wurde die Führung für das Mittagessen unterbrochen. Sahm entdeckte auf der »festlichen Tafel« Bananen und das »unvermeidliche Obst«.[19] Der »Objektleiter« bat die Gäste um Genehmigung, das Menü anzukündigen, »was er dann im reinsten Sächsisch auch tat«. Es folgte ein »stattliches« Essen. Die Bedienung, »ein netter, junger Kellner und eine breite, sehr russisch wirkende Bedienerin«, sei, so bemängelte Sahm, allerdings sehr langsam gewesen. Auch sonst herrschte an der Tafel keine ausgelassene Stimmung. »Die Konversation war gequält, da die Brüder aus der DDR sich im wesentlichen darauf beschränkten, unsere Fragen über das Wetter, den Familienstand und den Wohnungsbau in der DDR einsilbig zu beantworten. Meist sprach auch nur einer, und alle anderen hörten zu.«

Am frühen Nachmittag, gegen 13.30 Uhr, wurde das Treffen für eine einstündige »Denkpause« unterbrochen. Als Sahm und seine Begleiter das Gebäude verließen, kam es zu einem Zwischenfall. Fünf Zivilisten drängten wartende westliche Pressevertreter ab und hinderten sie, Kontakt mit Sahm aufzunehmen.[20] Sahm und seine Begleiter fuhren zurück nach West-Berlin, um sich im dortigen »Bundeshaus« unbelauscht miteinander verständigen zu können. Außerdem gab es dort »eine moderne, abhörsichere Telefonanlage«.[21] Beim Überqueren der innerstädtischen Grenze salutierten erneut die DDR-Grenzposten. Interviews am Grenzübergang lehnte Sahm ab: »Und wenn ich Ihnen etwas sagen könnte, ich würde Ihnen nichts sagen.«[22]

Die »Denkpause« nutzte Sahm, um mit Horst Ehmke im Kanzleramt und Minister Egon Franke zu telefonieren.[23] Sahm schlug vor, den geplanten dreimaligen Aufenthalt Brandts in West-Berlin auf ein einziges Mal zu reduzieren. Lediglich nach der Abfahrt aus Ost-Berlin solle der Kanzler nach West-Berlin einreisen. »Ehmke war damit einverstanden. Nachdem er mit dem Kanzler in London telefoniert hatte, bestätigte er diese Linie.«

Ehmke hatte kurz zuvor auch in Ost-Berlin, in Hermann von Bergs Institut, angerufen.[24] Der Kanzleramtsminister wollte wissen, weshalb Berg nicht mehr mit Spangenberg Kontakt aufgenommen habe. Berg antwortete, dass dieser sich nicht mehr gemeldet habe. Offenbar schien es ein inoffizielles Gesprächsangebot aus Bonn gegeben zu haben. Berg zeigte sich offen. Ehmke bat Berg, nach Bonn zu kommen, was dieser zusagte. Bonn, so zeigten die Telefongespräche hinter den Kulissen, versuchte noch immer – trotz aller negativen Erfahrungen –, einen inoffiziellen Kontakt nach Ost-Berlin zu knüpfen. Gerade in dieser Situation, als die ersten offiziellen Gespräche in die Sackgasse geraten waren.

Um 14.55 Uhr war die Pause beendet. Ost und West trafen sich zur nächsten Gesprächsrunde in Ost-Berlin. Schüßler teilte der westdeutschen Delegation mit, dass die DDR den Termin am 16. März, 11 Uhr, akzeptiere.[25] Sahm schlug daraufhin vor, dass Brandt mit einem Sonderzug am Ostbahnhof ankommen solle. Anschließend könne es statt eines Festessens ein lockeres Stehbüfett geben. Am Abend wolle Brandt nach West-Berlin zurückreisen. Hinsichtlich der protokollarischen Fragen bleibe die Bundesregierung bei ihrer Auffassung. Der Bundeskanzler habe der Delegation aufgetragen, auf eine schlichte und sachliche Gestaltung des Treffens zu drängen, erklärte Sahm. Die Kanzlerdelegation sollten auch nur diejenigen begrüßen, die an dem Treffen teilnehmen. Auf einen »großen Bahnhof« solle verzichtet werden. Offenbar hatten die bundesdeutschen Unterhändler Angst, dass Ulbricht plötzlich auf dem Bahnsteig stehen könnte. Schüßler jedoch wies den Vorschlag, dass Brandt bei seiner Rückreise nach West-Berlin fahre, als »eine bestimmte Zumutung« zurück. Das sei für die DDR nicht akzeptabel. Sahm rechnete nun Schüßler vor, dass die bundesdeutsche Seite mit diesem Vorschlag zwei Drittel ihres Programms gestrichen habe: Brandt verzichte auf die Anreise über West-Berlin und das Mittagessen im anderen Teil der Stadt. Den Konflikt vor Augen, schlug Schüßler vor, diese Frage zunächst auszuklammern und über die Presseberichterstattung zu sprechen. Er teilte der bundesdeutschen Delegation mit, dass es keine Live-Übertragung des Treffens geben werde. Als Grund nannte er die unterschiedlichen Vorstellungen über das Protokoll. Auf die Frage Schüßlers, wie viele bundesdeutsche Journalisten einreisen wollten, antwortete Sahm: »Wir rechnen mit etwa 1000.« Schüßler gab sich zuversichtlich, eine solche Menge bewältigen zu können. »Daß der eine oder andere allerdings abgelehnt wird, das kann eintreten.«

Zugleich schlug Schüßler vor, die Vorgespräche am folgenden Tag um 10 Uhr fortzusetzen. »Daraufhin verläßt die DDR-Delegation den Sitzungssaal und läßt uns allein. Wir sehen uns das Fernsehen an und genießen Obst und Pralinen«, so Sahm.[26] Gegen 16.20 Uhr kam Schüßler zurück und bat Sahm um ein Vieraugengespräch. Es dauerte eine Viertelstunde. Schüßler übergab Sahm ein Papier mit einem alternativen Vorschlag: Brandt solle mit einem Sonderzug in die DDR reisen und am Grenzübergang Marienborn offiziell begrüßt werden.[27] Stoph werde den Kanzler dann am Berliner Ostbahnhof erwarten und ohne militärisches Zeremoniell begrüßen. Anschließend sollten die Regierungschefs zum Haus des Ministerrates fahren und dort die Gespräche beginnen. Für Mittag wurde ein Kaltes Büfett vorgeschlagen. Nach dem Gespräch solle Brandt die Stadt wieder über den Ostbahnhof verlassen und über den Grenzübergang Marienborn in die Bundesrepublik zurückkehren.

Nach dieser Unterredung kehrten die Chefunterhändler in den Sitzungssaal zurück. Dort wurde der DDR-Vorschlag präsentiert und die

Sitzung auf den nächsten Morgen vertagt. Eine zunächst geplante gemeinsame Presseerklärung über das erste Gespräch wurde nicht formuliert. Um 16.55 Uhr endete die Sitzung.

Ulbrichts Messekontakte

Zurück in West-Berlin, berichtete Sahm in einem Telegramm an das Kanzleramt ausführlicher über die Verhandlungen.[28] Brandt, der sich in London aufhielt, wurde umgehend über die ersten Absprachen mit der DDR unterrichtet. In einem Gespräch mit dem britischen Premierminister Harold Wilson am Nachmittag bezeichnete der Kanzler die Vorverhandlungen Sahms als »not an easy operation«.[29] Trotzdem hielt Brandt es für »sehr wahrscheinlich«, dass er im März nach Ost-Berlin fahren werde. Problematisch – im Unterschied zu den Unterredungen mit Polen und der Sowjetunion – sei es, dass die Gespräche nicht vertraulich geführt werden könnten. Er werde alles veröffentlichen, um damit dem Risiko des Missbrauchs zu entgehen.

Über Ehmke ließ Brandt ausrichten, dass Sahm »auf Rückfahrt über Westberlin« bestehen solle.[30]

Als Sahm im Hotel »Kempinski« eintraf, warteten in der Empfangshalle zahlreiche Journalisten auf ihn. »Ich wurde auf ein Sofa gesetzt, und von zahlreichen Scheinwerfern geblendet, versuchte ich recht und schlecht mit wenigen Worten noch weniger zu sagen.« Sahm wurde für die ARD-»Tagesschau« interviewt.[31] Er zeigte sich diplomatisch zurückhaltend. Zeitungsreportern sagte er: »Wir hatten ein sachliches Gespräch. Wir haben uns unterhalten, wie ich es unter Deutschen für üblich halte. Wir brauchten keine Dolmetscher.«[32] Die Journalisten konnten dem Diplomaten nichts Greifbares entlocken: »Über die Problematik selbst habe ich kein Wort gesagt«, notierte Sahm in sein Tagebuch.

Auf dem Weg in sein Hotelzimmer wurde Sahm ausgerichtet, daß Otto Wolff von Amerongen, der Stahlhändler und Präsident des Deutschen Industrie- und Handelstages, im Haus sei und ihn sprechen wolle. Sahm empfing den Unternehmer in seinem Zimmer. Dort erzählte ihm Amerongen, der als Vorreiter des bundesdeutschen Osthandels bekannt war, dass er vor wenigen Stunden in Leipzig mit Walter

Ulbricht zusammengetroffen war.[33] In Leipzig fand gerade die traditionelle Frühjahrsmesse statt. Ein braungebrannter und aufgelockerter Ulbricht habe beim obligatorischen Messerundgang überraschend das Gespräch mit ihm gesucht, berichtete Amerongen. Damit erhielt Sahm nicht nur einen Bericht aus erster Hand zur Entwicklung der deutsch-deutschen Wirtschaftsbeziehungen. Ulbricht zeigte offensichtlich Interesse an Kontakten zur Bundesrepublik.

An dem anderthalbstündigen Gespräch – das »Neue Deutschland« sprach in seinem Bericht von einem gemeinsamen »Drink« in Amerongens »Kabinett« – hatten neben dem SED-Chef und seiner Gattin Lotte auch Ministerpräsident Stoph und 16 Mitglieder des SED-Zentralkomitees teilgenommen.[34] Westdeutsche Journalisten beschrieben die Atmosphäre am westdeutschen Messestand als »angeregt«.[35] Lediglich »Kronprinz« Erich Honecker habe vor sich hin geschwiegen: »Die Wirtschaft ist nicht sein Metier.« Über den Inhalt des Gespräches wurde zunächst nichts öffentlich bekannt. Die Zeitungen vermuteten, dass es um Probleme im innerdeutschen Handel gegangen sei. Das »Neue Deutschland« sprach von einer »interessanten Aussprache über wirtschaftliche und politische Beziehungen zwischen der Bundesrepublik und der DDR«.[36] Dabei habe Ulbricht Wolff von Amerongen gefragt, welche Lehren die »entscheidenden Kreise des westdeutschen Unternehmertums« aus den Weltkriegen gezogen hätten und ob sie bereit seien, die Grenzen der »souveränen DDR« anzuerkennen. Stoph forderte in dem Gespräch erneut gleichberechtigte Beziehungen zwischen der DDR und der Bundesrepublik.

Nach Angaben Amerongens hatte Ulbricht das Gespräch nahezu allein geführt.[37] Er habe in langen Monologen die bekannten Positionen der DDR entwickelt. »Zweck des Gespräches sei nach Angaben Ulbrichts gewesen, die Auffassungen der deutschen Großbourgeoisie zu erfahren, da diese den maßgeblichen Einfluß auf die Regierung habe.«

Der Besuch Ulbrichts war eine demonstrative Geste der SED, die auch im Westen als solche aufgefasst wurde.[38] Sollte der gemeinsame »Drink« die außergewöhnliche Aufgeschlossenheit der DDR demonstrieren? Und sollte er der Nachweis sein, dass ein mögliches Scheitern der »technischen Vorgespräche« nicht an der DDR, sondern an den westdeutschen Unterhändlern gelegen habe? Ein Alibi-Drink also?

Oder wollte Ulbricht der DDR-Bevölkerung lediglich zeigen, dass es auch in Westdeutschland vernünftige Menschen gebe? Darauf schließt jedenfalls die Frage, die der SED-Vorsitzende laut »Neues Deutschland« an Wolff von Amerongen stellte: Welche Perspektive »die westdeutsche Großbourgeoisie« sehe?[39] Die Antwort des Industriellen: Er sei »für den Frieden und die Pazifizierung Europas«.

DDR-Vorbereitungen für Treffen in Ost-Berlin

Während die Unterhändler aus Ost und West noch über Details des bevorstehenden Gipfeltreffens rangen, begannen in Ost-Berlin die direkten Vorbereitungen für das Treffen. Ein Maßnahmeplan wurde ausgearbeitet. Die DDR wollte sich gegenüber der Bundesrepublik von ihrer besten Seite zeigen.

Daraufhin wurde das Ministerratsgebäude überprüft. Vom Kronleuchter über die Ventilatoren bis zur Heizung – alles wurde auf seine Funktionstüchtigkeit und Sicherheit untersucht.[40] Es wurde festgelegt, welches »Reinigungskollektiv« für welche Gebäudeteile zuständig war. Ein Koksvorrat für sechs Tage wurde herangeschafft und ein möglicher Ausfall der Heizungsanlage und der Stromversorgung geprobt.

Auch das Kronprinzenpalais Unter den Linden, das Brandt zur Verfügung gestellt werden sollte, wurde auf Vordermann gebracht.[41] Doch die Räume erwiesen sich als zu klein. »Die Schlafzimmer in den Appartements bestehen nur aus Nischen, ca. 6,5 bis 7,5 m² groß.« Die Zimmer wurden also ausgeräumt und umgebaut. Decken wurden durchbrochen, um Kabel zu verlegen. Überall wurde gemalert und gewerkelt. Alle Zimmer wurden neu ausstaffiert. Neue Möbel wurden herbeigebracht und Radios, Telefone und Farbfernsehgeräte besorgt. Die Bäder erhielten Personenwaagen. Fahnenmasten wurden angefertigt und montiert, Teppiche und Gardinen gereinigt, Aschenbecher und Blumenvasen verteilt. »Für die Hälfte der in Anspruch zu nehmenden Räume werden zusätzliche Ausstattungen mit Bildern, Kleinplastiken, Pflanzenarrangements usw. erforderlich.« Für den Kanzler war in einem Zimmer im zweiten Obergeschoss ein französisches Bett vorgesehen. Außerdem wurden eine komplette Friseur- und eine Arztzimmerausstattung angeliefert und installiert.

Daneben rechnete die DDR mit einem enormen Presseandrang. Sie schätzte, dass rund 200 Journalisten zu betreuen sein würden. Als Pressezentrum war das Hotel Unter den Linden vorgesehen.[42]

Zweite Verhandlungsrunde

Am 3. März wiederholte sich an der innerstädtischen Grenze das Geschehen vom Vortag. Kurz vor 10 Uhr überquerten am Übergang Heinrich-Heine-Straße schwarze Limousinen die Sektorengrenze. Diesmal wiesen die DDR-Grenzposten die Fahrzeuge in die Kontrollwege ein, um Missverständnisse zu vermeiden.

Auch im Haus des Ministerrates das gleiche Zeremoniell: Die bundesdeutschen Unterhändler, so schrieb Sahm in seinem Tagebuch, wurden von einem Nebenzimmer in das Sitzungszimmer geführt, »wo die DDR-Delegation bereits wartet, wir durften hineingehen und 5 x 5 feuchte Hände drücken. Dann geht die Besprechung wieder los.«[43]

Sahm teilte der DDR-Seite mit, dass die Bundesregierung mit dem am Vortag präsentierten Programmvorschlag einverstanden sei.[44] Allerdings wünsche der Bundeskanzler, am Abend über West-Berlin abzureisen. Das lehnte Schüßler ab. Das Ansinnen Brandts sei »eine Zumutung, der wir nicht zustimmen können«. Das Gespräch drehte sich wieder im Kreis. Zumindest auf vier Punkte einigten sich die Unterhändler: Termin: 16. März, 11 Uhr; Ort: Ministerratsgebäude in Ost-Berlin; Anreise: Sonderzug; auch über den zeitlichen Ablauf der Gespräche bestand Einigkeit.

Sahm bemerkte, »wie eng die Verhandlungsmarge für die andere Seite zu sein scheint«.[45] Immer wieder sei die Sitzung unterbrochen worden, damit die DDR-Seite Rücksprachen führen konnte. Meist seien die Begleiter eher zurückgekommen als Verhandlungsführer Schüßler. »Offensichtlich«, vermutete Sahm, »helfen sie bei der Berichterstattung, nehmen aber an der anschließenden Beratung und Meinungsbildung nicht teil«. Das Gespräch im Haus des DDR-Ministerrates dauerte am zweiten Tag dreieinhalb Stunden. Dann folgte ein gemeinsames Mittagessen.

Anschließend bat Schüßler Sahm zu einem Vieraugengespräch. Statt eines neuen Angebotes überreichte er dem Unterhändler »strahlend«

und »sichtlich erfreut« ein Buch, das Sahm in einer Ost-Berliner Buchhandlung für seine malende Frau kaufen wollte: »Der nackte Mensch«. Dann wurde es zwischen beiden wieder offiziell. Schüßler bat Sahm dringlich, »die Verhandlungen nicht scheitern zu lassen und die persönliche historische Verantwortung zu bedenken«. Sahm blieb bei seinem Standpunkt bezüglich West-Berlins und kritisierte Honeckers Rede vor Schülern der Parteihochschule. Diese sei nicht sehr hilfreich gewesen. Schüßler erklärte verschwörerisch, dass es sich hier um die SED handele, »es gäbe auch noch andere Kräfte«. Nach dem Gespräch unter vier Augen sprachen beide Delegationen noch einmal kurz miteinander, um sich dann zu verabschieden.

Um 14.50 Uhr kehrten die Unterhändler in den Westteil der Stadt zurück. Die wartenden Presseleute wurden einmal mehr enttäuscht: Sahm schwieg über den Inhalt der Gespräche. Es sei noch nichts beschlossen, sagte er lediglich. Dann stieg er in ein Flugzeug nach London, um den Bundeskanzler über den Verlauf der Gespräche persönlich zu informieren. Um 18 Uhr landete Sahm in Heathrow. Im Hotel schlüpfte der Spitzendiplomat in einen Smoking und wurde zu Brandt gebracht. »Dann zum festlichen Diner in der deutschen Botschaft, wo ich Wilson als Held des Tages vorgestellt werde.«

Werner Müller vom Bundespresseamt informierte indes in Berlin die Journalisten etwas ausführlicher, obwohl beide Seiten Stillschweigen über den Inhalt der Verhandlungen vereinbart hatten.[46] Er sagte, dass die Suche nach einem Zeitpunkt für das Treffen unproblematisch sei. Der mögliche Zeitrahmen sei bereits abgesteckt. Müller teilte auch den nächsten Verhandlungstermin mit: Auf Wunsch der DDR-Seite seien die Gespräche bis zum übernächsten Tag unterbrochen worden, damit die Delegationen ihre Regierungen informieren könnten. Die Gesprächsatmosphäre am zweiten Tag bezeichnete Müller als wiederum sachlich und höflich. DDR-Delegationsleiter Schüßler charakterisierte er als »harten Verhandlungspartner«. Im Übrigen, sagte der Pressesprecher, sei nur Schüßlers Funktion wirklich klar. Von den anderen vier Verhandlungspartnern seien der bundesdeutschen Delegation überhaupt nur drei namentlich bekannt.[47]

Offiziell verweigerte die Bundesregierung jede Auskunft über den Stand der Gespräche, doch einige Informationen sickerten durch. Unter Bezug auf »unterrichtete Kreise« beschrieb die »Welt« die beiden bisherigen Verhandlungsrunden: Danach sei am Montagvormittag »recht freundlich« miteinander gesprochen worden. Am Nachmittag sei das Klima »sehr hart« und am Dienstagvormittag wiederum »verbindlich-hart« gewesen.[48] Auch die »Süddeutsche Zeitung« zitierte »unterrichtete Kreise«.[49] Danach solle das Treffen in der Woche zwischen dem 16. und 21. März stattfinden. Fest vereinbart sei das noch nicht. Es wurde vermutet, dass sich die Vorgespräche aber noch bis Anfang April hinziehen könnten. Auch die drei wesentlichen Streitpunkte nannte die westdeutsche Presse: den Status des Besuches, die journalistische Berichterstattung und die Reiseroute.

Während Sahm in Ost-Berlin verhandelte, traf sich FAZ-Journalist Cramer heimlich mit Berg.[50] Noch immer suchte die Bundesregierung nach einem funktionierenden inoffiziellen Kontakt nach Ost-Berlin. Eigentlich war Hermann von Berg über Cramer von Kanzleramtsminister Ehmke zu vertraulichen Gesprächen nach Bonn eingeladen worden, doch hatte er kurzfristig absagen müssen. Damit hatte die SED-Führung erneut die Bundesregierung vor den Kopf gestoßen. Berg schrieb in seinem Vermerk über das Gespräch, Cramer sei »außerordentlich erregt« gewesen. »Er [Cramer] wisse inzwischen, daß wir alles täten, um die Begegnung Stoph – Brandt unmöglich zu machen. Dies sei die Meinung der Verhandlungsdelegation. Es seien keine Gespräche zur Suche von Kompromissen möglich. Die DDR-Seite verlese nur Statements, die aus Honeckers ›PHS-Rede‹ stammen könnten.« Cramer ließ sich laut Berg über die Streitpunkte der Verhandlungen aus: »Wieso wir plötzlich unbedingt für das als aggressiv verschriene ›Deutschlandlied‹ seien, wäre ein Grund zum Totlachen.« Die bundesdeutschen Unterhändler, ließ Cramer Berg wissen, »könnten aus allem nur den Schluß ziehen, daß Stoph hier gar nichts, Honecker aber alles zu regeln habe. Unsouveränere Beamte als bei Stoph seien ihnen nirgends begegnet.« Berg versuchte nach eigenen Angaben Cramer zu beruhigen. Die DDR sei nicht der Meinung, dass das Treffen nicht stattfände. »Es liefe alles ganz gut.« Schließlich habe es bereits ein Gespräch zwischen der DDR-Führung und Otto Wolff von Amerongen gegeben. Und der Geschäftsführer der SPD-Bundestagsfraktion, Karl Wienand, sei inzwischen auch in der DDR eingetroffen. Eine konkrete Botschaft des DDR-Ministerrates für die Bundesregierung konnte Berg jedoch abermals nicht geben. Cramer zeigte sich enttäuscht, denn damit würden die Bonner Zweifel an der Rolle Bergs wachsen. Cramer ließ Berg wissen, er bedauere es, dass nach Bahr und einigen West-Berliner Politikern nun auch Ehmke sage, er, Cramer, hielte zu viel von dem DDR-Emissär, »den man doch wohl nunmehr eindeutig als MfS-Mann ansehen müßte«.

Am Abend meldete sich der Journalist nochmals bei Berg.[51] Er berichtete, dass Ehmke nach seiner Berichterstattung wütend reagiert und anschließend mit Brandt gesprochen habe. Cramer übermittelte die Botschaft: »Kanzler Brandt lasse dem Ministerpräsidenten der DDR ausrichten, daß alles, was in Leipzig laufe (Amerongen / Wienand) nicht auf des Kanzlers Veranlassung geschehe. Es gäbe nur einen autorisierten Draht – Kanzler / Ministerpräsident – der über Ehmke« und Berg laufen solle. Der Kanzler sei außerdem der Meinung, je schneller Ehmke und Berg zusammenträfen, »desto besser wäre dies im Interesse der Sache«.

Am späten Abend klingelte bei Berg erneut das Telefon. Diesmal war Ehmke selbst am Apparat.[52] Offenbar setzte die Bundesregierung alles daran, die festgefahrenen Gespräche durch inoffizielle Kontakte wieder in Gang zu bringen. Der Kanzleramtsminister sagte nach Angaben des DDR-Funktionärs, dass alles, was Berg von Cramer über Leipzig gehört habe, »Quatsch« sei. Ehmke bekräftigte: »Autorisiert sei keiner außer ihm.« Der Kanzleramtsminister setzte ganz auf Berg und schlug für den folgenden Tag ein diskretes Treffen vor: »Er könne mir«, notierte Berg, »genau sagen, was sie von ihrer Seite vorhätten und wie sie zu verfahren gedächten.« Berg versprach, »heute noch« Rücksprache zu halten und Ehmke am nächsten Tag »telefonisch zu antworten«. Er fügte hinzu, dass dies schwierig wäre, da die DDR-Führung zurzeit in Leipzig sei.

Berg informierte umgehend seine Vorgesetzten. Nach Rücksprache mit Stoph und Markus Wolf wurde intern entschieden: »Jetzt paßt es nicht. Offenhalten für evtl. späteren Kontakt.« Die Antwort war ein deutlicher Affront gegen Ehmke und damit gegen die Bundesregierung. Sie hatte händeringend nach einem funktionierenden inoffiziellen Kontakt zur DDR gesucht. Der geheime Kanal über Berg hatte sich zum wiederholten Mal als Einbahnstraße erwiesen. Selbst Hermann von Berg zeigte Nerven. Unter seine Gesprächsnotizen setzte er ein Postskriptum: »Ich wäre wirklich froh, wenn das Hick-Hack aufhören könnte. Wir verlieren wirklich an Gesicht – schließlich geht alles um Gen. Stoph, nicht um uns.«

Trotz der Querelen gingen die SED-Funktionäre von einem erfolgreichen Abschluss der Vorverhandlungen in ihrem Sinne aus. Am Abend des 3. März beriet das SED-Politbüro in Leipzig ein Konzept für das bevorstehende Gipfeltreffen in Ost-Berlin.[53] Das Außenministerium hatte nach dem Gromyko-Besuch einen neuen ausführlichen Entwurf vorgelegt.[54]

In der mehr als zweistündigen Sitzung besprach das Politbüro die personelle Zusammensetzung der Delegation und ihrer Mitarbeiter sowie detaillierte Argumentationslinien. Als zentrales Gesprächsziel für das Gipfeltreffen bekräftigten die Genossen die »Herstellung gleichberechtigter völkerrechtlicher Beziehungen« zwischen der DDR und der Bundesrepublik. Viel Verhandlungsspielraum würde es also nicht geben.

Bereits ausformuliert war das Manuskript für Stophs Eröffnungsrede. Selbstbewusst wollte der Ministerratsvorsitzende beginnen: »Sehr geehrter Herr Bundeskanzler! Im Namen des Ministerrates der Deutschen Demokratischen Republik begrüße ich Sie in der Hauptstadt der DDR, Berlin. Ich stelle mit Genugtuung fest, daß Sie meiner Einladung zu dieser Begegnung gefolgt sind.« Dann wollte er Vorwürfe und Anschuldigungen gegen die Bundesrepublik vortragen, etwa den bisherigen Bundesregierungen vorhalten, die DDR nicht anerkannt zu haben. Dahinter habe sich die »schlecht verhüllte Absicht« verborgen, »die sozialistische Ordnung auf deutschem Boden zu beseitigen«. Die Bundesregierungen hätten 20 Jahre lang versucht, die DDR »ökonomisch, politisch und militärisch zu erpressen«. Dem habe nicht nur die »wachsende Kraft« der DDR, sondern auch die »politisch-moralische Einheit von Volk und Staatsführung« entgegengestanden.

Dem sollte ein historischer Exkurs über die Deutschlandpolitik seit dem Potsdamer Abkommen von 1945 folgen. In diesem Zusammenhang sollte Brandt mit einem eigenen Zitat aus seiner Stockholmer Schrift »Zur Nachkriegspolitik der deutschen Sozialisten« von 1944 konfrontiert werden, in der sich der Emigrant über die politischen und gesellschaftlichen Konsequenzen einer deutschen Niederlage Gedanken gemacht hatte. Die von Brandt damals geforderte Neugestaltung von Staat, Wirtschaft und Gesellschaft sei in der DDR umgesetzt worden –

in der Bundesrepublik jedoch nicht, so die vorbereitete Argumentation. »Die geschichtlichen Tatsachen besagen eindeutig: Wenn die Einheit der Nation verspielt wurde, dann liegt die Schuld nicht bei uns, sondern bei den herrschenden Kreisen der Bundesrepublik.« Alle Versuche der DDR, die Teilung zu überwinden, seien an der bundesdeutschen Politik gescheitert. Stoph wollte allerdings dann einschränkend anmerken, dass es bisher keine sozialdemokratische Regierung gegeben habe. Aber: »Heute gibt es eine Bundesregierung unter sozialdemokratischer Führung. Sollte sie nicht wenigstens für ein friedliches, gleichberechtigtes Nebeneinander der DDR und der BRD auf der Grundlage der Normen der friedlichen Koexistenz eintreten?« Eine Verständigung zwischen den beiden Staaten könne »nur auf der Basis der Achtung und Anerkennung des politisch-territorialen Status quo erfolgen«. Damit war die Anerkennung der innerdeutschen Grenze gemeint. Abschließend wollte Stoph Brandt nochmals auffordern, über eine gegenseitige Anerkennung zu verhandeln.

In dem Konzept folgten weitere Argumentationslinien zu verschiedenen Fragen wie »menschliche Erleichterungen«, West-Berlin oder Gewaltverzicht. Zur Frage der »Einheit der Nation« hieß es in dem Papier: »Die ›Stunde der Wahrheit‹ erfordert, klar zu erkennen: Es gibt keine einheitliche Nation mehr.« Das in der DDR-Verfassung genannte Ziel, die Wiedervereinigung auf der Grundlage des Sozialismus anzustreben, könne nur »in der Zukunft« erreicht werden. Zum gegenwärtigen Zeitpunkt sei es nicht real.

Das Politbüro war mit der Erklärung, die Stoph abgeben sollte, nicht zufrieden.[55] Stoph wurde beauftragt, seine Rede »entsprechend der Aussprache« zu überarbeiten. Ulbricht wollte sogar eine Wiedervorlage. Doch seine Genossen lehnten ab.

Inoffizielles Messegeplauder

In Leipzig gab es am nächsten Tag erneut deutsch-deutsche Gespräche – diesmal diskret. In der Stadt war der Geschäftsführer der SPD-Bundestagsfraktion, Karl Wienand, eingetroffen.[56] Angeblich wollte er die Messe »privat« besuchen. Am 4. und 5. März traf er sich mit dem stellvertretenden DDR-Außenwirtschaftsminister Heinz Behrendt.[57]

Der Inhalt der »vertraulichen« Gespräche ist überliefert, da der SED-Genosse ein ausführliches Protokoll schrieb.

Demnach behauptete sein westdeutscher Gast, entgegen der Botschaft, die Cramer übermittelt hatte, gleich zu Beginn: »Eine Absicherung, solche Gespräche zu führen, habe er von Brandt und Wehner.« Allerdings würde er, wenn ihn je jemand fragen sollte, »bei jeder Gelegenheit« sagen, »daß er mit Behrendt nur über den Handel und über nichts anderes gesprochen habe«.

Wienand informierte sein Gegenüber detailliert über die Verhandlungskonzeption der Bundesregierung. Seine Botschaft lautete, die Bundesregierung sei an einem Erfolg des Gipfeltreffens interessiert. Brandt, sagte der SPD-Politiker, werde nach Berlin kommen. Er werde sich völlig offen zeigen und keine Vorbedingungen stellen. Wienand bedauerte, dass von den Liberalen statt des Parlamentarischen Staatssekretärs im Innenministerium, Wolfram Dorn, nicht Innenminister Hans-Dietrich Genscher an den Gesprächen teilnehmen solle. Das wäre »dreimal besser« gewesen. Außerdem sprach Wienand über die innenpolitische Situation der Bundesregierung. Sie habe nur eine schwache Mehrheit und könne nichts aushandeln, was später, »wenn es vereinbart wird, keinen Wert mehr hat, weil diese Regierung nicht mehr existiert«. Die Bundesregierung sei aber bereit, »einen bestimmten Status« zu finden, »bis zu dem man gehen könne«, ohne die Rückendeckung der Bevölkerung zu verlieren. »Im übrigen wolle Brandt auch hier über alles reden und nicht ausweichen.« Der Kanzler werde ohne Illusionen in die Verhandlungen gehen und wolle den Realitäten ins Auge sehen. Wienand kündigte an, dass Egon Bahr während des Gipfeltreffens wahrscheinlich in Moskau sein werde. Abschließend bot sich der SPD-Politiker für weitere Gespräche an. Sein Angebot lautete, er und Behrendt könnten während der offiziellen Verhandlungen ihre Informationen austauschen. Die Vergangenheit habe gezeigt, dass Nebenabsprachen die Hauptverhandlungen zu einem Ergebnis führen könnten.

Optimistischer Brandt in London

Nachdem Brandt von Sahm persönlich über den Verlauf der Gespräche in Ost-Berlin informiert worden war, zeigte er sich vor der Presse in London zuversichtlich: »Es würde mich sehr wundern, wenn das Gespräch nicht vor Ostern stattfindet.«[58] Der Kanzler fügte hinzu: »Die beiden Teile Deutschlands sollten sich nicht lächerlich machen.« Die Journalisten begannen zu spekulieren. Hatte sich Sahm in den vergangenen Tagen nicht vorsichtiger und viel zurückhaltender geäußert? »Brandt«, glaubte die »Süddeutsche Zeitung«, »schätzt offensichtlich die Chancen für das Zustandekommen des Gesprächs […] optimistischer ein.«[59] Gleichwohl habe der vom Kanzler zur Schau getragene Optimismus seine Grenzen. Brandt könne die Befürchtung nicht völlig unterdrücken, dass sich die Gespräche in einem »Streit um Formeln festfahren«. Brandt habe sich mit Blick auf die Protokollfragen bewusst anspruchslos gegeben und versuche, diese herunterzuspielen. Die Zeitung zitierte den Kanzler, der sich hinsichtlich des vom Osten gewünschten Abspielens der Nationalhymnen geäußerte hatte: »Man sollte diese Gespräche freihalten von allem unnötigen Drum und Dran. Wir gehen in diesen Gesprächen von der Basis der Gleichberechtigung und Nichtsdiskriminierung aus, dazu muß man nicht unbedingt gleichberechtigte Musik machen.«

Während der Pressekonferenz in London wurde Brandt auch nach DDR-Ministerpräsident Stoph gefragt. »Unter Gelächter«, notierte Sahm, habe Brandt beiläufig geantwortet, »er (Brandt) gebe die Richtlinien der Politik, während Stoph sie auszuführen habe.«[60] Eine Bemerkung, die in Ost-Berlin nicht überhört wurde.

Am Abend kehrten Brandt und Sahm nach Bonn zurück. Ab 22 Uhr debattierten sie mit Horst Ehmke, Staatssekretär Georg Ferdinand Duckwitz und Büroleiter Gerhard Ritzel in der Privatwohnung des Kanzlers bei Brötchen und Whisky über die nächsten Schritte. »Ich vertrete die Auffassung«, sagte Sahm, »daß die andere Seite das Zustandekommen des Gespräches jetzt wünscht und nicht auf ein Scheitern hinarbeitet.«

Die Runde einigte sich auf ein weiteres Zugeständnis: Brandt werde nach dem Gipfeltreffen in West-Berlin keine Pressekonferenz abhalten und auch keine sonstigen Funktionen ausüben. Außerdem überlegten die Männer, aus welcher Quelle die Indiskretionen in die bundesdeutsche Presse abflossen. Ohne Gründe zu nennen, wurde das Büro des Regierenden Bürgermeisters von West-Berlin, Klaus Schütz, ins Spiel gebracht. Gegen Mitternacht ging die Runde auseinander.

Dritte Verhandlungsrunde

Am Morgen des 5. März flog Chefunterhändler Ulrich Sahm mit seiner Delegation von Bonn nach West-Berlin, im Gepäck die neuen Instruktionen des Kanzlers. Die Maschine landete mit einer Stunde Verspätung – die Fluglotsen streikten noch immer. Die Unterhändler fuhren umgehend weiter nach Ost-Berlin. Diesmal war mit dem Protokollsachbearbeiter des Bundeskanzleramtes, Amtmann Günter Poggel, ein weiterer Mann aus Bonn mitgereist. Die wartenden Journalisten schlossen daraus, dass es »inzwischen um ganz konkrete Fragen« ginge.[61] Eine voreilige Mutmaßung – die Verhandlungen blieben weiter zäh.

Zunächst bat Sahm Schüßler zu einem fast zweistündigen Gespräch unter vier Augen.[62] Sahm teilte mit, dass Brandt die bisherigen bundesdeutschen Verhandlungspositionen bestätigt habe. Der Kanzler sei mit dem vorgeschlagenen Programmablauf und dem 16. März als Termin einverstanden. Er wolle aber über West-Berlin in die Bundesrepublik zurückkehren. Sahm versicherte, dass Brandt in West-Berlin keine amtlichen Funktionen ausüben und auch keine Pressekonferenz geben werde. Schüßler bat daraufhin, den Sitzungsbeginn zu verschieben. Er müsse seinen Vorgesetzten berichten. Beschwichtigend vertraute er Sahm an, »er [Schüßler] habe übrigens Auftrag, Gespräch mit uns fortzusetzen«. Für Sahm klang es, »als wolle er sagen: er habe keine Weisung, sie abzubrechen«.

Nachdem Schüßler Staatssekretär Michael Kohl und Stoph berichtet hatte, bat er Sahm zu einem weiteren Vieraugengespräch. Er teilte mit, dass Stoph, so hieß es später im bundesdeutschen Protokoll, »ernsthaft« an einem Gespräch mit Brandt interessiert sei. Der Bundeskanzler möge aber die Absicht aufgeben, über West-Berlin zu reisen. Sahm erwiderte, dass er die Bitte Stophs dem Kanzler übermitteln werde.

Gegen 13 Uhr fuhren die Bonner zurück nach West-Berlin. Auf ein gemeinsames Mittagessen mit der DDR-Delegation verzichteten sie dieses Mal. Sahm notierte in sein Tagebuch: »Wir waren an einem toten Punkt angelangt, und es kam nun darauf an, den Schwarzen Peter der anderen Seite zuzuschieben.« Vor den westdeutschen Journalisten gab er sich erneut wortkarg: »Es zeichnet sich noch nichts ab.«[63] Und: »Wir halten uns an die Abmachungen mit der anderen Seite: absolute Vertraulichkeit bis zum Abschluß der Vorgespräche.«[64] Immerhin dementierte Sahm, dass es für den 16. März einen festen Termin für eine Begegnung zwischen Brandt und Stoph gebe. Regierungssprecher Conrad Ahlers hatte zuvor in Bonn verkündet, dass als Termin der 16. oder 18. März in Aussicht genommen worden sei.[65] Diese Termine habe die DDR vorgeschlagen. Einigkeit bestünde noch nicht.

Im West-Berliner »Bundeshaus« telefonierte Sahm mehrmals lange mit dem Bonner Kanzleramt. Er brauchte neue Instruktionen. Ehmke wies ihn an, »daß die andere Seite neue Vorschläge machen müsse, bevor wir unsere Verhandlungen fortsetzen«.[66] Dann ging es zurück nach Ost-Berlin.

Wie bereits am Morgen zogen sich Sahm und Schüßler am Nachmittag zunächst zu einem Vieraugengespräch zurück, um über die An- und Abreise Brandts zu sprechen.[67] Sahm teilte Schüßler im Namen von Brandt mit, dass die DDR Berlin als Gesprächsort vorgeschlagen und so die Berlin-Frage in die Vorgespräche eingeführt habe.[68] »Der Bundeskanzler erwarte deshalb, daß die DDR neue, sinnvolle Vorschläge unterbreite.« Für weitere nötige Vorgespräche stünde die bundesdeutsche Seite am 9. März zur Verfügung. Wie gewohnt zog sich Schüßler daraufhin zurück, um sich abzustimmen. Die Bonner mussten warten – länger als gedacht. »Diesmal dauert es sehr lange, anscheinend wird auf der anderen Seite die Lage sehr sorgfältig geprüft«, notierte Sahm. Erst nach zwei Stunden kam Schüßler zurück. Er gab eine Erklärung ab: »Die Absicht, über Westberlin abzureisen, ist eine Unhöflichkeit gegenüber dem Gastgeber.«[69] Und weiter: »Mit Befremden verfolgt die Regierung der DDR die sich von Tag zu Tag steigernde gezielte Pressekampagne gegen die technisch-organisatorischen Vorgespräche und damit gegen das Treffen der Regierungschefs.« Besonders aufgestoßen war der DDR offenbar ein Artikel in der »Berliner Morgenpost«. Die Zeitung hatte über Details aus den Vorgesprächen berichtet. »Wenn diese Pressekampagne so weitergeführt wird«, sagte Schüßler, »sind wir gezwungen, unser Schweigen aufzugeben und öffentlich unseren Standpunkt darzulegen.« Abschließend lud Schüßler die Bonner für den kommenden Montag um 10 Uhr nach Ost-Berlin ein.

Sahm antwortete, dass Schüßlers Erklärung »Formulierungen enthalte«, die er bedaure. Der Unterhändler ließ offen, ob er die erneute Einladung zu Gesprächen nach Ost-Berlin annehme. Für kurzfristige Mitteilungen erbat sich Sahm die Rufnummer Schüßlers: 20 93 620. »So hatten wir wieder den Schwarzen Peter!«, notierte Sahm nach dem Gespräch in sein Tagebuch. »Es handelt sich um einen geschickten Schachzug der anderen Seite, durch den sie unserem Manöver zuvorkamen, insbesondere, wenn sie zuerst in die Presse geht, was sie tat, wir aber nicht wußten.«

Am Abend meldete die ostdeutsche Nachrichtenagentur ADN, dass DDR-Unterhändler Schüßler Sahm für den kommenden Montag erneut nach Ost-Berlin eingeladen habe.[70] Die DDR-Delegation stünde jederzeit zur Verfügung.

Gegen 18 Uhr langten die Unterhändler wieder in West-Berlin an. Im Hotel »Kempinski« gab Sahm offenbar unwillig eine Pressekonferenz. »Ich erkläre«, schrieb er in sein Tagebuch, »daß die große Publizität, die meine Verhandlungen fänden, nicht hilfreich sei.«[71] Die Botschaft der Pressekonferenz war klar: Die Verhandlungen mit Ost-Berlin waren ins Stocken geraten.[72] Sahm berichtete, dass es in einzelnen Punkten Übereinstimmung gebe, in anderen Fragen dagegen unterschiedliche Auffassungen. Details nannte er nicht. Über Protokollfragen sei noch nicht beraten worden. Deshalb sei Protokollsachbearbeiter Poggel »überhaupt noch nicht in Funktion getreten«.[73] Weitere Fragen von Journalisten lehnte Sahm ab: »Wir fahren jetzt erst einmal ins Wochenende.« Nach den Worten von Regierungssprecher Ahlers hatten sich die Verhandlungen »im Kreise gedreht«.

Westdeutsche Beobachter reagierten enttäuscht. Es sei angenommen worden, dass es »wenigstens in der Frage der Fahrtroute des Bundeskanzlers zu einem Kompromiß kommen würde«.[74]

Dettmar Cramer, der als Vertrauter der Bundesregierung viele Details der deutsch-deutschen Kontakte kannte und darüber schweigen musste, griff als Journalist in der »Frankfurter Allgemeine Zeitung«

daraufhin das heikle Thema der An- und Abreise Brandts auf. Angeblich werde in Bonn bereits über eine Fahrt mit einem Sonderzug nach Ost-Berlin nachgedacht.[75] Eine solche Regelung komme der Ost-Berliner Seite entgegen, schrieb er. Denn würde Brandt mit dem Auto kommen, würde er bei seiner Rückreise nach West-Berlin in der Nähe der Mauer verabschiedet werden, eine für die DDR unschöne Fotokulisse. Bei einer Verabschiedung auf dem Ostbahnhof »würden diese Peinlichkeiten jedoch fortfallen«. Eine Ankunft und eine Verabschiedung auf einem Bahnhof hätten darüber hinaus den Vorteil, »eine unnötig große Zuschauermenge« zu vermeiden. Auch über mögliche Zurufe der Ost-Berliner Bevölkerung spekulierte die Cramer. Rufe wie »Willy« könnten auch Stoph gelten, da er den gleichen Vornamen, »allerdings mit einem schlichten i am Ende«, trage. Brandt, als ehemaliger West-Berliner Bürgermeister, sei aber in beiden Teilen der Stadt so bekannt, »daß der wirkliche Adressat unschwer zu erkennen sein würde«. Cramer berichtete außerdem, dass ein Empfang Ulbrichts für den Bundeskanzler nicht mehr diskutiert werde.

Unbemerkt von der Öffentlichkeit redeten Cramer und Berg wieder miteinander.[76] Der Journalist berichtete dem DDR-Funktionär, dass er am Vortag mit Ehmke und Wehner gesprochen habe. In der Bonner SPD-Spitze war die Stimmung offenbar schlecht. Wehner glaube »nicht an die ernste Absicht der DDR, die Begegnung stattfinden zu lassen«. Er habe außerdem Ehmke vorgeworfen, die vom Kanzleramtsminister zusammengestellte Delegation »reagiere zu steif« auf die Position der DDR und sei »zu einfallslos in Kompromißvorschlägen«. Nun sei Ehmke »sauer« auf Wehner. Ehmke sei außerdem »wütend über die ihm widerfahrende Behandlung« durch Berg. Zweimal habe er bei ihm im ZK-Institut und einmal privat angerufen. »Etwas Protokollwidrigeres sei undenkbar und dafür wurde er mißachtet.« Nach seinen vergeblichen Anrufversuchen habe der Kanzleramtsminister geschlossen: »Stoph wolle Brandt gut brüskieren.« Nach Angaben von Cramer habe Ehmke trotz dieser anhaltenden Verstimmung an seinem Gesprächsangebot festgehalten. Der Kanzler wolle vertraulich informieren, »um vorab Zuspitzungen zu vermeiden und gegebenenfalls auch andere Tagesordnungsfragen zu ›ventilieren‹, natürlich in beiderseitigem Interesse.« Wieder also war Berg und damit die DDR über Vorgänge in Bonn informiert, zudem lag weiter das Gesprächsangebot

Ehmkes vor. Doch eine entsprechende Reaktion der DDR findet sich in Bergs Aufzeichnungen nicht.

Am Abend schickte Kanzleramtsminister Horst Ehmke ein Fernschreiben nach Moskau, um Egon Bahr über die Gespräche Sahms zu informieren.[77] Detailliert zählte er die Streitpunkte auf, in denen sich die bundesdeutsche Verhandlungskommission kompromissbereit zeige. Auch über »schmückende Einzelheiten« bei der protokollarischen Ausgestaltung des Treffens würde die bundesdeutsche Seite hinwegschauen. Unverrückbar blieben aber die Forderungen nach einer Rückreise des Kanzlers über West-Berlin und ein Verzicht auf eine Ehrenkompanie. Darin, schrieb Ehmke an Bahr, würde, »abgesehen vom psychologischen Schaden, auch Anerkennen stets abgelehnter militärischer Präsenz in Ost-Berlin« liegen. Insgesamt gab sich Ehmke optimistisch: Die Vorgespräche »sollten von unserer Seite ohne Zeitdruck und ohne Polemik in der Überlegung fortgeführt werden, daß die Gegenseite den Besuch des Bundeskanzlers in Ost-Berlin letzten Endes aller Voraussicht nach weder an [der] Frage des Protokolls noch der Einbeziehung West-Berlins scheitern lassen kann«.

Zwar mahnte der Kanzleramtsminister in dem Fernschreiben, dass eine strikte Geheimhaltung des Gesprächsverlaufs gegenüber der Öffentlichkeit weiter unerlässlich sei, aber er stelle es Bahr frei, »unsere Auffassung und Besorgnis Ihrem Gesprächspartner im Vier-Augen-Gespräch darzulegen«. Damit war der Auftrag erteilt, den Ausweg aus der Sackgasse in Moskau zu suchen.

Medienkampagne in Ost-Berlin

Am Morgen des 6. März erregte die SED-Zeitung »Neues Deutschland« bei Bonner Politikern, Beamten und vor allem Journalisten Aufmerksamkeit. Erstmals äußerte sich die Ostseite ausführlich zu den Verhandlungen. Während die Vorgespräche in den westdeutschen Zeitungen seit Tagen das bestimmende Aufmacherthema waren, hatte es in der DDR kaum Berichte gegeben. Nun machte die DDR ihre Drohung wahr und brach ihr Schweigen. In einem Kommentar, der einer öffentlichen Festlegung der DDR-Seite gleichkam, wurde auf die Position der Bundesregierung eingegangen, die die DDR-Reise des

Kanzlers unbedingt mit einem Besuch in West-Berlin verknüpfen wolle: »Kein ernsthafter Politiker«, hieß es in der Zeitung, könne annehmen, »daß die DDR sich auf solche völkerrechtswidrigen Handlungen einlassen wird«.[78] Das Ansinnen Brandts stehe im Widerspruch zu internationalen Abkommen.

Damit hatte sich der Tonfall der Parteizeitung wieder verschärft, die Tage der propagandistischen Mäßigung waren offenbar beendet. Das »Neue Deutschland« erregte sich über die Publizität der »technischen Vorgespräche« in der westdeutschen Presse. Mit einer »gezielten und von Tag zu Tag sich steigernden Kampagne« würde sie die Verhandlungen stören. Sie warf den bundesdeutschen Medien, besonders dem Springer-Verlag, »grobe Entstellungen«, »Falschmeldungen« und »wüste Spekulationen« vor. Damit würden sie das Klima vergiften. Angesichts des »Gemischs aus Hetze, Dichtung und Wahrheit« sei es notwendig, »einige Wahrheiten zu lüften«. Die Zeitung polemisierte zugleich gegen den Bundeskanzler, der sich mit »herabsetzenden Bemerkungen« zur administrativen Rolle Stophs geäußert habe – eine Anspielung auf Brandts Stoph-Charakterisierung in London. Im Gegensatz zum »Bonner imperialistischen NATO-Staat« gebe es im »sozialistischen deutschen Nationalstaat« keine solche »undemokratische Ordnung«, wonach eine Person allein die Richtlinien der Politik bestimme, sondern eine »kollektive Führung«.

Die »Frankfurter Allgemeine Zeitung« zog aus dem Kommentar den Schluss, dass sich die Aussichten auf ein Treffen zwischen Brandt und Stoph nicht nur »offenbar verschlechtert« hätten, sondern der Gipfel an sich gefährdet sei.[79] Denn durch die öffentliche Festlegung der DDR-Seite sei der weitere Verhandlungsspielraum für die Delegationen »von vornherein sehr eingeengt« worden. Die Bundesregierung habe jedenfalls nicht die Absicht, auf die Bedingungen bezüglich der Reiseroute einzugehen. Die geplante Begegnung könnte nun scheitern. Auch für die »Süddeutsche Zeitung« waren die Verhandlungen an einem »toten Punkt« angekommen, so dass das Treffen Brandt–Stoph als »fraglich« erscheine.[80] Der östliche Kommentar solle dem Leser suggerieren, dass ein Treffen »an den bösen Machenschaften der Westdeutschen zu scheitern« drohe.[81]

Die Bundesregierung erklärte daraufhin, dass sie sich weiter an die Vertraulichkeit der Vorgespräche halte und sich der Kanzler nicht vorschreiben lasse, auf welchem Weg er zu dem Gespräch mit Stoph kommen werde.[82] Regierungssprecher Ahlers bezeichnete in einem Rundfunkgespräch die ostdeutsche Diskussion um den Reiseweg als einen »grotesken Vorwand« und ans Absurde grenzend.[83]

Auch der Bundeskanzler schaltete sich nun in die Diskussion ein: Am Abend gab er der ARD ein Interview und äußerte sich erstmals öffentlich zu den laufenden Vorgesprächen.[84] »Ich hätte lieber geschwiegen zu diesen technischen Besprechungen.« Aber nun habe das »Neue Deutschland« mit Veröffentlichungen begonnen. Die DDR, so Brandt, lege sonst großen Wert darauf, »daß die Maßstäbe zwischenstaatlichen oder internationalen Brauchs zugrundegelegt werden. Dies ist nun ganz ungewöhnlich, daß man jemandem, den man sehen will, nun auch noch nahebringen will, wie er kommt oder wie er wieder abreist. Das geht nicht.« Brandt stellte klar: »Damit wird man bei mir nicht landen.« Er forderte die DDR auf, von »unakzeptablen Vorbedingungen« abzurücken. Brandts Formulierungen hatte Sahm ausgearbeitet.[85]

Das gegenwärtige Klima zwischen Bonn und Ost-Berlin liege »unter dem Gefrierpunkt«, schrieb die »Frankfurter Allgemeine Zeitung«.[86] Als Grund nannte sie »das Gefühl« der ostdeutschen Funktionäre, »innenpolitisch noch nicht so weit gefestigt zu sein, um einen friedlichen Wettstreit mit der Bundesrepublik, vor allem im Hinblick auf die Bewußtseinslage der eigenen Bevölkerung, durchzustehen«. Denn Gespräche mit der Bundesregierung könnten »den Prozeß der Bildung eines Sonderbewußtseins teilweise auch Staatsbewußtseins in der Bevölkerung der DDR abstoppen«. Als Gegner jeglicher Ost-West-Kontakte vermutete die Zeitung Erich Honecker. Allerdings seien »die Russen« auf der Seite der kontaktwilligen Funktionäre.

Am Morgen des 6. März flog Sahm zurück nach Bonn.[87] Sein Begleiter Weichert schlug vor, Brandt solle einen neuen Brief an Stoph schreiben, »um den toten Punkt zu überwinden«. Sahm selbst sah keinen Ausweg: »Der springende Punkt ist, daß sich jetzt beide Seiten in der West-Berlin-Frage so festgelegt haben, daß sie ohne Prestigeverlust von dieser Position nicht mehr herunter können. Es ist wohl mehr als das Prestige: auf beiden Seiten geht es um fundamentale Rechtspositionen.«

Am Nachmittag schickte Egon Bahr ein Fernschreiben aus Moskau.[88] Der Staatssekretär und Krisenmanager berichtete, dass er Außenminister Gromyko in einem 15-minütigen Vieraugengespräch »über die

Haltung Ostberlins unterrichtet« habe. Gromyko habe kaum geantwortet. In dem Gespräch sei es auch um die geplante Rückreise des Kanzlers über West-Berlin gegangen. Bahr schrieb, dass Gromyko den Bundeskanzler »als stark genug einschätze«, um sich über »so etwas hinwegsetzen zu können«. Darauf habe er geantwortet, »daß der Bundeskanzler u. a. in Westberlin einen Ruf zu verlieren habe. Er, Gromyko, solle sich darüber im klaren sein, daß an dieser Frage die Sache scheitern könne.«

Offenbar kamen dem sowjetischen Außenminister im Laufe des Gespräches Bedenken, denn er fragte Bahr, ob er etwas dagegen habe, wenn er die DDR darüber informiere. Der bundesdeutsche Staatssekretär stellte dies Gromyko frei. »Ich hatte den Eindruck, daß ihm diese ganzen technischen Fragen zu einem guten Teil als kleinlich und nur bedingt als politisch wichtig erschienen.« Bahr glaubte, dass Gromyko »offenbar dankbar für die Unterrichtung« durch die bundesdeutsche Seite gewesen sei, »die ihm mindestens in einigen Punkten neu war«. Daraus schloss Bahr, dass die DDR ihre Verhandlungsposition nicht mit der Sowjetunion abstimme und offenbar Bewegungsspielraum habe. Er schlug abschließend den heimischen Regierungsmitgliedern vor, zu überlegen, »ob die Reise über Westberlin vermeidbar wird, wenn der Bundeskanzler mit Begleitung und Journalisten Hin- und Rückflug Wahn – Schönefeld – Wahn am selben Tag in zwei Boeing 707 der Luftwaffe macht. Von hier aus gesehen würde dies bedeuten: wenn schon Staat, dann richtig.«

Das Treffen droht zu scheitern

Am Wochenende nach der dritten Verhandlungsrunde interpretierten die Zeitungen beider Seiten den Zwischenstand. »Ost-Berlin will, daß Willy Brandt West-Berlin verrät« – so titelte am 7. März die »Bild«.[89] Die Zeitung erklärte: »Pankow wünscht, daß Brandt *direkt* von Bonn nach Ost-Berlin und zurück reist, ohne in West-Berlin Station zu machen.« Die Vorgespräche seien durch solche Forderungen »ernstlich gefährdet«. In Bonn würde sich Skepsis breitmachen.

In der DDR setzten die Medien ihr propagandistisches Trommelfeuer gegen die Bundesrepublik fort. Am 7. März fragte das »Neue

Deutschland«: »Aber ist die Haltung Willy Brandts wirklich besser oder auch nur realistischer, als es die seiner Vorgänger war?,«[90] und antwortete sogleich: Das angebliche Entgegenkommen der Bundesregierung bestehe »in einem Schwall von mehr oder weniger schönen Worten und in nichts sonst«. Das beschrieb recht gut das Denken der DDR-Oberen. Außenminister Otto Winzer vertraute an diesem Wochenende seinem Tagebuch an: »Brandt – absurd den Reiseweg vorschreiben zu wollen«.[91] Wenn Brandt die Souveränität der DDR nicht respektiere, dann sei »alles Gerede über Gleichberechtigung [...] Heuchelei«. Allerdings hielt der Außenminister am Ziel fest: »Vorgespräche zum Abschluß bringen«.

Am 8. März legte das »Neue Deutschland« nach. Die Zeitung griff erneut die Bundesregierung an, vor allem den Regierungssprecher.[92] Dieser habe, »neben anderem schlecht Überlegtem«, gesagt: »Der deutsche Bundeskanzler hat nach unserer Rechtsauffassung das Recht, sich in West- und Ost-Berlin aufzuhalten und zu betätigen.« Diese Aussage, so das »Neue Deutschland«, sei »so ziemlich die unverschämteste Formel, in der die revanchistische Alleinvertretungsanmaßung Bonns jemals ausgesprochen wurde«. Die Zeitung fuhr fort: »Um in der Herrn Ahlers gewiß vertrauten Sprache der Whisky-Trinker zu reden: Alleinvertretungsanmaßung ohne Soda, pur.« Die DDR jedoch sei keine »Bonner Eckkneipe, wo jeder mit der Tür ins Haus fallen und tun und lassen kann, was er will.«

SED-Propagandachef Albert Norden, der auch für die Westpolitik der SED zuständig war, assistierte. Ebenfalls im »Neuen Deutschland« griff er die Bundesregierung umfassend an.[93] Die Bonner Außenpolitik ziele auf Expansion und Revanche und gefährde damit die Sicherheit in Europa. »Was sich also zwischen der Deutschen Demokratischen Republik und der Bundesrepublik abspielt, ist ein Teil des weltumspannenden Klassenkampfes zwischen den Kräften des Sozialismus und des Imperialismus.« Norden warb für Ulbrichts Vertragsentwurf: »Der Abschluß völkerrechtlich gültiger Verträge mit der DDR würde die Bundesrepublik vom Zwielicht und dem Mißtrauen befreien, mit dem Bonns Verhalten immer noch in weiten Teilen der Welt betrachtet wird.« Er warf Brandts Regierung gleichzeitig vor: »Leider hat die neue Regierung in der Zeit, die ihr zur Verfügung stand, nicht etwa Klötze vom Wege zu Frieden, Fortschritt und Entspannung weggeräumt, sondern manche neue Hindernisse aufgetürmt!« In der Bundesrepublik gebe es weiterhin das alte System, es sei nur neu dekoriert. Norden nutzte die Gelegenheit, um auch Verteidigungsminister Helmut Schmidt, dessen Freunde »im Hitlerischen Ungeist erzogene Generäle« seien, ins Visier zu nehmen. »Meine Generation«, so Norden, »hat Noske erleben müssen. Ich denke, ein Noske in der deutschen Geschichte sollte genügen.«

In einer Meldung der DDR-Nachrichtenagentur ADN wurde darüber hinaus moniert, dass bisher keine Antwort Sahms auf die erneute Einladung nach Ost-Berlin vorliege.[94] Westdeutsche Beobachter vermuteten hinter der Meldung den Grund, dass es der SED-Führung darum ginge, einen Vorwand für das Scheitern der Gespräche zu finden.[95] Die ADN-Meldung wurde Brandt zur Kenntnis gegeben. Er entschied, dass nichts zu veranlassen sei.[96]

Brandt gab nach all den schlechten Nachrichten aus Ost-Berlin nicht auf. Am Sonntagvormittag lud er seine engsten Vertrauten und die Vorsitzenden der Koalitionsfraktionen Herbert Wehner und Wolfgang Mischnick zu einer Konferenz in seine Dienstvilla auf dem Bonner Venusberg, um gemeinsam die Situation zu überdenken und letzte Instruktionen für die bevorstehenden Verhandlungen auszugeben.[97] Chefunterhändler Sahm reiste aus der Schweiz an, wo er sich nach Angaben der »Welt« in der Abgeschiedenheit der Alpen auf die kommenden Gespräche vorbereitet hatte: »Die Bergwelt sicherte Sahms gesammeltes Schweigen leichter als das hellhörige Bonn.«[98] Tatsächlich war Sahm mit seiner Frau privat in die Schweiz gereist, um bei Montreux ein neues Internat für den jüngsten Sohn zu besichtigen.[99]

Sahm erklärte der Runde zunächst kurz den aktuellen Sachstand. Er schätzte ein, dass die DDR an dem Treffen interessiert sei und es nicht zum Scheitern bringen wolle. Die anschließende Diskussion bezeichnete er als »etwas diffus«.[100] Es sei wohl nicht alles ausgesprochen worden. »Brandt vermeidet, wie es bei solchen Besprechungen üblich ist, eine klare Entscheidung, da er das Gremium dafür wohl nicht für befugt ansehen will.«

Vor allem mussten die Bonner klären, welche Alternativen blieben, um den toten Punkt bei den Vorverhandlungen zu überwinden. Wie konnte der Konflikt um West-Berlin gelöst werden? Oder sollten die

Verhandlungen für gescheitert erklärt werden? Dann wäre der Schwarze Peter tatsächlich in Bonn.

Kanzleramtsminister Ehmke schlug vor, Stoph nach Bonn einzuladen. Das hätte allerdings den Nachteil, dass die Berlin-Problematik nur bis zum Gegenbesuch aufgeschoben sei. Alternativ könnten die vier Siegermächte des Zweiten Weltkrieges Brandt und Stoph in das Kontrollratsgebäude in West-Berlin einladen. Diesen Gedanken lehnte Außenminister Scheel als »ganz abwegig« ab. Auch die anderen beteiligten sich lebhaft an der Diskussion über Für und Wider einer solchen Einbeziehung der Alliierten. Ahlers schlug drei Alternativen vor: Brandt lade nach Bonn ein, mit der Folge, dass Brandt anschließend auch nach Ost-Berlin müsse, ohne nach West-Berlin zu reisen. Wehner befürwortete den Vorschlag als »Demonstration der Tatsachen, daß es sich um zwei gleichberechtigte Partner handelt«. Als Zweites brachte Ahlers zwei alternative Orte in der DDR für ein Treffen ins Spiel: Marienborn oder Magdeburg. Und drittens wollte er der DDR vorschlagen, dass Brandt nach Berlin-Schönefeld fliege und nach den Gesprächen mit dem Flugzeug nach Westdeutschland zurückkehre, um gleich darauf nach West-Berlin weiterzufliegen. Brandt lehnte das als zu kompliziert ab. Er könne sich eher vorstellen, mit dem Flugzeug nach West-Berlin zu fliegen, sich dort mit den westlichen Alliierten zu treffen und nach Westdeutschland zurückzufliegen. Anschließend wolle er sofort mit dem Zug nach Ost-Berlin fahren. Wehner hielt diesen Vorschlag für den akzeptabelsten.

Sahm wurde langsam unruhig: »Mir schien das Gespräch in ein gefährliches Fahrwasser abzugleiten.« Der Diplomat meldete sich zu Wort und erklärte, dass Brandts Vorschlag »einen Sieg der DDR bedeuten würde«. Sahm präsentierte nun seinerseits drei Varianten: ein Treffen in Magdeburg oder Braunschweig, ein Treffen in Marienborn oder im Grenzgebiet und ein Treffen auf einem Schiff. Große Zustimmung erntete Sahm nach eigenen Angaben damit nicht. Ehmke und Mischnick votierten für Brandt. Scheel schlug dagegen ein drittes Land als Treffpunkt vor.

Wehner machte überdies den Vorschlag, Brandt solle an Stoph schreiben, dass unterschiedliche Auffassungen das Zustandekommen des Gespräches gefährdeten.[101] Deshalb schlage er vor, gemeinsam zu überlegen, wie die Gespräche von vorn beginnen könnten.

Schließlich beendete Brandt die Diskussion. Ihm ginge es darum, die Ernsthaftigkeit seiner Politik zu beweisen. Also plädierte er für einen anderen Ort. Dadurch könnten die Verhandlungen gerettet werden. Er bat Sahm, einen entsprechenden Brief an Stoph zu entwerfen und außerdem Kontakt mit Ost-Berlin aufzunehmen, um eine Fortsetzung der Gespräche anzukündigen. Wieder zu Hause, setzte sich Sahm an seinen Schreibtisch und feilte an dem Entwurf. Gegen 19 Uhr fuhr er damit zurück zu Brandt auf den Venusberg. Der Kanzler las den Entwurf und war zufrieden.

In dem Brief bekräftigte Brandt seinen Wunsch nach Gesprächen, die er »nicht nur für nützlich, sondern für notwendig erachte«.[102] »Unterschiedliche Auffassungen«, die mit den »technischen Vorbereitungen und dem Ablauf eines ersten Gespräches an sich nichts zu tun« hätten, schienen den »gewünschten Meinungsaustausch« zu gefährden. Als Kompromiss schlug er daher vor, »daß unsere Delegationen beauftragt werden, gemeinsam zu prüfen, ob sich eine neue Grundlage für Programm und Ablauf unserer ersten Begegnung – notfalls auch ein anderer Ort des Treffens – finden läßt.« Damit hielt Brandt dem Druck der DDR-Seite stand und setzte Ost-Berlin unter Zugzwang: Er hatte einen Kompromiss vorgeschlagen, der nicht so leicht vom Tisch gewischt werden konnte. Beide Seiten könnten jetzt die strittige Berlin-Frage ausklammern. Und vor allem überließ Brandt der DDR die weitere Initiative. Sie hatte nun die Möglichkeit, auf den Vorschlag einzugehen und eine Alternative vorzuschlagen.

Eine Sekretärin wurde geholt, die das Schreiben in Reinschrift aufsetzte. Brandt unterschrieb den fertigen Brief und übergab ihn Sahm mit letzten Instruktionen für die nächste Verhandlung in Ost-Berlin. In Sahms Tagebuch heißt es: »Ob und wann ich ihn übergebe, überläßt er meinem Ermessen.«[103] Auf Nachfragen sollte Sahm ausrichten, dass Brandt jeder andere Ort in der DDR oder auch ein Ort in Westdeutschland, den die Bundesrepublik vorschlage, recht wäre. »Falls Frage nach einem dritten Ort, soll ich Helsinki als Möglichkeit erwähnen«, notierte Sahm.

Außerdem schickte Sahm an diesem Sonntag ein kurzes Fernschreiben nach Ost-Berlin.[104] Die Botschaft lautete: Er werde mit gleicher Delegation am Montagvormittag am Grenzübergang in der Heine-Straße eintreffen. Zur Sicherheit rief Sahm noch zusätzlich in Ost-

Berlin an, bestätigte nochmals den Termin und bat um Verständnis für mögliche Verzögerungen, da es Schwierigkeiten im Flugverkehr gebe.[105]

Vierte Verhandlungsrunde

Am Montagmorgen flog Ulrich Sahm mit seiner Delegation erneut vom Flughafen Köln/Bonn nach Berlin-Tempelhof. Die Aussichten auf eine erfolgreiche Mission waren nicht besonders rosig: Würden die beiden Seiten einen Ausweg aus den festgefahrenen Verhandlungen finden? Wie würde die DDR auf Brandts Brief reagieren? Noch dazu war der »Bummelstreik« der Lotsen nicht beendet. Das Flugzeug verspätete sich wieder um eine Stunde. So hatte Sahm Zeit für einen Blick in die großen westdeutschen Tageszeitungen. Sie zweifelten an einem Erfolg seiner Verhandlungen: »Wie ernst meint es Ost-Berlin mit dem Treffen Brandt–Stoph?«[106] und »Bonn fühlt noch einmal in Ostberlin vor«[107]. Das Nachrichtenmagazin »Der Spiegel« registrierte einen »Kälteeinbruch im beginnenden Frühling der deutschen Ostpolitik«.[108] »Bild« berichtete, die Aussichten auf einen Erfolg seien »immer mehr auf den Nullpunkt« gesunken.[109] Erstmals wurde auch in den Zeitungen ein Ausweg aus den festgefahrenen Verhandlungen angedeutet: ein anderer Tagungsort.[110]

Um 10.45 Uhr reiste Sahm zusammen mit seiner Delegation nach Ost-Berlin ein. Wieder rollten zwei Wagen über den Übergang Heinrich-Heine-Straße. Auf der anderen Seite der Mauer wurden die Unterhändler erneut von Skomira empfangen.

An diesem Montag tagte in Ost-Berlin auch der DDR-Ministerrat. Zur Debatte stand ein Entwurf des Außenministeriums, der eine Erklärung enthielt, die im Namen Stophs den Bonner Unterhändlern vorgelesen werden sollte.[111] Darin wurde die Bundesregierung aufgefordert, nicht an »unzumutbaren Vorbedingungen« festzuhalten. Der beabsichtigte Aufenthalt des Kanzlers in West-Berlin sei eine »politische Provokation, auf die die Regierung der DDR in Übereinstimmung mit ihren Verbündeten nicht eingehen kann und wird«. Die bevorstehenden Viermächteverhandlungen dürften durch den Besuch des Bundeskanzlers nicht »belastet und gestört« werden. Brandt wurde aufgefordert, »auf die politische Demonstration gegen die DDR« zu verzichten. Er solle bei seinem Besuch der DDR deren Souveränität achten und »beim Reiseweg die Hoheitsrechte der DDR entsprechend den Grundsätzen des Völkerrechts« respektieren.

Letztlich milderte die DDR-Führung den Entwurf ab. Sie beschloss eine Erklärung, in der es hieß, dass ein Besuch des Bundeskanzlers in West-Berlin im Zusammenhang mit seiner DDR-Reise eine »Provokation« sei. Gleichzeitig betonte sie ihr Interesse an einer Begegnung »zu jedem Zeitpunkt« zwischen Brandt und Stoph.[112] Die Erklärung erhielt Verhandlungsführer Schüßler. Außerdem wurde sie über die DDR-Nachrichtenagentur verbreitet.

Schüßler las Sahm die Erklärung »mit eisiger Miene« vor.[113] Er hatte dafür zuvor genaue Anweisungen erhalten.[114] Laut einer achtseitigen »Zusatzdirektive« sollte Schüßler nach dem Verlesen der Erklärung auf einen schnellen Abschluss der Gespräche drängen und die bundesdeutsche Seite unter Druck setzen: »Der Erfolg unserer heutigen Zusammenkunft hängt allein von Ihnen ab.« Das interne Drehbuch listete zahlreiche Argumente auf, mit denen die bundesdeutschen Unterhändler von ihrer Position abgebracht werden sollten. Darunter fand sich auch die Südtirol-Frage: »Wenn z. B. die Regierungschefs Italiens und Österreichs zusammenkommen, um über die Verbesserung der gegenseitigen Beziehungen zu beraten, würde ein Besuch und Aufenthalt des österreichischen Bundeskanzlers in Südtirol im Anschluß an das Treffen eine unfreundliche Handlung gegen Italien und eine Förderung der Südtiroler Revanchisten sein.« Auch für den Fall, dass die bundesdeutsche Seite mit der früheren Funktion Brandts als Regierender Bürgermeister von West-Berlin argumentieren sollte, hatte die »Zusatzdirektive« eine Antwort parat: Frühere Tätigkeiten des Bundeskanzlers seien »völlig unerheblich«. Ansonsten galt: »Falls Dr. Sahm vom Regierenden Bürgermeister von Berlin sprechen sollte, ist diese Anmaßung im übrigen sofort zurückzuweisen.« Komme es zu keiner Einigung, sollte Schüßler eine »Denkpause« vorschlagen und die Gespräche bis zum 12. März unterbrechen. Danach sollte er sein Bedauern kundtun, »daß die Delegation der BRD« nicht bereit sei, die technisch-protokollarischen Absprachen noch heute abzuschließen.

Tatsächlich verlief das Gespräch weitgehend nach diesem Muster. Sahm wies in einer Erklärung den Vorwurf der »Unhöflichkeit« vom

5. März zurück.[115] Er bezeichnete die Berichterstattung im »Neuen Deutschland« als »keineswegs hilfreich«. Nun erwarte er Vorschläge von der DDR-Seite. Nach seiner Auffassung zeigte er Entgegenkommen, als er vorschlug, dass Brandt mit dem Zug vom Ostbahnhof abfahre und seine Rückreise für einige Stunden in einem »nicht bekannten Ort« unterbreche. Schüßler lehnte diesen Vorschlag umgehend ab und favorisierte erneut die Reise per Flugzeug über Schönefeld. Diesen Vorschlag lehnte Sahm ab.

Schüßler kam auf Brandts Londoner Pressekonferenz und dessen Bemerkung über Stoph zu sprechen. Falls der Kanzler tatsächlich gesagt habe, dass er die Richtlinien bestimme und Stoph sie nur ausführe, so müsse er dies für eine Unhöflichkeit halten. Sahm versuchte, den Sachverhalt richtigzustellen. Brandt habe sich in seiner Aussage nicht auf Stoph bezogen, sondern die Unterschiede der Verfassungen klargestellt.

Gegen Mittag wurde das Gespräch unterbrochen. Sahm wollte mit Brandt Kontakt aufnehmen. Gleichzeitig zog sich die DDR-Delegation zu einer internen Beratung zurück. Kurz darauf trafen sich die beiden Chefunterhändler zu einem Vieraugengespräch.[116] Schüßler teilte Sahm mit, dass es keine Möglichkeit gebe, einen »unbenannten Ort« in die Abreise des Kanzlers einzubeziehen. »Jedem ist doch klar, daß das die Verschleierung der Abreise nach Westberlin ist.« Die DDR lasse in der prinzipiellen Frage nicht mit sich handeln. »Erpressungsversuche sind gegenwärtig und auch zukünftig aussichtslos.« Nach diesen Worten überreichte Sahm den Brief des Bundeskanzlers an Willi Stoph und teilte mit, dass er jederzeit für weitere Gespräche zur Verfügung stünde.

Dann wurden die bundesdeutschen Gäste zum Mittagessen gebeten.[117] Diesmal bekamen sie eine Speisekarte vorgelegt. Sahm behielt sie als Souvenir. Als Vorspeise wurde Blätterteigpastete mit feinem Ragout serviert. Dazu gab es Wodka der Marke »Blauer Bison«. Der nächste Gang war eine Geflügelcremesuppe. Ihr schloss sich als Hauptgericht ein Filetsteak mit Champignons, Spargel, Schoten, Karotten und Pommes frites an. Dazu wurde ein ungarischer Wein eingeschenkt: »Erlauer Stierblut«. Zum Abschluss gab es einen Obstsalat. Dazu ein DDR-Wein aus Radebeul: »Hoflößnitzer Schloßberg«. Mit Weinbrand, Mocca, Obst und Gebäck klang das üppige Menü aus. Den westdeutschen Diplomaten beeindruckte offenbar auch ein Teller, auf den ebenfalls die Speiseabfolge geschrieben worden war. »Der Objektleiter«, so notierte Sahm später, »bat mich mit wohlgesetzten sächsischen Worten, den Teller als Erinnerung mitzunehmen, was ich nach einigem höflichen Widerstreben dann auch tat.«

Nach dem Essen trafen sich die beiden Delegationsleiter auf ein weiteres, kurzes Vieraugengespräch.[118] Beide einigten sich darauf, die Verhandlungen am 12. März fortzusetzen. Bereits um 14.35 Uhr kehrte Sahm mit seiner Delegation nach West-Berlin zurück. Bei seiner Rückkehr in den Westen lehnte Sahm erneut jede inhaltliche Auskunft vor Journalisten ab. Er fuhr ins »Bundeshaus«, um mit dem Kanzleramt zu telefonieren.

Dann beeilten sich die Unterhändler, um das Flugzeug nach Bonn zu erreichen, wo sie am Abend eintrafen.[119] Per Telegramm informierten sie sofort Egon Bahr in Moskau über den Verlauf des Gespräches, so dass dieser rasch Gromyko unterrichten konnte. Sahm ließ das von Ehmke unterschriebene Telegramm mit den Worten enden: »Inhalt der Erklärung (des Ministerrates) sowie sicheres und entspanntes Verhalten der DDR-Delegation vermitteln Eindruck, daß nunmehr klare politische Entscheidung vorliegt, Gespräch Brandt / Stoph an West-Berlin scheitern zu lassen. Dies erscheint uns kaum ohne Rückendeckung Moskaus möglich.« Bahr mußte nun verhandeln.

Am Abend veröffentlichte die Bundesregierung Brandts Brief an Stoph, den Sahm am Vormittag Schüßler übergeben hatte. Gleichzeitig gab die Bundesregierung eine interne Sprachregelung aus: Es widerspreche allgemein üblichen Maßstäben, wenn die DDR einen Verzicht des Kanzlers auf seinen geplanten Reiseweg verlange.[120] »Ostberlin versucht damit, der Bundesregierung einen politischen Verzicht abzunötigen. Eine solche politische Vorbedingung ist nicht annehmbar.«

Dagegen bekräftigte Karl-Eduard von Schnitzler am Abend im DDR-Fernsehen: »In der selbständigen politischen Einheit West-Berlin hat ein westdeutscher Regierungschef nach wie vor und künftig keinerlei Recht, sich aufzuhalten oder zu betätigen.«[121] Das Schreiben Brandts verschwiegen die ostdeutschen Zeitungen am nächsten Morgen. Lediglich eine kurze ADN-Meldung wurde gedruckt, in der mitgeteilt wurde, dass das Gespräch stattgefunden habe und am Donnerstag, dem 12. März, fortgesetzt werden solle.[122] Auf polemische Kommentare verzichtete die Ostpresse an diesem Tag.

In der westlichen Welt dagegen wurde nach dem Brief des Kanzlers über einen alternativen Treffpunkt spekuliert. Die »New York Times« nannte »Magdeburgh« als »a possible site«.[123] »Bild« zählte Halle, Leipzig, Weimar und Erfurt als Alternativen auf.[124] Einen Tag später brachte die Zeitung zudem Wien ins Spiel – in der Umgebung Brandts werde die Stadt als »saubere Lösung« begrüßt.[125] Die »Süddeutsche Zeitung« hatte Jena, Weimar, Leipzig, Wien und Helsinki im Blick.[126] Zusätzlich mutmaßte sie, dass Brandt Stoph womöglich zu einer ersten Begegnung nach Bonn einlade. Denn die Bundesregierung habe »keine großen Hoffnungen« mehr, dass es in allernächster Zeit zu einem Treffen zwischen Brandt und Stoph in Ost-Berlin komme. Mit der Einladung nach Bonn könne Brandt zeigen, dass ein Treffen doch möglich wäre. »Möglicherweise wäre bei einem zweiten Treffen in Ostberlin der Streitpunkt Westberlin leichter zu umgehen als bisher.« Die »Frankfurter Allgemeine Zeitung« zählte als mögliche Orte Leipzig, Magdeburg, Potsdam, Weimar und auch Helsinki auf.[127] Ein Treffen in der finnischen Hauptstadt hielt die Zeitung allerdings für »abwegig«.[128] Eine dortige Begegnung würde das Treffen in ein »krasses Mißverhältnis« im Hinblick auf dessen »wirkliche Bedeutung« bringen. Vor einem Treffen in Potsdam warnte die Zeitung, weil Brandt dann in der Bundesrepublik »sehr ausführlich« erklären müsse, »warum er aus Gründen der Zeitersparnis nicht über die ›Brücke der Einheit‹ nach West-Berlin und von dort zum Flugplatz Tempelhof gefahren sei, nachdem Bonn mit Recht die Ansicht vertreten hat, dass er sich von der SED unmöglich die Reiseroute vorschlagen lassen könne«.

Die Bundesregierung selbst hielt sich mit Vorschlägen für einen alternativen Tagungsort in der Öffentlichkeit zurück. Regierungssprecher Conrad Ahlers sagte, es sei der DDR überlassen, einen anderen Ort als Ost-Berlin vorzuschlagen.[129] Intern freilich dachte auch die Bundesregierung über Alternativen nach. Sahm hatte dem Bundeskanzler tatsächlich Helsinki vorgeschlagen:[130] Brandt solle den schwedischen Ministerpräsidenten Olof Palme beim bevorstehenden Gespräch dazu bewegen, auf den finnischen Ministerpräsidenten einzuwirken, eine Einladung nach Helsinki auszusprechen. Dies solle aber erst geschehen, wenn alle Bemühungen um eine »einvernehmliche Lösung« endgültig gescheitert seien. Für die finnische Hauptstadt spreche, so Sahm, dass es sich um einen neutralen Ort handele, »bei dem außerdem noch die Bundesrepublik Deutschland und die DDR in gleicher Weise vertreten seien«.

Dagegen versuchte die DDR weiter an Berlin als Treffpunkt festzuhalten. Der Staatssekretär für westdeutsche Fragen, Joachim Herrmann, berief sich in einer Rede vor den Arbeitern des Ost-Berliner Kabelwerkes Oberspree auf »internationale Gepflogenheiten«, nach denen es völlig normal sei, dass der Kanzler von Bonn nach Berlin reise.[131] Es sei für die DDR eine »unzumutbare Bedingung«, die Gespräche zwischen Brandt und Stoph mit einem »demonstrativen Besuch« des Kanzlers in West-Berlin zu verbinden. Diese Absicht Brandts sei eine »politische Provokation«. Die DDR-Seite sei der Bundesregierung bei den Vorgesprächen entgegengekommen, die Wünsche der anderen Seite seien »weitgehend berücksichtigt« worden. Herrmann legte Wert darauf, dass West-Berlin kein Teil der Bundesrepublik, sondern »bis heute ein Besatzungsgebiet der drei Westmächte« sei. Er brachte die von Brandt gewünschte Reiseroute über West-Berlin mit der Politik Hitlers in Verbindung. Er verglich West-Berlin mit dem einstigen »polnischen Korridor« und dem Freistaat Danzig, die auch widerrechtlich beansprucht worden seien und als »Provokationsbasis für den räuberischen Überfall« auf Polen gedient hätten. Brandt und seiner Regierung gehe es um »die Fortsetzung der antikommunistischen Kreuzzugspolitik«.

Herrmanns Rede fand im Westen einige Beachtung. Beobachter glaubten, dass sie die Haltung der SED »exakt« wiedergebe.[132] Sie wurde als ein Zeichen gedeutet, dass die DDR-Führung kein Interesse an tatsächlichen Verhandlungen mit der Bundesrepublik habe.[133]

Jürgen Weichert von der westdeutschen Verhandlungsdelegation nutzte den verhandlungsfreien Tag, um Bilanz zu ziehen und sich mit den schwierigen Gesprächen in Ost-Berlin auseinanderzusetzen.[134] Als einen Grund für die erschwerte Verhandlungsführung und die Verhärtung der Standpunkte nannte er in einem Vermerk die bundesdeutsche Presse. Die »spekulative Berichterstattung« und die Meinungsäußerungen seien nicht hilfreich. Auch das Verhalten der DDR-Seite analysierte Weichert: »Der Duktus der Verhandlung« sowie »einzelne Bemerkungen« ließen ihn auf »Kontroversen und Friktionen innerhalb der DDR-Seite« schließen. Die DDR habe es von vornherein nicht darauf angelegt, »das Zustandekommen der Gespräche an technischen und protokollarischen Fragen scheitern zu lassen«. Sahm stimmte Weichert zu.

Dann meldete sich Egon Bahr aus Moskau. Offensichtlich suchte er intensiv nach Möglichkeiten, wie das deutsch-deutsche Gipfeltreffen noch zu retten war. Bahr fragte an, ob er wegen der umstrittenen Rückfahrt über West-Berlin beim sowjetischen Außenminister intervenieren solle. Nach Sahms Angaben antwortete das Kanzleramt und instruierte Bahr: 1. nicht zu intervenieren, aber Gromyko über den Sachverhalt zu unterrichten. 2. »Ostberlin soll einlenken oder neuen Ort vorschlagen«. 3. Bahr solle Gromyko fragen, ob Moskau es für sinnvoll halte, das Treffen an einem neutralen Ort stattfinden zu lassen.

Moskau versus Politbüro

Am 10. März tagte in Ost-Berlin das SED-Politbüro.[135] Tagesordnungspunkt sieben waren die stockenden Vorgespräche mit den Bonner Unterhändlern. Außenminister Otto Winzer berichtete der Parteispitze. Das Politbüro beharrte auf seinem Standpunkt. Keinesfalls dürfe Brandt im Zusammenhang mit dem Treffen nach West-Berlin reisen. Die Genossen beauftragten Winzer, bei den nächsten Vorgesprächen am 12. März festzustellen, dass »bereits alle Fragen« bis auf den Rückweg des Kanzlers geklärt seien. Eine Einigung sei »durch zusätzliche, unverständliche Forderungen« erschwert worden. Der neue Vorschlag der DDR lautete: »Im Interesse der gewünschten Beschleunigung der Rückkehr schlägt die DDR vor, daß der Bundeskanzler mit einem Regierungsflugzeug, das die DDR zu stellen bereit ist, von Berlin nach Bonn direkt zurückfliegt.« Damit blieb das Politbüro bei seiner harten Linie. Auf Brandts Vorschlag, notfalls einen anderen Ort als Ost-Berlin auszuwählen, gingen die Genossen nicht ein. Offenbar stellten sie sich auf den Abbruch der Verhandlungen ein.

Am gleichen Tag traf sich in Moskau Egon Bahr mit dem sowjetischen Außenminister Andrej Gromyko.[136] Sie sprachen wie verabredet über das geplante deutsch-deutsche Spitzentreffen. Bahr versuchte, die Situation zu entschärfen. Offensichtlich waren der Sowjetunion die Standpunkte beider Seiten bekannt. Gromyko verteidigte die Haltung der DDR bezüglich West-Berlins: »Es sei im Interesse des Bundeskanzlers, Westberlin zu streichen.« Bahr entgegnete, dass es nicht in Frage komme, dem Bundeskanzler eine Reise nach West-Berlin zu verbieten. Dann kam er auf seinen Auftrag aus Bonn zu sprechen. Er fragte, was die sowjetische Führung von einem anderen oder neutralen Ort für ein Treffen halte. Nach Bahrs Angaben ging Gromyko auf diese Frage nicht näher ein. Er habe lediglich erwidert, »man solle den Donnerstag abwarten und sehen, was Sahm und Schüßler vereinbaren«. Die schwammige Antwort war zumindest keine Ablehnung. Der sowjetische Außenminister schlug außerdem vor, »man solle beide am besten einsperren, ohne Wasser und Brot, aber dann werde der Vertreter der DDR unschuldig leiden«. Bahr fasste anschließend die Unterredung zusammen: »Ich hatte den Eindruck, daß Gromyko das Gespräch nicht besonders angenehm war, obwohl er sich betont Mühe gab, persönlich und milde zu sein.« Er habe außerdem den Eindruck, dass es auf sowjetischer Seite allmählich »eine gewisse Skepsis gegen die Haltung der DDR« gebe. Bahr schrieb, er glaube, dass die Sowjetunion mit einem deutsch-deutschen Spitzentreffen am 16. März rechne.[137]

Ein Anruf aus der sowjetischen Hauptstadt

Am Morgen des 11. März trafen sich Brandts Berater zur »Lage« beim Kanzler.[138] Wieder diskutierten sie darüber, wie die entscheidende Frage des Reiseweges gelöst werden könnte. Nachdem die Runde verschiedene Varianten durchgespielt hatte, einigte sie sich auf folgendes Vorgehen: Sollte die DDR weiter auf Ost-Berlin als Gesprächsort beharren, werde die Bundesrepublik wiederum auf einen Besuch in West-Berlin bestehen. »Bei unveränderter Haltung der Gegenseite soll Sahm zur Berichterstattung nach Bonn zurückkehren, ohne neuen Termin zu vereinbaren.« Das Treffen wäre damit vorerst geplatzt. Sollte die DDR jedoch einen anderen Ort vorschlagen, solle dieser akzeptiert werden. Es sei dabei lediglich auszuschließen, dass Brandt auf dem Weg zum Treffen durch Berlin fahre. Sollte die DDR gar einen Ort im Ausland vorschlagen, sollte Sahm die Antwort zunächst vertagen. Brandt würde dann zunächst mit der betreffenden Regierung sprechen. Damit stand die Marschroute für das entscheidende Gespräch der Unterhändler in Ost-Berlin fest. Die wichtigsten Politiker und Beamten Bonns wurden über die Entscheidung informiert. Dann flog Sahm nach West-Berlin.

Am gleichen Tag rief in Ost-Berlin der sowjetische Botschafter in der DDR, Pjotr Abrassimow, auf einer abhörsicheren Telefonleitung bei Außenminister Otto Winzer an.[139] Der Botschafter wollte wissen, wie die Vorgespräche für das deutsch-deutsche Gipfeltreffen weitergehen sollten. Winzer informierte Abrassimow kurz über den aktuellen Stand und die letzten Entscheidungen im SED-Politbüro, wonach die DDR-Seite dem Bundeskanzler anbieten wolle, mit einem Regierungsflugzeug der DDR nach Bonn zurückzufliegen. Der sowjetische Botschafter ermunterte Winzer im Namen Gromykos, an Ost-Berlin als Gesprächsort festzuhalten. Dann allerdings wurde er deutlich. Er sagte, »daß es international für die DDR zum Schaden wäre, wenn man es jetzt zu einem Abbruch kommen ließe«. Die Welt dürfe nicht den Eindruck gewinnen, dass die DDR alle Gespräche ablehne und »sich gegen die europäische Entspannung« stemme. Außerdem dürfe nicht zugelassen werden, daß Brandt sich »international als der Gesprächs- und Verständigungsbereite« zeige. Abrassimow riet zu mehr taktischem Geschick und schärfte Winzer ein: »Man sollte aber keinesfalls einen Abbruch der Vorgespräche zulassen, man muß eine Reservestellung haben.« Moskau schlage deshalb einen alternativen Gesprächsort vor – etwa einen »Grenzort« wie Magdeburg oder Erfurt.

Damit griff die Sowjetunion in die deutsch-deutschen Verhandlungen direkt ein. Bahr hatte in Moskau Gehör gefunden. Die Moskauer Genossen wollten ihre eigenen Gespräche mit der Bundesrepublik rasch und erfolgreich abschließen. Störungen konnten sie nicht gebrauchen. Deshalb plädierten sie für einen verständigungsbereiten Kurs Ost-Berlins.

Winzer informierte die DDR-Führung von der überraschenden Weisung aus Moskau. »Das ist die offizielle Mitteilung«, fügte er in seinem Schreiben nachdrücklich hinzu. Die SED-Führung war über den offensichtlichen Kurswechsel der Sowjetunion verwirrt. Drängte Moskau auf das deutsch-deutsche Spitzentreffen? Sollte auf Ost-Berlin verzichtet werden? Willi Stoph wies Außenminister Winzer an, entsprechende Erkundungen beim sowjetischen Botschafter einzuholen.[140] Bis zum Abend hatte Winzer seinen Auftrag erfüllt. Tatsächlich hätten Gromyko und Bahr in Moskau über die deutsch-deutschen Schwierigkeiten gesprochen. Dabei habe sich die sowjetische Seite »voll und ganz« hinter die Forderungen der DDR gestellt. Bahr sei von Gromyko aufgefordert worden, die bundesdeutschen Vorbedingungen fallenzulassen. Diese Antwort erklärte kaum das Einlenken der Sowjetunion und den Wunsch nach einem alternativen Tagungsort.

Trotzdem wurde die Weisung umgehend umgesetzt. Ulbricht beauftragte Winzer mit einer Ergänzungsvorlage für das Politbüro: Auch wenn die bundesdeutsche Delegation am nächsten Tag nicht auf die DDR-Vorschläge eingehen sollte, dürfe »auf keinen Fall« ein Abbruch der Vorgespräche zugelassen werden.[141] Die DDR-Unterhändler wurden beauftragt, eine Erklärung abzugeben. Darin sollte die Situation, die nicht durch die DDR verursacht worden sei, bedauert werden. Die westdeutsche Seite habe unzulässigerweise die West-Berlin-Frage ins Spiel gebracht. Und dann: »Angesichts der so entstandenen Lage schlägt der Vorsitzende des Ministerrates der DDR im Interesse des Zustandekommens des Treffens […] vor, die Zusammenkunft in Erfurt oder Eisenach durchzuführen.« Stoph und Winzer wurden beauftragt, bis zum Mittag des 12. März zu prüfen, welche der beiden Städte »am besten geeignet ist«.

Fünfte Verhandlungsrunde

Am entscheidenden 12. März meldete sich Egon Bahr einmal mehr aus Moskau beim Bundeskanzler.[142] Er war spürbar zuversichtlich, dass das Treffen Brandt–Stoph stattfinden werde. Entsprechende Zeichen hatte er bei der sowjetischen Führung registriert. Bahr hatte Außenminister Gromyko angeboten, in Moskau zu bleiben, und während des deutsch-deutschen Treffens als Ansprechpartner für die Sowjetunion zur Verfügung zu stehen. Gromyko hatte das Angebot angenommen. Bahr schrieb an seinen Kanzler: »Du wirst verstehen, daß ich seit dieser Mitteilung sehr fröhlich bin.« Für Bahr war seine Präsenz in Moskau eine Möglichkeit, das Vertrauen der sowjetischen Seite zu gewinnen: »Es hat einen ungeheuren Eindruck gemacht, daß die Herren hier einige Sachinformationen früher bekamen als aus Ostberlin.« Abschließend bat er Brandt, ihm den Entwurf seiner Statements für das deutsche Gipfeltreffen zu schicken, um es »unter dem

Gesichtspunkt der Moskauer Empfindlichkeiten bzw. des Wunsches, möglichst viel Kopfnicken hier zu erreichen«, zu überarbeiten.

Bahr schickte am Abend noch einen zweiten Brief an Brandt ab.[143] Dieser sollte, so Bahr an den Kanzler, »nur Deinem Vergnügen dienen«. Auf einem Briefbogen des Hotels »Ukraina« teilte er dem »lieben Willy« mit rotem Kugelschreiber mit: »Man hat hier Stoph ›gezwungen‹, das Treffen zu machen. Große Unsicherheit dort.« Die vertrauliche Botschaft schloß mit der Versicherung: »Ich drück Dir die Daumen für Weimar, Magdeburg oder Treuenbrietzen.«

Doch davon wusste Ulrich Sahm am Morgen noch nichts. Sein Optimismus dürfte sich vor der Verhandlung in Grenzen gehalten haben. Der Tag der Entscheidung war gekommen. Der Chefunterhändler war sehr früh aufgestanden.[144] Er nutzte die Zeit, um Briefe von Fremden und Freunden zu beantworten, die er in den letzten Tagen erhalten hatte. Als er dann mit seiner Mannschaft zur fünften Verhandlungsrunde nach Ost-Berlin fuhr, war er unsicher, wie die DDR auf den Rettungsversuch Brandts antworten würde: Würde sie an Ost-Berlin als Tagungsort festhalten und Brandt von West-Berlin fernhalten – und so die Vorgespräche zum Scheitern bringen? Oder würde die DDR einlenken, auf den Vorschlag des Bundeskanzlers eingehen und einen neutralen Ort für das Spitzengespräch vorschlagen? Sahm hatte die verschiedenen Möglichkeiten durchgespielt und dem Kanzleramt vorgelegt.[145] Sogar Moskau als alternativen Tagungsort hielt er inzwischen für möglich.

Sahm war die Schwere seiner Aufgabe bewusst. Sollten seine Vorgespräche mit der DDR scheitern, würden die innerdeutschen Kontakte auf lange Zeit blockiert sein. Er wusste, dass die Stimmung in Bonn dementsprechend angespannt war. Kaum jemand rechnete noch mit einer Einigung.[146] Die schrille Begleitmusik in der DDR-Presse hatte in den vergangenen Tagen nicht den Anschein erweckt, dass der Osten tatsächlich an einem gemeinsamen Erfolg interessiert sei. Würde Sahm am Ende des Tages also als Verlierer zurückkehren? Journalisten berichteten, dass sich Sahm bereits Formulierungen überlegt habe, für den Fall, dass die Gespräche scheitern würden.[147]

Um 10.27 Uhr betrat Sahm mit seiner westdeutschen Delegation das Regierungsgebäude in Ost-Berlin.[148] Er wurde von den Vertretern der DDR mit Handschlag begrüßt. Wie gewohnt standen im Sitzungssaal auf dem großen Tisch aus hellem Mahagoniholz Säfte und Zigaretten. Um 10.30 Uhr begann der Gesprächsmarathon.[149] Zu Beginn benannte Schüßler die Punkte, bei denen bisher Einigkeit bestehe: Das Haus des Ministerrates sei als Tagungsort akzeptiert, gleiches gelte für den Termin 16. März, die Anreise per Sonderzug, die Arbeitsmöglichkeiten und die Sicherheit des Kanzlers. Lediglich die Frage der Rückreise des Kanzlers sei noch offen. Der Ministerrat schlage deshalb aus Gründen der Einfachheit und der Zeitersparnis eine An- und Abreise über Berlin-Schönefeld vor. Die DDR sei bereit, der Lufthansa eine Flug- und Landeerlaubnis zu erteilen. Notfalls würde die DDR auch ein Sonderflugzeug bereitstellen.

Ulrich Sahm dankte für die Erklärung und fragte, ob diese die Antwort auf den jüngsten Brief Brandts gewesen sei. Schüßler ergänzte, dass der Brief »gründlich durchdacht« und »gründlich geprüft« werde. Sahm lehnte die erneute Forderung der DDR, dass Brandt nach Ost-Berlin kommen, dabei aber West-Berlin meiden solle, abermals als inakzeptabel ab. Nach einem Wortwechsel erklärte er, die Bundesregierung müsse nun wohl zunächst eine Antwort auf Brandts Brief abwarten. Er flocht in das Gespräch ein, dass Brandt durchaus auf eine An- oder Abreise über West-Berlin verzichten könne. Dafür wolle er aber in der Mittagspause an einen von der Delegation »zu wählenden Ort«, offenbar in den Westteil der Stadt, fahren. Daraufhin unterbrach Schüßler die Verhandlung gegen 11.20 Uhr und verließ den Saal. Die Verbliebenen plauderten ein wenig über Sport. Als Schüßler zunächst nicht wiederkam, zogen sich die Bundesdeutschen zurück, um ihre weitere Verhandlungtaktik zu besprechen.[150] Hans-Wilhelm Fritsch, der Chef der Sicherungsgruppe Bonn, drehte ein Radio an und flüsterte: »Dann haben wir eine gewisse Chance, daß die nicht alles mithören.«

Um 11.55 Uhr bat Schüßler Sahm zu einem Vieraugengespräch.[151] Nachdrücklich forderte er ihn auf, den Vorschlag des Direktfluges doch zu akzeptieren. Sahm lehnte ab.

Das war der entscheidende Moment. Sahm wusste, es gab nichts mehr zu verhandeln. Er gab auf: »Deshalb sei es wohl besser, daß wir nach Hause gehen und die Antwort Stophs auf den Brief von Brandt abwarten«, sagte er.[152] »Schüßler unterbrach etwas nervös: ›Nein, nicht so schnell. Wir müssen noch weiter sprechen. Jetzt wollen wir erst

Mittag essen und unsere Verhandlungen später am Tage fortsetzen. Jetzt muß ich erst über unser Gespräch berichten.‹ Ich war einverstanden.«

Wieder wurden den Delegationen mehrere Gänge aufgetischt. Laut Speisekarte, die Sahm erneut als Souvenir einsteckte, gab es neben Ukrainischer Soljanka und Goldbroiler auch ein Eisbecher mit Früchten. Das Essen verlief diesmal ziemlich unruhig. Besonders Schüßler dürfte sein Mahl kaum genossen haben. Er kam und ging. Wenn er bei Tisch war, wurden ihm Zettel zugesteckt, »was auf erhebliche Aktivität auf der anderen Seite hindeutete«.

Nach dem Essen, um 13.45 Uhr, setzten beide Chefunterhändler ihr Vieraugengespräch fort.[153] Noch einmal versuchte Schüßler vergeblich, Sahm von West-Berlin abzubringen. Dann änderte sich plötzlich alles. Schüßler zückte ein vorbereitetes Papier und begann vorzulesen. Sahm war überrascht: Schüßler schlug ein Treffen in der thüringischen Bezirksstadt Erfurt am 19. März vor. Sahm stimmte sofort zu. Seine Antwort vermerkte er später stichpunktartig in seinem Tagebuch: »Vollmacht, jeden Ort zu akzeptieren, den Stoph vorschlage. Könne daher Erfurt zustimmen.«

Mit dem überraschenden Vorschlag war der Durchbruch gekommen. Nach welchen Kriterien sich die DDR-Seite für Erfurt entschieden hatte – Sahm wusste es nicht.[154] Mit einem Mal war das erste deutsch-deutsche Gipfeltreffen in greifbare Nähe gerückt. Die beiden Unterhändler klärten noch rasch ein paar Details.[155] So wollte Sahm vor einer Pressemitteilung erst seinen Bundeskanzler informieren, und auch Schüßler hatte seine Vorgesetzten zu unterrichten. Um 14 Uhr beendeten beide Männer ihr Gespräch. Schüßler eilte davon. Sahm rief ihm hinterher: »Ich freue mich, Herr Schüßler.« Jener antwortete: »Ja? Ich auch.« Seinem Tagebuch vertraute Sahm an: »Ich war sehr erleichtert und froh, daß es mir vergönnt gewesen war, zu diesem Ereignis beigetragen zu haben.« Wenig später teilten die beiden das Ergebnis den anderen Delegationsmitgliedern mit.

Gegen 15 Uhr verabschiedeten sich die westdeutschen Unterhändler in die Pause. Sie fuhren nach West-Berlin, um die Bundesregierung telefonisch über den Durchbruch zu unterrichten. Sahm nahm die gesamte Delegation mit in sein Büro, »um zu verhindern, daß einer vorzeitig plaudert«. Dann rief er Kanzleramtsminister Horst Ehmke an.

Ehmke informierte umgehend den Bundeskanzler über die plötzliche Wendung. Brandt, der gerade im Bundeskanzleramt mit dem schwedischen Ministerpräsidenten Olof Palme sprach, stimmte zu: »Machen wir es so.«[156]

Im nächsten Schritt prüften Sahm und seine Begleiter die von der DDR vorgeschlagene Presseerklärung. Darin war von »Erschwernissen« die Rede, die Brandt durch das Aufwerfen der Berlin-Frage verursacht habe. Die Bonner empfanden das als »nicht akzeptabel« und entwarfen einen Gegenvorschlag.

Nach zwei Stunden kehrten Sahm und seine Begleiter nach Ost-Berlin zurück. Die am Grenzübergang wartenden Journalisten wurden wieder einmal enttäuscht. Sahm gab sich einsilbig. Auf die Frage, ob die Unterbrechung und die Fortsetzung des Gespräches am gleichen Tag ein positives Zeichen sei, antwortete er: »Ich gebe gar keine Wertung ab.«[157] Bei ihrem spätnachmittäglichem Gespräch wurden sich die Unterhändler in mehreren Punkten einig: Der Bundeskanzler kommt im Sonderzug in die DDR und wird an der Grenze begrüßt. Beim Empfang wird es kein militärisches Zeremoniell geben. Auf Ehrenformationen, Hymnen und Stander an den Wagen wird verzichtet. Fahnen und Ehrenposten soll es lediglich am Tagungsort geben. Außerdem einigten sich beide Seiten auf eine gemeinsame Presseerklärung.

Auf die Erfolgsmeldung mussten die Journalisten noch einige Zeit warten. Gegen 18.30 Uhr kehrten Ministerialrat Ernst-Günter Stern und Werner Müller vom Bundespresseamt nach West-Berlin zurück, um abermals Kontakt mit Bonn aufzunehmen. Danach fuhren sie, ohne der Presse eine Andeutung zu machen, in den Osten zurück. Etwas später sahen die ungeduldig am Grenzübergang wartenden Journalisten den Dienstwagen Sahms zurückkommen. Allerdings saß Sahm nicht darin. Nach einiger Zeit kehrte der Fahrer mit dem Wagen in den Osten zurück. Was hatte das zu bedeuten? Die Journalisten rätselten. Stand eine Einigung unmittelbar bevor? Die Auflösung ließ nicht mehr lange auf sich warten.

Gegen 19 Uhr teilten die Regierungen in Bonn und Ost-Berlin zeitgleich mit: »Die mit der technischen und protokollarischen Vorbereitung des Treffens zwischen dem Vorsitzenden des Ministerrates der Deutschen Demokratischen Republik, Willi Stoph, und dem Bundeskanzler der Bundesrepublik Deutschland, Willy Brandt, beauftragten Delegationen einigten sich heute entsprechend einem Vorschlag der Regierung der DDR, daß das Treffen am 19.3.1970 in Erfurt stattfindet.«[158]

Die Überraschung war perfekt: Nicht nur, dass es einen Durchbruch gab. Mit Erfurt hatte im Westen kaum jemand gerechnet. Darüber hinaus hatten sich beide Seiten zudem auf einen Termin geeinigt. Nach fast 25 Stunden zähen Verhandlungen waren offenbar alle wesentlichen technischen und protokollarischen Fragen geklärt. Die fünf Verhandlungsrunden hatten sich offensichtlich bezahlt gemacht.

Während die kurze sensationelle Meldung über die Ticker der Nachrichtenagenturen lief, sprachen Sahm und Schüßler noch bis in die Abendstunden über protokollarische Details, Zeitpläne und vor allem über die Modalitäten der Presseberichterstattung. Anschließend gaben die Ost-Berliner den Bonnern ein gemeinsames »alkoholreiches« Abschiedsessen.[159] Der »Spiegel« beschrieb die Details. Mit Wodka der Marke »Blauer Bison« stießen beide Seiten auf »ihren Deutschlandpakt« an.[160] »Ich trinke«, sagte Sahm, »auf das gemeinsame menschliche Bemühen, zu einer Absprache zu kommen, unabhängig von politischen Gegensätzlichkeiten, die zu lösen nicht Aufgabe der Delegationen war.«

Dann verabschiedeten sich beide Seiten. Um 20.20 Uhr kehrte Sahm nach West-Berlin zurück. Diesmal stieg er am Grenzübergang aus seinem Dienstwagen aus, um mit den wartenden Journalisten zu sprechen. Offensichtlich genoss er es, sein tagelanges Schweigen zu brechen. In seiner Stimme schien Erregung mitzuschwingen: Er freue sich, dass es trotz mancher Schwierigkeiten zu diesem Ergebnis gekommen sei.[161] Bevor er wieder in seinem Wagen verschwand, sagte Sahm: »Ich möchte mich von Ihnen in der Hoffnung verabschieden, daß ich meine Pflicht getan habe.« Doch seine Arbeit war noch nicht beendet. Wenig später empfingen ihn in seinem Hotel 50 weitere Journalisten.[162] Erneut erklärte er die Einigung. Dann zog er sich zurück. »Den Abend verbringe ich müde, aber erleichtert bei [unleserlich], wo ich mich auch noch im Fernsehen bewundern kann.«

Die DDR reklamiert den Erfolg für sich

Die Bundesregierung war mit dem Abschluss der Vorverhandlungen zufrieden. Ihr Sprecher Conrad Ahlers sagte, die Regierung hoffe, dass sie »der Beginn einer besseren Phase der Lage in Deutschland« sein möge.[163] Ahlers teilte mit, dass Brandt mit dem Regierungszug für nur einen Tag in die DDR reisen werde. Noch unsicher war er, welche Möglichkeiten für die journalistische Berichterstattung in Erfurt bestünden.[164]

Brandt, der nachts mit seinem Gast Olof Palme zu Abend aß, zeigte sich zuversichtlich: »Jeder lange Marsch beginnt mit einem kleinen Schritt oder einer kleinen Reise.«[165]

In der bundesdeutschen Presse wurde der gefundene Kompromiss als ein deutliches Zeichen gewertet, dass die DDR und auch die Sowjetunion an einem Treffen mit der Bundesrepublik interessiert seien. Kommentatoren zeigten sich erleichtert, dass die »bis ins Absurde gesteigerten ›protokollarischen‹ Winkelzüge« das nunmehrige Verhandlungsergebnis nicht hätten aufhalten können.[166] Ost-Berlin sei es nicht gelungen, seine Vorbedingungen durchzusetzen.

Neben den offiziellen Verhandlungen gab es an diesem Tag auch wieder geheime Kontakte zwischen der Bundesregierung und der DDR.[167] Erneut sprach FAZ-Mann Cramer mit Berg. Bonn hoffte weiter, einen inoffiziellen Draht nach Ost-Berlin zu finden. Der Journalist überbrachte eine Botschaft von Kanzleramtsminister Ehmke: Willy Brandt halte es für notwendig, vorab über das Gipfeltreffen zu sprechen, um »beiden Chefs die Sache zu erleichtern«. Ehmke lade deshalb Berg zu einem Vieraugengespräch nach Bonn ein. Offenbar hatte der Kanzleramtsminister zuvor versucht, der DDR dieses Angebot direkt zu übermitteln. Als Ehmke versucht habe, bei Michael Kohl anzurufen, so berichtete es Cramer, habe man am anderen Ende der Leitung abweisend reagiert: »Ehmke? Das kann jeder sagen. Geben Sie uns die Nummer, wir rufen zurück.« Ehmke habe getobt: »Idiot, Scheißstaat, Arschlöcher – hören die nicht das Fernamt? Kennen die nicht meine Stimme? Haben die kein Fernsehen?« Als der Kanzleramtsminister erneut versucht habe, Kohl zu erreichen, habe sich dieser verleugnen lassen.

Auch nachdem sich beide Seiten auf ein Gipfeltreffen in Erfurt geeinigt hatten, blieb die Atmosphäre zwischen ihnen gespannt. Daran hatte die DDR-Presse einen wesentlichen Anteil. Sie stellte den gefundenen Kompromiss als Verhandlungserfolg der DDR heraus. TV-Chefkommentator Karl-Eduard von Schnitzler erklärte unmittelbar nach der Einigung: »Für die DDR war und ist alles klar: Auf ihre Initiative ist das Treffen zuruckzuführen.«[168] Schnitzler warf der Bundesregierung eine »dogmatische Haltung« vor, die ein Treffen »ernsthaft« gefährdet habe. Das »Neue Deutschland« titelte am nächsten Morgen: »DDR-Vorschlag führte zu Übereinkunft«.[169] In einem der gemeinsamen Mitteilung folgenden Kommentar wurde die Bundesregierung angegriffen: Der Abschluss der Vorgespräche sei durch die »sture Haltung der Bonner Vertreter« ernsthaft gefährdet gewesen. Die DDR habe schließlich »großes Entgegenkommen bewiesen«, indem sie Erfurt vorgeschlagen habe. »Die Völker, die am Frieden interessiert sind, werden das zu würdigen wissen.« Das Verhandlungsergebnis zeige erneut, »daß die DDR beharrlich und konstruktiv eine Politik zur Sicherung des Friedens in Europa betreibt«. Einen ähnlichen Ton schlugen auch die lokalen Thüringer Zeitungen an, die in Erfurt gelesen wurden. Die CDU-Zeitung »Thüringer Tageblatt« kritisierte die »obstruktive Haltung« der westdeutschen Seite und lobte die »konstruktive Friedenspolitik« der DDR.[170] Das SED-Blatt »Das Volk« kritisierte die »dogmatische Haltung« der bundesdeutschen Seite.[171] Dass ursprünglich der Bundeskanzler einen anderen Tagungsort als Ost-Berlin angeregt hatte, erwähnten die ostdeutschen Zeitungen mit keinem Wort.

Das, was die Kommentare in den DDR-Zeitungen bei ihren Lesern hinterließen, mochte auch der Eindruck gewesen sein, den die westdeutschen Unterhändler von ihren ostdeutschen Verhandlungspartnern gewonnen hatten: »psychologisch auf die förmliche Anerkennung« der DDR fixiert, schrieb die »Welt« unter Berufung auf »informierte Regierungskreise«.[172] Keineswegs allerdings seien sie ähnlich »selbstsicher und gelassen« aufgetreten.

Während die DDR den Erfolg für sich reklamierte und ein angebliches Entgegenkommen ihrer Regierung feierte, sickerte in Bonn schnell durch, dass die Entscheidung für Erfurt in Moskau gefällt worden war.[173] Außenminister Gromyko, so wurde aus »gewöhnlich gut unterrichteten Kreisen« kolportiert, habe Egon Bahr am 6. März in Moskau empfohlen, der DDR einen anderen Ort vorzuschlagen.[174] Der Vermutung, dass die Sowjetunion Mittlerdienste geleistet habe, widersprach Brandt: Zwar halte die sowjetische Regierung ein Treffen für nützlich, so der Kanzler, aber er gehe davon aus, dass die DDR-Regierung in eigener Zuständigkeit entschieden habe.[175] Brandt, der es besser wissen musste, wollte die DDR nicht bloßstellen.

Die westliche Presse hielt sich nicht mit ideologischen Auseinandersetzungen auf, sondern begann sich mit dem neuen Tagungsort zu beschäftigen. Sie schätzte Erfurt als günstig für die DDR ein. Hätte doch in Ost-Berlin die Gefahr bestehen können, »daß Bilder mit irgendwelchen auf Transparenten enthaltenen Meinungsäußerungen aus der Ost-Berliner Bevölkerung um die Welt gehen und dadurch den Eindruck des Treffens der beiden Regierungschefs hätten neutralisieren, wenn nicht gar ins für die DDR Negative umkehren« können.[176] Denn noch immer sei der ehemalige West-Berliner Regierende Bürgermeister Brandt in Ost-Berlin sehr populär.[177] Offenbar wurde Erfurt im Westen für provinziell und kontrollierbar gehalten. Denn mit einer Verlegung in die Provinz könnte die befürchtete Schar von westlichen Journalisten zumindest kanalisiert werden, die sonst über die offenen Sektorengrenzen in den Ostteil der Stadt geströmt wäre. Außerdem galt die Erfurter Bevölkerung als nicht so sozialdemokratisch gesinnt wie etwa die Magdeburger.

Wie stark die deutsche Teilung inzwischen gewirkt hatte, zeigte sich in zahlreichen Zeitungsartikeln in den nächsten Tagen. Erfurt war offenbar für die meisten Westdeutschen »Terra incognita«. Nun erschienen überall Porträts über die thüringische Stadt.[178] Stets wurde auf die Tradition als »Garten-« oder »Blumenstadt« verwiesen. Auch die historischen Bezüge zum Erfurter Fürstenkongress von 1808 oder dem Erfurter Parteitag der SPD von 1891 fehlten nicht.[179]

Historische Bezüge suchten auch die Medien der DDR. Das »Neue Deutschland« veröffentlichte zweimal Auszüge aus dem »Erfurter Programm« der SPD von 1891 und Auszüge aus einer Rede Bebels mit dem Hinweis, dass die Visionen der deutschen Sozialdemokratie in der DDR Wirklichkeit geworden seien.[180]

Startschuss

Brandt gratuliert Sahm

»Ich gratuliere.«[1] Mit diesen Worten empfing der Bundeskanzler am 13. März den nach Bonn zurückgekehrten Ulrich Sahm. Der Unterhändler erstattete Bericht über den Verlauf der letzten Gespräche. Dann bekam er von Brandt den Auftrag, eine Rede für das Gipfeltreffen zu entwerfen.

Am Mittag wurden die Fraktionschefs der im Bundestag vertretenen Parteien vertraulich über den Stand der Gespräche informiert. Scheel, Franke und Sahm sicherten den Oppositionsvertretern zu, dass sie bei den Vorbereitungen für die Gespräche in Erfurt zu Rate gezogen werden.

Am Nachmittag unterrichtete Willy Brandt in der Villa Hammerschmidt Bundespräsident Gustav Heinemann über den geplanten Verlauf seines Treffens mit Stoph. Zur gleichen Zeit erläuterte Ulrich Sahm den Ablauf ausführlich in der Bundespressekonferenz.[2] Er machte deutlich, dass bisher nur die grundsätzlichen Fragen mit der DDR geklärt werden konnten. Beispielsweise war noch ungewiss, an welchem Ort innerhalb Erfurts die Gespräche stattfinden sollten. Ob die Konferenz im größten Hotel der Stadt, dem »Erfurter Hof«, geplant sei, wie die Journalisten mutmaßten, konnte Sahm nicht sagen. Er glaube, dass die Entscheidung für Erfurt erst im letzten Augenblick gefallen sei. Schließlich habe die Stadtverwaltung davon erst am Nachmittag des vorherigen Tages erfahren. Einige technische Fragen seien somit noch offen. Des Weiteren erläuterte Sahm, dass über die Thematik der Gespräche nichts vereinbart worden sei. Darüber hinaus seien sich beide Seiten einig darüber, dass es eine zweite Begegnung zwischen Brandt und Stoph in einer westdeutschen Stadt geben solle. Die Stadt stehe noch nicht fest. Dass es zu einem Folgetreffen kommen könnte, war beiden Seiten während ihrer Verhandlungen stets klar gewesen. Brandt sei bereit, einen von Stoph vorgeschlagenen Ort zu akzeptieren. Auch einen Termin gebe es noch nicht. Insgesamt bezeichnete Sahm die Gesprächsatmosphäre in den vergangenen Tagen als »menschlich-warm«.[3]

Eine große Rolle für die Pressevertreter spielten die Möglichkeiten der Berichterstattung. Sahm erklärte, dass die DDR zugesagt habe, westdeutsche Journalisten einreisen zu lassen. Live-Sendungen des Fernsehens werde es aber nicht geben. Eine Pressekonferenz von Brandt sei in Erfurt nicht geplant.

In der ausgedehnten Pressekonferenz beantwortete auch Regierungssprecher Conrad Ahlers die Fragen der Journalisten. Dabei entwickelte sich ein folgenreicher Dialog: Ein Journalist fragte: »Wenn ich mich recht erinnere, ist vor den Verhandlungen gesagt worden, man wolle sich von Bonn aus bemühen, daß eine möglichst große Zahl von Pressevertretern in die DDR kommen könne. Haben Sie das Gefühl, daß Sie das erreicht haben, oder haben Sie diesen Punkt fallenlassen?« Ahlers antwortete: »Ich verstehe Ihr Mißtrauen nicht. Herr Sahm hat doch vorhin mitgeteilt, daß die andere Seite gesagt hat, sie würde großzügig verfahren. Somit ist die Antwort auf Ihre Frage ein eindeutiges Ja. Im übrigen, finde ich, soll man nicht so tun, als ob man in eine Terra incognita fährt. So ist es ja nicht. Ich meine, es ist ein halbwegs zivilisiertes Gebiet, in das wir fahren.« Das Protokoll der Bundespressekonferenz verzeichnete an dieser Stelle Heiterkeit.[4] Der DDR lieferte Ahlers mit dieser Bemerkung willkommene Munition für ihre Propaganda.

Am Abend sendete die ARD-»Tagesschau« ein Interview mit dem Bundeskanzler.[5] Brandt sagte, dass er dauerhafte Kontakte in den Osten haben wolle. »Es hat nur einen Sinn, wenn – ich sage es noch mal – ohne Illusionen der Versuch gemacht wird, miteinander zu sprechen, ob doch einiges gemeinsam im Interesse des Friedens und der Menschen erzielt werden kann.«

Auch das DDR-Fernsehen beschäftigte sich mit dem geplanten Treffen. Die Nachrichtensendung »Aktuelle Kamera« brachte ein Gespräch mit Stophs Büroleiter Gerhard Schüßler und dem Pressesprecher des Außenministeriums, Peter Lorf.[6] Die beiden Funktionäre legten Wert darauf, dass das Treffen nur »dem ständigen und beharrlichen, dem konstruktiven Entgegenkommen« der DDR zu verdanken sei. Brandts

Kompromissvorschlag erwähnten sie nicht. Im Gegenteil: Die DDR habe die Hürden wieder beseitigt, die von der anderen Seite »aufgetürmt« worden seien. Lorf verwies auf den Einladungsbrief Stophs, der die Beziehung zwischen den beiden Staaten als »das Problem von Krieg und Frieden bezeichnet« habe. Schüßler erklärte in dem Gespräch indirekt, warum die Wahl auf Erfurt gefallen sei: eine »Stadt, die nahe an der Staatsgrenze der Deutschen Demokratischen Republik zur Bundesrepublik liegt«. Schüßler und Lorf skizzierten in dem TV-Gespräch auch den geplanten Ablauf. Der Kanzler werde mit einem Sonderzug anreisen und an der Grenze von Vertretern der Regierung begrüßt werden. In Erfurt würden Stoph und die DDR-Delegation Brandt begrüßen. Um 10.30 Uhr sollte dann das Gespräch beginnen. Den Ort erwähnten beide nicht. Für 13 Uhr sei ein Mittagessen geplant. Am Abend werde der Kanzler offiziell verabschiedet und bis zur Grenze begleitet.

Dann wurde Lorf auf den bundesdeutschen Regierungssprecher Conrad Ahlers angesprochen, der in einer Pressekonferenz die DDR als »Zone« bezeichnet haben sollte. Lorf wertete die Äußerung als einen »eindeutigen Rückfall in die Steinzeit des kalten Krieges«. Das Vokabular und der Ton Ahlers' seien »rüpelhaft« und »unverschämt«. Sie würden die »gesamte Atmosphäre« belasten.

Am Abend dieses Tages rief außerdem DDR-Emissär Berg bei Ehmke an.[7] Nach einem Vermerk der Staatssicherheit sollte Berg dem Kanzleramtsminister mitteilen, dass er ihn zurzeit nicht in Bonn aufsuchen könne, »da er ungeheuer stark in die Vorbereitungen des Treffens eingespannt sei«. Ehmke meinte, »daß es doch keinen Zweck hätte, wenn sich die Chefs gegenseitig Überraschungen bereiten würden, denn das könnte ins Auge gehen«. Es wäre deshalb gut, wenn es vorab zu Gesprächen komme, um Umwege auszuschalten. Ehmke unterbreitete erneut das Angebot, vorab alles zu sagen, was die Bundesregierung in Erfurt vortragen wolle. Berg versprach, diese Information weiterzuleiten. Abschließend sagte Ehmke, »wenn sich die DDR-Seite nicht wieder meldet, wird sich auch Bonn nicht wieder melden«. Die DDR schwieg. Der erhoffte geheime Kanal erwies sich wieder als Sackgasse.

Ein Städtewettbewerb

Nachdem in der Bundesrepublik bekannt geworden war, dass es wohl ein zweites Treffen zwischen Brandt und Stoph, diesmal auf Bundesgebiet, geben würde, setzte ein Wettbewerb zwischen den Städten ein, um sich dieses prestigeträchtige Ereignis zu sichern. Unter anderem brachten sich Bayreuth, Braunschweig, Frankfurt am Main, Fulda, Hamburg, Hannover, Hersfeld, Kassel, Mainz und München ins Gespräch.[8] Im Bonner Kanzleramt gingen Fernschreiben und Telegramme aus verschiedenen Städten ein, die ihre Vorzüge anpriesen. Kassels SPD-Oberbürgermeister Karl Branner suchte das Gespräch mit Kanzleramtsminister Ehmke, um für seine Stadt zu werben.[9] In einem Fernschreiben des SPD-Stadtkreises Braunschweig an Willy Brandt hieß es: »Die Braunschweiger Sozialdemokraten empfanden immer in ganz besonderer Weise, an einer Kontaktstelle zwischen der Bundesrepublik Deutschland und der Deutschen Demokratischen Republik zu leben. Sie glauben, daß ihre Stadt ein Pfeiler einer Brücke werden muß, über die in einer besseren Zukunft der friedliche Austausch zwischen Ost und West erfolgt.«[10] Der Stadtrat griff den Vorstoß auf und schickte eine offizielle Bewerbung hinterher.[11] Zur Begründung hieß es: »Als östlichste Großstadt der Bundesrepublik und als Brücke zwischen West und Ost bietet sich [Braunschweig] nicht nur wegen der günstigen geographischen Lage, sondern auch wegen des Vorhandenseins aller technischen Voraussetzungen« als Tagungsort an.

Mit einem Telegramm bewarb sich auch Fulda.[12] Oberbürgermeister Alfred Dregger schrieb an Willy Brandt: »Die Stadt Fulda hat enge historische Beziehungen zu Erfurt. Sie liegt an der innerdeutschen Grenze.« Per Fernschreiben meldete sich der Oberbürgermeister von Mainz, Jakob Fuchs, im Kanzleramt und reichte seine schriftliche Bewerbung ein.[13] Darin verwies er auf die engen historischen Beziehungen zwischen Mainz und Erfurt. Über 1000 Jahre habe Erfurt zum Erzstift und späteren Kurfürstentum Mainz gehört. Erst durch Napoleon sei diese Verbindung unterbrochen worden. Fuchs verwies darauf, »daß die großen historischen Gebäude in Erfurt von Mainzer Kurfürsten errichtet wurden«. Zwar gehe es bei den Verhandlungen zwischen Brandt und Stoph »um sehr nüchterne politische Gegebenheiten«. Dabei würden aber auch »atmosphärische Dinge« eine gewisse

Rolle spielen. Für das Erfurter Gespräch wünschte der Oberbürgermeister »im Interesse des ganzen deutschen Volkes und im Interesse des Friedens« einen »vollen Erfolg«. Der Hofer Oberbürgermeister Hans Högn schlug die »Zonengrenzstadt Hof« als Tagungsort vor. »Die Verhandlungen könnten in dem erst jetzt renovierten Hotel ›Strauß‹ stattfinden.«[14] Auch der Oberbürgermeister von Wiesbaden, Rudi Schmitt, warb für seine Stadt mit einem kurzen Telegramm an das Kanzleramt.[15]

Offiziell ging die Bundesregierung davon aus, dass eine zweite Begegnung der Regierungschefs in Bonn stattfinden würde.

Nachverhandlung Buchenwald

Am Freitag, dem 13. März, verfasste ein Mitarbeiter des Kanzleramtes einen Vermerk an Kanzleramtsminister Horst Ehmke.[16] Der Mann aus dem Referat III/4 machte den Minister ungefragt darauf aufmerksam, dass in dem nur 20 Kilometer von Erfurt entfernten einstigen Konzentrationslager Buchenwald am 28. August 1944 der frühere SPD-Vorsitzende Rudolf Breitscheid umgebracht worden sei.[17] Er schlug vor: »Es würde meiner Ansicht nach besonders im Ostblock sehr beachtet und positiv aufgenommen werden, wenn der Bundeskanzler dort am Mahnmal Buchenwald einen Kranz niederlegen würde.« Unterschrift: Guillaume. Der neu installierte Topspion der DDR-Staatssicherheit im Kanzleramt fädelte einen Coup ein: Im Auftrag oder aus eigenem Antrieb half er der DDR, die mühsam ausgehandelten protokollarischen Abmachungen zu unterlaufen.[18]

Günter Guillaume, Deckname »Hansen«, der sich rückblickend als »Wegweiser zum Ettersberg« sah, bezeichnete den Vorschlag als »erste bedeutende Amtshandlung« mit einer von ihm »überhaupt nicht beabsichtigten Fernwirkung«.[19] Sein Vorschlag, so behauptete er später, sei von Brandts Büroleiter Ritzel »mit einer kurzen Parade abgeschmettert« worden. Ritzel habe die ganze Richtung von Guillaumes Vorschlag nicht gepasst und habe mit Verweis auf das bereits feststehende Besuchsprogramm abgelehnt. Erst bei einem späteren gemeinsamen Flug sei es Guillaume gelungen, den Kanzler von seinem Vorschlag zu überzeugen. Brandt habe gesagt: »Ja, das klingt alles sehr vernünftig. Ich werde doch noch mal mit Ehmke und Bahr reden.«

Nach Aktenlage wurde Guillaumes Vorschlag allerdings vom Kanzleramtsminister sofort aufgegriffen und dem Kanzler übermittelt. Er entsprach Brandts Sinn für die große politische Geste. In einer KZ-Gedenkstätte konnte der Kanzler zeigen, dass der Widerstand gegen den Nationalsozialismus kein Privileg der Kommunisten ist. Die Frage des Besuches wurde bereits am Sonntagabend in einer kleinen Runde in Brandts Privatwohnung diskutiert.[20] Chefunterhändler Sahm notierte stichpunktartig in sein Tagebuch, dass »ein diesbezüglicher Vorschlag eines Mitarbeiters im Bundeskanzleramt, Guillaume«, vorliege. Die Runde zeigte sich offen und beschloss, dass geprüft werden solle, »ob und in welchem Umfang das Lager nach dem Kriege benutzt worden ist«. Brandt werde dann am Montag entscheiden, ob er die Gedenkstätte besuche. Wenn er es beabsichtige, solle Ehmke den Wunsch des Kanzlers, einen Kranz in Buchenwald niederzulegen, per Telegramm an DDR-Staatssekretär Kohl übermitteln. Gleichzeitig erhielt der Bundesnachrichtendienst den Auftrag, »zu prüfen, ob Stoph persönlich Verantwortung für Verbrechen in Buchenwald nach 1945 trägt«.

Am Montagmorgen hatte sich Brandt entschieden. Er wollte nach Buchenwald. In der morgendlichen »Lage« im Kanzleramt verlangte er bereits Textentwürfe für die Kranzschleife.[21] Für den Kanzler und früheren Widerstandskämpfer war Buchenwald mehr als eine Pflichtübung. Buchenwald war für ihn »ein Teil der gemeinsamen Vergangenheit, an der keiner vorbei kann und die eben nicht 1949 begonnen hat«.[22] Der Besuch in der Gedenkstätte sollte somit auch eine Antwort auf die Aussage Ulbrichts sein, dass Bonn und Ost-Berlin jetzt bei der »Stunde null« beginnen müssten. Mit Brandts Entscheidung begann nach Abschluss der »technischen Vorgespräche« und parallel zu den hektischen Vorbereitungen in Ost und West ein neues deutsch-deutsches Tauziehen.

Noch am Vormittag formulierte das Bundeskanzleramt ein Telegramm an das Büro des Ministerratsvorsitzenden in Ost-Berlin.[23] Sahm schrieb an Schüßler, dass Brandt »beabsichtigt«, nach seiner Ankunft in Erfurt und vor Beginn der Besprechungen in Buchenwald einen Kranz niederzulegen. Das Wort »beabsichtigt« strich Brandt offenbar durch und fügte handschriftlich hinzu: »hat den Wunsch«. Die Ankunft des Sonderzuges müsse deshalb vorverlegt werden, damit das Gespräch trotzdem um 10.30 Uhr beginnen könne. Außerdem fragte Sahm, ob die DDR Autos für die Fahrt in die Gedenkstätte zur Verfügung stellen könne. Abschließend schrieb Sahm, dass Brandt es sehr begrüßen würde, wenn Stoph an der Kranzniederlegung teilnehme. Diese Passage wurde von Brandt offenbar ebenfalls gestrichen.

Am Morgen des 17. März 1970 veröffentlichte Dettmar Cramer in der »Frankfurter Allgemeinen Zeitung« einen kleinen Kommentar zum bevorstehenden Erfurter Treffen.[24] Der Tenor unterschied sich nicht von anderen Einschätzungen: Die Hoffnungen der Menschen auf Ergebnisse beim anstehenden Spitzentreffen sollten weiter reduziert und Skepsis großgeschrieben werden. Ungewöhnlich war der Schluss des kurzen Artikels: Es sei wünschenswert, dass die DDR einen Besuch des Bundeskanzlers im ehemaligen Konzentrationslager Buchenwald möglich mache, um »das Grab« des dort umgekommenen Sozialdemokraten Rudolf Breitscheid zu besuchen. Der ehemalige Reichstagsabgeordnete und Unterstützer der Stresemann'schen Versöhnungspolitik, so die Zeitung, rage aus dem »Grau der Weimarer Republik« heraus. Ein von der DDR-Seite ermöglichter Besuch des Kanzlers in Buchenwald sei deshalb »ein Zeichen der Humanität«. Damit war der Wunsch des Kanzlers öffentlich. Womöglich handelte Cramer dabei im Auftrag der Bundesregierung.

Einen Tag später beschäftigte sich die Zeitung noch einmal mit dem möglichen Buchenwald-Besuch des Kanzlers.[25] Wenn Brandt und Stoph gemeinsam einen Kranz in der Gedenkstätte niederlegten, würden sie damit »ein gemeinsames Zeugnis« über die »gemeinsam zu verantwortende unselige Vergangenheit« ablegen. In einem solchen Augenblick würde sich möglicherweise die Bedeutung des Treffens verdichten. »Ost-Berlin, das mit seiner Geschichtsschreibung gern erst im Jahre 1949 beginnt und alles andere einseitig der Bundesrepublik anlastet, wird in Buchenwald unvermittelt mit in die Geschichte des ganzen Landes gestellt werden.«

Am 17. März war in der morgendlichen »Lage« im Kanzleramt Buchenwald erneut Thema.[26] Zu Gast war Gerhard Wessel, der Präsident des Bundesnachrichtendienstes. Er legte die Ergebnisse seiner Recherchen vor. Wessel versicherte, »daß Buchenwald nach 1945 nur von Sowjets als Internierungslager benutzt worden und Stoph nicht für Greueltaten verantwortlich sei«.

Fast zur gleichen Zeit wurde im SED-Politbüro über den Wunsch des Kanzlers gesprochen.[27] Für die DDR-Führung war Buchenwald ein besonderer Ort. Das frühere Konzentrationslager war mehr als eine Erinnerungsstätte, es war ein Ort der Selbstlegitimation. Die angebliche Selbstbefreiung und die angebliche Erfüllung des »Buchenwaldschwurs« in der DDR wurden für eine moralische Selbstbeglückwünschung und eine antiwestliche Stimmung genutzt. Die Gedenkstätte spielte deshalb eine Schlüsselrolle bei der forcierten nationalen Identitätsbildung der DDR. Das Lager war zur Gedenkstätte umgewandelt worden, nachdem das spätere sowjetische Speziallager 1950 aufgelöst worden war. Auf den Ettersberg bei Weimar pflegten die DDR-Oberen ihre Gäste zu führen, um vorzuführen, wie die DDR der 56 000 ermordeten Antifaschisten gedenke und dass ihr Vermächtnis erfüllt sei. Offenbar ahnte im Politbüro niemand, woher der Wunsch Brandts stammte. Grundsätzlich stimmten die Genossen dem Wunsch des Kanzlers zu. Sie sahen ihn als Chance: »Die Kranzniederlegung ist so zu gestalten, daß Brandt wie jeder andere ausländische Regierungschef der DDR die gebührenden Ehrenbezeugungen erweist.«

Detailliert wurde der Ablauf festgelegt: Außenminister Winzer sollte zusammen mit Brandt in einem Tschaika sitzen. Am Auto sollten die Stander der beiden deutschen Staaten gesetzt sein. Sieben Motorräder der Nationalen Volksarmee sollten den Kanzlerwagen eskortieren, Unteroffiziere sollten Kränze niederlegen, Arbeiter- und Kampflieder, aber auch »je eine Strophe der Hymnen der BRD und der DDR intoniert« werden. Außerdem wurde festgelegt, dass Brandt und seine Begleiter Blumen nicht nur für Breitscheid, sondern auch für den einstigen KPD-Chef Ernst Thälmann niederlegen sollten. In der anschließenden Presseberichterstattung sei »hervorzuheben, daß Brandt mit seinem Besuch in Buchenwald auch der Tatsache Rechnung tragen mußte, daß das Vermächtnis der Opfer des Faschismus in der DDR in Ehren gehalten und erfüllt wird. [...] Zugleich ist die tiefe Widersprüchlichkeit in der Haltung Brandts aufzuzeigen, der zwar in der DDR eine Gedenkstätte für die Opfer des deutschen Faschismus besucht, aber in der Bundesrepublik selbst keine Maßnahmen gegen die neonazistischen Umtriebe, z. B. der NPD, und gegen die revanchistische und militaristische Verseuchung der Bevölkerung ergreift.«

Mit dieser Entscheidung widersetzte sich das Politbüro eindeutig dem von Brandt gewünschten Charakter eines Arbeitsbesuches. In einem späteren Ablaufplan wurde außerdem ausdrücklich festgelegt, es sei zu gewährleisten, »daß von unserer Seite vor allem gutes Bildmaterial aufgenommen wird und die Ausführungen des Ratsvorsitzenden, des Leiters der Mahn- und Gedenkstätte und evtl. Brandts mitgeschnitten werden«.[28]

Um 16.12 Uhr traf im Bonner Kanzleramt die positive Antwort aus Ost-Berlin ein: Dem Wunsch des Kanzlers könne in der Weise entsprochen werden, hieß es da verschleiernd, »daß der Besuch und die Kranzniederlegung im üblichen protokollarischen Rahmen am Nachmittag erfolgt«.[29] Wie der »protokollarische Rahmen« aussehen würde, wurde nicht erläutert.

Gegenüber einem bundesdeutschen Vortrupp unter Leitung von Ministerialrat Ernst-Günter Stern, der sich inzwischen in Erfurt aufhielt, gab sich die DDR wortkarg. Der heikle Punkt des Protokolls sollte möglichst umschifft werden. In einer internen Sprachregelung war vorab festgelegt worden, Stern könnte mitgeteilt werden, dass Brandt Buchenwald besuchen dürfe.[30] Mit Details sollte bei Nachfragen zurückhaltend umgegangen werden. Lediglich die Begleitung des Kanzlers sollte bekannt gegeben werden: DDR-Außenminister Winzer, Kohl und Protokollchef Hain. Der Vorsitzende des Rates des Bezirkes Erfurt und der Gedenkstättenleiter würden Brandt begrüßen. »Wenn weitere Fragen gestellt werden über den protokollarischen Ablauf über den Besuch in Buchenwald«, so besagte die interne Regelung, »sollte darauf hingewiesen werden, die Sache wird so protokollarisch durchgeführt, wie es üblich ist.«

Wie vorhergesehen, sprach Stern den geplanten Besuch des Kanzlers in Buchenwald an.[31] Zunächst ging es um den Zeitpunkt. Die DDR-Seite hatte den Gedenkstättenbesuch für 16 Uhr terminiert und deshalb als Gesprächsbeginn 10 Uhr vorgeschlagen. Letztendlich einigten sich beide Seiten auf diesen Zeitplan, obwohl Brandt lieber vor Gesprächsbeginn in die Gedenkstätte gefahren wäre. Weniger leicht waren dagegen die protokollarischen Absprachen über den Gedenkstättenbesuch an sich. Die DDR-Unterhändler notierten: »Die Seite der

BRD brachte zum Ausdruck, daß sie noch am Mittwoch über die Modalitäten des protokollarischen Verfahrens über die Kranzniederlegung genau informiert werden möchte. Man möchte einem Wunsch des Bundeskanzlers entsprechen, das Verfahren so schlicht wie möglich zu halten.«

Nach dem Gespräch meldete sich Stern aus Erfurt.[32] Er teilte dem Kanzleramt in Bonn mit, dass Brandt am Nachmittag des 19. März Buchenwald besuchen könne. Er werde dabei von Außenminister Otto Winzer begleitet. Details des Protokolls konnte Stern nicht nennen. Die Funktionäre hatten wie angewiesen geschwiegen. Brandt war mit der Mitteilung einverstanden, obwohl er lieber, wie ursprünglich gewünscht, am Beginn des Besuches die Gedenkstätte besucht hätte.

Den Diplomaten im Kanzleramt musste klar sein, dass das, was bisher erfolgreich verhindert werden konnte, nun drohte: Die DDR konnte den »protokollarischen Rahmen« selbst bestimmen. Für Nachverhandlungen gab es kaum noch Zeit und keinen Spielraum. Das Zeremoniell für Buchenwald wurde in den letzten Einzelheiten nicht besprochen. Lediglich den Aufdruck auf den Schleifen des Kranzes konnte das Kanzleramt mitbestimmen. Ministerialrat Stern schlug vor: »Willy Brandt. Bundeskanzler der Bundesrepublik Deutschland«.[33] Als zusätzlichen Text auf der Schleife empfahl er: »Den Opfern der Gewaltherrschaft« oder »Den Opfern der nationalsozialistischen Gewaltherrschaft«. Doch Brandt wollte es schlichter. Auf der Schleife sollte lediglich »Willy Brandt. Bundesrepublik Deutschland« stehen. Mit dem Verzicht auf den Amtstitel konnte er den gewünschten niedrigen protokollarischen Status betonen. Mit dem Verzicht auf die Nennung der Opfer ging er sowohl Angriffen aus Ost wie aus West aus dem Weg. Ein eingeschränktes Gedenken an die Opfer der »nationalsozialistischen« Gewaltherrschaft hätte ihm im Westen die Kritik eingehandelt, dass er die Opfer des sowjetischen Speziallagers nach 1945 ignoriere. Ein allgemeines Gedenken hätte womöglich Vorwürfe aus dem Osten provoziert, dass er Kriegsverbrecher und Nationalsozialisten mit den Opfern der Hitler-Diktatur in einen Topf werfe.

Das sowjetische Speziallager bereitete den Bonner Beamten trotzdem Kopfzerbrechen. Keinesfalls durfte Brandt in Buchenwald in eine Situation geraten, die dieses von der sowjetischen Besatzungsmacht geführte Lager in irgendeiner Weise rechtfertigte. Ministerialrat Stern ließ den Bundesnachrichtendienst recherchieren.[34] Der Geheimdienst konnte nur mitteilen, dass von 1945 bis 1950 in Buchenwald ein Speziallager bestanden hatte. Seit 1958 gebe es im früheren Konzentrationslager eine »nationale« Gedenkstätte. Der BND schickte noch einen Lageplan und eine »nähere Darstellung über die nunmehrige Ausgestaltung der Gedenkstätte« ins Kanzleramt. Die Dokumente hatte der Geheimdienst dem »Stadtführer Weimar« von 1969 entnommen. Das war scheinbar alles, was der BND in der Kürze der Zeit ermitteln konnte.

Dass Brandt in die Gedenkstätte fahren würde, registrierte auch die »Vereinigung der Opfer des Stalinismus«. Umgehend schickte der Bundesvorstand ein ausführliches Telegramm an den Bundeskanzler.[35] Darin hieß es: »Wir achten Ihre Geste und gedenken mit Ihnen der zahllosen Opfer des Nationalsozialismus.« Der Opferverband fügte hinzu: »Wir erinnern daran, daß das Konzentrationslager Buchenwald noch 5 Jahre nach Kriegsende bestanden hat und dort Tausende von politischen Gefangenen der sowjetischen Besatzungsmacht umgekommen sind, von deren Tod kein Mahnmal kündet.« Das Telegramm endete mit den Worten: »Bitte, schließen Sie in Ihr Gedenken auch diese Opfer politischer Diktatur ein.« Dieser Bitte schlossen sich auch ehemalige Häftlinge an, deren Leserbriefe allerdings erst nach dem Erfurter Treffen in der bundesdeutschen Presse abgedruckt wurden.[36]

Am 19. März meldete die »Frankfurter Allgemeine Zeitung«, dass Brandt »die Anregung aus seinem Mitarbeiterkreis« aufgegriffen habe und nach Buchenwald fahre.[37] Der Preis für die Fahrt sei die Begleitung durch DDR-Außenminister Otto Winzer. Eine militärische Zeremonie sei aber nicht vorgesehen.[38] Das »Neue Deutschland« berichtete nur in einer kurzen Notiz über den bevorstehenden Gedenkstättenbesuch.[39]

Nach der Entscheidung begannen in der Gedenkstätte Buchenwald die Vorbereitungen.[40] Eine Parteiversammlung wurde angesetzt, in der alle Genossen »die notwendigen Informationen und Instruktionen« erhielten. Das »Auftreten und Verhalten« der Mitarbeiter nach außen wurde festgelegt, »insbesondere auch, daß sie über die mit dem Kanzlerbesuch zusammenhängenden Fragen ›nichts wissen‹«. Außerdem wurde als Sprachregelung verbreitet, »daß der Direktor, Genosse Trostorff, ab sofort nicht mehr ›anwesend‹ ist«.

Guillaume im Einsatz

Die Idee eines Buchenwald-Besuches war offenbar nicht die einzige Zuarbeit des DDR-Spions Günter Guillaume für die Reiseroute des Kanzlers. »Hansen« informierte in den Tagen vor dem Treffen Ost-Berlin auch über Interna aus dem Bundeskanzleramt. Guillaume war offensichtlich eifrig bemüht, möglichst wichtige Informationen zu schicken. Noch Jahrzehnte später lobte Spionagechef Markus Wolf: »Im Vorfeld der Brandt-Stoph-Gespräche verhalf er uns zusammen mit anderen Kanälen zu einem nahezu vollständigen Bild der Wünsche und Vorstellungen der Bundesregierung.«[41] Welche Informationen und Details Guillaume nach Ost-Berlin übermittelte, ist unklar.[42] Die Akten der DDR-Spionage wurden vernichtet. Im elektronischen Posteingangsbuch der Staatssicherheit ist lediglich ein Bericht vermerkt: Am 2. März schickte Guillaume ein Papier über »Die Vorbereitung der möglichen Verhandlungen zwischen der Bundesrepublik und der DDR«.[43] Die Information wurde von der Staatssicherheit als »wertvoll« eingestuft.

Guillaume war längst nicht der einzige Zuträger des MfS in Bonn. Tatsächlich sprudelten noch andere gut informierte Quellen. Die Berichte zum bevorstehenden deutsch-deutschen Gipfeltreffen begannen am 10. Januar 1970 mit den »Äußerungen führender Funktionäre des Parteivorstandes der SPD zu kommenden Verhandlungen mit der DDR«. Einen Monat später, am 19. Februar, warnte ein Spion vor »Vorbereitungen für eine provokatorische Ausnutzung eines evtl. Besuches von Brandt beim Vorsitzenden des DDR-Ministerrates«. Eine knappe Woche später, am 25. Februar, wurde aus Bonn über die »Haltung maßgeblicher Kreise der Westmächte sowie der Bundestagsparteien zu Verhandlungen zwischen der BRD und der DDR« berichtet. Am 6. März folgte »Eine Sprachregelung des Bonner Auswärtigen Amtes zum möglichen Treffen zwischen Brandt und Stoph«.

Nachdem die Vorverhandlungen in Ost-Berlin erfolgreich beendet worden waren und Erfurt als Treffpunkt feststand, intensivierten die Bonner Quellen ihre Berichtätigkeit. Am 12. März ging bei der Staatssicherheit ein Bericht über die »Auffassungen aus den führenden SPD-Kreisen zu den technischen Vorverhandlungen für das Treffen zwischen Stoph und Brandt« ein. Zwei Tage später, am 14. März, folgte ein Bericht mit dem Titel »Treffen zwischen Brandt und Stoph«. Am 17. März wurde über Bonner »Meinungen zum bevorstehenden Treffen zwischen dem Genossen Stoph und Bundeskanzler Brandt in Erfurt« informiert. Einen Tag vor dem entscheidenden 19. März wurde die Ost-Berliner Spionagezentrale mit Bonner Informationen regelrecht überflutet. Das Posteingangsbuch verzeichnete an diesem Tag vier Berichte aus Bonn: »Zur Reaktion in der SRR [Sozialistischen Republik Rumänien] zum Treffen Brandt in Erfurt«, »Die Reaktion in der VAR [Vereinigten Arabischen Republik, also Ägypten] zum Treffen Stoph Brandt«,[44] »Äußerungen eines maßgeblichen Vertreters des Westberliner Senats über die beabsichtigte Konzeption Brandts beim Treffen mit Genossen Stoph am 19.03.1970 in Erfurt« und die »Reaktionen der westdeutschen Bundesregierung auf das Treffen zwischen Genossen Stoph und Bundeskanzler Brandt in Erfurt«.

Außergewöhnliche Vorgänge in Erfurt

Nachdem die Entscheidung für den Tagungsort gefallen war, begannen in Erfurt umgehend die Vorbereitungen für das Treffen. Am Freitagabend, es war der 13. März, landete Rudi Rost, Leiter des Büros des Ministerrates, auf dem Flughafen der Bezirksstadt.[45] Er bildete einen Arbeitsstab, um die Stadt in weniger als einer Woche auf das prestigeträchtige Treffen vorzubereiten.[46] Der Hauptbahnhof, auf dem Brandt ankommen sollte, wurde genau unter die Lupe genommen. Alle Mängel sollten detailliert registriert und anschließend beseitigt werden. Brandt sollte am Bahnsteig 1 an- und abreisen, der Sonderzug dort während des Verhandlungstages stehenbleiben. Auch über die Verpflegung der beiden Regierungschefs machte sich der Arbeitsstab erste Gedanken: im Verhandlungsraum waren alkoholische Getränke unerwünscht.

Die Gespräche zwischen Brandt und Stoph sollten im Interhotel »Erfurter Hof« stattfinden. Das Hotel lag für die DDR-Verantwortlichen aus strategischer Sicht günstig. Hotel und Hauptbahnhof standen sich direkt gegenüber. Der Kanzler musste nach seiner Ankunft also nicht durch die Stadt chauffiert werden, sondern lediglich den Bahnhofsvorplatz überqueren. Es würde also für die Bevölkerung nahezu keine Gelegenheit geben, den Gast zu sehen.

Nun musste das Hotel überprüft werden. Zwar galt der »Erfurter Hof« als eine der Prestige-Herbergen der DDR, doch der Zahn der Zeit hatte an dem einst europaweit bekannten Nobelhotel genagt.[47] Die Zeit für die nötigen Vorbereitungen war äußerst knapp, es drohte hektisch zu werden. Bis zum 17. März, 8 Uhr, so wurde festgelegt, sollte das Hotel hergerichtet sein. Dann sollte im Laufe des Tages ein bundesdeutscher Vortrupp das Haus besichtigen. »Gegen Mitternacht erfolgt unter Leitung des Genossen Dr. Rost die Generalabnahme der gesamten Räume.« Alle dann entdeckten Mängel müssten bis zum 18. März, 6 Uhr, beseitigt sein. »Nach dieser Zeit steht das Objekt zur pioniertechnischen Untersuchung bereit«, konnte also auf Sprengstoff untersucht werden.

Die Zimmer und Salons des Hotels wurden aufgeteilt. Die zweite Etage sollte der bundesdeutschen Delegation zur Verfügung stehen.[48] Hier war höchste Sorgfalt geboten. »Die gesamte Etage ist in bezug auf Schönheitsfehler und andere erforderliche Ausbesserungsarbeiten sorgfältig zu überprüfen.« Für Brandt wurde das Zimmer 249 mit Blick auf den Innenhof des Hotelkomplexes ausgewählt. Fernsehapparat und Möbel waren zu überprüfen. Das Zimmer des Kanzlers sollte zusätzlich mit einem Radio, einem Diktiergerät und Büromaterial ausgestattet werden. Außerdem wurde eine Direktleitung nach Bonn gelegt. »Das Schlafzimmer ist als Ruheraum zu gestalten.« Für mögliche Vieraugengespräche zwischen Brandt und Stoph wurde auf einer anderen Etage das Zimmer 120 reserviert.

Die Einzelheiten wurden in einer internen »Gesamtkonzeption für die gastronomische Versorgung für das Treffen festgelegt«.[49] Die Experten der beiden Delegationen sollten im »Palast-Café« des »Erfurter Hofes« speisen. Die DDR gab sich großzügig: »Wünsche in bezug auf Getränke und Tabakwaren werden in jeder Hinsicht erfüllt.« Technisches Personal sollte in der »Pilsen-Stube« verpflegt werden. Im »Winzerkeller« war Platz für die 150 MfS-Mitarbeiter. Für die beiden Delegationen waren die Salons vorgesehen.

Über die Vorbereitungen im Hotel ließ die DDR nichts an die Öffentlichkeit dringen. Bereits unmittelbar nach Bekanntwerden des Treffens in Erfurt hatte die Hamburger »Bild«-Redaktion im Interhotel angerufen.[50] Die Journalisten wollten wissen, welche Vorbereitungen für das Gipfeltreffen getroffen würden. Die Antwort aus Erfurt lautete: »Oh, wir haben hier viel zu tun. Einzelheiten kann ich Ihnen noch nicht sagen.« Während im »Erfurter Hof« bereits mit den Vorbereitungen begonnen wurde, herrschte in Bonn über den genauen Tagungsort noch Unklarheit.[51] Zwar gingen westdeutsche Beobachter bereits davon aus, dass das Treffen im »Erfurter Hof« stattfinden würde, aber eine offizielle Bestätigung der DDR gab es dafür nicht. Also wurde auch über ein Treffen in der einstigen Kurmainzischen Statthalterei, in der nun der Rat des Kreises residierte, spekuliert.[52] »Bild« wollte es genau wissen und rief im Erfurter Pressezentrum an. Ein Herr Meyer konnte oder wollte dort die Frage nach dem Konferenzort nicht beantworten. Auch sonst gab sich der Mann wortkarg. »Bild« fragte: »Gibt es sonst noch etwas Interessantes aus Erfurt, Herr Meyer?« – Antwort: »Nein.«

Als Pressezentrum wurde das Gelände der Internationalen Gartenbauausstellung, kurz IGA, am Ortsrand von Erfurt ausgewählt.[53] Als erste Maßnahme sperrten Sicherheitskräfte das Gelände ab, »um Zivilpersonen vom Gelände und den Journalisten zurückzuhalten und somit die Kontaktmöglichkeiten westlicher Journalisten einzuschränken«. Die Pförtner an den Eingängen wurden durch Zivilpolizisten ersetzt. Von nun an konnten nur noch registrierte und überprüfte Personen auf die IGA. Insgesamt 1500 Arbeitskräfte arbeiteten in den nächsten Tagen im Schichtbetrieb, um die Ausstellungshallen zum Pressezentrum umzubauen. Alle Beschäftigten wurden überprüft, fünf Personen ausgewechselt, da sie, so die Staatssicherheit, »in der Vergangenheit operativ angefallen waren«. »Ebenfalls wurden drei Arbeiter des IGA-Personals mit Paten betreut, da diese geistig nicht voll zurechnungsfähig waren.« Die 200 IGA-eigenen Mitarbeiter mussten außerdem zu einer Belegschaftsversammlung. Dort wurde ihnen »die politische Bedeutung und die notwendige Verhaltensweise« erläutert.

Polizei in Aufruhr

Auch die Sicherheitsbehörden begannen mit umfangreichen Vorbereitungen. Am 15. März erließ zunächst der oberste Polizist des Bezirkes Erfurt den Befehl 03/70.[54] Als wichtigste Aufgabe für die nächsten Tage ordnete er an, »Störungen und Provokationen« zu verhindern.

Sogenannte »negative Elemente« und Neugierige sollten darin gehindert werden, nach Erfurt zu fahren. »Gefährdete« Personengruppen waren von Aktionen abzuhalten. Das sollte in enger Zusammenarbeit mit dem Ministerium für Staatssicherheit geschehen.

Am nächsten Tag erließ der Innenminister und Polizeichef, Generaloberst Friedrich Dickel, den Befehl 052/70 über »polizeiliche Maßnahmen in Erfurt«.[55] Darin wurde der Chef der Erfurter Bezirkspolizeibehörde aufgefordert, im Zusammenhang mit dem Brandt-Besuch »Provokationen zu verhindern und dazu alle erforderlichen Maßnahmen durchzuführen«. Der Polizeichef wurde angewiesen, dabei »mit den zuständigen Dienststellen« der Staatssicherheit zusammenzuarbeiten. Eile war geboten. Die Vorbereitungen sollten bis zum übernächsten Tag um 12 Uhr abgeschlossen sein. »Besondere Vorkommnisse« waren sofort nach Berlin zu melden.

Die Erfurter Polizei bereitete sich nun akribisch vor. Oberstes Ziel war es, »eine Konzentration von Bürgern im Raum Bahnhof rechtzeitig zu erkennen und zu verhindern« und »Provokationen, Zusammenrottungen und Störungshandlungen vor und während des Treffens aufzudecken und zu zerschlagen«. »Besonders gefährliche Rechtsbrecher« sowie ehemalige Angehörige der Bundeswehr und des Bundesgrenzschutzes sollten »aktiv unter Kontrolle« genommen werden.[56] Fast 4000 Polizisten wurden dazu mobilisiert.[57] Für alle Bereiche gab es Festlegungen: Am 17. März kontrollierte die Polizei im »Erfurter Hof« und im Pressezentrum auf der IGA den Brandschutz.[58] Nachdem Mängel festgestellt wurden, kommandierte die Polizei einen Löschzug auf das IGA-Gelände. Im Tagungshotel sollten zwei Feuerwehrleute stationiert werden. Der Munitionsbergungsdienst wurde in ständige Bereitschaft versetzt. Alle Waffenkammern mit Sport- und Jagdwaffen wurden versiegelt. Die Polizei protokollierte: »Auf entsprechende Hinweise wurde veranlaßt, daß am 19.3. kein außerplanmäßiges Glockengeläut durch die Kirche erfolgen wird.«

Die Verkehrspolizei sollte außerdem verstärkt kontrollieren, dass keine Journalisten ohne Genehmigung ihre Unterkunftsorte Eisenach und Weimar verließen. Nicht nur auf der Sicherheit, sondern auch auf der Ordnung lag das Augenmerk der Polizei. Streifenpolizisten waren angehalten, die Erfurter zur »absoluten Sauberkeit von Straßen, Wegen, Plätzen einschl. der Verkehrsmittel« zu ermahnen.[59] Selbst die Verkehrszeichen sollten geputzt werden. Gefangenentransporte während des Gipfeltreffens waren untersagt.[60] Anstehende Haftentlassungen wurden vorgezogen. 50 Strafgefangene, die zum Wohnungsbau am Juri-Gagarin Ring eingesetzt waren, wurden abgezogen, damit »westlichen Journalisten keine Möglichkeit« gegeben werde, die Häftlinge bei der Arbeit zu fotografieren.[61] Den Leiter der Untersuchungshaftanstalt wies die Polizeiführung an, »eine freie Kapazität von 80 Plätzen« zu gewährleisten.[62]

Natürlich erforderte auch die Bahnfahrt des Kanzlers besondere Vorbereitungen.[63] Die Planung sah vor, dass zum Treffen alle Bahnübergänge entlang der Fahrtstrecke Brandts bereits 100 Meter vor dem Gleis abgesperrt sein sollten. Brücken über die Bahnstrecke mussten frei sein. Alle Polizisten hatten darauf zu achten, dass sich keine unbefugten Personen in der Nähe der Gleise aufhielten. Auch Schaulustige sollten von der Bahnstrecke ferngehalten werden: »In enger Zusammenarbeit mit den Kreisleitungen unserer Partei ist zu sichern, daß in den an der Strecke liegenden Betrieben alle Betriebsangehörigen zum Zeitpunkt der Durchfahrt des Vor-, Haupt- und Nachzuges auf ihren Arbeitsplätzen verbleiben.«

Per Befehl wurden nicht nur die Aufgaben der einzelnen Polizeiabteilungen festgelegt.[64] Auch der politische Hintergrund des Gipfeltreffens wurde den Ordnungshütern erläutert. Ideologische Unklarheiten sollte es nicht geben. Bei den bevorstehenden Verhandlungen zwischen Brandt und Stoph gehe es »um die völkerrechtliche Anerkennung der DDR und damit um die Erhaltung und Festigung des Friedens in Europa«. Egal, wie das Treffen ende: »Die Gestaltung des entwickelten gesellschaftlichen Systems« werde fortgesetzt. Von jedem Polizisten werde ein »fester Klassenstandpunkt, ein Höchstmaß an Disziplin, Einsatzbereitschaft und vorbildliche Dienstdurchführung« verlangt. Besonders wurde vor dem westdeutschen Klassenfeind gewarnt: »Kontaktversuche« sollten »klassenmäßig« gewertet und zurückgewiesen werden. Außerdem wurden die Polizisten auf besondere Geheimhaltungsstufen während des Gipfeltreffens verpflichtet. Gespräche »auf dem VP-Sondernetz«, dem Polizeifunk, sollten auf das »Operativ-Notwendigste« reduziert werden. Nur in Ausnahmefällen und nach Genehmigung dürfe es Funkverbindungen geben.

Die Staatssicherheit macht mobil

Die Staatssicherheit stand gleich der Polizei vor einer Mammutaufgabe. Wie sollte sie sich in wenigen Tagen auf ein solches Treffen von internationalem Rang vorbereiten? Der anberaumte Großeinsatz in Erfurt bekam den Decknamen »Konfrontation« – eine unverhohlene Anspielung auf die »Neue Ostpolitik« der Bundesregierung. Bei dem Einsatz ging es zum einen um den Schutz der bundesdeutschen Gäste, zum anderen und vor allem aber sollten die Menschen in Erfurt unter Kontrolle gehalten werden. Denn das Volk war bei dem Spitzentreffen als Zaungast nicht erwünscht.

Insgesamt 343 MfS-Mitarbeiter sollten eingesetzt werden: entlang der Bahnstrecke, im Pressezentrum, im Hauptbahnhof, bei der Telefonüberwachung und auf dem Bahnhofsvorplatz.[65] Für den innersten Sicherungsbereich waren 150 Mann vorgesehen. Sicherungsgruppen und -abschnitte wurden eingeteilt und die Aufgaben verteilt. Auch im »Erfurter Hof« quartierte sich die Staatssicherheit ein.[66] Generalmajor Franz Gold, zuständig für den Personenschutz, hatte seinen »Führungspunkt« im Zimmer 153 D. Auch Generalleutnant Bruno Beater, der Stellvertreter von Staatssicherheitsminister Erich Mielke, residierte im Hotel. Er leitete die ganze Aktion »Konfrontation«. Über Standleitungen war er stets auf dem Laufenden. Zusätzlich wurden die inoffiziellen Spitzel mobilisiert. Sie sollten die Stimmung in der Bevölkerung überwachen, »Äußerungen zu den Verhandlungsgrundsätzen«, »politisch-ideologische Unklarheiten« sowie »Spekulationen und Gerüchteverbreitung« melden und Wortführer ermitteln.[67]

Um Erfurt herum wurde ein dichtes Sicherungsnetz aus Sperrgürteln installiert. Kein Bundesdeutscher oder West-Berliner sollte ohne Erlaubnis in die Stadt kommen können. Während des Treffens wurde die Stadt außerdem für Streifen der westlichen Militärmissionen gesperrt. MfS-Mitarbeiter mussten dazu Uniformen der Volkspolizei anziehen. Angehörige der Sowjetstreitkräfte standen bereit, um notfalls Angehörige der westlichen Siegermächte festzunehmen. Besonderes Augenmerk richteten die Sicherheitskräfte auf Autobahnbrücken und -abfahrten. Neben MfS-Mitarbeitern und Volkspolizisten patrouillierten auch Inoffizielle Mitarbeiter der Staatssicherheit, die bei der Autobahnmeisterei Legefeld beschäftigt waren. »Dabei sind besonders Brücken zu sichern, Hetzlosungen, Flugblattablagen, Verkehrshindernisse und Provokationen zu verhindern.« Nichts sollte die bundesdeutsche Berichterstattung aus der DDR trüben.

Die Anwohner rund um das Tagungshotel »Erfurter Hof« wurden überprüft. Dabei sollten neben der Zuverlässigkeit auch »politisch-ideologische Unklarheiten« erforscht werden. Speziell auf »Sympathisierende mit der SPD« sowie auf »asoziale Personen und Geisteskranke« sei zu achten. Insgesamt 96 Erfurter wurden überprüft. »Bei fünf dieser ermittelten Personen wurden negative Momente festgestellt.«[68] Rund um die Bahnhofstraße und den Bahnhofsvorplatz richtete die Staatssicherheit fünf Beobachtungs- und Fotostützpunkte ein. Unter anderem saßen die geheimen Fotografen im Zimmer des Hoteldirektors und in einer Zahnarztpraxis.[69] Die Staatssicherheit kümmerte sich auch um kleine Details. Es wurde angewiesen, »daß alle Sirenen und Lautsprecher der Stadt Erfurt unter Kontrolle gebracht werden«.[70]

Um die Erfurter Schüler gab es zunächst Verwirrung. Sollten die Schulen am Tag des Treffens geschlossen bleiben? Am 17. März erklärte die SED-Stadtleitung, dass an den Erfurter Schulen am 19. März »voller Unterricht« stattfinden werde.[71] Zuvor hatte der Vorsitzende des Rates des Bezirkes, Richard Gothe, angeordnet, dass auswärtige Berufsschüler nicht nach Erfurt kommen sollten. Dies wurde nun wieder rückgängig gemacht. Wegen Brandt sollte es keinen Unterrichtsausfall geben.

Auch die Erfurter Betriebe bekamen die Anweisung, beantragte Freistellungen und Urlaubsanträge für den 19. März genau zu prüfen.[72] »Geplantes, frühzeitiges Verlassen des Arbeitsplatzes« und Diskussionen sollten gemeldet werden.

Kontrollen und Abnahmen

Am Vormittag des 16. März waren in Erfurt, Eisenach und Weimar Mitarbeiter des Ministerrates und anderer Behörden unterwegs, um alle Einrichtungen, die mit dem bevorstehenden Gipfeltreffen in Verbindung standen, zu kontrollieren.[73] In Erfurt wurden die Hotels »Tourist« und »Bürgerhof« sowie das FDGB-Gästeheim und das Pressezentrum auf dem IGA-Gelände überprüft. Am Abend kamen die einzelnen Hoteletagen im »Erfurter Hof« an die Reihe. Dort liefen noch die letzten Vorbereitungen.[74] Einzelne Zimmer waren bereits geräumt, Material und Möbel für den Umbau bereits angeliefert. Einige Zimmer für die bundesdeutsche Delegation wurden renoviert.

In Eisenach wurden vier Hotels überprüft, in denen Journalisten untergebracht werden sollten.[75] Die Häuser waren geräumt und renoviert worden. Nur einige kleinere Probleme wurden bekannt: Die Zufahrtswege zum Hotel »Wartburg« waren nicht von Eis und Schnee geräumt und die Telefonverbindungen konnten erst nach Wartezeiten von bis zu 60 Minuten hergestellt werden. Außerdem meldeten die Kontrolleure: »Im Hotel ›Thüringer Hof‹ und im Hotel ›Wartburg‹ sind die Kaffeemaschinen nicht betriebsfähig; die Beschaffung von Ersatzmaschinen noch nicht geklärt.«

Auch in Weimar liefen die Vorbereitungen auf Hochtouren.[76] Außer den städtischen Hotels waren dort auch die Fachschule für Staatswissenschaft und die Agraringenieurschule für anreisende Gäste geräumt worden. Allerdings gab es hier ein Problem: »Bisher konnten 50 Kopfkissen und Steppdecken nicht aus örtlichen Reserven beschafft werden.«

Für den Erfurter Hauptbahnhof war inzwischen ein »Stabsplan« ausgearbeitet worden.[77] Minutiös hatten die Verantwortlichen festgelegt, welche Brigade wann mit ihren Arbeiten zu beginnen und zu enden hatte. Unter anderem sollten 100 NVA-Soldaten die Bahnsteige und Gleise putzen. Angehörige der Ingenieurschule Gotha sollten bei Gleisbauarbeiten und beim Putzen helfen. Es war offenbar viel zu tun. Noch am Abend des 16. März war der Bahnhof nicht vollständig empfangsbereit.[78] Zwar war die Grundreinigung der Bahnsteige und der Gleisbetten weitgehend abgeschlossen, aber eine Sandstrahlreinigung der Fassade stand noch aus. Auch bei den Malerarbeiten an den Bahnsteigen gab es Verzögerungen. Es fehlten Maler. Die Kontrolleure kalkulierten nun mit jeder Minute: Mit dem Abschluss der Malerarbeiten sei nicht vor dem 17. März um 24 Uhr zu rechnen. Dadurch komme es in der Folge zu Verzögerungen bei den »Feinreinigungsarbeiten«. Zwischenzeitlich wurden Handwerker aus Weimar damit beauftragt, auf dem Bahnhofsvorplatz eine Pressetribüne zu errichten.[79]

Erfurt steht Kopf

Die Umbauarbeiten blieben natürlich nicht unbemerkt. Bereits am 15. März hatte die Volkspolizei zwei schwedische Touristen festgenommen, die »einen Transport von Möbeln« zum Hotel »Erfurter Hof« fotografiert hatten.[80]

Auch im Bonner Kanzleramt häuften sich die Berichte über außergewöhnliche Vorgänge in Erfurt. Am 16. März meldete die bayerische Grenzpolizei, dass auf »geheime Weisung« der DDR-Regierung »auf schnellstem Wege« Teppiche und Wohnungseinrichtungsgegenstände nach Erfurt geschafft würden.[81] Damit solle eine für den Empfang des Bundeskanzlers bestimmte, »nicht näher bekannte« Villa ausgestattet werden. Im Kanzleramt befürchteten Beamte daraufhin, dass die DDR »durch Zuweisung einer Residenz größeren protokollarischen Aufwand« betreibe.

Das Kölner Bundesamt für Verfassungsschutz schickte ähnliche Erkenntnisse nach Bonn. Am Abend des 17. März informierte es per Fernschreiben das Bundeskanzleramt und andere Dienststellen, aus der DDR zurückkehrende Bundesbürger hätten berichtet, dass in Erfurt »alles Kopf« stehe.[82] Die Erfurter und Bewohner der umliegenden Orte seien in den vergangenen Tagen mehrfach »zu freiwilligen Arbeitseinsätzen zwecks Verschönerung des Stadtbildes« aufgerufen worden. Die Fassaden des Hauptbahnhofes, des Hotels »Erfurter Hof« und verschiedener umliegender Häuser seien renoviert worden. Im Hotel selbst seien neue Gardinen angebracht und die Möbel ausgetauscht worden. Weiter hieß es in dem Fernschreiben: »Lastkraftwagen brächten laufend Lebensmittel in die Stadt, um die Geschäfte mit allen Waren einschl. Südfrüchten voll zu versorgen.« Die Erfurter seien teilweise »recht belustigt über die plötzliche Aktivität der Genossen« und würden alles als »vorübergehendes Aushängeschild« betrachten.

Die Grenzschutzstelle Herleshausen meldete starke Kontrollen auf den Zufahrtsstraßen nach Erfurt.[83] Ein LKW-Fahrer, der aus Erfurt Malz geholt habe, sei auf der Hinfahrt zwischen der Autobahnabfahrt und der Stadt von der »Vopo« dreimal kontrolliert und befragt worden. Auf der Rückfahrt habe es keine Kontrollen gegeben. Der Fernfahrer hatte weiter berichtet, dass in der Stadt alle Straßen von der Volksarmee gereinigt worden seien. In den Schaufenstern hätten Waren gelegen,

»die bisher in der SBZ nur über besondere Quellen käuflich erworben werden konnten«. In den Straßen würden Transparente und Schilder mit Propagandaparolen angebracht. Der LKW-Fahrer hatte den Grenzschutzbeamten außerdem von Gesprächen mit Arbeitern des Malzwerkes berichtet. Dabei habe er erfahren, dass während des Gipfeltreffens der Bahnhof und der Tagungsort »hermetisch« abgeriegelt werde, »damit Sympathiekundgebungen für den Bundeskanzler ausgeschlossen werden und die Delegation der ›DDR‹ nicht in Verlegenheit gebracht wird«.

Reisende, die mit der Bahn im westdeutschen Bebra eintrafen, berichteten von Arbeitskolonnen, »die mit Schrubber und Besen im Bahnhofsgebäude Großreinemachen veranstalteten«.[84] Kabeltrupps verlegten rund um den Erfurter Bahnhof Leitungen. Außerdem seien große Lenin-Bilder angebracht worden. Einige Bundesbürger berichteten nach ihrer Rückkehr, dass am Tag des Treffens Betriebs- und Parteigruppen mit Bussen nach Erfurt gebracht werden sollen.

Am 18. März, einen Tag vor dem Gipfeltreffen, berichtete die Bundesgrenzschutzstelle in Herleshausen über umfangreiche Absperrungen in Erfurt.[85] LKW-Fahrer hätten davon gesprochen, dass das Bahnhofsviertel für den Verkehr vollständig gesperrt sei. Außerdem gebe es Hinweise, dass diese Absperrungen während des Treffens »auf Personen ausgedehnt werden«. Die umfangreichen Fahrzeugkontrollen auf den Zufahrtsstraßen nach Erfurt würden weiterhin bestehen, wurde nach Bonn gemeldet. Manche Fahrer seien viermal kontrolliert und befragt worden. Ein bundesdeutscher Mechaniker, der beruflich in Erfurt tätig war, erzählte, dass er von den »sowjetzonalen Behörden« aufgefordert worden sei, die Stadt zu verlassen. Seine Privatunterkunft werde für die Unterbringung von Journalisten benötigt. In einem anderen Bericht hieß es, DDR-Arbeitskommandos seien damit beschäftigt, die Schlagbäume an der Grenzübergangsstelle Wartha neu zu streichen.[86]

Noch am 19. März meldete die Bayerische Grenzpolizei, dass in der Nacht vom Sonntag zum Montag die Wände einer Erfurter Straßenunterführung bemalt worden seien: »Brandt ist kein Adenauer«, habe dort gestanden.[87] Der Spruch sei noch am Vormittag entfernt worden.

Keine Wochenendruhe für Spitzenbeamte

Das Wochenende vom 14. und 15. März nutzte Sahm, um zusammen mit seinen Kollegen aus den Ministerien eine Rede für Brandt zu entwerfen.[88] Sie feilten an Formulierungen und suchten Argumente. Egon Bahr hatte aus Moskau zugearbeitet. Sahm war zufrieden. Die Arbeit ging gut voran. Bereits am Sonntagnachmittag überreichte er Brandt seinen Redeentwurf. Im kleinen Kreis mit Ehmke, Ahlers und Ritzel wurde das weitere Vorgehen besprochen. Sahm schilderte die Szenerie: »Brandt ist bei solchen Gelegenheiten zuerst sehr verschlossen, fast verärgert, rotes, geschwollen erscheinendes Gesicht, als ob er gerade geschlafen hat. Mit seiner grauen Walk-Jacke und dunklem Hemd, Flanellhosen mit norwegischen Slippern bekleidet, taut er dann allmählich auf. Wein, Whisky oder Campari werden serviert und die Atmosphäre wird gelockert. Er lacht dann bald und gerne, kann sich über irgendeine schnoddrige Bemerkung von Ahlers königlich amüsieren.«

Die Runde einigte sich darauf, der DDR die Einrichtung von Kommissionen vorzuschlagen. Auch die Frage des Gegenbesuchs von Stoph in der Bundesrepublik und die Einrichtung von Arbeitsräumen für die Beauftragten in den beiden Hauptstädten wurden diskutiert. Außerdem legte die kleine Runde den Terminplan für die nächsten Tage fest.

Ahlers im Kreuzfeuer

An diesem Wochenende attackierte das »Neue Deutschland« Conrad Ahlers scharf.[89] Der Regierungssprecher hatte in einer Pressekonferenz die DDR als »Zone« bezeichnet. Zwar hatte schon am 13. März der Pressesprecher des DDR-Außenministeriums deshalb Ahlers attackiert, nun aber griff das Parteiblatt die Vorwürfe nicht nur auf, sondern erweiterte sie. Die SED-Zeitung schrieb: »Von der einen Frechheit offenbar noch nicht befriedigt, ließ Ahlers sogleich eine zweite folgen. ›Es ist ein halbwegs zivilisiertes Gebiet, wo wir hinfahren‹, erklärte er im Hinblick auf den Tagungsort.« Das »Neue Deutschland« schäumte: »Es ist eine Provokation, die zeigt, wo die Kräfte zu suchen sind, die das Treffen zwischen W. Stoph und W. Brandt torpedieren möchten.«

Es sind die Kräfte, die der friedlichen Koexistenz zwischen der DDR und der Bundesrepublik Steine in den Weg rollen wollen.« Der Kommentator mit Kürzel »-ping« rächte sich: »Herr Ahlers kommt aus einem gesellschaftlich unterentwickelten Staat in ein Gebiet, das besonders unter dem Sozialismus aufblühte.« Der Autor forderte Brandt auf, seinem Regierungssprecher eine »kurzgefaßte Lektion« über die »elementaren Grundregeln der Höflichkeit« zu erteilen. Ahlers solle sich bis zum 19. März »›halbwegs zivilisiertes‹ Benehmen zulegen«.

Worüber die Zeitung kein Wort verlor, waren die Umstände, unter denen Ahlers den umstrittenen Halbsatz gesagt hatte. Zur fraglichen Pressekonferenz hatten ihn die anwesenden Journalisten wegen des Tagungsortes und der dort zu erwartenden Arbeitsmöglichkeiten gelöchert. Ahlers war davon wahrscheinlich genervt gewesen und hatte in einer für ihn typischen flapsigen Art reagiert.

In den folgenden Tagen stilisierte die SED-Zeitung Ahlers zum neuen Feindbild der DDR. Seine »unverschämten Äußerungen« hätten in Erfurt »tiefe Empörung« hervorgerufen.[90] Nun wurde mit Kanonen auf Spatzen geschossen: Das »Neue Deutschland« druckte Stellungnahmen von Erfurter Prominenten ab, die die Zivilisiertheit ihrer Stadt beteuerten. Oberbürgermeister Heinz Scheinpflug bezeichnete Ahlers als einen Don Quichotte, »der allen Realitäten zum Trotz durch die Landschaft des kalten Krieges stapft«. An Ahlers gerichtet sagte er: »Ihre Arroganz, die wahrscheinlich aus der dummfrechen Alleinvertretungsanmaßung entspringt, wird in Bonn nur von den Kräften gestützt, die der friedlichen Koexistenz zwischen der DDR und der Bundesrepublik Steine in den Weg rollen wollen.« Der Medizinprofessor Helmut Patzer widersprach Ahlers mit dem Argument, dass zahlreiche Mediziner in Erfurt ausgebildet worden seien und der »hohe Stand« des DDR-Gesundheitswesens ein »entscheidender Ausdruck der Zivilisation« sei. Hildegard Chrestensen vom gleichnamigen Samenzuchtbetrieb bezeichnete Ahlers' Aussage als »Unverschämtheit«. Schließlich lebe Ahlers in einem Land, »dessen gesellschaftliches System eine ganze historische Epoche zurückgeblieben ist«. Im Gegensatz zur Bundesrepublik seien in der DDR alle Frauen gleichberechtigt. Schwimmcheftrainer Johannes Horlbeck merkte an, dass aus Erfurt berühmte Sportler kämen. »Und da glaubt ein Bonner Politiker uns als ›halbwegs zivilisiert‹ einstufen zu können.«

Am nächsten Tag setzte das »Neue Deutschland« seine Kampagne gegen Ahlers wegen dessen »unverschämten Äußerungen« fort.[91] Wieder zitierte es Stellungnahmen von empörten Erfurter Bürgern. Neben dem SED-Zentralorgan nahmen nun auch die regionalen Zeitungen von SED und Blockparteien den Regierungssprecher ins Visier, so die SED-Bezirkszeitung »Das Volk«, die CDU-Zeitung »Thüringer Tageblatt« und die »Thüringische Landeszeitung«. Überall wurden entzürnte Stimmen »aus dem Volk« abgedruckt, die sich die beleidigenden Äußerungen verbaten. Diese Kampagne gegen Ahlers wurde bis zum Tag des Treffens fortgesetzt. Selbst im Erfurter »Centrum«-Warenhaus entdeckten bundesdeutsche Reporter eine Wandzeitung der Gruppe »Betriebsschulung«, auf der »Abscheu« vor Ahlers formuliert und gleichzeitig die gesteigerte Bereitschaft erklärt wurde, noch besser das Plansoll in dem Kaufhaus zu erfüllen.[92]

In der Bundesrepublik wurde Ahlers dagegen selbst von der »Bild«-Zeitung unterstützt, die sich mit ihm noch einige Wochen zuvor einen heftigen Schlagabtausch geliefert hatte und den Kurs der neuen Bundesregierung überaus kritisch begleitete. Nun sprang sie dem Regierungssprecher zur Seite.[93] Es sei zwar klar, »daß Pankow die Gelegenheit beim Schopf packt und hofft, daß nun auch die BILD-Redakteure, deren Hühnchen mit Ahlers noch nicht gerupft ist, über den Regierungssprecher herfallen«. Aber da hätte sich die SED-Führung getäuscht: »Wir denken nicht im Traum daran. Wir billigen dem Regierungssprecher die gleiche Rede- und Meinungsfreiheit zu, die wir für uns selbst in Anspruch nehmen. [...] Solange man da drüben – ohne Parteierlaubnis – noch nicht einmal politisch Piep sagen kann, ist die Auseinandersetzung mit Herrn Ahlers, der manchmal zu viel piept, allein unsere Sache.«

Am Montag entschuldigte sich Ahlers in Bonn für seine Äußerung.[94] Er habe nicht die Absicht gehabt, die DDR herabzusetzen. Er fügte allerdings hinzu, dass ihm »diese Empfindlichkeit unverständlich« sei. Die SED-Propagandisten würden die Bundesregierung seit Jahren beschimpfen.

Einige Bonner Beobachter vermuteten, dass hinter den geballten Angriffen in der DDR-Presse Kalkül stecke und eine Gruppe um Erich Honecker das Treffen zwischen den Regierungschefs verhindern wolle.[95]

Die Angriffe auf Ahlers richteten sich zwar indirekt auch gegen den Bundeskanzler, doch ihm gegenüber hielt sich die DDR-Presse zurück. Brandt durfte nicht direkt vor den Kopf gestoßen werden, schließlich sollten sich Brandt und Stoph in wenigen Tagen die Hände reichen. Über den erwarteten Gast wurde deshalb kaum berichtet.

Der Countdown läuft

Am Montag, dem 16. März, wurden die Vorbereitungen für die DDR-Reise in Bonn intensiviert. Im Palais Schaumburg trafen sich am Vormittag die Spitzen der Koalitionsparteien, um sich über die letzten Vorbereitungen abzustimmen.[96] Unter anderem wurden die Grundzüge der Erfurter Rede von Brandt und der Ablauf des Treffens besprochen. Am Nachmittag sprach Brandt noch mit Spitzenpolitikern der FDP separat über seine geplante Erfurter Rede.[97] Anschließend informierte Egon Bahr, der aus Moskau zurückgekehrt war, den Bundeskanzler von seinen dortigen Gesprächen.

Später trafen sich alle westdeutschen Delegationsmitglieder, die Brandt nach Erfurt begleiten sollten. Dabei ging es nicht um politische, sondern um technische Fragen.[98] Um 18 Uhr traf sich Brandt in Bonn mit dem Vorsitzenden der CDU/CSU-Fraktion, Rainer Barzel, zu einem persönlichen Gespräch.[99]

Am Abend präsentierte Karl-Eduard von Schnitzler im DDR-Fernsehen seinen wöchentlichen »Schwarzen Kanal«.[100] Im Mittelpunkt der Propagandasendung stand natürlich das bevorstehende Gipfeltreffen. Schnitzler reklamierte den erfolgreichen Abschluss der Vorgespräche noch einmal für die DDR: Nur »Engelsgeduld und höchstes Entgegenkommen« hätten es möglich gemacht. Dann schoss sich Schnitzler auf Regierungssprecher Ahlers ein: »Ich weiß nicht, ob der Bundeskanzler mit einem Sprecher solcher Geisteshaltung gut bedient ist.« Der Propagandist pochte auf die Zweistaatlichkeit und forderte die Anerkennung der DDR. Und mit Blick auf Erfurt zitierte Schnitzler aus einer Stadtchronik: »Das Bistum Erfurt wurde im Jahre 741 von Bonifatius gegründet. Es geriet bald unter die Oberhoheit des Erzbistums Mainz, das sich hier in thüringisch-sächsischen Landen einen östlichen Außenposten errichtete ...« Der Kommentar: »Wer etwa mit solchen Absichten nach Erfurt kommen sollte, der allerdings könnte genauso gut gleich zu Hause bleiben.«

»Die Gefühlswelt ist beteiligt«

Am 17. März erschien auf der Titelseite des LDPD-Blattes »Thüringische Landeszeitung« ein Foto des Tagungshotels. In der Bildunterschrift hieß es, dass sich im »Erfurter Hof« auf »Vorschlag der Regierung der DDR« Willi Stoph und Willy Brandt treffen werden. »In der Weltöffentlichkeit«, schrieb die Zeitung, »rangiert dieses Ereignis an erster Stelle.« Damit wurde der genaue Tagungsort erstmals in der DDR öffentlich gemacht.

Einen Tag später erschien das gleiche Foto auf der Titelseite des Ost-CDU-Blattes »Thüringer Tageblatt«. Ohne Hinweis auf das bevorstehende Treffen und die Rolle des Hauses wurde als Bildunterschrift gedruckt: »Blick an einem Wintertag auf das Interhotel ›Erfurter Hof‹ der fast 200 000 Einwohner zählenden Blumenstadt.« Über die seit Tagen laufenden Vorbereitungen rund um das Hotel berichteten beide Zeitungen nicht.

In Bonn erschien an diesem Morgen im Bundeskanzleramt BND-Präsident Gerhard Wessel. Er trug »Unmengen von Informationen aus der DDR zu Erfurt vor«, notierte Sahm in seinem Tagebuch.[101] »Besonders bemerkenswert eine Weisung der SED an die örtlichen Stellen, daß auf dem Bahnhofsvorplatz keine ›kleinbürgerlichen Elemente‹ in Erscheinung treten dürften. Statt dessen sollten zuverlässige Betriebsgruppen bereitgestellt werden.« Der Geheimdiensthinweis wurde von der Bundesregierung offenbar ernst genommen. Vor der Abreise nach Erfurt erklärte Regierungssprecher Ahlers, die Bundesregierung habe Hinweise, dass der Bahnhofsvorplatz mit »ausgesuchten Personen« gefüllt sein werde.[102]

Um 11 Uhr traf sich die Bundesregierung zu einer Sondersitzung. Einziges Thema war das bevorstehende deutsch-deutsche Spitzentreffen. An der Sitzung nahm neben den Fraktionsvorsitzenden Wehner und Mischnick auch Staatssekretär Egon Bahr teil, der von seinen Verhandlungen mit dem sowjetischen Außenminister Gromyko aus Moskau nach Bonn zurückgekehrt war. Brandt informierte die Runde über die wesentlichen Punkte seiner geplanten Rede in Erfurt.[103] Anschließend wurde anderthalb Stunden über die innen- und außenpolitischen Aspekte der bevorstehenden Reise diskutiert und die westdeutsche Verhandlungsposition festgelegt. Wehner, Eppler, Schmidt, Leber und Genscher ergriffen das Wort. Nach Angaben des Regierungssprechers soll es keine Meinungsverschiedenheiten gegeben haben. Aus »Regierungskreisen« sickerte durch, dass Brandt den Vertragsentwurf der DDR als Verhandlungsgegenstand akzeptieren wolle. Über Berlin solle gesprochen, aber nicht verhandelt werden. Brandt und seine Minister würden die möglichen Ergebnisse des Treffens skeptisch bewerten.[104] Nach Informationen des »Spiegel« wolle Brandt der DDR-Forderung nach völkerrechtlicher Anerkennung ausweichen, indem er der DDR anbiete, eine gleichberechtigte Mitarbeit beider deutscher Staaten in der UNO anzustreben.[105] Dagegen habe sich innerhalb der Bundesregierung offenbar Widerstand geregt. Brandt habe schließlich zugesagt, das Thema nur vorsichtig anzuschneiden.

Im Anschluss an die Kabinettssitzung traf sich der Kanzler im Palais Schaumburg mit Hans Ulrich Kempski von der »Süddeutschen Zeitung« zu einem ausführlichen Interview.[106] Laut Brandt war die vorangegangene Sitzung »eine der besten«, an denen er jemals teilgenommen habe. Es habe ein sehr qualifiziertes Abwägen der Möglichkeiten und Notwendigkeiten sowie eine gute Einordnung in die politischen Zusammenhänge gegeben. Mit Blick auf die bevorstehende Begegnung nannte Brandt als wichtigste Gesprächspunkte menschliche Erleichterungen und die Berlin-Frage. Einen neuen Dogmenstreit über die Anerkennungsfrage wolle er vermeiden. »Ich bin«, so Brandt, »für vertragliche Vereinbarungen, und zwar für solche, die von den Grundsätzen der Nichtdiskriminierung und der Gleichberechtigung ausgehen und den Regeln des zwischenstaatlichen Rechts entsprechen.« Als Minimalziel für Erfurt legte der Kanzler die Verabredung zu einem zweiten Gespräch fest. Er würde es bedauern, wenn der beginnende Kontakt wieder beendet würde. In dem Interview wurde Brandt auch nach seinen Gefühlen vor der Abreise befragt. Der Kanzler antwortete: »Diese Reise ist ein Gebot politischer Vernunft. Sie entspricht natürlich auch dem Wunsch eines Deutschen, die Situation in Deutschland zu verbessern. Insoweit ist auch die Gefühlswelt beteiligt.« Für Brandt-Biograph Peter Merseburger war das »die Untertreibung des Jahres«.[107]

Am Nachmittag informierte Brandt seinen Amtsvorgänger, den CDU-Vorsitzenden Kurt Georg Kiesinger, über den Inhalt seiner geplanten Rede in Erfurt.

Zwischendurch feilte der Bundeskanzler, wie schon den gesamten Tag über, am Entwurf für seine Rede.[108] Immer wieder wurden die Entwürfe im kleinen Kreis besprochen, Hinweise eingearbeitet und Stellungnahmen eingeholt. Unter anderem prüften Juristen, ob das bevorstehende Treffen in Erfurt mit dem Grundgesetz vereinbar sei.[109] Das beruhigende Ergebnis: »Grundsätzlich wird diese Begegnung [...] als mit der Präambel des Grundgesetzes vereinbar anzusehen sein.« Sie wäre allerdings nicht verfassungsmäßig, wenn im Ergebnis des Gespräches die DDR völkerrechtlich anerkannt werde. Daher müsse alles vermieden werden, »was dem von der DDR erhobenen Anspruch auf völkerrechtliche Anerkennung als Staat entgegenkommen und eine solche Anerkennung implizieren würde«.

In Ost-Berlin tagte ab 10 Uhr das SED-Politbüro.[110] Zu der Sitzung wurden Außenminister Winzer, Michael Kohl und Hans Voß hinzugezogen. Die Genossen diskutierten Stophs Erklärung, die er in Erfurt zur Eröffnung der Gespräche abgeben sollte. Außerdem wurde beschlossen, wer nach Erfurt fahren und wer in Berlin bleiben sollte. Gleichzeitig wurden Argumentationen beschlossen, wie auf mögliche Vertragsentwürfe Brandts für eine Gewaltverzichtsvereinbarung oder einen Generalvertrag zu reagieren sei. Mit Verweis auf die Kurzfristigkeit und den bereits vorliegenden DDR-Vertragsentwurf sollten solche Papiere zurückgewiesen werden. Ebenso sollten Expertengruppen oder Arbeitsgruppen für Teilfragen abgelehnt werden. »Solange die Entscheidungen in den Grundfragen der Beziehungen zwischen der DDR und der BRD ausstehen«, so die Argumentation, »fehlen für Beratungen von Expertenkommissionen oder Arbeitsgruppen die erforderlichen Voraussetzungen.« Sollte die Bundesregierung ein gemeinsames Kommuniqué vorschlagen, könne darauf eingegangen werden. Sollte es allerdings »unzumutbare Wünsche« geben, werde die DDR einseitig eine kurze Presseerklärung veröffentlichen. Das Politbüro sprach auch über einen Ort für ein Nachfolgetreffen zwischen Brandt und Stoph. Eine grenznahe Stadt wie Kassel oder Hannover käme in Frage, nicht aber Bonn. Außerdem beschloss das Politbüro, dass am Tag nach dem Erfurter Treffen nicht nur Stophs, sondern auch Brandts Rede in der Presse veröffentlicht werden sollte. Darüber hinaus stimmten die Genossen dem Wunsch des Kanzlers, die Gedenkstätte Buchenwald zu besuchen, zu.

Mit dem Politbüro-Beschluss konnte nun in Erfurt eigentlich nichts schiefgehen: Auf alle Vorschläge, Fragen und Argumentationen des Kanzlers gab es vorbereitete Antworten. Es sollte nur um den Vertragsentwurf der DDR gehen. Um nichts anderes.

Lenin, Schüsse und Marinoschafe

In den Tagen vor dem Treffen waren Polizei und Staatssicherheit in Erfurt höchst angespannt. Nichts sollte den Gipfel in negatives Licht rücken. Unter anderem wurden ein Maßnahmeplan zur »Absicherung der Jugend« ausgearbeitet,[111] und eine »verstärkte Streifentätigkeit« aufgenommen. Bereits am Montag wollte die Besatzung eines Streifenwagens an einer Autobahnbrücke bei Erfurt eine »Hetzschrift« mit schwarzer Kreide entdeckt haben: »FBI, CIA, mit Gott für Volk und Vaterland!«[112] Wenig später, nachdem die Kriminalpolizei schon ausgerückt war, gab es Entwarnung: Die Polizei hatte offenbar sehr rasch gehandelt und den Spruch »ohne vorherige Dokumentation entfernt«. Am Dienstag meldete sich die MfS-Kreisdienststelle Heiligenstadt in Erfurt.[113] Ein Major berichtete, dass ein »unbekannter Flugkörper« auf dem Weg von Mühlhausen nach Erfurt sei. Auch hier Entwarnung: Die Meldung war offenbar falsch, der Flugkörper wurde nicht gefunden. Am Abend des gleichen Tages wurde tatsächlich eine Schmiererei gefunden.[114] In der Damentoilette des Weimarer Kreiskulturhauses war ein Ulbricht-Witz entdeckt worden. Unter dem Witz stand mit Lippenstift: »Mord in Erfurt – Brandt, Brandt«. Das war für die Staatssicherheit eine »staatsfeindliche, schriftliche Hetze«. Die Kriminalpolizei übernahm die Ermittlungen. Aus Heiligenstadt wurde gemeldet, dass ein Lenin-Porträt über dem Werktor des Strumpfwarenwerkes einen Riss habe.[115] Nun wurde die Ursache für diese Beschädigung gesucht.

Am Mittwoch meldete ein Fräulein Schmidt, eine Direktorin der »HO«, dass sie in der Straßenbahn ein Gespräch von mehreren Jugendlichen mitgehört habe.[116] Diese hätten angekündigt, am nächsten Tag ein Plakat am Bahnhof aufzuhängen: »Brandt, rette unser Vaterland«.

Die Staatssicherheit schaltete sich ein und ermittelte. Kurz darauf traf eine Meldung ein, dass Studenten der Erfurter Pädagogischen Hochschule und der Weimarer Architektur-Hochschule Brandt begrüßen wollten. Die Weimarer wollten sogar ein Transparent mitbringen. Am späten Mittwochabend wurde ein 24-jähriger Erfurter festgenommen.[117] Er sei »äußerst negativ in Erscheinung« getreten. Sicherheitskräfte brachten ihn in die Untersuchungshaftanstalt. Haftbefehl wurde beantragt. In der Nacht zum Donnerstag meldete ein Hauptwachmeister, dass er an der Autobahn in der Nähe von Waltersleben zwei Schüsse auf einen flüchtenden bundesdeutschen Wagen abgegeben habe.[118] Der Wagen habe sich einer Kontrolle entziehen wollen. Zwei Stunden später gab der Polizist zu, dass er lediglich mit seiner Waffe gespielt habe und sich dabei zwei Kugeln gelöst hätten.

Auch die Dresdner Staatssicherheit hatte die Erfurter Vorgänge im Blick. Sie prüfte offenbar die Vorhaben verschiedener Dresdner, die nach Erfurt reisen wollten. Am Dienstag fragten sie in Erfurt an, ob dort eine große Gestütsschau stattfinde, da verschiedene Dresdner eine solche Schau am 19. März in Erfurt besichtigen wollten.[119] Die Kreisdienststellen Erfurt und Gotha hatten von einer solchen Veranstaltung keine Kenntnis. Am nächsten Tag meldeten sich die Dresdner wieder. Diesmal wollten sie wissen, ob in Erfurt eine Verkaufsschau von Marinoschafen stattfinde.[120] Die Erfurter Kreisdienststelle recherchierte. Tatsächlich: Während des Brandt-Besuches sollte eine solche Schau stattfinden.

Feindbild Springer

Während in Bonn und Ost-Berlin die letzten politischen Vorbereitungen liefen, traf am Dienstagvormittag gegen 10 Uhr das Bonner Vorauskommando am DDR-Grenzübergang Wartha ein.[121] Die Abfertigung dauerte drei Minuten. »Die Ankunft«, so die Staatssicherheit, »verlief ohne Vorkommnisse.« Allerdings hatte ein Bundesbürger versucht, die Ankunft am DDR-Grenzübergang zu fotografieren. Die DDR-Grenzer »lehnten« das ab.

Am Abend zuvor waren fünf Bonner Beamte vom Bundespresseamt und der Sicherungsgruppe Bonn des Bundeskriminalamtes mit einem

Hubschrauber zum Grenzübergang Herleshausen geflogen. Zu der Gruppe unter Leitung von Ministerialrat Ernst-Günter Stern vom Bundeskanzleramt gehörten Werner Müller und Kurt Plück vom Bundespresseamt, Hans-Wilhelm Fritsch von der Sicherungsgruppe Bonn und Amtmann Günter Poggel. Über die Zusammensetzung des Vorauskommandos war zuvor in Bonn diskutiert worden. Weichert hatte Bedenken gehabt, dass Kurt Plück vom Presseamt »nach vorne drängt«, und hatte alternativ Werner Müller vorgeschlagen.[122] Der Akzent der Gruppe sollte vom Ministerium für innerdeutsche Beziehungen gesetzt werden, so seine Überlegung. Schließlich flogen beide. Sahm dagegen war nicht mit von der Partie, da er, so ein DDR-Protokoll, »wichtige Vorbereitungsarbeiten für den Bundeskanzler zu erledigen habe«.[123]

Die Gruppe wurde nun vom DDR-Personenschutz nach Erfurt begleitet, wo sie von Gerhard Schüßler empfangen wurden.[124] Ihn begleiteten Mitarbeiter des Außenministeriums, der Staatssicherheit und des Ministerrates. Beide Seiten verständigten sich schnell auf das Programm der Anreise und das Protokoll. Sie schauten sich gemeinsam das Tagungshotel, den Bahnhof und das Pressezentrum an. Die Bonner zeigten sich zufrieden. In einem DDR-Bericht über den Besuch im Pressezentrum hieß es, dass sich die Westdeutschen »sehr lobend« über die Vorbereitungen geäußert hätten.[125] Vor allem die Arbeitsplätze für die Journalisten hätten sie beeindruckt. Unklar war für die bundesdeutschen Vertreter noch die Frage, wie viele Direktleitungen geschaltet werden könnten. Auf eine genaue Zahl wollte sich die DDR nicht festlegen. Intern wurden die Bundesdeutschen in der DDR gelobt: »Das allgemeine Verhalten […] war einwandfrei, sehr freundlich und aufgeschlossen auch gegenüber den noch mit Einrichtungsarbeiten beschäftigten Kolleginnen und Kollegen in der Zentralgaststätte.« Einen angebotenen Cognac hätten sie mit »überschwenglichen Dankesworten angenommen«.

Beim Thema Presse gab es trotzdem Differenzen.[126] Während die bundesdeutsche Seite einen Arbeitsraum für Regierungssprecher Ahlers wünschte, legte die DDR fest: »Es wird keine Pressekonferenz von der westdeutschen Seite durchgeführt.« Ständige Arbeitsbüros werde es nicht geben. Wenn Ahlers die westdeutschen Journalisten zu sprechen wünsche, werde ihm im Pressezentrum ein Raum zur Verfügung gestellt. »Anträge sind zu stellen an die Leitung des Pressezentrums.« Die bundesdeutschen Unterhändler schlugen außerdem vor, einen Mitarbeiter des DDR-Presseamtes an der Grenze zu stationieren, um bei möglichen Schwierigkeiten zu helfen. Auch hier zeigte sich die DDR wenig zugänglich. »Dieses Ansinnen wurde abgelehnt. Die Journalisten sollten selbst dafür sorgen, daß ihre Papiere in Ordnung sind.« Übertragungswagen waren ebenfalls ein Streitthema. Zwar billigte die DDR »nach mehrfacher Konsultation« den bundesdeutschen Stationen zwei Übertragungswagen in Erfurt zu – allerdings durfte nicht gesendet werden. Ebenso lehnte die DDR »aus prinzipiellen Gründen« ab, dass ein Wagen zwischen dem Tagungsort und der Bundesrepublik pendeln sollte, um das Rohmaterial der Fernsehsender in den Westen zu bringen. Alternativ schlug sie aber eine Direktverbindung vor, die das DDR-Fernsehen einrichten wolle, um das Überspielen von Rohmaterial zu ermöglichen. Sollte die Bundesrepublik das Angebot nicht annehmen, könne ein westdeutscher Kurierfahrer das Material bis zur Grenze bringen und dort einem Beauftragten des westdeutschen Fernsehens übergeben.

Düpiert fühlte sich die DDR-Seite, als schließlich die Liste mit 47 bundesdeutschen Journalisten übergeben wurde, die Brandt im Zug nach Erfurt begleiten sollten.[127] »Entsprechend der Festlegung und nach Konsultation wurde zunächst geantwortet, daß die DDR-Seite nicht damit einverstanden ist und nur fünf bis acht Journalisten in Begleitung des Bundeskanzlers akzeptieren wird.« Die DDR sah sich vor vollendete Tatsachen gestellt. Außenminister Winzer notierte in seinem Tagebuch die Frage, vor der nun die DDR stand: »Journalisten – Waggon abhängen oder Einreise«.[128] Dagegen argumentierten die bundesdeutschen Vertreter, dass es sich bei den Journalisten bereits um ein Minimum handele.[129] Bei Besuchen in anderen Ländern nehme der Kanzler weit über 100 Journalisten mit. Um das Problem zu lösen, konsultierte Schüßler DDR-Staatssekretär Michael Kohl und Werner Lamberz vom Zentralkomitee der SED.

Zuständige der DDR überprüften sodann die Namensliste der bundesdeutschen Journalisten im Detail.[130] Das Ergebnis bekam der Sprecher des Außenministeriums, Peter Lorf, umgehend übermittelt: Von 44 Journalisten stehe »niemand aktuell auf einer besonderen Ausschließungsliste als Person«. Aber es werde weiter geprüft: »In wenigen Minuten reichen wir eine abgestimmte Mitteilung nach, ob es möglicherweise Ausschließungen gibt, die uns nicht bekannt sind.«

Gleichzeitig kursierte bei den DDR-Stellen eine interne Regelung: Propagandachef Albert Norden habe entschieden, dass »Springerorgane – außer ›Welt‹ – ausgeschlossen bleiben«. Damit war klar, dass Vertreter von »Bild« und »Berliner Morgenpost« nicht mit nach Erfurt fahren durften. Es war kein Zufall, dass die Journalisten dieser Zeitungen ausgeschlossen werden sollten. Beide gehörten zum konservativen Springer-Verlag, dessen Berichterstattung über die DDR in Ost-Berlin stets abgelehnt wurde. Für die SED waren die Berichte der Springer-Blätter über Menschenrechtsverletzungen in der DDR, über gelungene und gescheiterte Fluchten von DDR-Bürgern und vor allem ihr Festhalten an dem Gedanken der Wiedervereinigung Deutschlands unerträglich. Der Verleger hatte sich nicht mit der Existenz eines ostdeutschen Staates abfinden wollen. In den zum Springer-Konzern gehörenden Zeitungen wurde »DDR« stets mit Anführungszeichen geschrieben. Seit Mitte der 60er Jahre stand der Verlag deshalb im Fadenkreuz von SED und Staatssicherheit.[131] Erst wenige Tage vor dem Brandt-Besuch hatte das DDR-Fernsehen eine Serie mit dem Titel »Ich, Axel Cäsar Springer«, eine »antikapitalistische Räuberpistole«, wie der Springer-Biograph Hans-Peter Schwarz später schrieb, gezeigt.[132] Darin wurde der Verleger auf jede erdenkliche Weise verleumdet. Von NS-Verbindungen und Homosexualität war darin die Rede. Das »Neue Deutschland« hatte die Serie mit zahlreichen Artikeln und Leserbriefen ausführlich begleitet.[133] Nun versuchte die DDR, ein Exempel zu statuieren und die Springer-Zeitungen zu bestrafen.

Am 17. März veröffentlichte das »Neue Deutschland« einen Kommentar unter der Überschrift: »Springer-Hetze gegen Erfurt«.[134] Darin wurde behauptet, »Welt« und »Bild« suggerierten ihren Lesern, in Erfurt beginne nicht die Normalisierung, »sondern eine neue Phase des verschärften kalten Krieges gegen die DDR«. Dies sei, so das SED-Zentralorgan, die »›neue Ostpolitik‹ Bonns, wie sie der Springer-Konzern und die hinter ihm stehenden Kreise in Bonn verstehen!« »Bild« male nach »Nazimanier« das Schreckgespenst des Kommunismus an die Wand. Dies alles sei eine Kampagne des Kalten Krieges, mit der die Atmosphäre vor dem Spitzentreffen vergiftet werden solle. Die Springer-Journalisten würden die Feder führen »wie andere einen Totschläger«, behauptete das »Neue Deutschland«. Und noch am 19. März, am Tag des Erfurter Treffens, wurde »Bild« als »das übelste Produkt« des westdeutschen Zeitungsmarktes bezeichnet.[135] In das gleiche Horn stießen die lokalen Zeitungen der Blockparteien. Das CDU-Blatt »Thüringer Tageblatt« sprach mit Blick auf die »Bild«-Berichterstattung von »antikommunistischer Eskalation« und »antikommunistischen Haßtiraden in Reinkultur«.[136] Und die »Thüringische Landeszeitung« kommentierte mit Blick auf die in der Bundesrepublik diskutierte Frage der »menschlichen Erleichterungen«: »Was die Springer-Zeitungen ›Welt‹ und ›Bild‹ freilich vor dem Donnerstag ausspeien, ist das genaue Gegenstück von Menschlichkeit.«[137] Die Begriffe »Mauer«, »Stacheldraht«, »Morden« und »Terror« würden von den Blättern »mit politischem Sadismus breitgetreten«.

Allerdings bestätigte die DDR die Ausgrenzung der Springer-Journalisten öffentlich erst nach dem Treffen. In einem Kommentar im »Neuen Deutschland« hieß es: »Weil ›Bild‹ das Sprachrohr der Verfälschung und der täglichen Hetze gegen eine Normalisierung zwischen DDR und BRD ist, erhielten Redakteure dieses Sudelblattes von uns auch keine Akkreditierung für Erfurt.«[138] Die Springer-Zeitung wies die Vorwürfe zurück.[139] »Bild« habe »kein einziges unfreundliches« Wort über die bevorstehende Begegnung geschrieben. Im Gegenteil: »Bild begrüßt das Treffen.« Am nächsten Tag sprach das Blatt von der »Willkür der Zonen-Behörden«.[140] Durch die »willkürlichen Aussperrmaßnahmen« sei das Gipfeltreffen »schwer belastet«. Die Teilnahme von »Bild«-Korrespondent Diethelm Schröder sei mit einem Telegramm abgelehnt worden, mit der lapidaren Begründung: »Angesichts der für Hunderte von Journalisten aus mehr als 50 Ländern ausgesprochenen Akkreditierungen können wir Ihrem Wunsch nicht entsprechen. Pressezentrum Erfurt.« Die Tatsache, dass Schröder ausgeladen wurde, ist insofern bemerkenswert, da er für das Ministerium für Staatssicherheit tätig war. Die Staatssicherheit führte ihn unter dem Decknamen »Schrammel«.[141] Auch wenn DDR-Pressechef Lorf auf die besondere Bedeutung Schröders verwies, bestätigte er die Ausladung: »Diethelm Schröder von der Bildzeitung darf nicht in die DDR einreisen. Sollte diese Maßnahme aus höheren Gesichtspunkten ausgesetzt werden, muß unbedingt mit dafür zuständigen Genossen Verbindung aufgenommen werden.«[142]

Letztendlich stimmte die DDR zu, dass die von Brandt eingeladenen Journalisten im Sonderzug mitreisen dürften, wenn sie akkreditiert seien. Werner Müller vom Bundespresseamt versuchte noch einmal, ein gutes Wort für die abgelehnten Journalisten einzulegen. Die DDR-Seite reagierte darauf nicht. »Die Ausführungen Dr. Müllers wurden zur Kenntnis genommen.«[143] Halb entschuldigend, halb vorwurfsvoll wies Schüßler die bundesdeutschen Unterhändler darauf hin, dass alle Schwierigkeiten »vor allen Dingen darauf zurückzuführen sind, daß das Treffen nicht in der Hauptstadt der DDR, Berlin, stattfindet«. Damit wurde der Schwarze Peter der bundesdeutschen Seite zugeschoben.

Am Abend teilte sich das Vorauskommando. Müller und Stern kehrten nach Bonn zurück.[144] Plück und Fritsch blieben weiter in der DDR. Sie wurden zum Abendessen ins Hotel »Elephant« in Weimar eingeladen.[145] Anschließend brachten DDR-Funktionäre sie in das Gästehaus »Berghaus« in den Gebirgsort Tabarz, weitab von Erfurt, weil, wie es hieß, die Räume der bundesdeutschen Delegation im Tagungshotel erst am Donnerstagmorgen, 4 Uhr, übernommen werden könnten, da »die Vorbereitungsarbeiten« andauerten.

Nach ihrer Rückkehr berichteten Müller und Stern in Bonn, Schüßler habe ihnen mitgeteilt, dass nur fünf bis acht Journalisten mit Brandt im Zug mitreisen könnten. Offenbar war die von der DDR gemachte Zusage undeutlich gewesen und führte zu neuen deutsch-deutschen Irritationen. 48 Journalisten im Sonderzug würden von der DDR nicht akzeptiert werden. Unverzüglich setzte Kanzleramtsminister Ehmke ein Fernschreiben an DDR-Staatssekretär Michael Kohl auf und schickte es um 20.25 Uhr ab.[146] Darin bat er Kohl, »sicherzustellen«, dass alle 48 von Brandt eingeladenen westdeutschen Journalisten »reibungslos« in die DDR einreisen dürften. Eine Rücknahme der Einladung sei »in dieser späten Stunde« nicht möglich.

Zweieinhalb Stunden später antwortete Kohl aus Ost-Berlin.[147] Kohl zeigte sich »verwundert« über Ehmkes Fernschreiben. Der größte Teil der Journalisten sei bereits akkreditiert. Die anderen Anträge seien in Bearbeitung. Außerdem seien bereits Journalisten aus 42 Staaten zugelassen worden. Am nächsten Tag antwortete Ehmke.[148] Nach seinen Informationen hätten 17 bundesdeutsche Journalisten, die den Kanzler im Sonderzug begleiten sollten, noch keine Zulassung. Auch für andere bundesdeutsche Journalisten setzte sich Ehmke ein: »Im übrigen werde ich es sehr begrüßen, wenn auch die noch nicht erfüllten Wünsche anderer westdeutscher Journalisten berücksichtigt werden könnten.« Die Redakteure einiger Rundfunkstationen und großer Zeitungen hätten weiterhin keine Akkreditierung. Eine halbe Stunde später teilte Schüßler in einem Fernschreiben an Sahm mit, dass 46 der vom Bundeskanzleramt benannten Journalisten akkreditiert würden.[149] »Für die Vertreter der ›Bild‹ Zeitung und der ›Berliner Morgenpost‹ war eine Akkreditierung nicht möglich.« »Dies wurde von uns akzeptiert«, notierte Sahm in seinem Tagebuch.[150]

Doch nicht nur die Zeitungen aus dem Springer-Verlag waren der DDR ungenehm. Auch andere Blätter wurden nach »weltanschaulichen Gesichtspunkten«, wie Beobachter feststellten, »selektiert«.[151] So wurden »eine Reihe konservativer oder als zur CDU gehörig geltende Blätter« nicht zugelassen. 67 von 130 Bonner Korrespondenten waren von der DDR abgelehnt worden. Die »gegebenen Möglichkeiten seien restlos erschöpft«, hieß es von DDR-Seite.[152] Dafür durften manche Zeitungen zwei oder drei Berichterstatter schicken.

In der Bundesrepublik herrschte zunächst Unklarheit, wie viele westdeutsche Journalisten aus Erfurt berichten konnten. Hunderte Journalisten hatten inzwischen Interesse an einer Reise nach Erfurt gezeigt. Die kursierenden Zahlen schwankten zwischen 900 und 2000 Pressevertretern aus aller Welt.[153] Die Bundespost stellte sich jedenfalls auf einen riesigen Ansturm ein und bereitete die Installation von 20 Telefon- und 10 Fernschreibleitungen in der Nähe des Grenzübergangs Herleshausen vor.

In den westdeutschen Redaktionen trafen im Laufe des 17. März die ersten Zulassungen ein. Der »Bereich Presse und Information« im DDR-Außenministerium verschickte Telegramme mit folgendem Wortlaut: »Die Akkreditierung auf Ihren Namen erfolgt im Pressezentrum. Das Pressezentrum befindet sich auf dem Gelände der IGA und ist ab 18.3. geöffnet. Dieses Telegramm ist an nachgenannten Grenzübergangsstellen der DDR zur Bundesrepublik beziehungsweise zwischen der DDR und der selbständigen politischen Einheit Westberlin vorzulegen und berechtigt Sie zum Empfang eines Einreisevisums: Wartha (Kfz), Gerstungen (Bahn), Drewitz (Kfz beziehungsweise Friedrichstraße mit Bahn) ab 18.3.1970, 7.00 Uhr«[154]

Die DDR-Grenzer hatten klare Anweisungen: Wer kein Telegramm aus Ost-Berlin vorzeigen konnte und nicht auf der Liste der bestätigten Journalisten stand, durfte nicht einreisen.[155] Ansonsten sollten sich die Zöllner großzügig geben: »Kameras, Tonbänder usw. können mitgeführt werden.« Die Abfertigung sollte gebührenfrei sein.

Die DDR-Medien berichteten ausführlich über die Zahl der Akkreditierungen. Damit wollte die DDR offenbar dem Vorwurf von Beschränkungen begegnen und gleichzeitig die internationale Bedeutung der DDR herausstreichen. Die veröffentlichten Zahlen waren allerdings verwirrend. Für das Gipfeltreffen wurden nach offiziellen DDR-Angaben bis Dienstagabend rund 350 Journalisten aus 42 Ländern zugelassen.[156] Später erhöhte sich die Zahl. Nach offiziellen Angaben hatten am nächsten Tag 520 Journalisten aus 51 Ländern ihre Zulassung für Erfurt erhalten.[157] Letztendlich waren 616 Journalisten aus 51 Ländern akkreditiert.[158] 136 Pressevertreter kamen aus der Bundesrepublik und 15 aus West-Berlin. Über Nichtzulassungen wurde in der DDR nicht berichtet. Insgesamt hatten 405 Anträge aus westlichen Staaten vorgelegen.[159] Dazu kamen 53 osteuropäische Journalisten und 60 aus Entwicklungsländern. Nach internen Zählungen der Staatssicherheit reisten schließlich insgesamt 280 Journalisten in die DDR ein.[160] 31, die es trotz fehlender Zulassung versuchten, wurde die Einreise verwehrt.

Ein Sprecher der Bundespressekonferenz nannte die Auswahl der Pressevertreter diskriminierend und bedauerlich.[161] Dagegen sagte Regierungssprecher Ahlers, dass bei den Ablehnungen durch die DDR kein bestimmtes System erkennbar sei, man könne es sich aber denken. So durften unter anderem der Sender Freies Berlin, der RIAS und der Hessische Rundfunk keine Korrespondenten nach Erfurt schicken. Neben den Journalisten der »Bild«-Zeitung erhielten auch die Vertreter der »Saarbrücker Zeitung« und der Wochenzeitung »Christ und Welt« keine Einreiseerlaubnis. Der »Verein der Ausländischen Presse in Deutschland« protestierte beim DDR-Außenministerium schriftlich, dass mindestens 27 Mitgliedern aus elf Ländern die Teilnahme an dem Erfurter Treffen verweigert worden sei.[162] »Der Verein«, so hieß es in dem Schreiben, »empfindet dieses Verhalten als eine Diskriminierung der Kollegen und eine Behinderung der beruflichen Berichterstattung, die dem allgemeinen Bemühen um Entspannung und Verständigung in Europa widerspricht.« Unter den nicht zugelassenen Blättern waren unter anderem Zeitungen aus den USA, Großbritannien, Frankreich und Japan. Auch der Bonner Korrespondent der jugoslawischen Zeitung »Politika« durfte nicht nach Erfurt einreisen.[163]

Die DDR-Nachrichtenagentur ADN wies die Vorwürfe über eine Einschränkung der Berichterstattung zurück.[164] In Bonn sei »wider besseren Wissens« behauptet worden, dass von 130 bundesdeutschen Anträgen nur 63 genehmigt worden seien. Tatsächlich seien zu diesem Zeitpunkt bereits 139 genehmigt gewesen. Manche der angeblich nicht zugelassenen Teams hätten längst in Erfurt ihre Arbeit aufgenommen.

Erfurt war als Wohnort für Journalisten gesperrt.[165] Die Pressevertreter wurden in Hotels in Weimar und Eisenach untergebracht. Busse pendelten zwischen den Städten. Die DDR hatte außerdem ein umfangreiches Besuchsprogramm für die Journalisten organisiert.[166] So bestand die Möglichkeit, Betriebe und Landwirtschaftliche Produktionsgenossenschaften (LPG) in Erfurt und Weimar sowie im Umland zu besuchen. Funktionäre der Handwerkskammer und der Oberbürgermeister standen für Gespräche zur Verfügung.

Ab den frühen Morgenstunden des 18. März registrierte der Bundesgrenzschutz in Herleshausen einen »regen Reiseverkehr von Journalisten und Bildberichtern in die SBZ«.[167] Es ging los!

Am Abend gab es Probleme an der Grenze. Ein Übertragungswagen des NDR wurde am Grenzübergang Wartha/Herleshausen nicht durchgelassen.[168] Nun kümmerten sich bundesdeutsche Beamte um die Einreisegenehmigung.

Einige bundesdeutsche Journalisten versuchten trotz Ablehnung, auf eigene Faust in die DDR einzureisen.[169] Per Telex hatten sie sich gegen ihren Ausschluss verwahrt und angekündigt, am 19. März zwischen 6.30 Uhr und 7.00 Uhr am Grenzübergang Wartha zu erscheinen. »Es liegt in Ihrem Ermessen, uns [...] behilflich zu sein und – sollte es sich bisher nur um organisatorische Schwierigkeiten gehandelt haben – unsere Akkreditierung oder eine entsprechende Mitteilung bei den Grenzkontrollorganen in Wartha zu hinterlegen.« Nach dreieinhalb Stunden Wartezeit durften schließlich drei Journalisten einreisen. Sie konnten noch beobachten, wie zugelassene Kollegen in einem Bus des Bundespresseamtes nicht weiterfahren durften, weil ihr Fahrer keine Genehmigung hatte.

Ulbricht im französischen Fernsehen

Am Dienstagabend sendete das französische Fernsehen ein Interview mit Walter Ulbricht.[170] Das war ein geschickter Schachzug des SED-Chefs. Die Franzosen schauten mit Spannung und Sorge auf die neuen deutsch-deutschen Beziehungen.[171] An einer Überwindung der deutschen Teilung oder gar an einer Wiedervereinigung hatten sie kein besonderes Interesse. Sie fürchteten ein deutsches Übergewicht in Europa.

Ulbricht warf in dem Gespräch der Bundesrepublik vor, sie sei ein »Produkt des Kampfes gegen den Sozialismus«. Angesichts der »Atomkriegsrüstung der westdeutschen Bundeswehr, der Existenz der Nazipartei und der Kriegspropaganda der westdeutschen Monopolpresse« könne man nicht von der Herstellung friedlicher Beziehungen sprechen. In diesem Zusammenhang präsentierte er seinen Forderungskatalog: »Nach 20 Jahren separatistischer Politik und Bindung der Bundesrepublik an die USA kann ein Neubeginn nur mit einer selbständigen Friedenspolitik der Bundesrepublik, mit gegenseitiger völkerrechtlicher Anerkennung der Grenzen, der Herstellung gleichberechtigter Beziehungen auf völkerrechtlicher Grundlage und der Aufnahme der DDR und der Bundesrepublik in die UNO Fortschritte im Sinne der Sicherung des Friedens bringen.« Von innerdeutschen Verhandlungen, so Ulbricht mit Blick auf das bevorstehende Treffen, könne keine Rede sein. Denn seit den Pariser Verträgen von 1954 sei Westdeutschland als Staat den Vereinigten Staaten von Amerika untergeordnet. Die DDR wünsche die friedliche Koexistenz. Das erfordere aber, dass sich die DDR und die Bundesrepublik gegenseitig völkerrechtlich anerkennten und alle Revancheforderungen aufgegeben würden. Den Wunsch nach menschlichen Erleichterungen blockte Ulbricht mit einem Vorwurf ab: »Es ist doch offenkundig, daß die westdeutsche Bundesregierung im Inneren ihres eigenen Landes die Bedingungen für menschliche Beziehungen nicht herstellt.« Ulbricht äußerte die Erwartung, dass das bevorstehende Treffen zu weiteren Gesprächen über einen Vertrag zwischen beiden deutschen Staaten führen werde. Er hoffe, dass die Erfurter Begegnung erfolgreich sein werde.

Klare Marschroute

Obwohl das Treffen unmittelbar bevorstand, kritisierte die DDR-Presse noch einmal, dass Brandt zum DDR-Vertragsentwurf geschwiegen hatte.[172] Das »Neue Deutschland« schrieb am 18. März, als gelte es ein Ultimatum zu setzen: »Die Bedenkzeit des Herrn Brandt endet am Donnerstag.« Der DDR-Entwurf liege nun schon neunzig Tage in Bonn und nichts sei geschehen. In der westdeutschen Öffentlichkeit sei über den Entwurf nicht diskutiert worden. »Das kann man kaum als solide und konstruktive Vorbereitung auf das in Erfurt bevorstehende Treffen bezeichnen.« Dort habe die Bundesregierung die Chance, sich von überholten Vorstellungen zu trennen und Lehren aus der Geschichte zu ziehen. »Unsere Position ist klar, und wir haben es auch nicht nötig, sie vor der Öffentlichkeit zu verbergen.« Zur Bekräftigung der eigenen Position druckte die SED-Zeitung den Vertragsentwurf nochmals ab.[173]

Die DDR gab die Zusammensetzung ihrer Delegation erst einen Tag vor dem Treffen öffentlich bekannt.[174] Neben Ministerpräsident Willi Stoph gehörten Außenminister Otto Winzer, Staatssekretär Michael Kohl vom Ministerrat, Staatssekretär Günther Kohrt vom Außenministerium, der stellvertretende Leiter des Ministerratsbüros Gerhard Schüßler und der Abteilungsleiter Hans Voß aus dem Außenministerium zu den Teilnehmern des Treffens. Die Delegation sei am Vortag vom Präsidium des Ministerrates bestätigt worden, meldete ADN. Dass drei führende Vertreter des Außenministeriums nach Erfurt fuhren, war für die DDR wichtig, um unmissverständlich zu demonstrieren, dass die Bundesrepublik für die DDR Ausland war. Die DDR wollte dem Treffen im Gegensatz zur Bundesrepublik einen internationalen Charakter geben.

Am Mittwochvormittag legte der DDR-Ministerrat seine Marschroute offiziell fest.[175] Die vom Ministerratsvorsitzenden Willi Stoph bereits dem Politbüro vorgelegte Konzeption wurde formal bestätigt. Die DDR-Seite, so hieß es, erwarte von dem Spitzentreffen, dass es der »Herstellung normaler, gleichberechtigter, von Diskriminierung freier Beziehungen zwischen der DDR und der Bundesrepublik auf völkerrechtlicher Grundlage« diene.[176] Stoph wurde bevollmächtigt, einem zweiten Treffen mit Brandt zuzustimmen und »die dazu erforderlichen

Maßnahmen zu treffen«. Mehr war nicht zugelassen. Im Gegensatz zu Brandt, der als souveräner Gesprächspartner kam, war der DDR-Verhandlungsführer strikt an Anweisungen gebunden.

In der täglichen »Lage« im Bundeskanzleramt wurde an diesem Mittwochmorgen nochmals die bevorstehende Reise besprochen.[177] Ministerialrat Ernst-Günter Stern, der am Vorabend aus der DDR zurückgekehrt war, berichtete von den Vorgesprächen in Erfurt. Am Nachmittag sprach Sahm mit Brandt die Rede durch. »Der Text ist durch die vielen Änderungs- und Ergänzungsvorschläge nicht besser geworden«, notierte Sahm in seinem Tagebuch. Die Nerven lagen blank: »Bahr äußert diese Kritik ganz offen. Brandt ist verärgert.« Gemeinsam versuchte Sahm mit dem Kanzler, den Text erneut zu überarbeiten, bevor er ins Reine geschrieben wurde. Die Zeit drängte.

Grünes Signal für den Kanzlerzug

Seit dem Mittwochmorgen durften bundesdeutsche Journalisten nach Erfurt reisen. Noch waren es 24 Stunden bis zum Gipfeltreffen. Die Journalisten schauten sich in der Stadt um und sammelten Eindrücke. Einige nahmen an einer Exkursion in die LPG Berlstedt und in das Funkwerk Erfurt teil.[178] Am Mittag erreichte eine Meldung die Staatssicherheit. Der GMS »Horn«, ein Mitarbeiter der Wirtschaftsvereinigung Obst – Gemüse – Speisekartoffeln, berichtete, dass am Vormittag Journalisten in den Erfurter Gemüsegeschäften aufgetaucht seien und »Fragen zur Versorgungslage« gestellt hätten.[179] Die Staatssicherheit reagierte sofort. Sie legte fest, dass alle Geschäfte »durch gute Genossen der Wirtschaftsvereinigung« zu besetzen seien, »um aufkommende Diskussionen abzufangen«. Am Nachmittag wurde beobachtet, wie zwei französische Journalisten im Vorbeifahren das Gebäude der Erfurter Bezirkspolizeibehörde filmten.

Bevor Brandt die Fahrt nach Erfurt antrat, suchte er mehrmals die Öffentlichkeit. Er sprach auf Parteiveranstaltungen im westfälischen Neheim/Hüsten und Arnsberg. Dort ließ er die vergangenen Wochen und Monate Revue passieren.

Dass die DDR letztlich von Ost-Berlin als Tagungsort abgerückt und stattdessen Erfurt vorgeschlagen habe, zeige, »daß die andere Seite ebenso an dem Zustandekommen von Gesprächen zwischen uns interessiert ist, wie ich es bin. In diesem Sinne gehen beide Seiten davon aus, daß das Gespräch in Erfurt nicht das letzte sein wird.«[180] Allein dass das Treffen stattfinde, sei »ein politisches Ereignis von einem gewissen Rang«.

Unmittelbar bevor Brandt nach Erfurt aufbrach, hielt er im bundesdeutschen Fernsehen eine Ansprache. Es war eine Botschaft an die Deutschen in West und Ost: Er reise mit »guten Absichten«, aber ohne Illusionen nach Erfurt, erklärte der Kanzler den Fernsehzuschauern.[181] Er richte sich darauf ein, dass das Gespräch mit Stoph »schwierig« werde. Aber Politik habe für ihn nur einen Sinn, »wenn sie den Menschen und dem Frieden dient«. Er wolle versuchen, Kontakte zu knüpfen. Der Kanzler warnte nachdrücklich vor Euphorie. »Wir haben die Einheit verloren – und es gibt bestimmt keinen Weg zurück.« Aber, so Brandt, die Deutschen müssten sich darum bemühen, dass die »geschichtlichen Möglichkeiten« offenblieben. »Erfurt ist, so hoffen wir, ein Beginn. Aber ich wiederhole es noch einmal: Niemand sollte sich trügerische Hoffnungen machen.«

Die Bahnfahrt des Kanzlers von Bonn nach Erfurt war von einer deutsch-deutschen Bahnkommission geregelt worden. In Trier hatten sich Vertreter des DDR-Verkehrsministeriums und der Bundesbahn getroffen, um sich über Fahrplan-Details und technische Fragen abzustimmen.[182] Die Reise lief unter der Bezeichnung »Diplomatensonderzug«. Für die Fahrt nach Erfurt wurde die Zugnummer D 41301 und für die Rückfahrt die Nummer D 41302 festgelegt. Für die Rückfahrt wurden zwei zusätzliche Fahrpläne ausgearbeitet, da das Konferenzende offen war.[183] In Bebra, der letzten bundesdeutschen Station, sollten die Lokomotiven gewechselt werden. Im ostdeutschen Gerstungen war auf der Hin- und auf der Rückfahrt ein jeweils 20-minütiger Aufenthalt vorgesehen. Dem Sonderzug wurde in den Planungen »Vorrang vor allen Zügen, ausgenommen dringlichen Hilfszügen«, eingeräumt.

Am Mittwochabend regnete es in Bonn. Schnee mischte sich in die Schauer. Trotzdem waren zahlreiche Menschen auf den Hauptbahnhof gekommen: Einige hundert Neugierige, Journalisten und Politiker wollten den Kanzler vor seiner Reise in die DDR verabschieden. Sahm war beeindruckt: »Viele Menschen, große Absperrung, Scheinwerfer,

Fernsehen, kurz: ein großer Bahnhof. Allen Anwesenden ist eine gewisse Bewegung anzumerken. Der Geschichtlichkeit dieser Reise kann sich keiner verschließen.«[184]

Am Gleis 1 standen unter anderem SPD-Bundesgeschäftsführer Hans-Jürgen Wischnewski, Kanzleramtschef Horst Ehmke und Unterhändler Egon Bahr. »Familienatmosphäre« witterte ein Journalist.[185] Nur Regierungssprecher Ahlers wirkte müde und abgespannt.

Im Sonderzug D 41301 waren alle reisefertig, nur der Bundeskanzler fehlte noch. An Bord der zwölf Waggons waren nicht nur Delegationsmitglieder, sondern auch fast 50 bundesdeutsche Journalisten mit blauen Sonderausweisen. Fünf Minuten vor Abfahrt kam der Bundeskanzler. Ausgeruht und frisch, aber wortkarg sei er gewesen. Brandt gab vor den aufgebauten Fernsehkameras eine kurze Erklärung ab, dann stieg er in den Zug, ohne sich zu den wartenden Fotografen umzudrehen. Schließlich winkte er doch – aus dem Fenster seines Salonwagens. Die Menge applaudierte. In diesem Moment erblickte Brandt einige Jugendliche, die auf dem Bahnsteig für die Anerkennung der DDR demonstrierten und DDR-Fahnen schwenken. Brandt wunderte sich: »Was sind denn das für komische Leute?«[186] Es folgten Buhrufe aus der Menge gegen die Demonstranten. Dann winkte Brandt zusammen mit Minister Franke den Zurückbleibenden aus dem offenen Fenster des Salonwagens zu. »Gute Reise, gute Fahrt!«, riefen Journalisten. Pünktlich um 20 Uhr hob der Schaffner die grüne Kelle, der »Deutschland-Zug«, wie ihn »Bild« nannte, fuhr an.[187]

Der Sonderzug bestand neben den beiden Salonwagen aus zwei Speisewagen, fünf Schlafwagen für 130 Personen und einem Nachrichtenwaggon des Bundesgrenzschutzes.[188] Das rollende Kanzleramt wurde nachrichtentechnisch so abgeschirmt, »daß seine Benutzer vor ungebetenen Mithörern sicher sein können«. Bei internen Gesprächen der bundesdeutschen Delegation in der DDR sollte im Hintergrund Musik gespielt werden. »Am besten eignet sich Tango«, erklärte Sicherheitschef Fritsch.[189] Der Bundesnachrichtendienst hatte Telexanlagen und Nachrichtenverbindungen installiert.[190] Außerdem hatte der Geheimdienst eine Lauschüberprüfung, insbesondere des Salonwagens, durchgeführt. Techniker des BND fuhren als Mitglieder der Sicherungsgruppe Bonn mit nach Erfurt.

Die beiden Salonwagen des Sonderzuges stammten aus dem Jahr 1938 und hatten bereits der NS-Regierung gedient. Nach dem Krieg nutzten die Bundeskanzler Adenauer und Erhard die Waggons weiter. Sie wurden außerdem von der Bundesbahn zum Preis von 20 Fahrkarten 1. Klasse für beliebige Strecken vermietet. Brandts Salonwagen, in dem unter anderem schon Mussolini gereist war, bot einigen Komfort: zwei Konferenzabteile, einen Schlafraum und ein Bad. Er war mit Radio und Telefon ausgestattet. Verschiedene bundesdeutsche Zeitungen wiesen im Vorfeld der Reise auf die NS-Geschichte hin, unter anderem auch die Boulevardzeitung »Bild«.[191] Das Blatt merkte außerdem an, dass der Wagen des früheren Feldmarschalls Wilhelm Keitel für die beiden DDR-Diplomaten reserviert sei, die Brandt an der Grenze begrüßen sollten. Den entsprechenden Bericht kommentierte das SED-Zentralorgan umgehend.[192] Zwar klinge es »ein wenig grotesk«, so das »Neue Deutschland«, dass »Bild« auf die Geschichte verweise. »Aber die Freude von ›Bild‹ ist echt und tiefempfunden, denn Keitel und Mussolini rollen bei ihr im Geiste mit.« Recht scheinheilig fragte die Zeitung: »Ob die Zeitung mit ihrem Geplauder aus dem Nähkästchen dem westdeutschen Kanzler ein politisches Bein stellen wollte?«

Neben der Regierungsdelegation, den Journalisten und dem Bahnpersonal waren acht Stewards der Deutschen Schlafwagengesellschaft an Bord des Sonderzuges. Neben Koch, Kellnern und Küchenhelfern gehörte auch ein Silberputzer zur Crew.[193]

Längs der Bahnstrecke winkten die Menschen dem Sonderzug Richtung Grenze zu.[194] Die Bahnhöfe waren überfüllt. Blumensträuße wurden dem Kanzler in den Zug gereicht. Brandt ließ die Blumen im Zug verteilen. Dann zog er sich mit der Delegation zum gemeinsamen Abendessen in seinen Salonwagen zurück. Ein Dreigängemenü wurde serviert: eine Klare Ochsenschwanzsuppe mit Sherry, ein Kalbssteak »au four« mit Petersilienkartoffeln und Salat sowie zum Nachtisch verschiedene Käse, Brot und Obst.[195] Doch der Kanzler hatte keinen richtigen Appetit. Er ließ sich lediglich zwei Kartoffelpuffer bringen.[196] Die Delegation verständigte sich nochmals über die Strategie für Erfurt. Brandt hatte für die Repliken auf Stophs Rede eine Reihenfolge ausgearbeitet und bat, diese zu beachten. Auch Verhaltensweisen schärfte Brandt seinen Leuten ein: »Brandt wünscht«, notierte Sahm,

»daß die Delegation bei Ankunft in Erfurt sich locker, aber würdig verhält und keine unangemessene Heiterkeit zeigt.« Zwischenzeitlich verteilte Ahlers im Zug Brandts Rede an die Journalisten.

Während die Delegation noch arbeitete, hielt der Sonderzug kurz in Hagen. Dort wurde er von zahlreichen Menschen begrüßt. Ein Wartender schenkte dem Kanzler eine Flasche Schnaps »zur Stärkung auf dem schweren Weg«. »Es war weder plump-vertraulich noch ehrfurchtsvoll, wie Brandt begrüßt wurde, sondern wie ein geachteter Freund«, vermerkte Sahm.

Anschließend studierte Brandt bei einem Glas Beaujolais und Zigarillos Texte vom Willi Stoph, um ein Gefühl für sein unbekanntes Gegenüber zu bekommen.[197] Später gesellte er sich für eine Stunde zu den Journalisten im Speisewagen. Während der nächtlichen Fahrt wirkte er gelöst, notierte ein Beobachter.[198] Ein anderer erlebte den Kanzler »aufgekratzt«.[199]

»Die deutsche Landkarte nimmt wieder Gestalt an«, philosophierte der Bundeskanzler bei einem Glas 66er Châteauneuf du Pape und einem Zigarillo.[200] Vor Mitgliedern seiner Delegation und den Journalisten entwickelte der Kanzler seine Konzeption, »quasi als letzte Stimmprobe und dramaturgische Prüfung«. Der Bundeskanzler sprach über die Möglichkeiten für einen Gegenbesuch Stophs in Bonn oder Lübeck und das Ulbricht-Interview im französischen Fernsehen.[201] Er habe den Eindruck, dass sich die DDR auf Verhandlungen mit der Bundesrepublik einstelle. »Bei aller Skepsis und Zurückhaltung«, so einer der mitreisenden Journalisten, »ist ihm in diesem Augenblick eine gewisse Hoffnung oder Zuversicht anzumerken«. Beim Gedanken an das weitere Verhältnis der beiden deutschen Staaten verfiel Brandt ins Grübeln. Ein Reporter schrieb: »›Die Deutsche Einheit?‹ fragt der Bundeskanzler, um sich nach längerem Sinnen selbst die Antwort zu geben: Niemand in der Welt sei an der Einheit Deutschlands interessiert; niemand scheine das gegenwärtige Blocksystem aufgeben zu wollen, weil eben dieses Blocksystem die größte Sicherheit zu garantieren scheine. Mit einem Stoßseufzer fügt er hinzu: ›Wenn wir und die DDR wenigstens ein ähnlich unbefangenes Verhältnis zueinander finden könnten, wie wir es zu Ungarn oder zur ČSSR längst haben – grotesk, daß es noch nicht so weit ist.«[202] Einige Journalisten interessierte auch, was passiere, wenn in Erfurt Trinksprüche erhoben würden, auf die er nicht vorbereitet sei.[203] Brandt antwortete: »Ich bin für alles gewappnet. Im übrigen kann ich ein ganz schön eisernes Gesicht machen. Die Deutschen sind immer so 150prozentig.« Und er fügte hinzu: »Deutschland beginnt durch das Treffen in Erfurt wieder Gestalt anzunehmen. Bisher sprach man, wenn man DDR sagte, fast ausschließlich von Ostberlin.« Nach seinen Gefühlen befragt, antwortete Brandt: Auch ein Kanzler habe Gefühle, »aber er weiß sie zu beherrschen«.[204] Der Kanzler wollte gerade zu einer längeren Diskussion ansetzen, als Regierungssprecher Ahlers durch den Waggon rief: »Herr Bundeskanzler, jetzt ist Schluß.«[205] Bis nach Mitternacht feilten Brandt sowie Egon Franke und Wolfram Dorn nochmals am Redemanuskript.[206]

Die Fahrt ging zunächst über Köln und Wuppertal nach Hagen in Westfalen. Dort wurde die E-Lok gegen zwei Dieselloks ausgetauscht, da die Strecke bis Bebra nicht elektrifiziert war.[207] Von Hagen ging es dann weiter über Kassel zu dem kleinen Bahnhof Beiseförth im Kreis Melsungen, wo die Nacht verbracht wurde.[208] Die Organisatoren erhofften sich auf dem Abstellgleis eine ruhigere Nacht als im nahegelegenen Bebra, wo inzwischen in- und ausländische Journalisten auf den Sonderzug warteten. Geheimagenten mit Maschinenpistolen und Bahnpolizei mit Schäferhunden sicherten die sechsstündige Nachtruhe des Bundeskanzlers. Der Zug musste auch warten, da Brandt in einem fahrenden Zug nicht schlafen konnte.[209]

Um 0.37 Uhr tickerte im Nachrichtenwaggon des Sonderzuges der Fernschreiber. Der Bundesnachrichtendienst schickte eine Meldung:[210] Stoph werde sich »in seiner Argumentation gegenüber Brandt möglicherweise auf bestellte Äußerungen aus der Bevölkerung abstützen«. Nach BND-Informationen werde entsprechendes Material von der SED-Bezirksleitung Erfurt bereitgehalten. »Über seine tatsächliche Verwendung ist noch nicht entschieden.«

Von der Gartenbauausstellung zum Pressezentrum

In den Ausstellungshallen der Internationalen Gartenbauausstellung (IGA) in Erfurt hatte die DDR in wenigen Tagen das internationale Pressezentrum aufgebaut. Bereits im Vorfeld hatte der Pressesprecher des DDR-Außenministeriums, Peter Lorf, erklärt, die DDR habe in der

175

Vergangenheit immer wieder gezeigt, dass sie die »Publizität bei derartigen Ereignissen sichern und garantieren« könne.[211] Das gelte auch für das bevorstehende Spitzentreffen. Schließlich schätze die DDR »die Substanz« des Treffens sehr hoch ein. Für die Betreuung der Journalisten war das Außenministerium zuständig. Im Hintergrund agierte die Staatssicherheit.

Tatsächlich bot die DDR einiges. Neben dem »großzügig ausgestatteten« Pressezentrum, so berichtete die »Frankfurter Allgemeine Zeitung«, gab es vom Reisebüro bis zur »Boutique-Bar« alles.[212] Auch ein »Intershop«, wo westliche Waren gegen Devisen verkauft wurden, sei eingerichtet worden.

Für die Arbeit standen den Journalisten insgesamt 300 Schreibmaschinen und 300 Sekretärinnen zur Verfügung. 100 »Optima«-Schreibmaschinen mit Spezialtastaturen für die verschiedensten Sprachen wurden gestellt.[213] Die Redakteure wurden von dunkelblau uniformierten Mädchen betreut, die auf Wunsch Schreibpapier, Kognak oder Limonade reichten.[214] »Freundliche Hostessen in roten Kostümen« waren für die Akkreditierungen und Hotelzuweisungen verantwortlich.[215] Außerdem waren 60 Telefon- und 30 Fernschreiberleitungen Richtung Westen geschaltet. Für die »Absicherung« und »Betreuung« der Journalisten waren 100 »politische Mitarbeiter« des Rates des Bezirkes eingesetzt.[216]

Am Mittwochabend nahm das Pressezentrum seinen Betrieb auf.[217] Sonderbusse verkehrten zwischen IGA und Stadtzentrum. Zuvor hatten die beiden bundesdeutschen Regierungsvertreter Plück und Fritsch das Zentrum inspiziert: »Man führte uns stolz in einen Raum, in dem etwa ein Dutzend Damen an Fernschreibgeräten saßen, so als brächen im nächsten Augenblick Regimenter von Journalisten mit FS-Aufträgen herein. Ich ging die Reihe der offenbar zur Regungslosigkeit befohlenen Damen ab, grüßte höflich und bekam schüchtern Antwort. Es waren Damen jeden Alters, und ich fragte die eine und andere, ob sie aus Erfurt sei. Das traf sie unvorbereitet, und mit verlegenem Lächeln bekannte man, aus Dresden, Leipzig oder sonstwo herbeordert zu sein.«[218]

Die Fotos, Filme, Manuskripte und Tonbänder, die in den bundesdeutschen Redaktionen erwartet wurden, sollten per Kurier zum Grenzübergang Herleshausen gebracht werden.[219]

Die bundesdeutschen Journalisten registrierten die »sehr ausgesuchte Höflichkeit« bei den vielen Anlaufstellen, stellten aber fest, dass das, »was man in Pressezentren gewöhnlich findet: Hinweise darauf, wo, wann, was, wie und mit wem sein würde« fehlten.[220]

Die Journalisten waren in Erfurt an strenge Auflagen gebunden.[221] Es wurde genau festgelegt, wie viele Journalisten an welchen Punkten das Geschehen beobachten durften.

Stoph trifft ein

Wenige Stunden vor dem Spitzentreffen wurde in Erfurt letzte Hand angelegt. Am Hauptbahnhof brachten Handwerker zwei rote Transparente an: »Die DDR ist der deutsche Staat des Friedens und des Sozialismus« und »Der völkerrechtlichen Anerkennung der DDR kann niemand ausweichen«.[222] Das Hotel »Erfurter Hof« wurde für die Öffentlichkeit gesperrt. An den Eingängen zum »Pilsner-Restaurant«, der »Bauernstube« und dem »Winzerkeller« hingen Schilder mit der Aufschrift »Vorübergehend geschlossen«. Am nächsten Tag meldeten die Zeitungen »Voraussetzungen geschaffen«.[223] In dem »repräsentativen Gebäude« befänden sich alle »technischen Ausrüstungen« für die Arbeit der Delegationen.

Die Staatssicherheit übernahm am Mittwochnachmittag die Kontrolle über den Bahnhofsvorplatz.[224] Zunächst wurde der Platz von 18 MfS-Mitarbeitern überwacht. In der Nacht zum Donnerstag wurde das Personal erheblich aufgestockt. Insgesamt 168 Genossen waren nun auf dem Platz im Einsatz. Staatssicherheit und Volkspolizei hatten ihre Führungspunkte in der Reichsbahndirektion an der Bahnhofstraße untergebracht. Major Grainer von der Bezirksverwaltung der Staatssicherheit und Oberstleutnant Herda von der Volkspolizei leiteten den Einsatz. Nachts gegen 3 Uhr wurde ein Jugendlicher am Bahnhofsvorplatz festgenommen, da er »gegen die Sicherungskräfte neg. auftrat und versuchte, die Absperrung zu durchbrechen«.

Auch die Deutsche Reichsbahn musste sich vorbereiten.[225] Die Schalterhallen im Bahnhof wurden für die Öffentlichkeit gesperrt. Der Fahrkartenverkauf wurde am 18. März in die benachbarte Reichsbahndirektion in der Bahnhofstraße verlegt. In einer Pressemitteilung schrieb die Bahn: »Fahrausweise für Donnerstag, den 19.3.1970, bitten wir, im Vorverkauf bis Mittwoch, 13.00 Uhr, zu lösen.«

Der Verkehr der Straßenbahnlinien am Hauptbahnhof wurde entweder ganz eingestellt oder die Haltestellen in der Bahnhofstraße aufgehoben.[226] Die Erfurter wurden in der Lokalzeitung darüber informiert.

Auch sonst veränderte sich das Leben in der Bezirksstadt vor dem Gipfeltreffen merklich: Eine Hausfrau mit vier Kindern sagte einem Korrespondenten der »New York Times«: »Willy Brandt ought to come here every eight week, then Erfurt would really get a move on.«[227] Die Geschäfte seien plötzlich mit Tomaten, Bananen und Orangen gefüllt. Überall würde geputzt. Der Bahnhof sei erstmals sauber. Was sich in den letzten acht Tagen in der Stadt getan habe, sei schon erstaunlich. So seien eigens Dekorateure aus Berlin nach Erfurt gekommen, um das Tagungshotel auf Vordermann zu bringen. Die Vorhänge seien gelb gewesen. Nun strahlten sie weiß.

Rings um das Hotel und den Hauptbahnhof war alles frisch gestrichen: Die Eisenkonstruktion der Bahnsteigüberdachung glänze im frischen Hellgrau, die Absperrgitter entlang der Bahnhofstraße rotweiß. Vor dem Tagungshotel wehten zwei schwarz-rot-goldene Fahnen – eine ohne und eine mit dem Emblem der DDR.

Eine Frau aus der Bundesrepublik, die von einem Erfurt-Besuch zurückkehrte, berichtete, dass die Volksarmee in Erfurt zur Putzbrigade mutiert sei.[228] Im »Erfurter Hof« »werden die Gardinen gewaschen, überall wird gepinselt und tapeziert«. Aus Ost-Berlin seien Lastwagen mit nagelneuen Polstersesseln und weißen Glasvitrinen eingetroffen.

Das Hotel »Erfurter Hof« war inzwischen auf die Gäste weitgehend vorbereitet. Das Gipfeltreffen sollte im Konferenzraum im Hochparterre stattfinden. Für die DDR-Delegation war die dritte Etage, für die bundesdeutsche Delegation die zweite Etage reserviert. Brandts Bett und die Sessel im Salon 249 waren mit weißen Pelzimitationen aus Kunstfaser überzogen.[229] Der Zimmer-Kühlschrank war gefüllt mit Bier und »Club-Cola«. Auf dem Tisch standen rote Rosen, Rotstern-Pralinen und Duett-Zigaretten. Außerdem lagen für den Kanzler drei Bildbände bereit – über Weimar, über die Dresdner Gemäldegalerie und ein Band über den Aufbau der DDR. Im Bad hing ein roter Frotteebademantel.[230]

Eine »eigentümliche Atmosphäre« habe am Vorabend im Hotel geherrscht, erinnerte sich Bundespressemann Plück später: »Es gab offensichtlich keinen normalen Hotelgast, denn die in allen Fluren schlendernden Figuren waren durchschnittlich Mitte zwanzig, männlich, trugen Lederkleidung und abwesende Gesichter.«[231] Plück und Sicherheitschef Fritsch waren die einzigen »Fremden« in dem Hotel. »Wir überprüften die Einrichtungen der für Funktionsträger unserer Delegation vorgesehenen Zimmer; vor allem auch das für das Bundespresseamt vorgesehene Erkerzimmer zum Bahnhofsvorplatz im 2. Stock, von dem aus alle Geschehnisse am besten zu übersehen sein würden.« Die beiden Bundesdeutschen wurden im »Erfurter Hof« auf Schritt und Tritt beobachtet. Plück erinnerte sich, dass eine Toilettenfrau keine zwei Meter von seiner Seite gewichen sei.

Hergerichtet wurde auch der Grenzbahnhof in Gerstungen.[232] »Sämtliche Losungen, die unangebracht erscheinen«, so lautete eine interne Anweisung, seien zu entfernen. Dazu gehöre auch eine Losung, die sich »gegen die Brandt-Regierung« richte. Die Tafeln sollten mit »hellgrauem Stoff in Faltenform« verdeckt werden. Auch die Straße am Grenzbahnhof wurde ausgebessert und mit Sand aufgeschüttet.

Wegen des Treffens wurde sogar in Berlin rund um das Ministerratsgebäude für »Ordnung und Sauberkeit« gesorgt.[233] Als die Prüfer die Höfe betraten, waren sie entsetzt: »Der Hof C – Versorgungshof – einschließlich der anliegenden Kellergänge befindet sich in einem Zustand, der absolut nicht zu verantworten ist. Der Hof und die Kellergänge sind sofort aufzuräumen. Das Leergut ist abzufahren bzw. ordentlich zu stapeln. Das Hofgelände ist von Unrat zu befreien.« Und auch sonst hatten Kontrolleure jeden Winkel inspiziert. Ein Kellerfenster musste neu verputzt, Fenstergitter gestrichen und Fenster gesäubert werden. An einer Hausecke mussten Gehwegplatten ausgewechselt, an anderer Stelle die Straßendecke neu geteert werden.

Am Nachmittag des 18. März fuhren Fritsch und Plück vom bundesdeutschen Vorkommando die Strecke von Erfurt nach Buchenwald ab. »Die Straßen und Wege«, so erinnerte sich Plück, »waren von verharschtem Schnee eisglatt.« In Weimar seien ganze Schulklassen damit beschäftigt gewesen, die Fahrtstrecke »eisfrei zu pickeln«.[234] Als die Jugendlichen den Mercedes der beiden erblickten, hätten sie begeistert gewunken. Am späten Nachmittag spazierte Plück durch die

Stadt. Vier Bewacher mit »kunststoffigen Windjacken und Pelzmützen« folgten ihm auf Schritt und Tritt.

Am Mittwochabend um 18.47 Uhr trafen Stoph und die DDR-Delegation mit dem Regierungszug in Erfurt ein.[235] »Hunderte Erfurter«, so die DDR-Zeitungen, bereiteten »den Repräsentanten ihres Staates« ein »herzliches Willkommen«. Der 1. Sekretär der SED-Bezirksleitung, Alois Bräutigam, und der Vorsitzende des Rates des Bezirkes, Richard Gothe, begrüßte die Berliner. Junge Pioniere der 36. Oberschule überreichten Stoph einen »prachtvollen Strauß roter Nelken«, die der Ministerpräsident »mit freundschaftlichen Worten aus den Händen der Schülerin Heike Mühle« entgegennahm. »Auf dem in weißes Neonlicht getauchten Bahnhofsvorplatz«, so schrieb »Das Volk«, wurde die Delegation »durch die Erfurter Bevölkerung mit Ovationen empfangen.« Anschließend fuhren die Funktionäre weiter zum Gästehaus der SED-Bezirksleitung.

Deutsch-deutsche Tänze

Am Vorabend des Treffens lud die DDR die angereisten Journalisten um 19 Uhr auf einen »bescheiden als Cocktail ausgegebenen großen Empfang« in das Weimarer Hotel »Elephant«.[236] Etliche westliche Fahrzeuge fuhren vor dem Hotel vor. Das erregte Aufsehen. Als Jugendliche versuchten, die Autos eingehender zu betrachten, wurden sie von der Volkspolizei vom Parkplatz »verwiesen«.[237] Kurz nach 18 Uhr sammelten sich »ca. 20 Jugendliche (teilweise auch Langhaarige)« in kleinen Gruppen vor dem Hotel. Die Staatssicherheit berichtete, daß die Jugendlichen sich über die »schönen Westautos« unterhielten und über die Fahrplanänderungen Richtung Erfurt. Eine Stunde später standen bereits rund 200 Menschen neugierig um den Parkplatz herum. Nun kam das Gerücht auf, dass auch Willi Stoph bald käme. Gegen 20 Uhr hatte sich die Menge wieder verlaufen. Der Ministerratsvorsitzende war doch nicht erschienen. 50 verbliebene Jugendliche waren Arbeitskräfte, die Eis und Schnee beseitigen sollten.

Im »Elephant« eröffnete inzwischen DDR-Pressechef Peter Lorf den Abend.[238] Ohne politische Belehrungen wies er darauf hin, dass am kommenden Tag auf die Berichterstatter harte Arbeit warte und deshalb eine Stärkung notwendig sei. Die Gäste waren von dem Angebot des Hauses beeindruckt. Erst vor wenigen Tagen war eine Bar eingeweiht worden.[239] Die beiden riesigen kalten Büfetts, schrieb ein bundesdeutscher Journalist, »hielten in Aufbau und Inhalt jedem internationalen Vergleich stand«. Anschließend sei noch ein Büfett mit warmen Speisen aufgefahren worden. Die Gäste seien weniger von der Reichhaltigkeit des Angebotenen überrascht gewesen als vom »vorzüglichen« Service.[240] »Kellner im Frack, Köche und adrette Mädchen in ihrer Berufstracht wetteiferten darin, stolz und herzlich zu zeigen, was sie zu leisten vermögen.« Die anwesende Staatssicherheit notierte: »Während dieser Zeit herrschte eine ungezwungene Atmosphäre und es war keine Hektik o. ä. zu beobachten.«[241] Die Journalisten hätten in kleinen Gruppen beieinandergestanden und sich ungezwungen unterhalten. Aber, so wusste es »Bild« zu berichten: »Die Gespräche verstummten, als Beate Klarsfeld die Szene betritt.«[242] Die Frau, die 1968 Bundeskanzler Kurt Georg Kiesinger öffentlich wegen seiner NS-Vergangenheit geohrfeigt hatte, war als Journalistin für die französische Zeitung »Combat« in die DDR gekommen und tanzte nun »ausgelassen mit Ostberliner Journalisten«.[243] Klarsfeld war bei den DDR-Kollegen offenbar beliebt: »Einer von ihnen sammelte Rosensträuße von den Tischen und überreicht sie der Klarsfeld«, so »Bild«. »Um 2 Uhr verläßt die gesamtdeutsch aktive Beate Klarsfeld die Bar – und die Diskussionen gehen weiter.«

Die Delegationen

Im Vorfeld des Gipfeltreffens erschienen in der westlichen Presse zahlreiche Porträts über Brandts Gesprächspartner. Im Gegensatz zu Walter Ulbricht war Willi Stoph kaum bekannt. Die verschiedenen Charakterisierungen zeichneten das relativ positive Porträt eines Mannes mit wenig Auffälligkeiten. Vieles an Stoph war selbst westlichen Experten unbekannt. Vor allem über seine Karriere innerhalb der kommunistischen Bewegung gab es Unklarheiten und Spekulationen. So konzentrierten sich die Journalisten vor allem auf Beobachtungen aus der Ferne: Der »Spiegel« zählte den »Star-Funktionär« Stoph zu den »erfolgreichsten deutschen Politikern der Nachkriegszeit«.[244] Nach

Ulbricht und neben Honecker gehöre er »zum Triumvirat an der DDR-Spitze«. Stoph rauche wenig und trinke nur selten – lediglich an freien Wochenenden. Zurzeit beschäftige sich der Ministerpräsident mit Prognostik und Futurologie.

Der DDR-Ministerpräsident, so schrieb ein Journalist, sei nüchtern und pragmatisch denkend.[245] Auf »taktische Finessen« verstehe er sich nicht, so ein anderer.[246] Er mache keine Politik, sondern verwalte sie mit Ausdauer und Geschick. Für die »Washington Post« war der »rätselhafte« Stoph ein »first-class technocrat«.[247] Stoph, so hieß es an anderer Stelle, repräsentiere möglicherweise »das tragfähigste Stück der politischen Wirklichkeit in der DDR«.[248] Ein anderer westdeutscher Beobachter wertete es als günstig, dass Brandt mit Stoph verhandele.[249] Denn dieser sei keiner der »geschliffensten Dogmatiker«, sondern »im Grunde genommen ein Pragmatiker, wenn nicht von heute, dann von morgen«. Deshalb solle Brandt mit Stoph von Mensch zu Mensch reden. Stoph, so hieß es in einem anderen ausführlichen Zeitungsporträt, strahle Vertrauen aus.[250] Er könne den Kommunismus besser »verkaufen« als Ulbricht oder der »eifernde Honecker«. In West und Ost setze man Hoffnungen in ihn. Er genieße das absolute Vertrauen der sowjetischen Führung und gelte als ein möglicher Nachfolger Ulbrichts. In das Ost-Berliner Machtgefüge sei er aber schwer einzuordnen. Der »hervorragende Organisator« sei »einer der populärsten Spitzenfunktionäre der DDR«. »Unter ihm könnte das Regime erträglicher werden«, erklärte ein früherer DDR-Funktionär.[251] Der DDR-Insider war sich sicher: »Stophs Zeit liegt noch in der Zukunft, wenngleich nicht unbedingt im Anschluß an die Ära Ulbricht.« Die bundesdeutsche Presse wusste auch zu berichten, dass über Stoph keiner der üblichen Funktionärswitze im Umlauf sei.[252] »Bild« bemerkte, über Stoph gebe »es nichts zu lachen«.[253]

Die bundesdeutsche und vor allem die ausländische Presse verwiesen allerdings immer wieder auf die Wehrmachtskarriere Stophs.[254] Der Regierungschef hatte im Zweiten Weltkrieg als Unteroffizier einer Brandenburger Artillerie-Einheit gedient und an der Ostfront gekämpft. Dafür sei er mit dem Eisernen Kreuz II. Klasse ausgezeichnet worden. 1942 habe Stoph im Lazarett gelegen.[255] »Was er später tat«, so der »Spiegel«, »ist unbekannt, und auch das Gerücht, der Stabsgefreite und Baufachmann Willi Stoph [...] habe in den letzten drei

Kriegsjahren für einen sowjetischen Spionagering gearbeitet, blieb bis heute unbestätigt.«

Im Vorfeld der Begegnung schätzte Willy Brandt seinen Gesprächspartner als einen Mann ein, »der ganz bewußt die Person weit hinter die Sache, die er vertritt, zurücktreten läßt«.[256] Und der Kanzler fügte hinzu: »Auf der anderen Seite ist er zweifellos ein Politiker mit sehr fest geformten, starren Ansichten und deshalb gewiß ein schwieriger Gesprächspartner.«

Auch der Bundesnachrichtendienst schaute sich Stoph genau an, allerdings unter strafrechtlichen Gesichtspunkten.[257] Nach Erkenntnissen des BND gab es keine Hinweise, dass Stoph »unmittelbar für nach 1945 in der DDR oder in der BRD verübte Straftaten irgendwelcher Art oder für Vorgänge verantwortlich ist, die zwar keine Straftaten darstellen, jedoch aus anderen Gründen etwa sittlicher Art zu verurteilen wären«. Die Überprüfung hatte einen Grund: Stoph konnte zu einem Gegenbesuch in die Bundesrepublik eingeladen werden.

Willi Stoph stand ganz allein im Zentrum der bundesdeutschen Berichterstattung. Über die übrigen Delegationsmitglieder war noch weniger als über den Ministerpräsidenten bekannt. Lediglich über Außenminister Otto Winzer gab es ein paar Informationen. Er, so glaubte der »Sozialdemokratische Pressedienst«, sei erfahrener und raffinierter in der Verhandlungtaktik als Stoph.[258] Er verfüge über einen »scharfsinnigen, aber eiskalten Verstand«. Winzer stehe im Ruf, ein Dogmatiker zu sein, und sei »noch immer mit dem Odium des Stalinismus behaftet«. Die restlichen Mitglieder der Delegation waren für die bundesdeutsche Presse farblose Funktionäre, über die keinerlei Informationen vorlagen.

Der bundesdeutschen Delegation gehörten insgesamt 23 Personen an, darunter kein Vertreter der CDU/CSU-Opposition. Neben den sechs Mitgliedern der unmittelbaren Verhandlungsgruppe (Brandt, Franke, Dorn, Ahlers, Sahm und Weichert) waren das persönliche Referenten und Beamte aus dem Bundeskanzleramt, dem Innerdeutschen Ministerium, Angestellte des Bundespresseamtes, der Chef der Bonner Sicherungsgruppe und zwei Sicherheitsbeamte sowie zwei Stenographen und eine Sekretärin.[259]

Nach Willy Brandt war der Sozialdemokrat Egon Franke als Bundesminister für innerdeutsche Beziehungen das ranghöchste Delegationsmitglied. Mit der Amtsbezeichnung Frankes hatte die DDR große Probleme. Einen Minister für innerdeutsche Beziehungen lehnte sie aus ihrem Selbstverständnis heraus ab. Das Innerdeutsche Ministerium wurde als Sinnbild für gesamtdeutsche Anmaßung verstanden. Noch im Januar hatte Ulbricht Franke als jemanden bezeichnete, »der in der westdeutschen Regierung für die Beziehungen zwischen Nordrhein-Westfalen und Niedersachsen zuständig sein mag«.[260] Und selbst am Tag des Erfurter Treffens hieß es im »Neuen Deutschland«: »Mit der Formel ›innerdeutsche Beziehungen‹ soll doch nur die jahrelange Verletzung elementarer Grundsätze des geltenden und allgemein verbindlichen Völkerrechts, die Bonn gegenüber der DDR praktiziert, bemäntelt werden.«[261] In einer Charakterisierung der »Bild« hieß es über den 56-Jährigen: »Findet nur sehr schwer ins Bett, liebt Geselligkeit unter Gleichgesinnten und Hausmannskost. Haßt undiszipliniertes Verhalten.«[262]

Wolfram Dorn war in der Delegation der Vertreter des liberalen Koalitionspartners, da Vizekanzler Walter Scheel aufgrund seines Amtes als Außenminister nicht in die DDR fahren konnte. Und Parteivize Hans-Dietrich Genscher als Innenminister wäre zusätzlich zu Franke als Minister für innerdeutsche Beziehungen für die DDR wohl inakzeptabel gewesen. Deshalb wurde letztendlich Genschers Parlamentarischer Staatssekretär für die Gruppe nominiert. Dorn hatte Erfahrungen mit der DDR. Schon als Landtagsabgeordneter hatte er 1956 den Besuch seiner Parteifreunde Walter Scheel und Wolfgang Döhring in der DDR vorbereitet. Als Redner war er auf Veranstaltungen der LDPD in Dresden, Leipzig und Karl-Marx-Stadt aufgetreten.[263] Willi Stoph hatte er bereits 1967 in Leipzig kennengelernt.

Zur Delegation zählte außerdem Regierungssprecher Conrad Ahlers. Er hatte im Zweiten Weltkrieg als Fallschirmjäger gedient und war einst stellvertretender Chefredakteur des »Spiegel« gewesen.

Ministerialdirektor Ulrich Sahm gehörte keiner Partei an.[264] Der Diplomat war seit 1950 im Auswärtigen Amt tätig. Brandt hatte ihn nach dem Machtwechsel ins Kanzleramt geholt. Dort leitete er die Abteilung II, die für Deutschlandpolitik zuständig war. Sahm galt als »typischer Vertreter des preußischen Beamtentums«. Seine Kollegen beschrieben ihn als »sachkundig, gerecht, analytisch, loyal und als kühler und schweigsamer Verhandler«. Brandt vertraute ihm, zu Recht, wie die

Vorverhandlungen für das Treffen gezeigt hatten. Sahm wurde »geschätzt wegen seiner Sachlichkeit und seines trockenen Witzes«.[265] Der »Spiegel« bezeichnete ihn als einen »AA-Karrierebeamten«, der Ost- und Deutschlandfragen gleichermaßen beherrsche.[266]

Außerdem gehörte Ministerialdirektor Jürgen C. Weichert zur Delegation. Er war Leiter im Referat Politik und Öffentlichkeitsarbeit im Ministerium für innerdeutsche Beziehungen

Für den Schutz des Kanzlers und des Sonderzuges sorgten die Beamten der Sicherungsgruppe Bonn.[267] Den Einsatz leitete Regierungskriminaldirektor Hans-Wilhelm Fritsch. Als Brandts persönliche Leibwächter waren Ulrich Bauhaus und Friedrich Karl Gutzeit eingeteilt. Vier Polizisten waren für den Schutz des Sonderzuges während der gesamten Reise zuständig. Einer der Beamten hatte die Aufgabe, die »kontrollierenden DDR-Grenzorgane« im Zug zu begleiten. Für den Nachrichtenwaggon, den nur Mitglieder der Delegation betreten durften, waren vier Techniker eingeteilt. Sie sollten die Verbindung nach Bonn halten. Die Beamten hatten wie üblich ihre Dienstwaffen dabei. Nur UKW-Funkgeräte waren in der DDR verboten.

2. Teil:
»Willy Brandt ans Fenster!«

Gipfeltreffen

Trotz aller Emotionen warnte die Bundesregierung vor zu großen Erwartungen an das deutsch-deutsche Spitzentreffen. Willy Brandt erklärte, er fahre mit guten Absichten, aber ohne Illusionen in die DDR.[1] In einem ersten Gespräch werde es gewiss nicht möglich sein, das Trennende abzubauen oder neue Verbindungen zu knüpfen.[2] Niemand dürfe erwarten, dass sich nun plötzlich etwas ändere. Ihm komme es darauf an, einen Anfang zu machen und einen Prozeß einzuleiten, der viel Geduld und viel Verständnis benötige. Damit solle die »gegenwärtige Entwicklung des Sich-immer-weiter-auseinander-Lebens beendet« werden.[3] Unmittelbar vor seiner Abreise sagte Brandt in einem Zeitungsgespräch, »daß in Erfurt keine weitreichenden Entscheidungen fallen können«, da für die Gespräche nur ein Tag zur Verfügung stehe.[4] Es werde darum gehen, die Standpunkte der beiden Seiten darzulegen. Mit seinen Worten wollte der Kanzler offenbar einen zu hohen Erwartungsdruck vermeiden sowie sich und anderen große Enttäuschungen ersparen.

In diese Richtung argumentierten auch viele bundesdeutsche Journalisten. Ihre Kommentare schwankten zwischen der Freude über das bisher Erreichte und gedämpften Erwartungen. Dettmar Cramer schrieb in der »Frankfurter Allgemeinen Zeitung«: »Ohne daß man [...] größere oder gar sensationelle Ergebnisse erwarten dürfte – die Begegnung wird dennoch ein wichtiger Meilenstein in der weiteren Entwicklung des innerdeutschen Verhältnisses sein.«[5] Ähnlich urteilte die »Süddeutsche Zeitung«: »Das deutsche Wunder kann stattfinden, mögen die Erwartungen, die sich daran knüpfen, auch noch so bescheiden sein.«[6] Der »Spiegel« gab sich ironisch: »Wie immer die Verhandlungen mit Stoph enden, ein Gewinn ist Brandt gewiß: exklusive Konferenz-Verpflegung. Interhotel-Meisterköche gewannen beim elften gastronomischen Festival im englischen Torquay fünf Goldmedaillen, vier Silbermedaillen und drei Pokale.«[7]

Die Bundesbürger waren etwas optimistischer. Laut einer Blitzumfrage der Wickert-Institute glaubte die Hälfte der Befragten, dass sich bald beziehungsweise spätestens in einem Jahr Erfolge einstellen würden.[8] Die andere Hälfte meinte, dass bei den Gesprächen nichts herauskommen werde, obwohl nichts unversucht gelassen werden dürfe. Vor allem auf menschliche Erleichterungen und einen Stopp der weiteren Entfremdung zwischen Ost und West hofften die Bundesbürger.

Die DDR versuchte in ihrer Presse dagegen den Eindruck zu erwecken, dass es in der Bundesrepublik eine große Mehrheit für eine Anerkennung der DDR gebe. Täglich druckte sie Meldungen, die das suggerierten: »Westdeutsche fordern Anerkennung der DDR: Hundert Münchner an Willy Brandt / Anträge von SPD-Unterbezirken«, »Westdeutsche Bürger: Bonn muß DDR anerkennen! 27 Schriftsteller und Publizisten telegrafieren an Kanzler Brandt« und »Telegrammflut an Brandt: DDR endlich anerkennen!«.[9] Mit den zahlreichen Meldungen aus der Bundesrepublik, so eine interne SED-Weisung, gehe es darum, »unsere Werktätigen gegenüber der Beeinflussung durch den Sozialdemokratismus zu immunisieren«.[10] Gleichzeitig wurden Stimmen westdeutscher Kommunisten abgedruckt, die in der Deutschen Kommunistischen Partei organisiert waren: »Max Reimann: Endlich die DDR anerkennen!«, »DKP-Kommunalpolitiker für DDR-Anerkennung« und »Massenaktionen der DKP«.[11] Im »Neuen Deutschland« äußerte sich der DKP-Vizechef Herbert Mies ausführlich über das bevorstehende Treffen: »Die Arbeiter von Rhein und Ruhr müssen sich um ihrer eigenen Interessen willen mit dem Anspruch ihrer Klassengenossen nach völkerrechtlicher Anerkennung der DDR solidarisieren.«[12] Selbst in der internationalen Politik, so berichtete das SED-Zentralorgan, sei kein Tag vergangen, ohne dass die Forderung nach Anerkennung der DDR erhoben worden wäre.[13]

Tatsächlich waren die Aktionen der DKP detailliert mit der SED abgestimmt. Die DKP-Spitze hatte auf »Anregung« der SED einen »Sofortmaßnahmeplan« beschlossen.[14] »Die politische Stoßrichtung« sei »der aktive Kampf um die völkerrechtliche Anerkennung der DDR bei gleichzeitiger verschärfter klassenmäßiger Abrechnung mit der Aggressions- und Revanchepolitik der imperialistischen Kräfte Westdeutschlands.« Dazu sollten unter anderem vor Betrieben Flugblätter verteilt und auf Betriebs- und Gewerkschaftsfunktionäre »eingewirkt« werden, »umgehend Telegramme an Willy Brandt mit der Aufforderung nach völkerrechtlicher Anerkennung der DDR zu senden.« Die Partei sollte überdies an »Persönlichkeiten aus allen Bereichen des gesellschaftlichen Lebens« herantreten und sie zu »Erklärungen und Forderungen« hinsichtlich der völkerrechtlichen Anerkennung bewegen. Außerdem sollten am 19. März alle DKP-Betriebszeitungen mit einer Sonderausgabe erscheinen.

Die DDR versuchte von Anfang an, das bevorstehende Treffen als einen Erfolg für sich zu reklamieren. Das »Neue Deutschland« kommentierte: Den stursten Revanchisten in Westdeutschland gefalle es nicht, wenn es nun Gespräche zwischen den Regierungschefs über den DDR-Vertragsentwurf gebe.[15] Bei den Gesprächen gehe es nicht, wie von westdeutscher Seite gefordert, um »menschliche Erleichterungen«, sondern um die Sache des Friedens. »Was diesen Erleichterungsaposteln vorschwebt, ist die Wiederherstellung der Zustände, die vor dem 13. August 1961 herrschten.« Der Mauerbau stehe aber nicht zur Diskussion. Denn: »Wir betrachten konterrevolutionäre Umtriebe nicht als menschliche Erleichterung.« Ähnliches war in der zur LDPD gehörenden »Thüringischen Landeszeitung«[16] und im CDU-Blatt »Thüringer Tag« zu lesen.[17] Untermauert wurden solche Kommentare durch den Abdruck zahlreicher Stellungnahmen von mehr oder weniger prominenten Menschen, die den Kurs der DDR-Regierung unterstützten.

Das waren gezielte, im Interesse der Partei ausgewählte Stimmen, die wohl kaum die wirkliche Stimmung in der Bevölkerung widerspiegelten. Welche Erwartungen die Menschen in der DDR mit dem Besuch Brandts tatsächlich verknüpften, ist schwer auszumachen. Repräsentative Meinungsumfragen gab es nicht. Gleichwohl bemühten sich westdeutsche Zeitungen um ein Stimmungsbild. Ein westlicher Journalist berichtete von einem »gedämpften Echo«.[18] Interesse und Erwartungen seien gering, meldete er aus dem Umfeld der Leipziger Frühjahrsmesse. Nach Jahren der enttäuschten Erwartungen sei bei den Menschen in der DDR nun Erschöpfung und sogar Resignation eingetreten. »Die Relevanz der projektierten Brandt-Stoph-Gespräche wird solchermaßen von breiten Kreisen äußerst gering eingeschätzt werden müssen.« Ein anderer westlicher Journalist registrierte in Leipzig Gleichgültigkeit.[19] Von »mitschwingender Hoffnung« gebe es in den Gesprächen mit den DDR-Bürgern keine Spur. Sie würden nicht glauben, dass sich durch den Besuch »für sie das geringste ändert«. Die Hoffnung auf Wiedervereinigung sei tot. »Man verbietet sich den Luxus, die geistige Kraft im Denken an das Unwirkliche zu verzehren, sondern wendet sich den Realitäten zu, um den Anschluß an das Leben nicht zu verpassen.« Trotzdem gingen westdeutsche Beobachter von langfristigen Folgen für die Ostdeutschen aus.[20] Das Treffen könne eine tiefe Zäsur im Bewusstsein der Menschen bedeuten: »Die über zwei Jahrzehnte andauernde und seit dem Bau der Mauer vor nunmehr bald neun Jahren verstärkte Bildung eines Sonderbewußtseins wird aller Wahrscheinlichkeit nach am Donnerstag in Erfurt unterbrochen.«

In Erfurt selbst spürten bundesdeutsche Journalisten »Skepsis und Zuversicht« bei der Bevölkerung.[21] Zwar würden die Erfurter keine Änderungen erwarten, aber Hoffnungen würden laut. Besonders die junge Generation glaube, dass ein Wandel möglich sei. Dagegen zeigten sich die älteren Erfurter verschlossener.

Auch die Erfurter Staatssicherheit versuchte, ein Stimmungsbild zu ermitteln.[22] Die Mehrheit der Menschen im Bezirk, so lautete die interne Einschätzung, begrüße das Treffen und erhoffe sich einen »positiven« Ausgang im Sinne der DDR. Es gebe aber auch einen pessimistischen Teil, der keine grundsätzlichen Änderungen im deutsch-deutschen Verhältnis erwarte. Die Menschen würden vor allem über Reiseerleichterungen spekulieren. Es gebe aber auch die »Forderung nach Aufhebung der Sicherheitsmaßnahmen vom 13.8.1961«. Die Staatssicherheit registrierte außerdem »Sympathiebekundungen einzelner Personen zu Brandt und der SPD zur Verhandlungsbereitschaft«. Vor allem Schüler wollten dem Kanzler einen »würdigen« Empfang bereiten. In einzelnen Fällen sei dies sogar von Lehrern angeregt worden. Offenbar war der Kanzler für viele DDR-Jugendliche ein Hoffnungsträger, ein Gegenbild zu den ostdeutschen Genossen ohne Charisma. Die Staatssicherheit meldete ferner eine »Nachfrage nach westdeutschen Fähnchen« zur »beabsichtigten Ausschmückung«. Außerdem fiel ihr auf, dass für den 19. März zahlreiche Urlaubsanträge, Krankmeldungen und Anträge für den »Haushaltstag« eingegangen seien.

Insbesondere Jugendliche und Studenten, die nach Erfurt kommen und ihre Sympathie für Brandt offen zeigen wollten, bereiteten den Behörden Sorgen.[23] Die SED-Bezirksleitung versuchte, sie mit guten Worten von einer Reise abzuhalten: »Bleibt zu Hause, am Fernsehen seht ihr mehr.«

Das bevorstehende Treffen war in der gesamten DDR Gesprächsthema Nummer eins. Mitarbeiter des MfS fertigten eine elfseitige, streng geheime Analyse über die Stimmung in der Republik an,[24] die sie nicht nur Mielke, sondern auch Ulbricht, Honecker und Stoph vorlegten. Darin hieß es, dass die Menschen das geplante Treffen und die Position der DDR begrüßen würden: »Der Vorschlag unserer Regierung, in Erfurt zu verhandeln, wird als Ausdruck der großen Bereitschaft, des Verantwortungsbewußtseins und Entgegenkommens unserer Partei- und Staatsführung anerkannt.« Viele seien aber überrascht und erstaunt, dass das Treffen in Erfurt und nicht in Berlin stattfinde. Die Staatssicherheit registrierte gleichzeitig »starke Zweifel«. Oft würden die Menschen nicht an politische Fortschritte glauben. Es werde deshalb vor einer Überbewertung des Treffens gewarnt. In »allen Schichten der Bevölkerung« sei das Informationsbedürfnis gewachsen. Da es in der DDR-Berichterstattung Defizite gebe, werde viel spekuliert und es sei »eine stärkere Zunahme der Orientierung nach westlichen Rundfunk- und Fernsehsendern festgestellt« worden. Dadurch würden »gegnerische ›Argumente‹« direkt in Diskussionen einfließen. Gleichzeitig sei das Interesse der Menschen an protokollarischen Fragen gestiegen. »Es werden Fragen nach der Stärke der Ehrenformation der NVA, nach dem Spalier, dem Abspielen der Hymnen, vorgesehenen Absperrmaßnahmen und der Einbeziehung der Erfurter Bevölkerung in den Begrüßungsablauf gestellt.«

Sowohl die Erfurter als auch die Berliner MfS-Analyse zeigten: Viele Menschen in der DDR machten sich Gedanken, wie der 19. März ablaufen würde und wie sie möglicherweise dabei sein könnten. Die Funktionäre waren vorgewarnt.

Grenzüberschreitung

Langsam näherte sich der Sonderzug am Morgen des 19. März der Grenze. In der Morgendämmerung waren ringsherum Schneereste zu sehen. Es taute. Kurz nach halb sieben fuhr der Zug am westdeutschen Grenzbahnhof Bebra auf Gleis 3 ein.[25] Ein Spruchband mit der Aufschrift »Bebra grüßt Bundeskanzler Brandt« hing im Bahnhof.[26] Das Kanzleramt hatte sich allzu viel Aufmerksamkeit für den Sonderzug verbeten. Die Eisenbahnerkapelle durfte den Kanzler nicht wie gewünscht begrüßen. Immerhin erwarteten rund 100 Menschen den Zug. Wenige jubelten. »Selten«, so ein mitreisender Reporter, »hat man Gesichter gesehen wie diese, in denen sich so ausgeprägt Hoffnung und Zweifel paaren.«[27] Im Speisesaal des Bahnhofsrestaurants hatte die ARD ein Sonderstudio aufgebaut. Bürgermeister August-Wilhelm Mende reichte das Goldene Buch der Stadt zum Signieren. Bundeskanzler Willy Brandt, Regierungssprecher Conrad Ahlers und Staatssekretär Wolfram Dorn trugen sich ein – ohne Kommentar. Unterdessen wurden die Loks der Bundesbahn gegen zwei Diesellokomotiven der Deutschen Reichsbahn getauscht.[28] An ihnen war ein Salonwagen angekoppelt, in dem das Zugpersonal sowie zwei Obenwagenmeister der Deutschen Reichsbahn mitfuhren. Nach den Rangierarbeiten ging es weiter. Um 7.39 Uhr wurde in Bebra das Abfahrtssignal erteilt. Dann ging es die Steigung von Ronshausen hinauf. Wenige Minuten später überquerte der Kanzler die innerdeutsche Grenze.

Östlich von Hönebach stand der Doppelzaun. Tafeln warnten: »Vorsicht! Minen!« Die hölzernen Postentürme hinter dem Stacheldraht schienen unbesetzt zu sein. Nach einem Kilometer Fahrt kreuzte der Zug erneut DDR-Grenzanlagen. Ein kurzes Stück fuhr der Zug nochmals über bundesdeutsches Territorium, um dann vor dem Stellwerk Obersuhl endgültig die DDR zu erreichen. Die Journalisten, die gespannt aus den Abteilfenstern schauten, waren überrascht: »Plötzlich winken uns die ersten Leute zu. Frauen am Wege, Arbeiter, Eisenbahner.«[29] Für die Reisenden war sofort klar: Das war spontan und nicht inszeniert!

Wenige Minuten später quietschten die Bremsen des Sonderzuges. Auf dem Bahnsteig von Gerstungen wehten die Fahnen der Bundesrepublik und der DDR nebeneinander. Die »uniformierten Genossen«

am Bahnsteig hatten den Auftrag, den Zug »durch Ehrenbezeugung (Grußerweisung)« willkommen zu heißen.[30] Staatssekretär Michael Kohl vom DDR-Ministerrat und DDR-Protokollchef Horst Hain warteten auf dem Bahnsteig. Ulrich Sahm und Brandts Büroleiter Gerhard Ritzel entstiegen dem Zug.[31] »In einer gewissen Verwirrung begrüße ich sie mit einem ›Herzlich willkommen‹«, notierte Sahm später in sein Tagebuch. Dann bat er die beiden DDR-Abgesandten in Brandts Abteil. In der DDR galt der Zug als exterritoriales Gebiet. Gleichwohl begrüßte Kohl die bundesdeutschen Gäste mit den Worten: »Im Namen des Vorsitzenden des Ministerrates heiße ich Sie in der Deutschen Demokratischen Republik herzlich willkommen.«[32] Brandt antwortete kurz angebunden: »Guten Morgen, Herr Kohl. Legen Sie bitte ab, und nehmen Sie Platz. Eine Zigarette?« Kohl erwiderte: »Aber bitte, wollen Sie nicht eine unserer volkseigenen Produktionen rauchen?« Dann informierte Kohl den Kanzler knapp über einige »technische Einzelheiten« des Treffens. Nach wenigen Worten verließen die beiden Emissäre Brandts Abteil und begaben sich in einen anderen Wagen, wo ihnen gemeinsam mit Dorn und Sahm ein Frühstück serviert wurde: Kaffee, Rührei und ein trockener Sherry. Brandt zog sich zurück. Er war zu bewegt, beobachtete ein Reporter, um sich Fremden zu zeigen.[33]

Über die Fahrt von Gerstungen nach Erfurt fertigte Kohl einen ausführlichen Aktenvermerk an.[34] Die deutsch-deutsche Frühstücksgesellschaft habe »im wesentlichen über Belanglosigkeiten wie das Wetter, die Fahrtbedingungen, die Arbeitsbelastung in Vorbereitung des Treffens, wirtschaftliche und kulturelle Institutionen in den durchfahrenen Orten« gesprochen. Dorn plauderte über frühere Reisen in die DDR und Treffen zwischen der FDP und der LDPD.[35] Laut Kohls Aktenvermerk und Sahms Tagebuch wurde bei diesem Frühstück auch über den detaillierten Ablauf in Buchenwald gesprochen.[36] DDR-Protokollchef Hain teilte mit, »daß alles korrekt, entsprechend den üblichen Gepflogenheiten durchgeführt werde«. Brandt fahre zusammen mit Außenminister Otto Winzer im Auto mit den beiden deutschen Standern in die Gedenkstätte. In Buchenwald selbst sollten Soldaten Spalier stehen, aber militärische Ehrenbezeugungen seien nicht geplant. Eine Musikkapelle werde die Hymne »Unsterbliche Opfer« spielen, wenn der Kranz des Kanzlers von vier Unteroffizieren zum Ehrenmal getragen werde. Sahm war offenbar überrascht. Er, so Kohl, »legte großen Wert darauf«, dass der Kranz durch ein Mitglied der bundesdeutschen Delegation getragen werde. Sahm verließ sofort den Wagen, um Brandt über den geplanten Ablauf zu informieren. Bis auf die vier Unteroffiziere sei der Kanzler einverstanden gewesen, sagte er bei seiner Rückkehr. Aber: »Er wünscht, daß der Kranz von dem Sicherungsbeamten Bauhaus getragen wird.« Als Sahm diesen Wunsch Hain mitteilte, reagierte dieser »etwas zögerlich«. Laut Kohl blieb die Frage letztendlich offen.

Mit Kohl und Hain waren weitere DDR-Funktionäre zugestiegen, die Akkreditierungen an die mitreisenden Journalisten verteilten. Kontrollen gab es nicht. Nicht einmal die Pässe wurden abgestempelt. Auch DDR-Emissär Hermann von Berg war nun an Bord des Zuges.[37] Er zog sich mit Regierungssprecher Ahlers in ein Abteil zurück. Von Berg überreichte Stophs Redekonzept und »erläuterte Conny etliches, was eventuell mißverständlich hätte sein können«.

Der Zug fuhr inzwischen über Eisenach und Gotha Richtung Erfurt – eine Fahrt, so notierte ein Journalist, »die wohl keiner, der in dem Sonderzug des Bundeskanzlers sitzt, so bald vergessen wird«.[38] Immer mehr Menschen winkten dem Zug zu. »In dichten Trauben stehen auf den Straßen in der Nähe der Eisenbahnstrecke Menschen, Junge und Alte. Sie winken. Sie winken aus den Fenstern, drücken weithin sichtbar die Daumen, winken mit Blumensträußen, stehen auf den Dächern und winken, winken aus Autos heraus. Eisenbahner winken und Arbeiter aus Fabriken. Nicht überschwenglich, sondern eher verhalten.« Ein »neunzig Kilometer langes Spalier von winkenden Menschen«.[39] Ganz offensichtlich wollten sie Brandt in der DDR begrüßen. Die Reisenden sahen »große Ypsilons auf weißem Papier«, die aus Fenstern gehalten wurden.[40] Das Ypsilon unterschied die Vornamen der beiden Regierungschefs – Willy Brandt und Willi Stoph. »Ein Bahnbeamter, nicht ganz sicher, ob es seine Dienstvorschriften erlauben, hebt den Arm ein wenig und läßt ihn, während er sich umsieht, schnell wieder sinken. Eine Frau läßt ein Bettlaken flattern, im Dachfenster einer Fabrik drängen sich junge Burschen, lachend und winkend.«[41] Im Zug war es still. »Niemand ist laut. Alle aber empfinden das Besondere des Augenblicks, das Einmalige, das Geschichtliche.«[42]

196

Um 8.40 Uhr meldete die Eisenacher MfS-Kreisdienststelle lapidar nach Erfurt, daß »einige Bürger« an der Rennbahn dem vorbeifahrenden Sonderzug gewunken hätten. Der Bundeskanzler, notierte Sahm in seinem Tagebuch, »steht am Fenster, winkt gelegentlich zurück; er ist sichtlich bewegt«. Sechs Jahre später erinnerte sich Brandt an diesen Moment: »Mich bewegte es tief, die Namen der Städte zu lesen, die für die Geschichte der deutschen Arbeiterbewegung, vor allem für die Geschichte der Sozialdemokratie so bedeutsam waren.«[43] Dazu kam der Jubel entlang der Strecke: »Überall erhobene, ausgestreckte Hände. Überall geöffnete Fenster: Manche Menschen winkten verhalten, andere waren enthusiastisch und winkten mit Tisch- oder Bett-Tüchern.« Ein Journalist entdeckte Tränen in den Augen des Kanzlers.[44] Brandt, schrieb ein anderer, »sieht eine Realität, auf die er nicht gefaßt gewesen ist«.[45] Zwar hätten einige Menschen ihre Hände trotzig in den Taschen vergraben, »doch die Masse der DDR-Bürger blickt mit strahlender Freude dem Zug entgegen, Tausende winken, Tausende strecken ihre wie betend gefalteten Hände aus. Und viele, sehr viele weinen.«

Unruhe in der Bahnhofstraße

Würden die Erfurter Willy Brandt und Willi Stoph zu sehen bekommen? Am Morgen des 19. März war sich »Bild« sicher: »Wer Willy Brandt in Erfurt sehen darf, bestimmt die SED!«[46] Den Kanzler werde »kaum Beifall oder gar Jubel begrüßen«. Die Zeitung zitierte Regierungssprecher Ahlers mit den Worten, »daß der Bahnhofsvorplatz mit ausgesuchten Personen gefüllt sein wird«. Doch »Bild« sollte sich irren. Bereits seit 5 Uhr morgens, hieß es in einem Bericht der Bayerischen Grenzpolizei, standen »größere Menschenansammlungen« im Bereich des Bahnhofes und des Tagungshotels.[47] Mit Lautsprechern seien die Menschen aufgefordert worden, in ihre Wohnungen oder an ihre Arbeitsplätze zu gehen. Gegen 8 Uhr wurden alle Straßen im Umkreis des Tagungsortes gesperrt. Auf dem Hauptbahnhof wurde das Gleis 1 blockiert.[48] 27 Züge von und nach Erfurt waren gestrichen.

Für Fußgänger blieb die Bahnhofstraße allerdings geöffnet. Lediglich leichte Absperrgitter trennten den Bürgersteig vor der Reichsbahndirektion von der Fahrbahn und dem Bahnhofsvorplatz. Hunderte Pendler strömten am Morgen zum verlegten Fahrkartenschalter in der Reichsbahndirektion. Dazu kamen immer mehr Schaulustige, die stehenblieben. Sie hatten im »Neuen Deutschland«, in der Bezirkszeitung »Das Volk« oder in der »Thüringischen Landeszeitung« unter der auf Willi Stoph gemünzten Überschrift »Herzlich begrüßt« lesen können, wann der Kanzler in Gerstungen die Grenze passieren sollte und dass er in Erfurt um 9.30 Uhr erwartet wurde.[49]

Um 8.04 Uhr meldete die Staatssicherheit, dass vom Tunneleingang bis zum Beginn der Bahnhofstraße rund 200 Personen »aller Altersgruppen« stehen und den Bahnhofsvorplatz beobachten würden.[50] »Sie verhalten sich diszipliniert.« Eine Minute später hielt eine Straßenbahn der Linie 5 unplanmäßig am Bahnhof. Der Fahrer öffnete die Türen und ließ die Fahrgäste aussteigen. Der Mann wurde sofort abgelöst. Die Staatssicherheit bemerkte: »Fahrer dieses Wagens ist Zuwanderer und negativ bekannt.« Gegen 8.30 Uhr registrierte sie vor dem Gebäude der Reichsbahndirektion einen Personenstau.[51] MfS-Mitarbeiter informierten umgehend die Einsatzleitung der Volkspolizei und baten darum, die Ansammlung aufzulösen. Die Menschenmassen drückten immer heftiger Richtung Bahnhofsvorplatz. Die Situation wurde für die Staatsorgane »immer bedrohlicher«. Die Staatssicherheit verlangte nun von der Volkspolizei, die Bahnhofstraße am Juri-Gagarin-Ring und am Flutgraben vollständig zu sperren. Außerdem sollte sie zwei Reservezüge einsetzen. Stasi-Mitarbeiter sperrten die Straße und stellten drei Tschaika-Limousinen des Personenschutzes quer auf die Fahrbahn, »um ein Durchbrechen zu verhindern«. Erneut forderte sie von der Polizei den Einsatz der Reservekräfte. Dagegen protokollierte die Polizei, dass sie selbständig den Einsatz der Reserven veranlasst habe.[52] Gleichzeitig wurde damit begonnen, »gesellschaftliche Kräfte zur Agitation u. Unterstützung der Absperrmaßnahmen« in die Menschenmassen zu schleusen.[53]

Um 9.02 Uhr meldete die Staatsicherheit: »Bürgersteig zwischen Tunnel und Bahnhofstraße vollgestopft mit Menschen, Absperrung erfolgt mit Reservekräften, damit keine weiteren Personen diese Strecke passieren können.«[54] Es half nichts. Die Situation in der Bahnhofstraße spitzte sich weiter zu. Ein bundesdeutscher Reporter berichtete: »Eingeklemmte Frauen kreischen, die Menge wächst und wächst, die wenigen altersschwachen Sperrgitter gehen an den Verschraubungen auseinander, ein Einbahnstraßen-Schild bricht nieder. Ungelenke Zivilisten in zerbeulten, kniekurzen Tweedmänteln von unbestimmter Farbe nehmen die Sperrlinie – erfolglos – ein Stück zurück. Aber als Vopos einmarschieren (zu wenige und zu spät), empfängt sie johlender, respektloser, furchtloser Protest. Jetzt wimmelt der Schauplatz von westlichen Reportern und Fernsehteams.«[55]

Die Polizei registrierte nun »provozierende Verhaltensweisen« von Journalisten.[56] Reporter würden über Absperrgitter springen, »gezielte Kurzinterviews« führen und dadurch die »getroffenen Sicherheitsmaßnahmen« gefährden. Ein bundesdeutscher Fernsehkritiker tadelte das Verhalten seiner Kollegen in Erfurt: »Die oft gerügte Unart der Passantenbefragung wurde dieses Mal auch noch höchst riskant gebraucht. Da äußerten sich dann plötzlich harmlose Leute auf dem Bahnhofsvorplatz von Erfurt – überwältigt von dem Ereignis und von der Tatsache verwirrt, womöglich ›ins Fernsehen‹ zu kommen, sehr unüberlegt, stotternd, aber doch, legt man es ihnen böswillig aus, staatsgefährdend.«[57] Auch der verantwortliche Abschnittsleiter wurde mit Fragen bedrängt:[58] »Wie handeln Sie, wenn Menschen durchbrechen? Werden Sie Wasserwerfer einsetzen? Werden Sie Schießbefehl geben?« Die Journalisten erhielten keine Antwort.

Um 9.12 Uhr wurde auf Anordnung der Polizei ein leerer Straßenbahnzug aus der Bahnunterführung vor die andrängende Menge gefahren. Die Menschen begannen zu pfeifen und zu johlen. »Aber das Geheul«, so ein westdeutscher Reporter, »das den zaghaft heranrollenden Waggons entgegenschlägt, läßt sie aufgeben. Denn dies Geheul muß auch in ihren, gerade in ihren Ohren nach Steinwürfen klingen und Schlägen und umgestürztem Gerät.«[59] Die drückende Menschenmasse durchbrach in der Bahnhofstraße die erste Absperrung. Angehörige der Staatssicherheit, die für den Bahnhofsvorplatz zuständig waren, spannten nun in aller Eile ein Seil, um die Menschen zurückzuhalten.[60] Der zuständige MfS-Offizier forderte panisch Wasserwerfer an. Doch er bekam sie nicht.[61] Noch um 9.16 Uhr wurde gemeldet: »Fußgänger am Bahnhofsvorplatz gestoppt, Menschen unter Kontrolle.«[62] Doch tatsächlich wurden die Massen unruhiger. Sie hatten bemerkt, dass die Mitglieder der DDR-Delegation zum Bahnhof gegangen waren, um den ankommenden Bundeskanzler zu begrüßen.

»Ich begrüße Sie in der Blumenstadt Erfurt«

Auf dem Bahnsteig 1 warteten Ministerpräsident Willi Stoph, Außenminister Otto Winzer und der Erfurter Oberbürgermeister Heinz Scheinpflug »klassenbewußt bunt konfektioniert«, so ein bundesdeutscher Journalist, auf den Bundeskanzler.[63] »Sie trugen Gesichter zur Schau«, schrieb ein Reporter, »als entledigten sie sich einer Pflicht, von der sie nicht wissen, ob sie ihnen oder dem Gast genehm ist.«[64] Der Sonderzug fuhr um 9.26 Uhr ein. Die Bremsen quietschten. Der Salonwagen Brandts hielt genau vor dem roten Teppich. Die bundesdeutsche Delegation hatte sich kurz vor der Ankunft sortiert: Brandt, Franke, Dorn und Ritzel durften aus dem vorderen Eingang des Waggons aussteigen, die übrigen Beamten der Regierungsdelegation aus dem hinteren – streng nach Besoldungsgruppe geordnet, wie Sahm vermerkte.[65] Doch dann ließ sich die hintere Tür nicht öffnen. Sahm und seine Kollegen konnten durch die Scheiben sehen, wie bereits mitreisende Journalisten aus den anderen Waggons über den Bahnsteig rannten, um den historischen Handschlag mitzuerleben. Erst im Speisewagen fanden sie einen Ausgang, der eigentlich zur Proviantverladung diente. Ohne Stiegen mussten die Beamten auf den Erfurter Bahnsteig springen. Dort fanden sie sich vor einer undurchdringlichen Wand von Journalisten wieder, die Brandt und Stoph »sehr unprotokollarisch« umdrängten.

Brandt hatte bereits den Zug verlassen. Er sei, so beobachtete ein Reporter, etwas rot im Gesicht gewesen, als er die »ersten kleinen Schritte auf ostdeutschem Boden« ging.[66] »Neugier und Spannung wuchsen, als die beiden Männer, der Bundeskanzler der Bundesrepublik Deutschland und der Regierungschef der Deutschen Demokratischen Republik, aufeinander zuschritten. Einen kleinen Moment hielt die Geschichte den Atem an.«[67] Als Brandt den Zug mit ernstem Gesicht verlassen hatte, begrüßte ihn Stoph mit »abgezirkelter Höflichkeit«, wie die »Frankfurter Allgemeine Zeitung« schrieb.[68] Er reichte ihm die Hand mit den Worten: »Guten Tag. Ich begrüße Sie hier auf dem Boden der Deutschen Demokratischen Republik, in der Blumenstadt Erfurt. Ich freue mich, daß Sie meine Einladung angenommen haben zu unserem Treffen. Ich wünsche Ihnen einen recht angenehmen Aufenthalt.« Brandt antwortete: »Ich danke Ihnen sehr für die Begrüßung, auch dafür, daß Sie gutes Wetter besorgt haben.« Stoph kurz: »Daran soll's nicht liegen.« Beide drückten sich lange die Hand. »Die Begrüßung war spröde. Kein Bruderkuß, obwohl sie Brüder sind.«[69] Beate Klarsfeld, die für ein französisches Magazin schrieb, erlebte die Situation anders – für sie trafen sich Brandt und Stoph auf gleicher Augenhöhe, offenbar mit dem Ziel, beide deutschen Seiten zusammenzuführen.[70] Es war der Augenblick der Fotografen und Kameramänner. Ein bundesdeutscher Journalist beobachtete in diesem Moment bei Brandt aufkommende Befangenheit, »die sich ausdrückt in Feierlichkeit, in fast eingefrorener Starre«.[71] Brandt selbst erinnerte sich später, daß ihn Stoph »höflich und ein wenig steif« empfangen habe.[72]

Anschließend stellte Stoph dem Bundeskanzler protokollgerecht seine Begleitung vor. Ein weiteres Zeremoniell gab es nicht. Als Regierungssprecher Ahlers sich DDR-Außenminister Winzer mit den Worten »Ich bin Ahlers« vorstellte, antwortete dieser: »Ja, ja, Sie kenne ich.«[73] Auf dem Bahnsteig wurde es allmählich eng. Fotografen, Kameraleute und Journalisten drückten von hinten gegen die Politiker. Der recht klein gewachsene Winzer ging für einen Moment im Gedränge verloren. Brandt rief: »Halten Sie Ihren Außenminister fest.«[74] Die Begleiter ringsum lächelten. »Immer auf die Kleinen«, klagte Winzer.[75] Dann stiegen beide Delegationen, voran Gastgeber Stoph mit dem Bundeskanzler, die Stufen zur Wartehalle hinab. Auf jeder Stufe stand ein Blumentopf. Stoph, bemerkte ein Beobachter, »geht gravitätisch. Spürt man ein Gran Unsicherheit bei ihm, oder ist er doch von Natur der ruhige Mann, als der er oft dargestellt wird? Er läßt Brandt rechts gehen, wie es sich für den Gast gehört. Viel zu sagen scheinen sie sich noch nicht zu haben.«[76]

Kurz darauf erschienen Brandt und Stoph im Bahnhofsportal. Dicht hinter ihnen folgte Claus Jacobi, Chefredakteur der »Welt am Sonntag«. Er konnte das erste »gestelzte« Gespräch zwischen den beiden Regierungschefs mithören.[77] Es ging um Erfurt. »Ein wichtiger Ort für die Arbeiterbewegung«, so Stoph. Zwei weißbespannte Pressetribünen versperrten den heraustretenden Regierungschefs die Sicht über den Bahnhofsvorplatz. Sie konnten nur hören, wie die wartende Menge in der Bahnhofstraße in die Hände klatschte und aufschrie. Der kurze Gang der Regierungschefs hinüber zum Hotel war für die Menschen hinter den Absperrungen die einzige Möglichkeit, den Kanzler und seine Begleitung zu sehen. Über einen etwa 30 Meter langen roten Teppich, der von den beiden Pressetribünen, zahllosen Blumentöpfen und einem Menschenspalier hinter roten Kordeln flankiert wurde, schritten Brandt und Stoph zum gegenüberliegenden Hotel »Erfurter Hof«. Die Journalisten aus dem Sonderzug folgten dichtauf. Von beiden Seiten drückten Fotografen und Kameraleute gegen die Gruppe. Brandt, erinnerte sich Beate Klarsfeld später, habe sie erkannt »and he allowed a smile to creep over his solemn face«.[78]

Sturm auf den Bahnhofsvorplatz

Für die Menschen hinter den Sperrketten gab es jetzt kein Halten mehr. Spontan begannen sie zu klatschen. Ihr Jubel steigerte sich. »Da kommen die ersten Rufe: ›Willy, Willy‹«, berichtete ein bundesdeutscher Zeitungsreporter.[79] »Stoph lächelte. Doch er hatte das Ypsilon überhört. Es dauerte nur Sekunden, dann skandierte der Ruf über den Platz: ›Will-ly Brandt! Will-ly Brandt!‹«[80] Brandt selbst erinnerte sich später an die ersten Willy-Rufe: »Es hätte dem einen oder dem anderen gelten können. Dann bestätigend: meinen vollen Namen.«[81] »Das Ypsilon ist zwar nicht im Vergleich zum I beim Vornamen Stophs zu erkennen; aber es wird kurz darauf endgültig klar, wer gemeint ist. Rufe ›Willy‹ branden förmlich auf, und dann ist auch schon die Absperrung durchbrochen.«[82] »Wenigstens tausend Menschen stürmen den Platz, als gelte es die letzte Schlacht.«[83] Der »Spiegel«-Journalist Hermann Schreiber beobachtete die beiden Regierungschefs: »Kein Lächeln überläuft Brandt, als ihm aus der Menge schließlich sein voller Name nachgerufen und so jeder Zweifel daran beseitigt wird, welchem Willy dieser Durchbruch gilt. Weder er noch Willi Stoph zu seiner Rechten finden eine Chance, Ordnung in ihre Gefühle zu bringen.«[84] Brandt selbst erinnerte sich wenige Tage später an diesen Augenblick: »Mein erstes Gefühl war: Hoffentlich ergibt sich in dieser Situation nicht ein überflüssiger und schädlicher Konflikt zwischen denen, die dort, wie man so schön sagt, für Ordnung zu sorgen haben, und denen, die in dem Moment nicht an Ordnung dachten, die nur – wenn auch keineswegs in überschäumender Weise – einfach ihrem Gefühl Ausdruck geben wollten.«[85]

Die Staatssicherheit, die alles akribisch vorbereitet hatte, musste protokollieren: »Beim Erscheinen der Delegation verstärkte sich der Druck dermaßen, daß ein Durchbruch bis zum Hotel mit den vorhandenen Kräften nicht verhindert werden konnte.«[86] Eine solche freie Willenskundgebung hatte es in der DDR seit dem 17. Juni 1953 nicht mehr gegeben. Diesmal jedoch lief alles vor westlichen Kameras ab. Sahm, der sich längst abgedrängt etwa 30 bis 40 Meter hinter Brandt befand, beschrieb die Szenerie: »Weit hinten sehe ich, wie eine Absperrung durchbrochen wird und die Menge auf uns zukommt und uns einschließt. Es ist ein unbeschreibliches Getümmel.«[87] »Die Masse wurde ein wogender Haufen«, berichtete Walter Henkels, ein Journalist der »Frankfurter Allgemeinen Zeitung«. »Mann an Mann standen Uniformierte, Kriminalbeamte und Funktionäre vom Ordnungsdienst. Moloch Masse bekam Appetit und war im Nu den Ordnungshütern entglitten. Hundertfünfzig Meter entfernt wurde eine Polizeisperre überrannt und alles drängte zum Hoteleingang. Betroffenheit bei den Westdeutschen, Entsetzen bemächtigte sich der Polizei.«[88] Die Polizei gab auf und beschränkte sich auf die Sicherung der bedrohten Hoteltüren.

Zuerst, so die Polizei später, hätten Einzelpersonen die Absperrung durchbrochen.[89] Danach sei es 300 bis 500 Menschen gelungen, auf den Bahnhofsvorplatz zu gelangen. Bundesdeutsche Journalisten schätzten, dass 2000 Menschen den Platz gestürmt hätten.[90] »The crowd burst through two barriers«, hieß es in der »New York Times«, »knocking down large glass pedestrian-crossing sign and three metal traffic signals.«[91]

Für die Polizei kam es um 9.32 Uhr »zu den bekannten provokatorischen Handlungen«.[92] Die Menge stürmte Richtung Hoteleingang. Brandt und Stoph beschleunigten ihre Schritte.[93] Schweißperlen erschienen auf ihren Stirnen und Oberlippen. Die ersten Erfurter erreichten, so ein bundesdeutscher Beobachter, »stolpernd und im Gemenge mit verzweifelten Vopos, den ›Erfurter Hof‹ fast gleichzeitig mit den beiden deutschen Regierungschefs und deren schon ziemlich verwirbelter Begleitung.«[94] DDR-Außenminister Otto Winzer und Brandts Regierungssprecher Conrad Ahlers hatten Mühe, überhaupt in das Hotel zu gelangen. Eine Sekretärin des Bundeskanzlers verlor sämtliche Knöpfe ihres Mantels.[95]

Ulrich Sahm schaffte es nicht mehr. Er sah sich plötzlich vor verschlossenen Türen und schaute sich um: »Rechts und links stehen auf kleinen Podesten je ein Soldat mit quer gehaltener Maschinenpistole und merkwürdigen Stahlhelmen, unbeweglich und sehr martialisch aussehend. Langsam kämpfe ich mich im Gedränge voran, hier und dort sehe ich in der gleichen Lage Kollegen oder Journalisten. Schließlich erreiche ich den Haupteingang und werde dank des schon im Zug verteilten Ausweises hereingelassen.«[96] In der Hotelhalle traf er seine DDR-Kollegen, die »sehr blaß« ausgesehen hätten: »Das Geschehen auf dem Vorplatz war sichtlich ein Schock für sie gewesen.« DDR-Delegationsmitglied Karl Seidel bestätigte später diese Beobachtung: »Das alles machte auf mich einen schlimmen, geradezu deprimierenden Eindruck.«[97]

Auch DDR-Emissär Hermann von Berg stand vor verschlossenen Hoteltüren.[98] Eigentlich wollte er nach seiner Ankunft in Erfurt Stoph kurz über die Gespräche im Sonderzug informieren. Das war nun unmöglich. Sein Sonderausweis, erinnerte sich von Berg später, sei von den überforderten Sicherheitskräften nicht akzeptiert worden. Er sei schließlich an der Rückseite des Hotels über eine Mauer gestiegen und über den Hof in die Hotelküche gelangt. »Stehenbleiben, Hände hoch!« Plötzlich habe ihm ein Bewacher eine Pistole in die Rippen gedrückt, und er sei langwierig überprüft worden.

Der Journalist Claus Jacobi hatte es trotz des Gedränges geschafft, in der unmittelbaren Nähe von Brandt und Stoph zu bleiben und schließlich mit den beiden ins Hotel zu gelangen: »Die beiden scheinen sich jetzt erst bewußt zu werden, daß beide den gleichen Vornamen tragen. Für den Bruchteil einer Sekunde lösen sich ihre verkrampften Mienen, beide strecken sich noch einmal die Rechte entgegen. Kein Fotograf hat diesen so kurzen Augenblick eines nicht vorgesehenen Händedrucks festgehalten. Und doch ist in dieser gefährlichen Situation das Eis zwischen beiden geschmolzen.«[99]

Doch damit war die Gefahr auf dem Platz nicht gebannt. Vor dem Hotel kam es zu tumultartigen Szenen. Die Polizei war nicht mehr Herr der Lage. »Man stürmt auf den Hoteleingang zu«, so Dettmar Cramer von der »Frankfurter Allgemeinen Zeitung«, »wo es zu gefährlichem Gedränge kommt. Jetzt ruft die Menge direkt Brandt. Auch: ›ha-ho-he, der Brandt der ist okay‹ oder: ›Willy Brandt ans Fenster‹.

Die Begeisterung ist nicht mehr zu bremsen.«[100] Die Hoteltüren drohten zu zerbrechen.[101] Die Menschen kletterten auf die Pressetribünen, um den Gast besser sehen zu können. Ein Reporter versuchte, das Chaos vor dem Hoteleingang zu beschreiben: »Was folgt, sind ein paar Minuten, in denen sich Trotz, Panik, Triumph, rohe Gewalt und schlichte Überrumpelung bis zur Entscheidungslosigkeit in einem buchstäblich lebensgefährlichen Gedränge vermischen. Und vielleicht verhindert nur die allgemeine Verblüffung darüber, daß dergleichen überhaupt geschehen kann, eine Explosion.«[102] Vor allem Frauen verlangten, den Kanzler zu sehen, beobachtete ein Kollege: »Frauen gestikulierten, riefen, schrien, weinten. Eine etwa fünfundzwanzigjährige riß in der dicksten Masse an unserem Mantel, der Hysterie nahe: ›Ich will Willy Brandt sehen!‹ Die Tränen liefen ihr herunter. Gerangel mit den Polizisten, die offensichtlich so etwas noch nicht erlebt hatten. Ein Zivilist schlug die Frau mit der flachen Hand ins Gesicht: ›Halt das Maul, alte Ziege!‹, wörtlich. Eine andere weinende Frau gleich neben uns: ›Ich will endlich zu meinem Enkel nach Recklinghausen.‹«[103] Nur die beiden Ehrenposten in weißem Koppelzeug und weißen Handschuhen, die vor dem Hoteleingang auf einem Podest standen, blieben unbeweglich und blickten starr gerade aus.

Die Staatssicherheit registrierte »offene Sympathiekundgebungen für W. Brandt«.[104] Die heimlichen Beobachter von der Staatssicherheit hatten in diesem Moment alle Hände voll zu tun. In den fünf Beobachtungs- und Fotostützpunkten rund um den Bahnhofsvorplatz und der Bahnhofstraße klickten unablässig die Fotoapparate.[105] Es gelang, »auswertbares Material zur Dokumentation der Vorkommnisse« zu fotografieren. Doch das reichte offenbar nicht. Um 9.45 Uhr gab es die Order: »Alle verfügbaren Fotografen sofort zum Bf.Vorplatz um die Krakeeler festzustellen + zu dokumentieren.«[106] Sechs zusätzliche Fotografen waren nun im Einsatz. Das MfS wertete später auch Fernsehbilder aus dem Westen über die Erfurter Ereignisse aus, um missliebige Menschen zu identifizieren. Die zahllosen Fotoabzüge und Negative umfassten später 17 Aktenbände.[107]

Die Rufe nach Willy Brandt kamen nicht überraschend. Bereits Tage vor dem Treffen hatten einige westliche Journalisten immer wieder über geplante Sympathiekundgebungen für den Kanzler spekuliert. Als noch Ost-Berlin als Treffpunkt im Gespräch war, wurde beispielsweise von Jugendlichen berichtet, die mit einem gemalten »Y« auf einem Plakat zeigen wollten, welchem Willy ihre Sympathie galt.[108]

Dass der Bundeskanzler beim Vornamen genannt wurde, war nicht ungewöhnlich. Diese Beobachtungen hatten westliche Journalisten bereits vor dem Treffen in der DDR gemacht.[109] Die »Vertraulichkeit« wurde als ein Zeichen der Popularität Brandts interpretiert. Sie speise sich aus der Zeit des Mauerbaus, als er als West-Berliner Regierender Bürgermeister den Menschen näher gewesen sei, als die Politiker am Rhein, so eine Journalistin. Auch die neue Ostpolitik habe den Kanzler populär gemacht. Die Menschen in der DDR glaubten, »daß er bereit ist, einen Weg aus der Sackgasse deutscher Beziehungen zu suchen«.

Und selbst die Staatssicherheit war nicht überrascht. Zumindest behauptete das Spionagechef Markus Wolf rückblickend: Es habe vorab Befürchtungen gegeben, »das Ereignis könne außer Kontrolle geraten«.[110]

Ahlers holt Brandt ans Fenster

Bundespressemann Kurt Plück rannte in das Erkerzimmer im zweiten Stock, um von dort das Geschehen vor dem Hotel zu beobachten.[111] »Es sah aus, wie wenn die Sturmflut die Deiche eines Polders überflutet hätte und die Wogen sich gar nicht beruhigen könnten.« Plück öffnete das linke Fenster. »Die Leute schauten hinauf und winkten.« Plück ging zurück in das Zimmer. Dann schaute Kollege Heribert Schnippenkötter aus dem Fenster. Wieder winkten die Menschen auf dem Vorplatz, und Schnippenkötter winkte zurück. Die Unruhe, so erinnerte sich Plück später, sei gewachsen. Regierungssprecher Ahlers kam in das Zimmer. Auch er ging ans Fenster. »Es brauste auf, sie kannten ihn vom Fernsehen«, so Plück. Der Regierungssprecher winkte lächelnd den Menschen zu. Mit einer Mischung aus Beifall und Enttäuschung reagierten die Menschen.[112] Sie wollten nicht den »huldvoll winkenden ›Conny‹«, sondern Willy Brandt sehen.[113] Ihr Ruf nach dem Kanzler hallte über den Platz. Immer lauter. »Willy Brandt, Willy Brandt!« Und dann forderten die Menschen konkret: »Willy Brandt ans Fenster! Willy Brandt ans Fenster!«

Ahlers stürzte zum Zimmer 249, dem Zimmer des Kanzlers. Schon vom Gang konnten Brandt und Jacobi seine Stimme hören. Er rief: »Herr Bundeskanzler, Sie müssen mal kommen.« Brandt, beschrieb Jacobi, sei ganz verstört gewesen und habe gefragt, was los sei.[114] »Sie müssen ans Fenster. Die Leute sind ganz außer sich. Ich habe mich eben gezeigt und bin bejubelt worden wie noch nie.« Brandt zögerte, als Ahlers ihn »eher fröhlich« aufforderte.[115] Von den anhaltenden Rufen auf dem Bahnhofsvorplatz hatte der Kanzler in seinem Zimmer nichts gehört. Und seine Gastgeber wollte er nicht verletzen, um die Atmosphäre der anstehenden Gespräche nicht zu belasten. Ahlers ließ nicht locker. Er eilte voraus zu dem Erkerfenster und rief: »Nur für eine Minute. Das müssen Sie tun.«[116] Nach einer kurzen Überlegung entschied sich Brandt: »Aber nur einen Augenblick.« Er konnte die Erfurter nicht enttäuschen. In der Zwischenzeit hatte Plück den Schreibtisch vor dem mittleren Fenster weggeschoben und es geöffnet.[117] Dann ging Brandt »mit einem zagen Lächeln« an das Erkerfenster.[118] Ihm war die Brisanz dieses Moments bewusst. Brandt berichtete später: »Noch auf dem Weg habe ich gesagt – aber so, daß es nicht nur Conny Ahlers hörte, sondern auch der Hauptmann in Zivil, der mir dort zugeteilt war – ›Mein Gott, wir wollen hier doch keine Geschichten haben‹, also nichts, was zu unnötigen Belastungen führt.«[119] Dann blickte der Kanzler »auf die erregten und hoffenden Menschen«.[120] Aus dem Nachbarfenster schaute Claus Jacobi. Er hörte in diesem Moment einen »Aufschrei der Freude«.

Genau um 9.45 Uhr zeigte sich der Kanzler am Hotelfenster: »Tosender Jubel brandet zu ihm hinauf. Es fällt dem Bundeskanzler offensichtlich schwer, seine eigene Erregung unter Kontrolle zu halten«, schrieb Hans Ulrich Kempski von der »Süddeutschen Zeitung«.[121] Jacobi konnte den Kanzler aus nächster Nähe beobachten: »Dann steht er wie versteinert, traurig und erschüttert, und schaut eine knappe Minute auf die jubelnden Menschen zu seinen Füßen.«[122] »Zaghaft lächelnd, nickt er grüßend mit dem Kopf, um Sekunden später mit einer fast beschwörenden Gebärde seiner ausgebreiteten, nach unten gesenkten Hände den Jubel zu dämpfen. Alle, die eben noch in Raserei zu sein schienen, verstehen ihn auf der Stelle, wie auf Befehl herrscht Schweigen.«[123] Ähnlich wie 1961, als er als Regierender Bürgermeister die West-Berliner besänftigte, versuchte er nun, die

Erfurter zu beruhigen. Brandt erinnerte sich später an diesen Moment: »Die Menge wurde stumm. Ich wandte mich schweren Herzens ab. Mancher meiner Mitarbeiter hatte Tränen in den Augen.«[124] Vielleicht wollte Brandt nicht zugeben, dass er selbst Tränen in den Augen gehabt hatte. Bundespressemann Plück bekannte später: »Ich verlor ein wenig die Fassung und mir kamen Tränen.«[125] Selbst Brandt verriet immerhin nach fast zwei Jahrzehnten: »Ich war bewegt und ahnte, daß es ein Volk mit mir war. Wie stark mußte das Gefühl der Zusammengehörigkeit sein, das sich auf diese Weise entlud! Aber es drängte sich auch die Frage auf, ob hier nicht Hoffnungen aufbrachen, die nicht – so rasch nicht – zu erfüllen waren.«[126]

Nicht nur die jubelnden Erfurter, auch die bundesdeutschen Journalisten verstanden Brandts mahnende Geste. Einer kommentierte: »Hier war in der Tat Ruhe erste Bürgerpflicht, wenn nicht eine unhaltbare Situation für das Gespräch entstehen sollte.«[127] Rudolf Augstein lobte im »Spiegel« Brandts beruhigende Geste: »Was Willy Brandt der SED in Erfurt wider Willen zugemutet hat, war das Äußerste, was ein westdeutscher Staatsmann ihr zumuten konnte. Die beschwörend-abwiegelnde Geste am Fenster hat sichtbar gemacht, daß hier auf dünnstem Eise das Schlittschuhlaufen geprobt wird. Das skandinavisch temperierte Naturell dieses Lübeckers, früher oft ein Ärgernis, ist derzeit in Gold nicht aufzuwiegen. Es gibt einen Weg, den Landsleuten eine Hand zu reichen, ja auch nur zuzuwinken, oder es gibt keinen.«[128] Auch der »Stern« lobte Brandt: Als es kritisch geworden sei, »blieb der Kanzler Herr der Lage«.[129] Brandt habe »schnell und souverän« reagiert und so die Situation gerettet.

Hans Peter Sommer vom »Hamburger Abendblatt« schrieb: »Wer Willy Brandt sah, erkannte, daß er tief bewegt war von dem Beifall, der ihm ganz persönlich, aber auch dem Repräsentanten der Bundesrepublik galt.«[130] Für seinen Kollegen vom »Spiegel« wirkte Brandt in diesem Augenblick nicht wie ein Mann, der seinen Erfolg genießt, »eher wie einer, der den Szenenwechsel schon kennt, den es dort unten gleich geben wird«.[131]

21. Oktober 1969: Machtwechsel in Bonn. Willy Brandt wird als neuer Bundeskanzler vereidigt. Gemeinsam mit der FDP übernimmt die SPD erstmals die
Regierungsgeschäfte. Brandt kann nun eine neue Ostpolitik einleiten, wozu
auch die Verbesserung der deutsch-deutschen Beziehungen gehört.

Dietrich Spangenberg vom Bundespräsidialamt passiert am 20. Dezember 1969 den Berliner Grenzübergang Heinrich-Heine-Straße, um dem DDR-Staatsratsvorsitzenden Walter Ulbricht ein Schreiben von Bundespräsident Gustav Heinemann zu übergeben (oben). Erste Sondierungen für ein Gipfeltreffen in Ost-Berlin: Die Bonner Unterhändler Ulrich Sahm (r.) und Jürgen Weichert (l.) am 2. März 1970 vor dem Haus des Ministerrates (unten).

Erfurt wird auf das Gipfeltreffen vorbereitet, das am 19. März 1970 stattfinden soll. Es bleiben nur sieben Tage, nachdem die Entscheidung für die
thüringische Bezirksstadt im letzten Moment gefallen ist. Willy Brandt will
mit dem Zug anreisen. Unter großem Zeitdruck wird das Erfurter Bahnhofsgebäude hergerichtet (oben) und selbst das Gleisbett im Bahnhof mit Hilfe des
Einsatzes von Soldaten der Nationalen Volksarmee erneuert (unten).

III

Am Rande der Stadt lässt die DDR-Führung auf dem Gelände der Internationalen Gartenbauausstellung mit großem Aufwand ein Pressezentrum einrichten (oben). Die DDR will sich auf »Weltniveau« präsentieren. Am Abend des 18. März, dem Vorabend des Treffens, geben die DDR-Behörden für die angereisten Journalisten einen bescheiden als Umtrunk bezeichneten großen Empfang im Interhotel »Elephant« in Weimar (unten).

Am Morgen des 19. März 1970 passiert der Regierungssonderzug bei Obersuhl die innerdeutsche Grenze (oben). Die hölzernen Beobachtungstürme der DDR-Grenztruppen scheinen unbesetzt. Obwohl ihn die Fahrt nach Erfurt sehr bewegt – Mitreisende erinnern sich an Tränen in den Augen des Bundeskanzlers –, muss sich Willy Brandt auf die bevorstehenden Gespräche vorbereiten und studiert noch einmal im Zug seine Grundsatzerklärung (unten).

Von der Grenze bis Erfurt sind es rund 90 Kilometer. Überall stehen DDR-Bürger an den Gleisen und winken dem vorbeifahrenden Bundeskanzler zu, auch noch kurz vor der Ankunft des Sonderzuges in Erfurt (oben). Die DDR hat freie Berichterstattung zugesichert. Westliche Reporter filmen ungehindert die wartenden Erfurter und interviewen sie. Im Gedränge stehen Uniformierte und Sicherheitskräfte in Zivil (unten).

Kurz vor der Ankunft des Kanzlerzuges spitzt sich am Erfurter Hauptbahnhof die Lage zu. Tausende Menschen sind gekommen, um Brandt zu sehen. Die Polizei lässt kurzfristig eine unbesetzte Straßenbahn vor die Menge fahren (oben). Die Menschen lassen sich kaum zurückhalten. Die erste Absperrung bricht (unten). In wenigen Minuten soll Brandt Erfurt erreichen. Die MfS-Leitung fordert panisch einen Wasserwerfer an.

9.26 Uhr. Brandt erreicht Erfurt und wird von DDR-Ministerpräsident Willi Stoph empfangen (oben). Zum ersten Mal treffen sich zwei deutsche Regierungschefs zu offiziellen Gesprächen. Nur wenige Schritte sind es über den Bahnhofsvorplatz zum Tagungshotel »Erfurter Hof«. Die beiden Delegationen werden von Journalisten umringt (unten). Der Blick zu den Menschen hinter den Absperrungen ist durch Pressetribünen versperrt.

Brandt und Stoph auf halbem Weg zum »Erfurter Hof«. Die Menschen in der Bahnhofstraße im Hintergrund haben kaum eine Chance, den Kanzler zu sehen (oben). Angehörige der Volkspolizei und Mitarbeiter des Ministeriums für Staatssicherheit haben Sperrketten gebildet. Nur mit größter Anstrengung gelingt es diesen DDR-Sicherheitskräften, die Menschenmenge zurückzuhalten (unten).

Durchbruch! Die Lage eskaliert. Nachdem Willy Brandt und Willi Stoph das Tagungshotel erreicht haben, stürmen Tausende auf den Bahnhofsvorplatz (oben). Der bundesdeutsche Chefunterhändler Ulrich Sahm (in der Bildmitte mit Brille) erreicht zu spät das Tagungshotel und ist von den Menschenmassen umringt (unten). Nur mit Mühe gelingt es ihm, noch in den »Erfurter Hof« zu gelangen.

Der bundesdeutsche Regierungssprecher Conrad Ahlers winkt vom Fenster des Hotels der Menschenmenge auf dem Bahnhofsvorplatz zu (oben links). Der Jubel schwillt an. Die Menschen wollen endlich den Bundeskanzler sehen und skandieren bald: »Willy Brandt ans Fenster!« (oben rechts). Als dieser schließlich erscheint, beschwichtigt er mit stillen Gesten die begeisterte Menge (unten); am linken Fenster der Journalist Claus Jacobi, am rechten Ahlers.

Im Konferenzsaal des »Erfurter Hofes« sitzen sich die Delegationen unter dem wachsamen Blick von DDR-Staatschef Walter Ulbricht gegenüber (oben). In steifer Atmosphäre verlesen Stoph und Brandt ihre vorbereiteten Erklärungen. Erst später lockert sich die Stimmung bei Gesprächen in kleiner Runde (unten). V. l. n. r.: DDR-Außenminister Otto Winzer, Willi Stoph, Willy Brandt und der bundesdeutsche Minister für innerdeutsche Beziehungen Egon Franke.

Während drinnen im Tagungshotel bereits die Delegationen verhandeln, gewinnen draußen die Sicherheitskräfte langsam wieder die Oberhand. Es gelingt ihnen, die Menschen vom Bahnhofsvorplatz zurückzudrängen (oben). Die Lage in der Bahnhofstraße hat sich ebenfalls beruhigt, auch wenn die entstandenen Schäden nicht zu übersehen sind (unten). Die Aufräumarbeiten können beginnen.

In einer Verhandlungspause fährt Willy Brandt in Begleitung von DDR-
Außenminister Otto Winzer in die KZ-Gedenkstätte Buchenwald, wo der Auto-
konvoi am Nachmittag eintrifft (oben). Der Bundeskanzler wird vom Zeremoniell überrascht, das die DDR-Führung vorbereitet hat. Soldaten tragen
den Kranz, den Brandt niederlegen will (unten), und ein Orchester der Nationalen Volksarmee spielt die beiden deutschen Hymnen.

Nach dem Desaster am Morgen sind eiligst Schüler der Bezirksparteischule und zuverlässige Arbeiter aus nahegelegenen Betrieben mit Transparenten herbeigeschafft worden (oben). Vor dem Tagungshotel erklingen bis zum Abend bestellte Parolen wie »Forderung in Stadt und Land – die DDR wird anerkannt!« (unten). Die DDR sieht darin eine »Demonstration des Vertrauens für Partei und Regierung«. Auf westdeutsche Beobachter wirkt das peinlich.

Die Gespräche zwischen Brandt und Stoph dauern länger als erwartet. Erst nach 22 Uhr geleitet der DDR-Ministerpräsident seinen Gast hinüber zum Bahnhof, während die Sprechchöre der bestellten Rufer durch die Nacht hallen (oben). Auf der Rückfahrt wirkt Willy Brandt aufgewühlt. Obwohl das Treffen keine konkreten Ergebnisse gebracht hat, äußerst er sich optimistisch gegenüber den mitgereisten Journalisten (unten).

Überraschung in Ost und West

Mit der Demonstration hatte in Ost und West niemand gerechnet. Wie war sie also zu erklären? Auf DDR-Seite wurde inoffiziell von Organisationsfehlern gesprochen: Laut einem DDR-Funktionär war den Genossen gesagt worden, sie sollten zu Hause bleiben, damit alles ohne Gedränge und ruhig ablaufen kann, und nun waren die Falschen gekommen – »die Omas und die Halbstarken«, wie ein Ost-Journalist abschätzig meinte.[132]

Das offizielle Bonn hielt sich mit einer Bewertung sehr zurück. Der stellvertretende Leiter des Bundespresseamtes, Rüdiger von Wechmar, sagte, die Bundesregierung nehme die Begrüßung durch die Erfurter genauso wie der Bundeskanzler.[133] Dieser habe weder das Wort ergriffen noch Gesten gemacht. Dies sei eine »Bewertung in sich selbst«. Nach Ansicht des Bundesministers für innerdeutsche Beziehungen, Egon Franke, sei der Jubel keinesfalls »eine Demonstration gegen die DDR-Regierung« gewesen, sondern Ausdruck einer allgemeinen Zustimmung zu dem gesamtdeutschen Treffen.[134]

Auch wenn die Bundesregierung sich mit Bewertungen zurückhielt, versuchte sie zumindest inoffiziell, die Berichterstattung auf den Jubel für Brandt zu konzentrieren. Nach Informationen der »New York Times« telefonierte ein hoher Beamter des Kanzleramtes mit den Redaktionen der wichtigsten bundesdeutschen Zeitungen und bat diese, etwas über die unglaubliche Welle der Begeisterung für den Kanzler in der DDR ins Blatt zu nehmen.[135] Tatsächlich berichtete die bundesdeutsche Presse ausführlich über den überraschenden Jubel. Allerdings waren sich die Kommentatoren unschlüssig, ob es sich bei den Rufen lediglich um Bekundungen der Sympathie für Brandt gehandelt hatte oder um Anzeichen der Opposition gegen die SED-Führung oder gar um Rufe nach einer Wiedervereinigung: Für den »Stern« war klar: »Es war die spontane Sympathie für Willy Brandt, den Mann, den man aus dem Westfernsehen kannte, dem selbst die DDR-Regierung zurückhaltendes Wohlwollen entgegengebracht hatte, den Mann, den man schätzt.«[136] Das Regime sei nicht gemeint gewesen. Andere Beobachter gingen weiter: »Einen Moment lang konnte es so scheinen, als ob sich hier eine größere politische Demonstration entwickeln würde«, notierte die »Frankfurter Allgemeine Zeitung«.[137] Und weiter: »Es konnte tatsächlich auch kein Zweifel bestehen, daß sich hier eine gewisse Opposition gegen die Führung der DDR artikulierte; doch im Gespräch mit den auf dem Vorplatz stehenden Menschen wurde deutlich, wie uneinheitlich die Meinungen waren.« An anderer Stelle hieß es: »Die Gefühle waren aus ihrem Versteck gelockt worden. Es war beeindruckend, daß nach einem Vierteljahrhundert Getrenntsein die Menschen in Ost und West sich noch als zueinander gehörig fühlten.«[138] Für das »Hamburger Abendblatt« hatte sich mit einem Schlag der Charakter der Stadt geändert: »Erfurt war nicht mehr die propagandistisch herausgeputzte Gartenstadt. Erfurt war schlicht eine deutsche Stadt, die einen lange erwarteten Besucher begrüßte.«[139] Für die »Welt« war der Jubel zumindest ein »Ausbruch des Willens nach Freiheit, nach mehr Freizügigkeit, nach offener Diskussion und freier Wahl«.[140] Die Zeitung gab zu bedenken: »Der Selbstbestimmungswille im Souterrain ist eine Sache, das Gespräch in der Beletage eine andere.«[141] Der »Spiegel« beschwichtigte: »Die Sympathie-Rufe für Willy Brandt in Erfurt signalisierten nicht Umsturz – eher Verdrossenheit mit einem Staat, dessen Propaganda Feindseligkeit gegenüber einem Land predigt, in dem der Wille zum geregelten Nebeneinander heute die Politik bestimmt.«[142] Und in der »Zeit« hieß es: »Nein, das waren keine ›bestellten Provokateure und Ewiggestrigen‹, wie die Ostberliner Fernsehkommentare ihrem Publikum weiszumachen suchten. Aber darum müssen jene noch nicht recht haben, die den spontanen Begeisterungstaumel einer Volksabstimmung gleichsetzen und die statt ›Willy Brandt‹ immer nur ›freie Wahlen‹ verstanden haben.«[143] Für die »New York Times« dagegen demonstrierte der Jubelschrei der Erfurter den Willen zur Einheit: »It was an elemental sound from deep down in the guts – a shout to and for Germans in every part of the land that seemed to say ›We are one people.‹«[144]

Auch die DDR-Führung reagierte auf die Sprechchöre für Brandt überrascht. Sie passten nicht zu der seit Wochen zur Schau getragenen »souveränen DDR«. So wertete sie den Jubel deshalb auch nicht als freudige Zustimmung für den beginnenden deutsch-deutschen Dialog, sondern als »feindliche Provokation«. Außenminister Winzer notierte in seinem Tagebuch: »Einige Hundert Jugendliche durchbrechen die Sperrungen und demonstrieren vor dem Hotel – keine Gegenkräfte außer schwachen Polizeikräften anwesend – falsche Einschätzung der

Lage durch Bräutigam [den 1. Sekretär der SED-Bezirksleitung] – Arbeitstag, der normal verlaufen wird – daraus Schlüsse ziehen für den weiteren Verlauf auch für Veröffentlichung Brandt-Rede, die sicher solchen Strömungen noch Auftrieb geben.«[145]

Um 10.30 Uhr schickte die SED-Bezirksleitung ein Fernschreiben an das Zentralkomitee nach Berlin.[146] Darin hieß es, dass die Fahrt und die Begrüßung des Kanzlers »planmäßig« verlaufen seien. Aber auch: »Die Zuschauer vor dem Bahnhofsvorplatz durchbrachen die Absperrungen bis zum Eingang ›Erfurter Hof‹. Es gab Beifallskundgebungen, Hurrarufe und Pfuirufe und z. T. auch Sprechchöre wie z. B. ›Willi [sic!] Brandt ans Fenster‹. Brandt zeigte sich am Hotelfenster und erhielt Beifall und Pfuirufe. Ursache des Durchbruches war, daß die Absperrung der Kette durch die Sicherheitsorgane nicht stabil genug war.«

Nach den Ereignissen vor dem Hotel kam noch am Nachmittag des 19. März das ZK-Sekretariat unter Leitung von Albert Norden zu einer 90-minütigen Sondersitzung zusammen.[147] Ulbricht und Honecker fehlten. Norden berichtete über die Erfurter Ereignisse. Dann wurden die Abteilungen »Parteiorgane« und »Sicherheitsfragen« beauftragt zu untersuchen, »wie es zu den Demonstrationen für Brandt bei seinem Eintreffen in Erfurt kommen konnte und welche Schlußfolgerungen daraus zu ziehen sind«.

Als Brandt sich am Hotelfenster gezeigt hatte, brach bei der Erfurter Staatssicherheit Hektik aus. Um 9.50 Uhr lautete die Order: »Alle Genossen im Hause sofort ins Konferenzzimmer.«[148] Eine Stunde später erging die Weisung, dass das gesamte Filmmaterial vom Bahnhofsvorplatz sofort beschafft und entwickelt werden solle. 19 Kleinbildfilme und 17 Rollfilme wurden zum Entwickeln gegeben.

Nach der stummen Geste Brandts hatten die Ordner keine Mühe mehr, den Platz zu räumen. Die gefährliche Spannung hatte sich gelegt. In der zurückgedrängten Menge bildeten sich Diskussionsgruppen. Bundesdeutsche Journalisten notierten Aussagen von DDR-Bürgern: »›Wir fordern freie und geheime Wahlen‹, erklärte ein Student aus Erfurt ungescheut. Ein anderer meinte: ›Was wir vor allem wünschen, ist frei zu reisen und unsere Meinung zu sagen und alles lesen zu dürfen, was wir wollen.‹ Auch an anderen Stellen des Erfurter Stadtzentrums ließ die Bevölkerung ihre Sympathie für die westdeutsche Delegation erkennen, wo immer westliche Korrespondenten auftauchten. ›Brandt soll ein Vertreter des Monopolkapitals sein? Wir sollen wohl lachen!‹«[149] Diskussionen kreisen um verschiedene Fragen: »Warum man Brandt denn nicht begrüßen solle? Warum man immer noch nicht frei in den Westen reisen dürfe? Warum es denn falsch sein solle zu sagen, wir Deutschen gehörten letztendlich doch zueinander?«[150] Immerhin registrierte die Staatssicherheit nun: »Angestaute Massen am Vorplatz verlaufen sich wieder. Ca. 30 % verläuft sich von selbst.«[151]

Trotz des Trubels konnten die Sicherheitskräfte der Situation noch etwas Positives abgewinnen: »Gott sei Dank ist uns das nicht in Berlin passiert«, sagte ein Sicherheitsfunktionär spontan zu einem »Stern«-Reporter.[152] Die Sicherheitskräfte versuchten nun alles, um wieder geordnete Verhältnisse vor dem Tagungshotel herzustellen.[153] Dabei mussten sie vorsichtig vorgehen, da sie unter den Augen der Weltpresse agierten. Zivile Mitarbeiter der Staatssicherheit, des Personenschutzes und der Bezirksparteischule waren im Einsatz. Den westlichen Journalisten entging nichts: »Als ein Beamter in Zivil einen jungen Mann jedoch mit einem Fußtritt in die Menge zurückbeförderte, gibt es wütende Rufe. Die Situation wird brenzlig. Immer wieder empörte Zwischenrufe, die wir besser nicht wiedergeben. Versuche von Kameraleuten, die Menschen zu fotografieren, wird durch Vorhalten von Händen und Tüchern verhindert.«[154]

Erst nach »ca. 15 Minuten Räumungsarbeit«, so die Staatssicherheit, seien Volkspolizisten erschienen, um »endgültig alle Versammelten zurückzudrängen«.[155] Die erste Bilanz: Zehn Personen wurden von den Sicherheitskräften festgenommen. Bei weiteren zehn Personen wurden die Personalien ermittelt oder Filmmaterial eingezogen. Ein westlicher Journalist beobachtete, wie ein junger Mann mit langen Haaren ohne ersichtlichen Grund brutal zusammengeschlagen und abtransportiert wurde.[156]

Um 10.30 Uhr meldete die Staatssicherheit, dass die Menschenmassen Richtung Reichsbahndirektion abgedrängt worden seien.[157] Schwierigkeiten gebe es allerdings noch mit den Menschen zwischen den Tribünen. In diesen Minuten habe sich aber die Lage auf dem Bahnhofsvorplatz »stabilisiert«.[158] Anschließend sei der Platz »organisiert« geräumt worden. Das sei gegen 11 Uhr »ohne Vorkommnisse« abgeschlossen worden.

Politbüromitglied Albert Norden wies den 1. Sekretär der SED-Bezirksleitung, Alois Bräutigam, an, mit allen Verantwortlichen sofort einen zentralen Kommandostab zu bilden.[159] Innerhalb einer Stunde gelang es, die Lage vor dem Hotel zu verändern. Die Atmosphäre, so ein interner SED-Bericht, bestimmten nun »klassenbewußte Arbeiter, Genossen der Kampfgruppe in Zivil und Jugendliche«. Unkontrollierte Sympathiekundgebungen für den Gast aus Bonn wurden nicht mehr zugelassen.

Die Staatssicherheit stockte ihre Mitarbeiter im Umkreis des Hotels massiv auf.[160] Aus Suhl wurden 150, aus Gera 450 und vom Wach-regiment 120 zusätzliche Mitarbeiter angefordert. Sie sollten nicht nur das Gebiet rund um das Hotel, sondern auch die Fahrtstrecke nach Buchenwald sichern und später – nach Brandts Abreise – die Journa-listen in Weimar und Eisenach im Auge behalten. Ingesamt wurden in diesen Stunden 107 Personen verhaftet.[161] Gleichzeitig begannen die Ermittlungen. Die Kriminalpolizei und die Schutzpolizei wurden an-gewiesen, »alle Mitarbeiter herauszusuchen«, die fotografieren und entwickeln könnten.[162]

An den Sperrgürteln rund um Erfurt meldete die Staatssicherheit »heftige Diskussionen«.[163] Einige Äußerungen wurden notiert: »So etwas nennt sich Demokratie«, »Es ist ja noch schlimmer als im Wes-ten«, »So etwas nennt sich VP – ›Dein Freund und Helfer‹« und »Das ist unsere Freiheit«. Gegen 16 Uhr wurden am Hermsdorfer Kreuz zwei Theologiestudenten aus Leipzig festgesetzt. Die beiden Männer wollten, so sagten sie der Polizei, nach Eisenach auf die Wartburg. Die Polizisten glaubten ihnen nicht.

Organisierte Sprechchöre

Bereits um 12.30 Uhr, so beobachteten es bundesdeutsche Journalis-ten, schlug die Stimmung auf dem Platz um: Gegendemonstranten wurden herangeschafft. Im Polizeibericht war von der »Einführung gesellschaftlicher Kräfte« über den Hof der Reichsbahndirektion die Rede.[164] Die neuen Demonstranten wurden genau kontrolliert, »da fremde Personen versuchten, mit einzudringen«. Trotz Planrückstän-den in den Erfurter Großbetrieben, so meldete der »Spiegel« süffisant, seien im Rotationsverfahren SED-Kollegen »für produktionsfremde Zwecke« freigestellt worden, um »das Prestige der Partei« zu renovieren.[165] Alle zwei Stunden sei ein neues »mageres Demonstranten-Kontingent für jeweils zwei Stunden« angetreten. Vorrufer und Vorreimer, die das »Neue Deutschland« als »ideenreiche Texter« charakterisierte, gaben immer neue Parolen aus:[166] Statt spontaner Hochrufe gab es nun organisierte Sprechchöre: »Herr Brandt, wir geben Ihnen bekannt, hier ist das wahre deutsche Land«, »Forderung in Stadt und Land, die DDR wird anerkannt« und »Anerkennung, das ist wahr, fordern wir seit zwanzig Jahr«, riefen die bestellten Sprechchöre aus FDJlern in Blauhemden und verlässlichen Parteimitgliedern.[167] Eine Mädchenklasse »piepste« die Verse von kleinen Zetteln ab.[168] Und auch Regierungssprecher Ahlers wurde in gereimten Zweizeilern geschmäht: »Herr Ahlers, unsere Forderung, wir warten auf Entschuldigung!« und »Die DDR ist zivilisiert, was man bei Ahlers gar nicht spürt«.[169]

Das »Neue Deutschland« war von der »ständig wachsenden Menschenmenge« und der »Demonstration der Werktätigen, die den Charakter einer spontanen Kundgebung annahm«, begeistert.[170] Das SED-Zentralorgan berichtete ausführlich: »Von einer der Tribünen schallt es: ›Unsere Forderung an Willy Brandt: Die DDR wird anerkannt.‹ Von unten antwortet es aus Arbeiterkehlen – wir erkennen Werktätige aus dem Erfurter Funkwerk und aus dem Büromaschinenwerk Optima – ›Die DDR ist unser Staat – wir stärken ihn durch unsere Tat!‹ Es folgen Arbeiterratschläge an die Bonner Regierung: ›Freiheit für die KPD – nieder mit der NPD!‹ – ›Nieder mit den Monopolen – soll sie doch der Teufel holen‹ und ›Sozialismus ja – Kapitalismus nein‹. Gegen den Bonner Alleinvertretungsanspruch schallt es: ›Wir lassen uns nicht provozieren und auch nicht von Bonn regieren.‹«[171] Und statt spontanen »Willy, Willy«-Rufen skandierten die neuen Demonstranten: »Hoch, hoch, hoch – es lebe Willi Stoph«.[172] Die Hochrufe, so das »Neue Deutschland«, gestalteten sich zu einer »Demonstration des Vertrauens für Partei und Regierung«.[173] Der DDR-Funktionär Karl Seidel dagegen bekannte nach Jahren: »Die später organisierten Gegendemonstrationen für Willi Stoph wirkten eher peinlich.«[174]

Das sahen die westdeutschen Pressevertreter genauso. Der Ruf: »Es lebe unsere Partei. Wenn sie uns ruft, sind wir dabei!«, wirkte auf sie eher demaskierend.[175] »Schließlich reimen sie sogar ihre Regieanweisung«, kommentierte ein Reporter.[176] »Von der SED geführt, sind wir richtig programmiert«, notierten bundesdeutschen Journalisten.[177] Am Nachmittag sei zu »dem Gehämmer der skandierten Polit-Poesie« noch die »Choreographie der Fahnenträger und Transparent-Entroller« hinzugekommen.[178] Die Gruppen trugen nun Spruchbänder mit »groben Parolen«, mit denen gegen alles polemisiert wurde, »was in der Bundesrepublik revanchistisch, nazistisch, ausbeuterisch, kriegslüstern oder sonstwie verwerflich« war.[179] »Frierend mit den Füßen trampelnd«, so fasste es ein bundesdeutscher Journalist zusammen, »kommen diese delegierten Demonstranten sechs Stunden lang ohne rechten Eifer der Order nach, abwechselnd Kampflieder zu singen, in Pfui-Gebrüll auszubrechen oder zu rufen ›Forderung an Willy Brandt – die DDR wird anerkannt‹.« Erst gegen 18 Uhr durften die »immer unlustiger werdenden Patrioten« nach Hause gehen. »Los, abhauen!« habe der letzte »barsche« Befehl der Agitatoren gelautet.[180] Über die Art und Weise des Umgangs mit ihnen waren die Genossen offenbar empört. Die Staatssicherheit notierte, dass Schüler der Bezirksparteischule gesagt hätten: »5 Stunden sind wir gut gewesen, dann kommt das nächste Mal auch nicht zu uns und macht es selbst.«[181]

Außer den vielfältigen Sprechchören bot sich für die vor dem Hotel wartende internationale Presse nur der halbstündige Wachwechsel der Ehrenposten als Abwechslung an. Zwei Soldaten mit Stahlhelm und Maschinenpistole standen bewegungslos auf einem Podest vor dem Hotel. Alle 30 Minuten marschierte ein Ehrenzug heran: zwölf Mann mit blankgeputzten Stiefeln und weißem Lederzeug mit einem Offizier mit gezogenem Degen an der Spitze. Unter zackigen Kommandos wurde der Wachwechsel vollzogen. Die bestellten Demonstranten applaudierten der herannahenden Wachablösung, gefolgt von Hochrufen auf die Nationale Volksarmee: »NVA: Hurra, hurra, hurra!«[182] Diese Rufe waren mehr als ein überschwänglicher Gruß an die Soldaten. Sie waren Teil der DDR-Propaganda, in der stets die gesellschaftliche Anerkennung der NVA als »Armee des Volkes« beschworen wurde.[183] Nun wurde diese angebliche Sympathie vor der Welt demonstriert.

Deutsch-deutscher Schlagabtausch

Nach dem Blick aus dem Erkerfenster war Brandt zurück in sein Zimmer gegangen. Dem Kanzler blieben fünf Minuten Zeit, um sich zu erfrischen.[184] Kurz vor zehn holte DDR-Protokollchef Horst Hain die bundesdeutsche Delegation ab.[185] Brandt zog mit seinem Gefolge im Konferenzsaal ein.

Bevor die eigentlichen Gespräche um 10.30 Uhr begannen, wurden Kameraleute und Fotografen in den Saal gelassen, um Aufnahmen zu machen. Westdeutsche Journalisten erinnerte das Konferenzzimmer an »eine Mischung aus Billardzimmer und Politbüro«.[186] Beide Delegationen saßen sich an einem langen, grünbespannten Konferenztisch gegenüber. Dahinter waren jeweils die Plätze für die Experten. An der Rückseite des Saales befanden sich die Arbeitstische für die Stenographen. In der Mitte des Konferenztisches standen kleine Fahnen »der beiden souveränen Staaten«, wie das »Neue Deutschland« betonte.[187] Für Ulrich Sahm waren es »2 Stammtisch-Stander«.[188] Hinter Brandt hing an der Wand ein Porträt von SED-Chef Walter Ulbricht, einer der wenigen Farbtupfer in dem holzvertäfelten Raum ohne Fenster. Bei allen Pressefotos schaute der SED-Chef dem Bundeskanzler also unweigerlich über die Schulter. Brandt selbst blickte auf ein Relief mit Jules Vernes »Reise um die Welt in 80 Tagen«. Der Kanzler spielte mit seiner Brille und zündete sich eine Zigarette an. Karl Seidel von der DDR-Delegation saß in der zweiten Reihe: »Die Atmosphäre im Tagungsraum war kühl, die gegenseitigen Aversionen waren fast greifbar.«[189]

Dann wurden die Türen für die Öffentlichkeit geschlossen. Nachdem Willi Stoph das Treffen eröffnet hatte, kam er sogleich auf die schwierigen Vorverhandlungen zu sprechen: »Leider konnte unser Treffen nicht in der Hauptstadt der DDR, Berlin, stattfinden, obwohl das ursprünglich so vereinbart war. Sie kennen die Ursachen und auch unseren wohlbegründeten Standpunkt dazu.«[190] Wollte er Brandt ein schlechtes Gewissen machen? Gute Stimmung ließ Stoph im Tagungshotel jedenfalls nicht aufkommen. Stoph begann mit einem ausführlichen Eingangsreferat, ohne seinen Gast kurz zu Wort kommen zu lassen. »Er wollte offenkundig«, so Karl Seidel, »sofort als ›geballte Ladung‹ die Positionen der DDR in den Raum stellen. Unsere Eröffnungserklärung war viel zu lang.«[191] Stoph erinnerte seine Gäste an die gemeinsame Verantwortung für den Frieden.[192] Es folgte ein Exkurs in die deutsche Geschichte des 20. Jahrhunderts. Im Mittelpunkt standen der Zweite Weltkrieg und dessen Folgen. Nach der Zustandsbeschreibung folgte die Beschwerdeliste. Der DDR-Ministerpräsident warf der Bundesregierung vor, in den vergangenen Jahrzehnten auf ostdeutsche Offerten für Verhandlungen nicht reagiert zu haben. Stattdessen habe der Westen das Ziel gehabt, die DDR zu unterminieren und »die Ergebnisse des Zweiten Weltkrieges rückgängig zu machen«. Diese Politik sei gescheitert. Stoph verlangte deshalb »die Aufnahme völkerrechtlicher Beziehungen auf der Grundlage völliger Gleichberechtigung«. Diese Forderung wiederholte er in seinem Referat mehrmals und versuchte, den DDR-Vertragsentwurf wieder ins Spiel zu bringen.

Obwohl gerade noch Tausende DDR-Bürger dem Kanzler zugejubelt hatten, wich Stoph von seiner vorbereiteten Rede nicht ab. Er behauptete: »Wer die Dinge ohne antikommunistische Scheuklappen und illusionslos betrachtet, der weiß, daß die Arbeiter-und-Bauern-Macht der DDR im Volk fest verwurzelt ist.« Stoph pries immer wieder die Vorzüge der DDR und versuchte, die Bundesrepublik in eine Linie mit dem Dritten Reich zu stellen: Die Vergangenheit sei dort nicht bewältigt worden, und die alten Machtverhältnisse würden weiterbestehen. Die westdeutsche Restauration sei der Grund für die Spaltung des Landes gewesen. »Nicht wir haben Deutschland gespalten; die Verantwortung liegt allein bei der Bundesrepublik und den Westmächten.«

Stoph erklärte, dass es innerdeutsche Beziehungen nicht geben könne, da sich die Bundesrepublik gegenüber der DDR selbst zum Ausland erklärt habe. Er warf der Bundesregierung vor, die DDR zu diskriminieren und zu bevormunden. Bis zum Mauerbau 1961 habe die Bundesrepublik einen »Wirtschaftskrieg« gegen die DDR geführt. In diesem Zusammenhang verlangte er 100 Milliarden Mark Wiedergutmachung vor allem für in die Bundesrepublik geflohene Arbeitskräfte. Den Mauerbau bezeichnete Stoph als einen »Akt der Menschlichkeit«. Er habe den Frieden in Europa erhalten. »In der DDR gibt es niemanden mehr«, so behauptete Stoph mit Blick auf die offene Grenze vor 1961, »der zulassen würde, solcherart ›besondere innerdeutsche‹ Zustände wiederherzustellen.« Eine spätere Vereinigung der beiden deutschen Staaten sei aber möglich – allerdings nur auf der Grundlage von »Demokratie und Sozialismus«.

Abschließend formulierte Stoph in sieben Punkten die wesentlichen Forderungen der DDR: gleichberechtigte Beziehungen zwischen beiden Staaten, Aufgabe des Alleinvertretungsanspruches, Aufgabe der Hallstein-Doktrin, Gewaltverzicht, gemeinsamer Antrag auf Aufnahme in die UNO, Rüstungsbegrenzung und Verzicht auf ABC-Waffen, »Erörterung der Fragen, die mit der notwendigen Beseitigung aller Überreste des Zweiten Weltkrieges zusammenhängen« und Schuldentilgung gegenüber der DDR. Die sieben Punkte, sagte später DDR-Delegationsmitglied Seidel, waren »ein Gemisch von Realem und Irrealem«.[193] Nach 39 Manuskriptseiten und 58 Minuten war Stophs Referat beendet. Jahre später bezeichnete Brandt die Rede mit Ausnahme der von Stoph angesprochenen gemeinsamen Friedensverantwortung in Ost und West als »nicht ergiebig«.[194] Stoph, so erinnerte sich Brandt, »hielt sich mit überflüssiger Polemik auf, demonstrierte die angebliche Unfehlbarkeit kommunistischen Denkens und konzentrierte seine ganze Argumentation auf die Anerkennung. [...] Was am Verhandlungstisch gesagt, in der Regel vorgelesen wurde, war den Aufwand nicht wert.«[195]

In seiner unmittelbaren Erwiderung dankte Brandt zunächst »für die freundliche Aufnahme [...], die Sie uns hier in Erfurt haben zuteil werden lassen«.[196] Auch Brandts Referat wurzelte in der deutschen Geschichte. Er erinnerte daran, dass Ost- und Westdeutsche durch die gemeinsame deutsche Geschichte, insbesondere mit dem Ende des Dritten Reiches, miteinander verbunden seien. Allerdings brächten historische Auseinandersetzungen nichts. Es gelte, so der Bundeskanzler, den Blick nach vorn zu richten. Es sollten Gebiete gesucht werden, wo gemeinsam »Fortschritt für den Frieden und für die Menschen« erreicht werden könnte. Brandt bekannte, dass bei dem Spitzentreffen auch Gefühle mitschwingen würden. Er ging in seiner Bestandsaufnahme davon aus, dass die deutsche Nation fortdauere, aber auch davon, dass in Deutschland zwei Staaten entstanden seien, die miteinander leben müssten. Brandts Ziel lautete: »Entspannung statt Spannung, Sicherung des Friedens statt militärischer Konfrontation«. Er sei zwar ohne Illusionen nach Erfurt gekommen, wolle aber die Einheit offenhalten: »Wir dürfen es nicht unmöglich machen, daß das deutsche Volk in freier Selbstbestimmung darüber entscheidet, wie es zusammenleben will.«

Dann kam der Bundeskanzler auf die Berlin-Frage zu sprechen. Er bestand darauf, dass die Bundesrepublik und West-Berlin zusammen gehörten. »Wir wollen den Status Berlins nicht ändern, solange die deutsche Frage nicht gelöst ist.« Dann umriss Brandt den Standpunkt der Bundesregierung in sechs Punkten. Wahrung der Einheit der Nation, Respektierung der Grenzen, keine gewaltsamen gesellschaftlichen Veränderungen im jeweils anderen Teil Deutschlands, gemeinsame Regierungsvereinbarungen, alliierte Rechte sind zu respektieren, Bemühungen der Alliierten um Verbesserungen sind zu unterstützen. Außerdem sprach sich Brandt für menschliche Erleichterungen aus: »In meiner Vorstellung muß eine wirkliche Normalisierung zur Überwindung innerdeutscher Grenzverhaue und Mauern beitragen.«

Abschließend schlug Brandt vor, Beauftragte bzw. Kommissionen einzusetzen, um die zweite Begegnung der beiden Regierungschefs inhaltlich vorzubereiten, und »angemessene permanente Arbeitsmöglichkeiten« für die Beauftragten am jeweils anderen Regierungssitz zu schaffen. Damit brachte er eine Art »Ständige Vertretung« unterhalb der diplomatischen Ebene ins Gespräch.

Die einleitenden Monologe der beiden Regierungschefs zeigten, wie unvereinbar die Positionen der beiden Staaten waren und wie unterschiedlich die Absichten, die beide mit dem Treffen verbanden. Während Stoph auf die völkerrechtliche Anerkennung der DDR setzte, suchte Brandt Vorteile für die Menschen in Ost und West.

Als Brandt sein Statement beendet hatte, schlug Stoph eine Pause vor, in der sich beide Seiten zu internen Gesprächen zurückziehen konnten. Brandt nahm das Angebot an und verabredete sich für 12.30 Uhr mit Stoph zum gemeinsamen Mittagessen. Bevor die Delegationen auseinandergingen, bat Ahlers um einen weiteren Fototermin für die Journalisten, einigen sei es nicht gelungen, rechtzeitig aus dem Zug und zum Hotel zu kommen. Stoph hatte nichts gegen einen weiteren Termin: »Wir müssen aber den Zeitpunkt so wählen, daß sie uns nicht allzusehr stören.« Mit dieser Entscheidung düpierte Stoph den Pressechef beim DDR-Außenministerium, Peter Lorf, der das Erfurter Pressezentrum leitete.[197] Dieser hatte zuvor einen entsprechenden Wunsch des Bundespresseamtes abgeschlagen.

Dann zog sich die bundesdeutsche Delegation in den zweiten Stock des Hotels zurück.[198] Der Platz, so sah Sahm bei einem Blick aus dem Fenster, war nun weit abgesperrt. »Lediglich auf der Pressetribüne standen etwa 100 Leute und riefen im Chor volkseigene Propagandathesen.« Brandt forderte seine Delegation auf, die vorbereiteten Repliken auf Stophs Rede abzustimmen. Da die Delegation davon ausging, dass sie abgehört wurde, erledigte sie die Arbeit schweigend. Nur mit Hinweisen auf die Überschrift oder laufende Nummern verständigten sie sich untereinander, »ohne daß ein geheimer Zuhörer zu erkennen vermochte, worum es ging«. Die Vorsicht war nicht übertrieben. Bereits bei ihrer Ankunft am Hauptbahnhof hatte die Delegation entsprechende Hinweise entdeckt: »Die sechs westdeutschen Kriminalbeamten mit vier Technikern der Sicherungsgruppe mit dem leitenden Regierungskriminaldirektor Dr. Fritsch waren morgens noch nicht aus dem Zug gestiegen, als sie schon rechts und links des Zuges die eingebauten elektronischen ›Lauscher‹ entdeckt hatten, mit denen alles im Zug abzuhören war. Das Augenzwinkern mit den Kollegen ›von drüben‹ hieß: ›Na denn!‹«[199] Ernst-Günther Stern hatte der Delegation »laut« von dem »Lauschangriff« auf den Sonderzug berichtet.[200] Die Delegation war überzeugt, dass auch der Konferenzsaal abgehört werde und sprach deshalb »laut« darüber.

Im Pressezentrum auf dem IGA-Gelände herrschte inzwischen Hochbetrieb.[201] Nach einem Bericht der Staatssicherheit »stürmten« die Journalisten nach ihrer Rückkehr vom Hotel die Arbeitsräume. Nachdem gegen 11 Uhr die Rede Stophs ausgeteilt worden war, hätten die Journalisten sich sofort auf das Manuskript »gestürzt«. Eine Stunde später sei von einem bundesdeutschen Journalisten Brandts Rede im Pressezentrum verteilt worden. Zwei Exemplare konnten die Sicherheitskräfte ergattern. Die Lauscher der Staatssicherheit hörten sich unter den Journalisten um und registrierten aufmerksam jede Äußerung zu den Ereignissen auf dem Bahnhofsvorplatz. So habe ein bundesdeutscher Reporter gesagt: »Immerhin zeigt das doch, daß man die Erfurter nicht in Ketten gelegt hat, um sie vom Empfang abzuhalten. Das ist doch das Gegenteil von Unfreiheit, was wir immer schreiben.« Weiter meldeten die Spitzel, dass es immer wieder Äußerungen gegeben habe, dass die Vorkommnisse »ein Zeichen der Freiheit der DDR-Bürger« seien. Obwohl es keine Probleme im Pressezentrum gab, schickten die Staatssicherheit und die Volkspolizei am Mittag zusätzlich 70 Mitarbeiter auf das Gelände.[202] Damit waren nun 68 MfS-Mitarbeiter, 55 Volkspolizisten, 18 Inoffizielle Mitarbeiter und 32 sogenannte Kontaktpersonen[203] eingesetzt. Die Genossen hatten alles unter Kontrolle: »Es gab keine Provokationen, keine Schmierereien oder andere Art von konkreter Feindtätigkeit«.

Viergängemenü

Stoph gab dem Bundeskanzler zu Ehren im Tagungshotel ein Essen.[204] Die Delegationen nahmen an einer über zwei Meter breiten Tafel »von Kreml-Dimensionen« Platz. Auf den Tischkärtchen stand vor den Namen der bundesdeutschen Gäste ein »Herr«, bei den Gastgebern ein »Genosse«. Der Ministerpräsident eröffnete das Essen mit einem Trinkspruch. Er erhob das Glas auf die Gesundheit des Bundeskanzlers und dessen Mitarbeiter. Brandt erwiderte die Wünsche nach dem Essen.[205]

Den beiden Delegationen wurde ein mehrgängiges Spitzenmenü serviert. Zum Auftakt gab es Schinkenschaumbrot »Berolina« – dazu »Serschin«-Wodka und Weinbrand »Lafitte«. Es folgten Hühnerkraftbrühe mit Windbeutel, Harzer Bachforelle mit Kopfsalat in saurer Sahne und Petersilienkartoffeln. Ein »Meißner Fürstenberg«, ein Müller-Thurgau, Jahrgang 1968 der Sächsischen Winzergenossenschaft rundete den Gang ab. Zum Hauptgang wurden Dummersdorfer Mastkalbkotelett Debröi mit Spargel, feinen Erbsen, Blumenkohl und gespritzten Kartoffeln gereicht. Dazu gab es einen Lindenblättrigen. Zum Nachtisch standen Nougat-Eistorte, halbtrockener »Rotkäppchen«-Sekt, Mokka mit Gebäck sowie Obst und Weinbrand auf der Speisekarte. Minister Franke schwärmte: »Das Essen war nicht halbzivilisiert, sondern vollkultiviert.«[206]

Die Gespräche während des Essens verliefen »nicht ganz so unterkühlt, wie zu erwarten gewesen wäre«, schrieb Seidel.[207] Die beiden Regierungschefs sprachen während des Essens zunächst über die Wirtschaft.[208] Brandt, protokollierte Kohl, fragte mit Blick auf die Leipziger Begegnung zwischen Ulbricht und Wolff von Amerongen, ob die DDR »den Kontakt zu den Kapitalisten« suche? Stophs Antwort: »Wenn wir nützliche Geschäfte tätigen können, tun wir es natürlich.«

Laut »Spiegel« soll die Bachforelle für Stoph aber auch Anlass gewesen sein, um mit Minister Egon Franke über das Angeln und die Jagd zu plaudern.[209] Selbst gegenüber dem von der DDR heftig attackierten Regierungssprecher Ahlers gab sich Stoph konziliant. Seine Bemerkung über die »halbwegs zivilisierte« Begegnung habe er nochmals in der »Welt« nachgelesen und festgestellt, dass Ahlers es nur ironisch gemeint habe. Da hatte Ulrich Sahm ganz andere Erinnerungen. In seinem Tagebuch notierte er, Brandt habe versucht, mit Stoph über Ahlers' Äußerungen zu sprechen.[210] Dieser habe aber »ein ganz hartes Gesicht« aufgesetzt und bemerkte, »man habe die Formulierungen sehr sorgfältig gelesen«. Sahm selbst hatte keine plauderfreudigen Tischnachbarn erwischt: »Ich saß neben Winzer, der nichts sprach und statt Wein aus einem Gläschen mit Strohhalm eine trübe Medizin einsaugte.«[211]

Zwischenzeitlich verließ Regierungssprecher Ahlers das Hotel, um die Presse kurz über den Verlauf der ersten Gesprächsrunde zu informieren. Vor dem Hotel warteten bereits Demonstranten. Das »Neue Deutschland« berichtete: »Beifall und Hochrufe [für Willi Stoph] schlagen jäh in Pfuirufe und Pfiffe um.«[212] Der Sprecher des DDR-Fernsehens kommentierte: »Die Rufe, glaube ich, werden ihm noch lange in den Ohren klingen: Und mag er sie sich gut merken. Mag er zur Kenntnis nehmen, daß Regierung und Bevölkerung der DDR eins sind in ihrer Forderung nach völkerrechtlicher Anerkennung der Deutschen Demokratischen Republik.«[213] Ahlers schien unbeeindruckt. Ein bundesdeutscher Journalist berichtete: »Wo immer er in Erfurt auftaucht, wird er ausgebuht, ausgepfiffen und angerempelt, was ihn allerdings nur dazu anspornt, das Hotel öfter zu verlassen als alle anderen Bonner Delegationsmitglieder zusammen. Er hat seine Freude daran.«[214] Weniger Freude hatte die Volkspolizei.[215] Denn die herangeschafften Gegendemonstranten hielten sich nicht an die Aufforderungen, die Wege für die Delegationsfahrzeuge freizumachen. »Führung der gesellschaftlichen Kräfte war nicht gewährleistet«, kritisierte die Polizei. Wieder mußte geräumt werden.

An dem anschließenden Pressegespräch auf der IGA nahmen nach Angaben der Staatssicherheit rund 150 Journalisten teil.[216] Der bundesdeutsche Regierungssprecher habe ein etwa zehnminütiges Statement abgegeben. »Die Ausführungen Ahlers' waren sachlich gehalten. Es gab keine Provokationen.« Die Journalisten hätten nach Atmosphäre, Verpflegung und »nebensächlichen Dingen« gefragt. Ahlers beschrieb die Gesprächsatmosphäre als gelockert.[217] Die befürchtete Verkrampfung sei nicht eingetreten. Brandt und Stoph seien nüchtern und sachlich gewesen. Sie hätten die Fähigkeit, Befangenheit schnell zu überspielen. Auf beiden Seiten bestehe die »starke Bereitschaft«, zu Resultaten zu kommen.

Tastversuche

Nach ihrem Menü tranken beide Delegationen in kleinen Gruppen gemeinsam Kaffee.[218] Außerhalb des offiziellen Protokolls konnten Brandt und Stoph freier und ungezwungener miteinander sprechen. Ahlers beschrieb das als »schon so etwas wie ein persönliches Gespräch«.[219] Die beiden Regierungschefs unterhielten sich über die juristischen Vorbedingungen für das Treffen in der Bundesrepublik. Immerhin riskierte Stoph bei einem Gegenbesuch seine Festnahme. Gegen ihn lief ein Ermittlungsverfahren wegen Mordes. Der rechtsextreme Münchner Verleger Gerhard Frey hatte Stoph wegen der Toten an der Berliner Mauer in der Bundesrepublik angezeigt. Brandt beruhigte. Stoph müsse als Gast der Bundesregierung keine Schwierigkeiten befürchten. Auch die Richtlinie, nach der das Zeigen der DDR-Flagge und das Spielen der DDR-Hymne in der Bundesrepublik verboten seien, sei inzwischen aufgehoben worden. Brandt kündigte außerdem an, dass DDR-Bürger künftig leichter in NATO-Mitgliedsstaaten reisen könnten. DDR-Pässe sollten dort nun anerkannt werden.

Dann sprachen beide über die deutsch-deutschen Beziehungen. Die indirekten Kontakte der vergangenen Jahre, darin waren sich beide Seiten einig, hätten sich nicht immer als förderlich erwiesen. Brandt wollte deshalb seinen innerdeutschen Minister Egon Franke als offiziellen Kontaktpartner ins Spiel bringen, was die DDR-Seite strikt ablehnte. Stoph schlug alternativ den Austausch von Botschaftern vor. Gemäß Brandts Gedächtnisprotokoll äußerte er dann überraschend, dass er nicht auf der völkerrechtlichen Anerkennung der DDR bestehe. Allerdings findet sich diese Passage im DDR-Protokoll nicht. Dort heißt es, Brandt habe auf den Vorschlag des Botschafteraustausches »sehr nachdenklich« reagiert. Er habe nicht geantwortet, sondern auf das abendliche Gespräch verwiesen.

Schließlich »verlief sich« der Kaffeeplausch »in Bemerkungen über Goethe, Schiller u. a.« Conrad Ahlers hatte das Büchlein »Mit Goethe durch das Jahr« mitgebracht.[220] Für den 19. März 1970 stand dort ein Zitat aus »Wilhelm Meisters Lehrjahren«: »Man feire nur, was glücklich vollendet ist; alle Zeremonien zum Anfange erschöpfen Lust und Kräfte.«[221] Mit diesem Spruch hätte Brandt auf einen Trinkspruch für den DDR-Staatsratsvorsitzenden Ulbricht ausweichen sollen, falls Stoph einen Toast auf Bundespräsident Gustav Heinemann ausgebracht hätte. Da dieser Fall nicht eingetreten war, gab Ahlers den Sinnspruch nun zum Besten. Stoph gab sich laut »Spiegel« aufgeräumt und witzelte: »Wissen Sie eigentlich, daß schon Goethe von Genossen sprach? Über der Tür eines Gartenhäuschens bei Weimar findet sich der Goethe-Spruch: ›Was ich dort gelebt, genossen …‹«

Nicht zwischen allen Gesprächspartnern verlief die Kaffeepause so harmonisch. Wolfram Dorn, der FDP-Mann in der bundesdeutschen Delegation, erinnerte sich, dass ihn Winzer »ziemlich scharf« angegriffen habe, da er mehrfach öffentlich gesagt hatte, es gebe kein Staatsbürgerschaftsrecht für die DDR-Bewohner.[222] »Die Diskussion wurde ziemlich heftig. Conny Ahlers riet mir, ich solle mal eine Zigarette rauchen, das würde beruhigend wirken. Ich folgte seinem Rat, aber als Nichtraucher bekam ich erst einmal einen Hustenanfall.«

Sahm wurde unterdessen von Schüßler in Beschlag genommen.[223] Die beiden unterhielten sich bereits über ein Folgetreffen. Das taten dann auch die übrigen bundesdeutschen Delegationsmitglieder. Brandt schlug seine Geburtsstadt Lübeck für ein Treffen vor. Das lehnten die anderen ab, der Vorschlag könne als zu persönlich verstanden werden. Die Delegation einigte sich auf Braunschweig. Brandt rief Kanzleramtsminister Ehmke an und bat ihn, mit dem Oberbürgermeister der Stadt in dieser Sache Fühlung aufzunehmen.[224]

In der Pause danach verzichteten die bundesdeutschen Gäste auf eine interne Lagebesprechung. »Es wird ja doch alles abgehört«, erklärte Minister Franke.[225] Um 15 Uhr ging es im großen Kreis weiter.[226]

Wieder eröffnete Stoph das Gespräch mit einem langen Referat, das er offenbar stellenweise ohne Manuskript hielt. Er ging auf einzelne Ausführungen Brandts und angebliche Widersprüche ein und verlangte abermals die völkerrechtliche Anerkennung der DDR und den Austausch von Botschaftern. Die »These von der ›Wahrung der Einheit der Nation‹« solle beiseitegelegt werden. Die von Brandt vorgeschlagenen Beauftragten bzw. Kommissionen lehnte er ab. »In der gegenwärtigen Etappe hieße die Bildung von Kommissionen, den dritten Schritt vor dem ersten zu tun.« Stoph wies den Vorwurf zurück, die DDR berichte diffamierend über bundesdeutsche Politiker. Offenbar mit einem Seitenhieb gegen Pressechef Ahlers sagte Stoph zu Brandt: »Das Thema Diffamierung ist für Sie doch eine recht zweischneidige Sache. Ich möchte hier keine Namen nennen und niemanden besonders anschauen.« Sahm schrieb über die Atmosphäre: »Stoph ist sehr scharf, Angriffe gegen Politiker der BRD.«[227]

In seiner Gegenrede skizzierte Brandt noch einmal die Position der Bundesregierung: »Für uns ist im Verhältnis zur DDR entscheidend, daß wir sie nicht einfach als Ausland, als irgendein Ausland, betrachten.«[228] Das Verhältnis zwischen beiden Staaten habe »einen spezifischen, einen besonderen Charakter«. Die Bundesregierung wolle der DDR keinen »minderen Status zuschieben«. Brandt wies außerdem den Vorwurf zurück, in der Bundesrepublik würden sich revanchistische und neonazistische Kräfte entfalten. Stoph und Brandt tauschten Standpunkte aus, ohne sich inhaltlich anzunähern. Beide Seiten verzichteten weitgehend auf Polemik und argumentierten sachorientiert.

»Deutschlandlied« in Buchenwald

Nach der zweiten Gesprächsrunde stand Brandts Buchenwald-Besuch auf dem offiziellen Programm, wiederum in Begleitung von Journalisten. Die DDR wollte ähnliche Szenerien wie am Morgen auf dem Bahnhofsplatz unbedingt vermeiden. Kurzfristig hatte der neugebildete Kommandostab 9000 Kampfgruppenmitglieder in zivil und Betriebsangehörige organisiert, »um die Veranstaltung in Buchenwald politisch-organisatorisch abzusichern«.[229] 4000 von ihnen wurden nach Weimar kommandiert, 5000 in die Gedenkstätte geschickt. Zwei

Stunden mussten sie »in Schneeschauern, in dem kalten, alles durchdringenden Wind« auf den Kanzler warten.[230] Ein Arbeiter erzählte später in der Gedenkstätte einem bundesdeutschen Journalisten: »Wir sind hier raufgebracht worden, bis fünf, solange ist bezahlt. Was länger geht, wird morgen abgebummelt.«[231]

Doch noch in Erfurt wurde die Lage brenzlig. Kurz nach 4 Uhr versuchten nach MfS-Angaben 80 bis 100 Jugendliche am Juri-Gagarin-Ring die Sperrkette zu durchbrechen.[232] »Bisher wird die Situation noch gemeistert.« Um 16.15 Uhr bestieg Brandt vor dem »Erfurter Hof« unter bestellten Sprechchören eine schwarze Tschaika-Limousine der DDR-Regierung, auf der Stander der Bundesrepublik und der DDR flatterten. »›Anerkennung, Anerkennung, Anerkennung‹ – zu diesem fordernden Wort vereinigt sich der Ruf der mehr als tausendköpfigen Menge, die stundenlang ausharrte, um der westdeutschen Delegation ihre Meinung zu demonstrieren. Gewissermaßen als Denkanstoß für die Fahrt nach Buchenwald«, schrieb das »Neue Deutschland«.[233]

Während der 35-minütigen Fahrt wurde Brandt von DDR-Außenminister Winzer begleitet. Der Bundeskanzler erinnerte sich später, dass der »ältere Herr« kein »unfreundlicher Gesprächspartner« gewesen sei.[234] Er beschrieb ihn als »in der Tradition der radikalen Berliner Arbeiterbewegung wurzelnd, selbstbewußt ohne Angeberei, eher mit leichten Anklängen von Resignation«. Winzer notierte in seinem Tagebuch keine persönlichen Eindrücke von der Fahrt.[235] Stattdessen protokollierte er stichpunktartig die Verträge der Bundesrepublik und der DDR, die die beiden Staaten in ihre jeweiligen Bündnisse einbanden und die er mit Brandt diskutierte. Die Aufzählung schloss mit der fragmentarischen Frage: »Gelten etwa nur ihre Verträge oder unsere mit SU, die die Hauptlast [des] 2. Weltkrieges getragen hat?«

Volkspolizisten und zivile Sicherheitskräfte hatten die kilometerlange Fahrtstrecke in die KZ-Gedenkstätte abgeschirmt. »Die Fahrt durch Weimar«, schrieb Wolfram Dorn, »führte durch menschenleere Straßen.«[236] Trotzdem soll es nach der Beobachtung bundesdeutscher Journalisten einzelnen Gruppen immer wieder gelungen sein, »sich winkend dem Wagen Willy Brandts zu nähern«.[237] »Hier und dort«, berichtete ein Journalist, »läßt Brandt seinen Wagen langsamer fahren, er winkt den Grüßenden zu, ganz offensichtlich darauf bedacht, jede demonstrative Geste zu vermeiden.«[238]

Der Märztag war kalt und ungemütlich. In der weitläufigen Gedenkstätte auf dem Ettersberg hatten in der Nacht zuvor Bereitschaftspolizisten und Soldaten für den Kanzler einen Weg durch den Schnee schippen müssen.[239] Nun hing über der Gedenkstätte ein grauer Spätwinterhimmel, Graupelschauer fegten über den Hang.

Kurz nach 5 Uhr erreichte die Autokolonne den Glockenturm. Nach Schilderung des »Neuen Deutschland« wurde Brandt von Tausenden Weimarern mit Fahnen und Spruchbändern erwartet:[240] »Man sieht in die Gesichter von Arbeitern, Gesichter, in die Leben und Kampf ihre Spuren gegraben haben, in die Gesichter von Mädchen und Jungen in den Anoraks der FDJ. Spontan klingen Arbeiterlieder auf – und es mag mehr als ein räumliches und zeitliches Nebeneinander der Erscheinungen sein, wenn gerade in diesem Moment die Zeile aufklingt: ›… ewig der Sklaverei ein Ende …‹« Offenbar war Brandt mit seinem Buchenwald-Besuch in die Propaganda-Falle der DDR geraten. Doch nun gab es kein Zurück mehr.

Die Staatssicherheit meldete nach Erfurt, dass rund 2500 Menschen am Glockenturm seien. Sympathiekundgebungen gebe es weder für Brandt noch für die DDR.[241] Der Geheimdienst hatte die Lage im Griff. »Personen verhielten sich ruhig, negative Äußerungen traten nicht in Erscheinung.«

Über den Besuch in Buchenwald fertigte Regierungskriminaldirektor Hans-Wilhelm Fritsch nach der Rückkehr nach Bonn einen ausführlichen Vermerk an.[242] Denn in der Gedenkstätte passierte etwas, was die bundesdeutschen Unterhändler in den mühseligen Verhandlungen der vergangenen Wochen stets zu verhindern versucht hatten: Die DDR konfrontierte Brandt mit militärischen Ehren und Flaggen und auch mit dem Abspielen der Nationalhymnen – sie riskierte damit einen Eklat. Der prestigehungrigen DDR-Führung ging es darum, Brandts Totengedenken zu politisieren und darüber hinaus das zu vollziehen, was ihr bislang nicht geglückt war: die symbolische Anerkennung der DDR vor den Augen der Weltöffentlichkeit. Die bundesdeutsche Delegation fühlte sich getäuscht. Sie ließ es aber nicht zum Skandal kommen.

Der Kanzlerkonvoi, so Fritsch in seiner Niederschrift, sei bereits während der Fahrt von Kradfahrern der Nationalen Volksarmee (NVA) begleitet worden. Am Glockenturm habe eine Ehrenformation mit

Truppenfahne auf den Kanzler gewartet. Nach der Begrüßung in der Gedenkstätte durch den Vorsitzenden des Rates des Bezirkes Erfurt und den Direktor der Gedenkstätte hätten sich Unteroffiziere in Paradeuniform und Stahlhelm mit einem Kranz vor den Kanzler gestellt und seien vor ihm hergeschritten. »Eine rechts vom Glockenturm aufgestellte Musikkapelle der NVA intonierte eine getragene Weise.« Auf ein Kommando hin seien die Hymnen der beiden deutschen Staaten, zuerst das »Deutschlandlied«, gespielt worden. Dass nach 25 Jahren Teilung das Lied mit den Textzeilen »Einigkeit und Recht und Freiheit« und »Deutschland, Deutschland über alles« gerade in der Gedenkstätte Buchenwald erstmals wieder auf ostdeutschem Boden erklang, erklärte der Berichterstatter des »Neuen Deutschland« seinen Lesern mit protokollarischen Pflichten: »Vor der Ehrenformation der NVA verharrte er [Brandt] – den internationalen Gepflogenheiten entsprechend, ertönt die Hymne des Staates, dessen Kanzler hier weilt, danach die neue, bessere Hymne unserer sozialistischen Deutschen Demokratischen Republik.«[243]

Die bundesdeutschen Journalisten waren entsetzt. Die »Zeit«, die den symbolischen Besuch in der KZ-Gedenkstätte begrüßte, schrieb über den plötzlichen Bruch: »Doch wie peinlich, wie penetrant, wie würdelos die Blechbläser der Volksarmee, die unversehens auftraten und das Deutschlandlied schmetterten, als handele es sich um die Heldengedenkfeier eines ›revanchistischen‹ Kriegervereins.«[244] Die »Frankfurter Allgemeine Zeitung« beschrieb diesen Moment als »gespenstisch«.[245] Ein »eisiger Wind« habe in diesem Moment geblasen, so der »Stern«.[246] Und nur Willy Brandt selbst wisse, »ob es der Wind war, der ihm die Tränen in die Augen trieb«. Einige anwesende SED-Funktionäre sollen peinlich berührt gewesen sein, als sie plötzlich an diesem Ort das »Deutschlandlied« hörten.[247]

Hans Peter Sommer vom »Hamburger Abendblatt« schrieb, Brandt sei in Buchenwald »sichtlich bewegt« gewesen.[248] »Nur in seinem Inneren mag die Empörung gleichzeitig aufgekommen sein, daß die SED ausgerechnet diese Augenblicke des Gedenkens für ihre Anerkennungspropaganda ausschlachtete.« Bundesminister Egon Franke habe seine Verärgerung kaum verbergen können. »Das Gesicht Brandts und des Bundesministers Franke, der selbst lange Jahre Gefangener der Nationalsozialisten war und der einen Strauß roter Rosen niederlegte, versteinerte sich zur Maske. Brandt scheint gelegentlich, wie an diesem Mahnmal, ans Wasser gebaut zu haben. Die einzige Unannehmlichkeit waren für ihn die beiden Nationalhymnen.«[249]

»Mit dem Beginn des Glockengeläutes und des Rührens der Trommeln«, heißt es in Fritschs Bericht, »setzten sich die Kranzträger wieder in Bewegung und gingen gemessenen Schrittes in das Innere des Glockenturmes.«[250] Brandt habe nach Ablegen des Kranzes in der Krypta die schwarz-rot-goldenen Schleifen mit der Aufschrift »Willy Brandt« und »Bundesrepublik Deutschland« geordnet und eine Minute schweigend vor der Gedenktafel verharrt. Die Worte auf dem Gebinde waren neutral gewählt und somit nicht angreifbar. Ohne den ausdrücklichen Bezug zu den Opfern des NS-Konzentrationslagers oder auch des sowjetischen Speziallagers vermied der Kanzler sowohl einen politischen Affront gegenüber seinen Gastgebern als auch gegenüber der politischen Öffentlichkeit in der Bundesrepublik.

Nach Fritschs Angaben trug sich Brandt nach der Kranzniederlegung in das Buch der Gedenkstätte ein. Beim Verlassen des Glockenturmes sei das Lied »Brüder zur Sonne zur Freiheit« gespielt worden. Dabei hätten einige Anwesende mitgesungen. Anschließend wurde der Bundeskanzler an den Eingang des ehemaligen Konzentrationslagers gefahren. Dort sei er »durch ein Spalier von mit Spruchbändern und Fahnen versehenen Menschen (viele Jugendliche)« zur Thälmann-Gedenktafel geleitet worden. Am Krematorium habe der Gedenkstätten-Direktor eine »politische Ansprache« verlesen, die von Rundfunk und Fernsehen aufgezeichnet worden sei. In diesem Punkt irrte sich Fritsch: Die Fernsehaufnahmen zeigten, wie der Vorsitzende des Rates des Bezirkes Erfurt, Richard Gothe, Brandt eine Rede »in einem schaurigen Funktions-Deutsch« vorlas.[251] Gothe erinnerte Brandt an die Geschichte von SPD und KPD in der NS-Zeit: »Hier in Buchenwald wurden der Sozialdemokrat Rudolf Breitscheid und der Kommunist Ernst Thälmann Opfer von Mörderhand, weil es nicht rechtzeitig gelang, das Aktionsbündnis zwischen Sozialdemokraten und Kommunisten herzustellen. Hier wuchs aber auch der gemeinsame Widerstand gegen den Nazismus, der Wille und die feste Entschlossenheit von Kommunisten und Sozialdemokraten, eine antifaschistische Einheitsfront zu schaffen.«[252] Der Vorsitzende sprach über den Schwur von Buchenwald, den Faschismus auszurotten. In der DDR, so belehrte der

SED-Funktionär Brandt, der ja selbst ein Repräsentant des anderen, des widerständigen, verfolgten und ins Exil getriebenen Deutschlands war, sei dieser Schwur erfüllt. Dagegen gebe es in der Bundesrepublik Neonazismus. Seine Rede beendete der Funktionär mit den Worten: »Es ist mir ein Bedürfnis, meinen Gefühlen in diesem denkwürdigen Augenblick an dieser Stelle Ausdruck zu verleihen.«

Brandt hörte sich die Rede schweigend an. Nach ihrem Ende nickte er kurz, ohne etwas zu erwidern. Dann ging der Kanzler weiter. Über den weiteren Ablauf des Gedenkstättenbesuches gibt es unterschiedliche Darstellungen in den Details. Womöglich versuchte die DDR auch hier, dem Gedenken des Kanzlers eine eigene Note aufzudrücken. Nach Fritschs Beobachtungen legte Brandt an der Thälmann-Gedenktafel keinen Kranz für den ermordeten KPD-Führer nieder. Dagegen berichtete das »Neue Deutschland«, dass Brandt an der Tafel ein Blumengebinde niederlegen ließ.[253] Allerdings, so Fritsch in seinem Bericht, habe auf dem Rückweg am Breitscheid-Gedenkstein ein »unbekannter wahrscheinlich Funktionär der SED«, ein Blumengebinde für den Kanzler niedergelegt. »Der Bundeskanzler verharrte längere Zeit schweigend vor der Tafel, begab sich dann zurück zu seinem Fahrzeug und fuhr nach Erfurt zurück.« Zuvor hatte ihm der Leiter der Gedenkstätte, der KZ-Überlebende Klaus Trostorff, zwei Bildbände über die Gedenkstätte überreicht.[254]

Die Fahrt ging über Weimar. Einige tausend Menschen, beobachteten bundesdeutsche Journalisten, standen trotz der Absperrmaßnahmen der Staatssicherheit an den Straßen der Stadt: »winkend, Frauen wischten sich die Tränen«.[255]

Der Besuch des Kanzlers in der Gedenkstätte wurde in der bundesdeutschen Presse als »eine menschliche und politische Geste« begrüßt.[256] Die konservative »Welt« ging davon aus, dass Brandt »im stillen« auch an die Opfer des sowjetischen Speziallagers gedacht habe. Die Zeitung erinnerte daran, dass die DDR diese Opfer nicht kenne. »Wir jedoch sollten niemals vergessen, daß es zwei Buchenwald gegeben hat. Die Opfer der braunen Diktatur und die Opfer der roten Diktatur verdienen die gleiche Würdigung.« Der Besuch Brandts in Buchenwald entfaltete aber nicht die wohl erhoffte gesamtdeutsche Nachwirkung. Der euphorische Jubel der Erfurter am Vormittag überlagerte in seiner Aussagekraft den Besuch der Gedenkstätte.

Später, nach seiner Abreise Richtung Bundesrepublik, wurde Brandt gefragt, ob er von dem militärischen Zeremoniell in Buchenwald überrascht gewesen sei.[257] Nach kurzem Zögern antwortete Brandt mit einem gedehnten »Ja«. Er fügte hinzu: »Aber ich habe keine Lust, daraus eine Affäre zu machen.« Und weiter: »Ich hoffe, daß aus Buchenwald nicht allzu falsche Schlüsse gezogen werden; das würde nicht helfen.«[258] Ähnlich reagierte Minister Franke. Auf die Frage, wie ihm bei dem Zeremoniell zumute gewesen sei, antwortete er: »Ach wissen Sie, dieses Zeremoniell, das war alles so schemenhaft. Wenn man mit solchen Stätten in Berührung kommt, dann wird das eigene Erleben sehr wach. Das kann man nicht beschreiben, das ist eine Ehrerweisung, die jeder mit sich selbst abzumachen hat.«[259] In der bundesdeutschen Presse wurden die Ereignisse von Buchenwald unterschiedlich interpretiert. »Buchenwald ist eine deutsche Gemeinsamkeit«, schrieb die »Süddeutsche Zeitung«, »die mehr verbindet als trennt. Hier sollte der Hader verstummen. Wir werden noch genug davon haben.«[260] Für den »Spiegel« war dagegen klar, dass der Bundeskanzler in eine protokollarische Falle getappt war: »Indem er das Protokoll, Fahnen, Hymnen und Soldaten respektierte, zollte er Anerkennung.«[261] Die DDR jedenfalls feierte im Nachhinein den Ablauf als eine symbolische Anerkennung der DDR durch die Bundesrepublik. Außenminister Otto Winzer sagte in einem Rundfunkgespräch: »Das war ein eindrucksvoller und unauslöschlicher Anerkennungsakt des Sieges des Sozialismus in der DDR.«[262] Günter Guillaumes Anregung, Buchenwald zu besuchen, hatte sich in dieser Hinsicht bezahlt gemacht. In Begleitung des Außenministers wurde Brandt all das präsentiert, was er und seine Berater unbedingt vermeiden wollten: die Insignien des anderen deutschen Staates. Trotzdem bekannte Brandt Jahre später: »Ich bedauerte nicht, daß ich den Besuch in Buchenwald vorgeschlagen hatte.«[263]

Auch innerhalb der SED war Brandts Besuch in Buchenwald umstritten. Schließlich musste es auf viele systemtreue DDR-Bürger wie ein Hohn wirken, wenn der Regierungschef eines Landes, das nach der DDR-Lesart nie den Faschismus gänzlich überwunden hatte, nun in der wichtigsten antifaschistischen Gedenkstätte des Landes auftauchte. Die Altkommunistin Hanna Wolf, Rektorin der SED-Parteihochschule »Karl Marx« und Mitglied des ZK der SED, beschäftigte der Besuch noch Wochen später.[264] Sie beschwerte sich schriftlich bei Walter Ulbricht, dass man einen »der gefährlichsten und einflußreichsten Führer der internationalen Sozialdemokratie«, den »Chef der aggressivsten imperialistischen Regierung in Europa«, in die KZ-Gedenkstätte gelassen und ausgerechnet dort das »Deutschlandlied« gespielt habe.

Und eine aus Virnfow stammende Schülerin der 9. Klasse wollte in einem Brief an Stoph wissen, warum in der Gedenkstätte Buchenwald die »bundesdeutsche Hymne« gespielt worden sei. »Ist das nicht ein Hohn! Das ist doch die Hymne, unter denen die Opfer von Buchenwald gequält, gefoltert und ermordet wurden!«[265] Sie habe die Frage auch ihren Eltern gestellt: »Meine Mutter war sehr empört darüber, daß gerade im Konzentrationslager Buchenwald die Hymne, unter der die Faschisten soviel Leid und Elend den Menschen brachten, gespielt wurde. Aber leider konnten auch sie mir diese Frage nicht beantworten.«

Das Ministerium für Staatssicherheit registrierte nach dem Buchenwald-Besuch »differenzierte Ansichten« in der Bevölkerung.[266] Es habe Stimmen gegeben, die den Besuch des Kanzlers als »Zugeständnis« der DDR bewerteten. In »überwiegenden Äußerungen« werde der Besuch als »widersprüchlich und heuchlerisch« bezeichnet. »Viele DDR-Bürger äußern«, so die Staatssicherheit, »sie wären eigenartig davon berührt, daß in Buchenwald von einer NVA-Kapelle das Deutschlandlied intoniert wurde.« Vor allem ältere Bürger und SED-Parteiveteranen hätten ihr Unverständnis gezeigt, da »unter den Klängen dieser Hymne ehem. [sic!] KZ-Häftlinge in Buchenwald gefoltert und ermordet worden seien«.

SED-Propagandist Karl-Eduard von Schnitzler gab sich im »Schwarzen Kanal« alle Mühe, seinen Zuschauern das Abspielen des »Deutschlandliedes« in Buchenwald zu erklären und zu rechtfertigen.[267] Er gab zu, dass diese Szene »manchem alten Genossen makaber erscheinen« müsse. »Aber«, so hob von Schnitzler an, »es ist die Nationalhymne der Bundesrepublik, des Staates, mit dem wir in friedlicher Koexistenz zu leben wünschen. Mögen uns Gesellschaftsform, Hymne und manches andere drüben nicht gefallen.« Brandt habe außerdem die Hymne der DDR hören müssen.

Trotz Hymne und Ehrenformation grub sich der Besuch des Kanzlers in Buchenwald nicht ins deutsche Gedächtnis ein. Im Gegensatz zum späteren Kniefall des Kanzlers in Warschau gab es in Buchenwald keinen markanten oder emotionalen Augenblick, der in der Erinnerung überdauert hätte. Während die eine Seite die symbolischen Gesten übertrieb, blieb der anderen Seite kein Raum für sie. Im Grunde war der Besuch – so wie er sich abgespielt hatte – für Ost und West eine peinliche Angelegenheit und wurde wohl deshalb von beiden Seiten schnell vergessen.

Für den DDR-Funktionär Karl Seidel war der nicht abgesprochene Ablauf rückblickend »ohne Zweifel eine politische Dummheit«.[268] Der Anlass sei »wirklich die unpassendste Gelegenheit« gewesen, »aus dem Treffen nachträglich eine Art Staatsbesuch Brandts zu machen«.

Unbeachtet von der westdeutschen Öffentlichkeit folgte nach Brandt noch eine zweite Kranzniederlegung, eine inoffizielle. Das »Neue Deutschland« berichtete, dass nach dem Kanzler die »mutige westdeutsche Antifaschistin« Beate Klarsfeld »demonstrativ« ein Blumengebinde im Glockenturm niedergelegt habe.[269] Das sei ein Zeichen dafür, »daß viele in Westdeutschland an der Seite der Kommunisten ›die Vernichtung des Nazismus mit seinen Wurzeln‹ wollen und daß in dieser Richtung auch ihre Forderungen an die führenden Sozialdemokraten in der Bonner Regierung gehen«.

Tausende wollen Brandt sehen

Nicht alle Delegationsmitglieder waren mit nach Buchenwald gefahren. Ulrich Sahm war in Erfurt zurückgeblieben.[270] Er ging zunächst in die Delegationsräume zurück: »Eine erhebliche Müdigkeit macht sich bemerkbar nach all der Anspannung dieses Tages.« Sahm telefonierte mit einer Verwandten in der DDR, bevor er mit einer Sekretärin zu einem Stadtrundgang aufbrach: »Der ganze Bahnhofsvorplatz ist einschließlich der Zuleitungsstraßen von Volkspolizei abgesperrt. Ein Autobus ist quer über eine Straße gestellt, an anderer Stelle stehen 2 Reihen Soldaten dicht an dicht und sperren ab.« Überall entdeckte Sahm weitere Blockaden: »Vor der Absperrung viele Menschen, zwischen der Absperrung und dem Hotel ein Niemandsland, gespenstisch leer, nur hier und da ein Geheimpolizist in Zivil.« Der Beamte erkundete die Stadt: »Die Geschäftsauslagen erinnerten ebenso wie die

Kleidung der Menschen an 1947. Die Straßen waren recht belebt, in jedem Schaufenster Lenin-Plakate (anläßlich 100. Geburtstages) oder Wahlparolen für die Kommunalwahlen. [...] In einer Buchhandlung ähnlich wie im Kriege: die amtlichen Schriften, politische Propaganda und wenig sonst.«

Kurz nachdem Brandt das Hotel Richtung Buchenwald verlassen hatte, trat auch Stoph vor das Portal, um »unversehens seine Jubel-Deutschen« zu inspizieren, wie ein Journalist des »Spiegel« schrieb.[271] »Dabei liegt ihm das gar nicht sonderlich«, beobachtete der Reporter. »Er zitiert gern Goethe. Aber er ist kein Schulterklopfer, kein Mann, der leicht Kontakt findet. Doch Brandts Fenster-Szene muß wohl auch noch überboten werden.« Auf Fragen von Journalisten habe Stoph nicht reagiert und sich stattdessen betont locker an die Demonstranten gewandt: »›Wollen wa weiter vorwärts marschieren?‹ Zuruf aus der Menge: ›Nicht einwickeln lassen, Willi!‹ Stoph lachend: ›Immer nach dem Prinzip: Vorwärts marschieren, rückwärts geht's von selber.‹« Im Parteiblatt »Neues Deutschland« wurde anschließend von einer »herzlichen und innigen Begegnung« mit den Bürgern berichtet.[272] »Willi Stoph hatte Hände zu drücken, Fragen zu beantworten und vielfältige Bekundungen der Sympathie entgegenzunehmen.« Ein Arbeiter habe Stoph »beim Kopf« genommen und ihn umarmt, berichtete das SED-Bezirksblatt.[273] »Studenten der Pädagogischen Hochschule überreichten einen Nelkenstrauß, der vom Spalier der jubelnden Menschen schon etwas zerdrückt worden war.« Der »verdiente Arbeiterführer« Stoph sei »tief bewegt« gewesen. Jungen Erfurtern habe er versichert, dass er »unsere sozialistische Sache« unbeirrt weiter vertrete.[274] Die Regierung werde alles unternehmen, das Vertrauen der Bürger weiter zu rechtfertigen.

Die Abwesenheit Brandts habe Stoph genutzt, wie bundesdeutsche Medien berichteten, um sich in Suhl mit Ulbricht und der SED-Führung über die weiteren Schritte abzusprechen.[275] Ulbricht habe Stoph grünes Licht für ein Vieraugengespräch gegeben und sich mit einem zweiten deutsch-deutschen Spitzengespräch einverstanden erklärt. Allerdings gibt es dafür keine Belege.

An diesem Nachmittag waren Polizei und Staatssicherheit im Dauereinsatz. Besonders rund um das Bahnhofsviertel und in der Innenstadt wollten sie Zwischenfälle vermeiden. Gegen 14 Uhr wurden im Lokal

»Angereck« vier Jugendliche ausgemacht, die dort »ihren Sieg« feiern würden.[276] Sofort setzte sich ein Festnahmetrupp der Kriminalpolizei in Bewegung. Wenige Minuten später meldete sich der Stellvertretende Direktor der Erfurter Verkehrsbetriebe bei der Staatssicherheit.[277] Ihm sei von einem Polizisten erzählt worden, »daß Jugendliche eine Straßenbahn erbeuten wollen, um damit über den Bahnhofsvorplatz zu fahren«. Die Volkspolizei ließ vorsorglich den Strom abstellen.[278] Am Nachmittag traf die Nachricht ein, dass eine Gruppe Jugendlicher unterwegs sei, um Brandt zuzujubeln.[279] Um 16.50 Uhr wurden erneut Jugendliche am »Angereck« gesichtet. Zehn der 20 Jugendlichen würden wie »Gammler« aussehen und versuchen, in die Gaststätte zu kommen.

Um 17 Uhr meldete sich MfS-Chef Erich Mielke persönlich beim Leiter der Erfurter Bezirksverwaltung.[280] In einem Fernschreiben wies er an, »verstärkte Maßnahmen zur Sicherung negativer Kräfte« einzuleiten. Fahrten nach Erfurt sollten verhindert werden.

Als Brandt gegen 18.15 Uhr zum Hotel zurückkehrte, kam es zu einer »häßlichen Szene der Gewalt«.[281] »Fünf junge langhaarige Burschen, die lauthals geschrien hatten, als Brandt im schwarzen Wagen des Außenministers Winzer […] vorüberfuhr«, schrieb die »Welt«, »wurden nach allen Regeln der Kunst von Zivilisten zusammengeschlagen und in ein Auto gezerrt.« Sogar die Funktionäre aus Stophs Begleitung seien erschüttert gewesen. Rund 5000 Menschen, vor allem Jugendliche, hatten sich zu diesem Zeitpunkt in den Straßen um das Bahnhofsviertel versammelt und versuchten, zum »Erfurter Hof« durchzubrechen.[282] Erstmals registrierte die Polizei »aktiven Widerstand«. Gruppen von Jugendlichen versuchten, gegen die Absperrketten anzurennen. Polizei und Staatssicherheit boten alle Kräfte auf, um sie zu stoppen. Autos wurden quergestellt, 25 Personen festgenommen. »Ein roter Polizeiwagen mit Lautsprechern bittet derweil die ›Bürger und Bürgerinnen‹, nach Hause zu gehen.«[283] Brandt kam durch. Die Staatssicherheit notierte: »Konvoi erreicht Erfurter Hof ohne Vorkommnisse.«[284]

Brandt selbst erinnerte sich eher positiv an seine Rückkehr in die Bezirksstadt: Es habe ihn »berührt«, dass »wieder viele Tausend Erfurter Bürger ohne Aufforderung die Straßen säumten«.[285] Gleichzeitig habe es ihm leidgetan, dass für einen Besuch in Weimar keine Zeit gewesen sei. Die Stadt habe »dem ersten Experiment einer freien deutschen Republik ihren Namen« gegeben. »Die historische Kontinuität, in deren Pflicht wir stehen, war mir in dieser deutschen Kernlandschaft gegenwärtig wie selten.«

Angeblich versuchten SED-Funktionäre am Abend, eine kurze Pressekonferenz von Regierungssprecher Ahlers auf der IGA zu sabotieren.[286] Einem Bericht des »Spiegel« zufolge ließen sie im Pressezentrum über Lautsprecher die Meldung verbreiten, dass in wenigen Minuten die Busse zum Sonderzug abführen. »Alles rannte, rettete, stürzte«, beschrieb ein Journalist die Situation.[287] Offensichtlich sollte Ahlers bei seiner Ankunft auf der IGA keine Journalisten vorfinden. Heinz Schneppen vom Bundespresseamt sei »aufgelöst« durch das Restaurant gesaust und habe versucht, eine gegenteilige Ansage durchzugeben. Doch er durfte nicht. »Ein Ostberliner Funktionär von der Akkreditierungsstelle versuchte, ihm plausibel zu machen, daß er gerne helfen würde, aber leider, leider – er könne keine Durchsagen erlauben.« Schließlich sei der Beamte auf einen Stuhl geklettert: »da ich hier gehindert werde, über das Mikrophon zu sprechen: Ahlers kommt doch und macht das Briefing.« Die Journalisten blieben.

Vieraugengespräch

Bevor sich Brandt erneut mit Stoph traf, diesmal zu einem Vieraugengespräch, stimmte er sich mit seiner Delegation im Hotelzimmer ab.[288] Laut Sahm wollte er vor allem drei Themen ansprechen: Ort und Termin des zweiten Treffens, die Vorbereitung eines solchen Treffens und ein gemeinsames Kommunique. Aus Bonn war inzwischen die Nachricht eingetroffen, dass Braunschweig für ein zweites Treffen zur Verfügung stünde.

Um 18.30 Uhr kamen die Regierungschefs zu dem vertraulichen Gespräch zusammen. Sowohl Brandt als auch Stoph fertigten davon Notizen an, die sich in der thematischen Gewichtung und dem jeweiligen Umfang unterscheiden.[289] Wie zur Rechtfertigung gegenüber den eigenen Genossen beschrieb Stoph sehr ausführlich seine eigene Argumentation gegenüber dem Bundeskanzler. Brandt dagegen beschränkte sich darauf, den Gesprächsverlauf punktuell wiederzugeben.

Zunächst zeigte sich Brandt von seinem Besuch in Buchenwald beeindruckt. »In ihm«, notierte Stoph, »seien Erinnerungen aus der Vergangenheit wachgerufen worden.« Stoph sagte nach eigenen Angaben: »In der DDR seien die Ursachen dafür [für den Nationalsozialismus], nämlich die Herrschaft des Imperialismus, ein für alle Mal beseitigt, und es sei notwendig, auch in der BRD endlich auch die Ursachen zu beseitigen.«

Im Mittelpunkt des zweistündigen Gespräches, so das Gedächtnisprotokoll des Bundeskanzlers, standen die deutsch-deutschen Beziehungen. Stoph habe erneut den Austausch von Botschaftern vorgeschlagen und einen gemeinsamen Aufnahmeantrag für die UNO angeregt. Gleichzeitig habe er der Bundesregierung vorgeworfen, andere Staaten daran zu hindern, diplomatische und wirtschaftliche Verbindungen mit der DDR aufzunehmen. Als Brandt nach eigenen Angaben entgegnete, dass die DDR immer noch bestrebt ist, die Beziehungen der Bundesrepublik zu Staaten des Warschauer Paktes zu erschweren, »gab St. dies ohne Zögern lächelnd zu«. Laut Stophs Aufzeichnungen entgegnete Brandt auf den vorgeschlagenen Botschafteraustausch mit den Worten: »Solch ein Schritt gehe jetzt noch nicht. Er sei darauf noch nicht vorbereitet und könne damit nicht morgen vor den Bundestag treten«. Der Bundeskanzler hingegen notierte seine Marschroute stichwortartig: »Beziehungen, Kommunikation, Abbau von Diskriminierungen«.

Nun diskutierten die beiden Regierungschefs die Berlin-Frage. Gemäß Brandts Aufzeichnungen wies Stoph »mit einer gewissen Heftigkeit« darauf hin, »daß es hier grundsätzliche Gegensätze gebe und seine Seite nicht daran denke, mit uns Verträge zu schließen, in denen Berlin-Klauseln enthalten seien«. Brandts Eindruck war: »Neben diesen harten und unversöhnlichen Erklärungen standen andeutende Äußerungen wie die, daß man ›ohne Lärm‹ das eine und andere praktisch regeln könne.«

Stoph dagegen schrieb, Brandt habe seine Aufenthalte in West-Berlin als Bundeskanzler mit persönlichen Motiven begründet: »Angeblich wohne sein Schneider dort usw.« Laut Stophs Niederschrift verteidigte Brandt die Beziehungen der Bundesrepublik zu West-Berlin und versuchte um Verständnis zu werben. Doch Stoph beharrte nach eigenen Angaben ebenso auf seiner Position: »Westberlin hat niemals zur Bundesrepublik gehört und wird niemals zur Bundesrepublik gehören. Was sollen diese ganzen Provokationen? Unterlassen Sie es, und die Westberliner werden den größten Vorteil davon haben.« In der offensichtlich aufgeheizten Atmosphäre legte Stoph noch eins drauf: »Wenn unser Zusammentreffen in der Hauptstadt der DDR, Berlin, zustande gekommen wäre«, so erklärte er nach eigenen Angaben dem westdeutschen Gast, »und Sie darauf verzichtet hätten, demonstrativ bei dieser Gelegenheit Westberlin zu besuchen, dann wäre ich gern mit Ihnen auf den Fernsehturm gefahren. Dort hätten Sie sich vom Restaurant aus in 220 Meter Höhe überzeugen können, daß Westberlin auf dem Territorium der DDR liegt.«

Ohne zu Ergebnissen zu kommen, sprachen die beiden Regierungschefs über mögliche Vereinbarungen im Post- und Verkehrswesen, die Mitgliedschaft in internationalen Organisationen sowie Ausgleichszahlungen. Stoph warf der Bundesregierung erneut Diskriminierung vor. Das Gespräch drehte sich im Kreis. Stoph drohte mit Blick auf angeblich ausstehende Ausgleichszahlungen der Bundespost nach eigenen Angaben: »Wenn Sie, Herr Brandt, als Postkunde Ihre Telefonrechnung nicht bezahlen, bekommen Sie nach einem Monat eine Mahnung und nach drei Monaten bei Nichtbegleichung der Rechnung das Telefon gesperrt. Ich nehme nicht an, daß Sie, Herr Brandt, daran interessiert sind, daß unter Ihrer Regierung die Deutsche Post der DDR gegenüber der westdeutschen Bundespost zu solchen Schritten gezwungen wird.« Brandt reagierte ruhig. Er bat um Geduld und versprach, die Atmosphäre zu verbessern, wenn er es könne.

Dann kam Brandt auf das vereinbarte zweite deutsch-deutsche Spitzentreffen zu sprechen. Er schlug Stoph Braunschweig vor. Gleichzeitig bat er Stoph, sich möglichst sofort auf einen Ort zu einigen, da er bereits viele Vorschläge erhalten habe. Stoph lehnte Braunschweig ab. Stattdessen schlug er Kassel vor, da die Stadt »im grenznahen Gebiet« liege. Brandt sagte nicht sofort zu, sondern ließ den Termin in Bonn von Kanzleramtsminister Ehmke prüfen. Nach kurzer Zeit kam aus Bonn das Signal, dass das Treffen am 21. oder 22. Mai in Kassel möglich sei. Sahm und Schüßler, die bereits das Erfurter Treffen ausgehandelt hatten, sollten auch hier die Vorbereitungen treffen.

Dann sprachen beide über die weiteren Kontakte zwischen ihren Regierungen. Brandt schlug Kanzleramtschef Ehmke als seinen Vertrauten vor. Stoph lehnte nach eigenen Angaben »konsequent« ab, »es sei denn, Herr Brandt sei bereit, auf diesem Wege über die Vorbereitung normaler gleichberechtigter Beziehungen auf der Grundlage des Völkerrechts zu sprechen«. Brandt wiederum lehnte das ab. Das sei zu früh und er fühle sich damit überfordert. Brandt fragte nach eigenen Angaben Stoph, ob der DDR-Unterhändler Hermann von Berg, den der Bundeskanzler erst am Morgen im Zug nach Erfurt kennengelernt hatte, eine »offiziöse Verbindungsaufgabe« zur Vorbereitung des nächsten Treffens bekommen könnte.[290] Stoph zögerte mit einer Antwort. Schließlich schlug er entgegen seinem ersten Votum einen dauerhaften Kontakt zwischen Horst Ehmke und Michael Kohl vor. Konkret wurde nichts verabredet.

Kurz vor Ende des Gespräches sprach Stoph seinen Gast auf eine Formulierung im Interview mit der »Süddeutschen Zeitung« an. Brandt hätte dort Stoph als »stur« bezeichnet. Dadurch sei das Treffen »in nicht gerade freundlicher Weise« vorbereitet worden. Brandt widersprach: Er habe Stoph nicht als »stur«, sondern als »starr« bezeichnet. Diesen Ausdruck wolle er aber korrigieren. Jahre später erinnerte sich Brandt, dass Stoph während des Treffens versucht habe, Brandts Eindruck »durch ein paar Gesten und Floskeln der Liebenswürdigkeit zu korrigieren – mit nicht allzu großem Erfolg«.[291]

Abschließend besprachen die beiden Regierungschefs das gemeinsame Kommuniqué.[292] Um den Wortlaut hatten bereits die Unterhändler Kohl und Sahm gerungen. Dazu war Sahm von Schüßler in den dritten Stock des Hotels geführt und ihm von Kohl ein Entwurf übergeben worden. Sahm, der darauf vorbereitet war, hatte einen Gegenentwurf präsentiert, den Brandt genehmigt hatte. Nun versuchte er, aus den beiden Entwürfen einen zu machen. Nach Angaben von Kohl versuchte Sahm, den Begriff »Einheit der Nation« unterzubringen, was bei DDR-Funktionären auf Widerstand stieß: Die Forderung sei »irreal«. Die DDR bestand nachdrücklich auf einem völkerrechtlichen Hinweis in dem Text. »Kohl«, notierte Sahm, »ist nicht bereit (oder bevollmächtigt), auch nur ein Komma zu ändern. Wir reden immer wieder das Gleiche. Von einem Kompromiß kann nicht die Rede sein. So setzen wir gegenseitig Klammern um jeden Satz. Schließlich wird eine Sekretärin gerufen und ihr der Text diktiert.« Der Text wurde schließlich zur Chefsache. Kohl informierte Winzer und telefonierte mit Ulbricht. Dabei sei festgelegt worden, »daß ohne die Erwähnung des völkerrechtlichen Charakters der Beziehungen der inhaltliche Teil des Kommuniqués nicht akzeptiert werden kann«. Die DDR-Seite wollte außerdem nicht, dass Franke bei der Aufzählung der Gesprächsteilnehmer als Minister für innerdeutsche Beziehungen bezeichnet werde. Als Kohl von den Telefonaten zurückkam, war Sahm verschwunden. Der DDR-Staatssekretär ließ ihn rufen. Sahm reagierte gereizt. Während Kohl »seine Herren« informieren könne, habe er dazu keine Gelegenheit. Letztendlich kümmerten sich Stoph und Brandt um das Kommuniqué. Auf die Erwähnung der Ministerien wurde verzichtet. Die beiden diskutierten auch darüber, welche inhaltlichen Aspekte oder gar Ergebnisse der Gespräche veröffentlicht werden sollten. Brandt und Stoph einigten sich, als gemeinsames Ziel zu formulieren, »gleichberechtigte Beziehungen zwischen der Deutschen Demokratischen Republik und der Bundesrepublik Deutschland auf der Grundlage der Nichtdiskriminierung, der Unverletzlichkeit der Grenzen beider Staaten und der Achtung ihrer territorialen Integrität herzustellen«. Kohl versuchte noch, einen Passus »auf der Grundlage des Völkerrechts« bzw. »entsprechend den Prinzipien des Völkerrechts« unterzubringen. Doch Stoph ließ das nicht zu. Er war mit der Formulierung einverstanden.

Brandt notierte: »Bei Ende dieses Gespräches stellen wir beide fest, daß es nützlich gewesen sei, sich zu ›beriechen‹. St. fügte hinzu, wenn sonst über Vieraugengespräche berichtet werde, stimme das fast nie, denn es seien eigentlich wegen der Dolmetscher immer sechs oder acht Augen, ›aber wir brauchen ja keine Dolmetscher‹.« Um 20.30 Uhr war das Gespräch in dem Speisesaal beendet.[293]

Beide Delegationen traten noch einmal zu einer kurzen Abschlusssitzung zusammen. Gegen 21.40 Uhr zog Brandt ein Fazit des Tages.[294] Über die Gespräche habe es vorab keine Illusionen gegeben. Aber einige Standpunkte der beiden Seiten seien nun besser verstanden worden. »Insoweit war er [der Tag] bedeutungsvoll und nützlich.« Brandt bedankte sich bei Stoph für die Betreuung. Dann sprach Stoph, der das Treffen ebenfalls als »nützlich« betrachtete – und machte noch einmal den gesamten Forderungskatalog der DDR auf: Stoph wiederholte die Forderung nach gleichberechtigten Beziehungen auf der Grundlage des Völkerrechts und skizzierte abermals ausführlich die

Position der DDR. Abschließend nahm er die Einladung zum Gegenbesuch nach Kassel an. Stoph wünschte Brandt noch eine gute Heimreise. Brandt dankte lediglich und fügte hinzu, »daß ein Schweigen zu einzelnen Ihrer Ausführungen nicht Zustimmung bedeutet, sondern der Absprache entspricht, daß einer das letzte Wort hat«. Stoph: »Gut, danke schön.« Gegen 22 Uhr waren die Gespräche beendet.

Damit ging das Treffen drei Stunden länger als vorgesehen. Jeder der Delegationsteilnehmer durfte zum Andenken die ledernen Schreibmappen, die auf den Tischen lagen, mitnehmen.[295] Zum Abschluss gab es einen kleinen Imbiss mit thüringischen Wurstspezialitäten und russischem Lachs.[296] Dabei sprachen die Delegationen auch über das nächste Treffen in Kassel.[297] Sahm erklärte, dass mit den Vorbereitungen nicht zu früh begonnen werden sollte. Darauf bemerkte Brandt »unter allgemeiner Heiterkeit«, dass Sahm in Urlaub gehen wolle. Worauf Schüßler ergänzte: »Ich hätte ooch gerne eine Adembause!«

Unmittelbar vor der Abreise des Bundeskanzlers sprachen die Regierungschefs noch einmal kurz miteinander, um dem Eindruck vorzubeugen, so Brandt später, »als sei die Begegnung zu einem kompletten Fehlschlag geworden«.[298] Es ging um das gemeinsame Kommuniqué und die bereits diskutierten Formulierungen.[299] Von wem die Initiative für dieses ungeplante letzte Gespräch ausging, ist nicht eindeutig nachzuvollziehen: Nach Angaben Stophs kam es »von seiten Brandts noch zu einem kurzen persönlichen Gespräch«. Dagegen notierte Brandt: »Am späten Abend ließ mich St. um ein zusätzliches Vieraugengespräch bitten.« Auch den Anlass für das Gespräch beschreiben beide Seiten unterschiedlich: Während Stoph notierte, dass Brandt darum gebeten habe, die Formulierung über die Beziehungen der beiden Staaten zu streichen, da er damit »nicht in den Bundestag gehen« könne, schrieb Brandt, dass Stoph diese Formulierung plötzlich wieder im Kommuniqué haben wollte. Dies habe er abgelehnt, »denn hierdurch würde der Eindruck erweckt werden, als hätten wir uns über die ›völkerrechtliche Anerkennung‹ im Sinne der Vorstellungen der DDR verständigt«. Stoph habe daraufhin erklärt, dass nun der gesamte Absatz, der den inhaltlichen Teil des Treffens beschreibe, gestrichen werden müsse.

Letztendlich wurde ein mageres Kommuniqué veröffentlicht, dass die Teilnehmer und den knappen Ablauf des Treffens referierte.[300] Der

Außenminister der DDR und der Bundesminister für innerdeutsche Beziehungen wurden in dem gemeinsamen Text nur als »Minister« tituliert. So konnten zumindest in dieser Frage beide Seiten ihr Gesicht wahren. Über die Gesprächsinhalte wurde offiziell nichts berichtet. Die einzige Neuigkeit bestand darin, dass es eine Fortsetzung der Gespräche am 21. Mai in Kassel geben werde. Bundesdeutsche Journalisten, die in der »Mocca-Bar« des Hotels mit ihren DDR-Kollegen auf das Ende des Gespräches warteten, beobachteten bei ihren ostdeutschen Kollegen Unzufriedenheit über die Pressemitteilung.[301] Der Text sei von ihnen als unpolitisch empfunden worden, das Wort »Anerkennung« komme in keiner Weise vor.

Der karge Abschied

Stoph und die DDR-Delegation begleiteten ihre Gäste zurück über den Bahnhofsvorplatz zum Sonderzug.[302] Während des Weges schwiegen Brandt und Stoph.[303] Am Rand des Platzes stand eine Gruppe von Männern. Rhythmisch riefen sie »Hoch, hoch, hoch – es lebe Willi Stoph«. Das »Neue Deutschland« berichtete von »Hunderten« Erfurter Werktätigen, die in Sprechchören »Nie wieder Faschismus in Westdeutschland zulassen« gerufen hätten.[304]

Auf dem Bahnsteig verabschiedete sich der Kanzler von Stoph mit den Worten: »Ich darf mich noch einmal bedanken und Sie in Kassel begrüßen.« Stoph antwortete: »Gute Reise.«[305] Brandts innere Erregung, so ein Beobachter, hatte sich auf dem Bahnsteig wieder in Steifheit verhandelt.[306] Fast tonlos habe der Kanzler ein »Danke schön« gemurmelt und sei nach kurzem Gruß in den Salonwagen eingestiegen. Brandt selbst beschrieb den Abschied später als »karg«.[307] Nach 13 Stunden war das erste deutsch-deutsche Gipfeltreffen unspektakulär beendet. Doch dann fuhr der Zug nicht an. Stoph konnte den Bahnsteig nicht verlassen. Da das Gespräch länger als geplant gedauert hatte, hatten die Eisenbahner aus Ost und West rasch einen neuen Fahrplan entwerfen müssen. Erst gegen 22 Uhr hatte das DDR-Verkehrsministerium der Bundesbahndirektion in Kassel die neue Abfahrtszeit des Sonderzuges übermitteln können: 22.25 Uhr.[308] »Fünf peinliche, inhaltsleere Minuten in hingewurzelter Höflichkeit« musste

Stoph vor Brandts offenem Abteilfenster stehen.[309] Sowohl Brandt als auch Stoph fehlten die Worte. »Es gab – für den Augenblick – nicht mehr viel zu sagen«, schrieb Brandt rückblickend, »und ich hatte kaum das Gefühl, daß ich diesem Mann menschlich näher gekommen war.«[310]

»Wer sorgt denn hier für die Abfahrt«, fragte der ungeduldige Kanzler seine Begleiter im Inneren des Zuges.[311] Hilflos zuckten sie die Schultern: »Das DDR-Protokoll.« Entschuldigend wandte sich Brandt an den heraufschauenden Stoph: »Es tut mir leid, daß wir jetzt so Ihre Zeit strapazieren.« Stoph winkte ab. Endlich fuhr der Sonderzug Richtung Bonn ab. Nach wenigen Minuten musste der Zug im Vorort Hochheim jedoch schon wieder halten.[312] Am letzten Waggon war eine Bremse fest. Sie wurde gelöst, dann ging die Fahrt Richtung Grenze weiter. Dem nächtlichen Zug Richtung Westen schauten DDR-Bürger längs der Gleise hinterher: »Wie am Morgen bei der Hinfahrt von Gerstungen an überall winkende Menschen standen«, schrieb ein Journalist, »sah man sie jetzt an den erleuchteten Fenstern stehen.«[313] Auf allen Brücken über der Bahnstrecke standen Polizisten.[314]

Die bundesdeutschen Journalisten nutzten nun ihre erste Gelegenheit, mit Brandt über seine Eindrücke zu sprechen. Zunächst erklärte der Kanzler sachlich, dass das zweistündige Vieraugengespräch mit Stoph von besonderem Interesse gewesen sei.[315] Niemand dürfe sich aber über die grundsätzlichen Differenzen in den wichtigsten politischen Fragen etwas vormachen. Auch die DDR habe in dieser Frage keine Illusionen. Dann veränderte sich Brandts Stimmung. »Ein Glas Bordeaux in den Händen, aus dem er zu trinken vergißt, gibt der Bundeskanzler, dem Gefühlsäußerungen sonst sehr fremd sind, seinen aufgewühlten Empfindungen freien Lauf. Als habe er unschätzbare Lehren empfangen, spricht er von einem ›ungewöhnlich ertragreichen menschlichen Erlebnis‹. Er meditiert mit rauher Stimme: ›Man ist reicher geworden.‹ Noch längst nicht mit allem fertig, was ihm während der Reise ins andere Deutschland widerfahren ist, noch grüblerisch auf der Suche nach dauerhaften Wahrheiten, bittet er, ihm in dieser Nacht keine zusätzlichen Fragen zu stellen.«[316] Brandt suchte Klarheit. Für sich, um Bilanz zu ziehen: »Ich war erschöpft und versuchte, die Ereignisse und Gespräche zu prüfen: ein Tag der Überwältigung durch die Sympathie der DDR-Bürger, der gedämpften Hoffnungen, der

Befriedigung über einen Versuch, der gewagt, über einen Anfang, der gemacht werden mußte.«[317]

Für Sahm war mit der Abfahrt die Arbeit noch nicht beendet. Zusammen mit Dorn, Ritzel und Ahlers musste er Kohl und Hain Gesellschaft leisten, die wieder bis Gerstungen im Sonderzug mitfuhren.[318] Die kleine Runde versuchte, den Abend entspannt ausklingen zu lassen: Die Gäste »wählten aus der Getränkekarte den Bocksbeutel, und so trinken wir eine Flasche nach der anderen«, notierte Sahm. Bei dem fränkischen Wein zückte Sahm das bereits bemühte Büchlein mit den Goethe-Zitaten und las ihnen den Spruch für den 19. März 1970 vor. Doch Kohl war offenbar nicht nach Entspannung zumute. Er brachte »nochmals sein völliges Unverständnis« darüber zum Ausdruck, dass die bundesdeutsche Seite im Kommuniqué die Bezugnahme auf das Völkerrecht abgelehnt habe. Ritzel habe um Verständnis gebeten. Alles sei nur eine Frage der Zeit. Die DDR solle nicht drängen, weil die Bundesregierung sonst Schwierigkeiten bekommen könne. Dorn habe überraschend erklärt, dass er sich persönlich schon länger für die völkerrechtliche Anerkennung der DDR einsetze. Über die Atmosphäre berichtete Kohl: »Insgesamt entstand der Eindruck, daß die westdeutsche Delegation in gewisser Hinsicht erleichtert und zufrieden die Rückreise antrat.« Es habe die Bemerkung gegeben, dass man sich zuvor falsche Vorstellungen von Stoph gemacht hätte. Sein »konsequentes, aber zugleich verbindliches Auftreten« und sein »breites Wissen« hätten »stark beeindruckt«. Kohl fragte die beiden Bundesdeutschen später, ob ihnen etwas in Erfurt nicht gefallen hätte. Sahm nannte die organisierten Sprechchöre vor dem Hotel. Darauf habe Kohl geantwortet: »Das war notwendig nach den Ereignissen vom Vormittag!« Dorn nannte als Kritikpunkt die Ereignisse in Buchenwald. Das war, schrieb Sahm, »Hain sichtlich unangenehm, denn er bemerkte nur, daß er für diesen Teil des Programms nicht zuständig gewesen sei«. Kohls Aktenvermerk schweigt zu dieser Angelegenheit. Stattdessen berichtete der DDR-Unterhändler, daß sich Dorn und Sahm »sehr kritisch« über die bundesdeutsche Presse in Buchenwald geäußert hätten. »Aus Sensationshascherei« hätte sie die Würde des Ortes missachtet.

Auch über das nächste Treffen in Kassel wurde bereits gesprochen. Die bundesdeutsche Delegation spekulierte darüber, weshalb Stoph statt Braunschweig Kassel vorgeschlagen hatte. »Dabei«, so Kohl, »brachten die westdeutschen Gesprächspartner ein gewisses Unbehagen darüber zum Ausdruck, dass Kassel nicht gerade zu den attraktivsten Städten gehört. Man müsse es in den nächsten Wochen etwas aufpolieren.«

In Gerstungen verabschiedeten sich um 23.50 Uhr Kohl und Hain vom Kanzler und verließen den Zug. Während Brandt den Journalisten weiter Rede und Antwort stand, arbeiteten Pressesprecher Ahlers und Staatssekretär Sahm nun an der Erklärung, die Brandt wenige Stunden später im Bundestag abgeben sollte.[319] Sahm erinnerte sich: »Ich schreibe mit der Hand einen Satz nach dem anderen, ein Whisky nach dem anderen hilft mir dabei und beflügelt meine Feder.« Um 2 Uhr fiel Sahm in sein Bett.

Nach Brandts Abfahrt verließen Stoph und seine Begleiter den Hauptbahnhof Richtung Tagungshotel. Noch immer standen Demonstranten auf dem Bahnhofsvorplatz. »Auch auf dem Rückweg«, so das »Neue Deutschland«, »hallte der Platz von den Sympathiekundgebungen der Frauen, Männer und Jugendlichen wider.«[320] Stoph dankte winkend für die »vielfältigen Beweise der festen Verbundenheit«. Noch bis in die späten Abendstunden hätten die Menschen vor dem Hotel gestanden, »um den Repräsentanten ihres Staates Zustimmung zu bekunden«.

Wenige Minuten nach Mitternacht erreichte der Sonderzug das Bundesgebiet. Wieder hielt der Zug in der Grenzstation Bebra. Vom Bahnsteig streckten sich dem Kanzler, der am offenen Abteilfenster stand, viele Hände entgegen. Sprechchöre riefen »Willy!«. Brandt stieg aus, um im ARD-Sonderstudio ein Interview zu geben. Ein Reporter beobachtete den Kanzler in diesem Moment: »Willy Brandts Gesicht ist eine Maske, von tiefer Müdigkeit gezeichnet.«[321] Wenige Augenblicke später saß Brandt in dem improvisierten Studio. »Wer noch ausgeharrt hatte«, schrieb ein Kommentator über die Fernsehübertragung, »wer nach 23 Jahren des Wartens nun auch noch die Stunde nach Mitternacht erwarten konnte, wurde Zeuge einer denkwürdigen Rückkehr. Vielleicht einer stilleren Rückkehr, als Amerikaner sie ihren Mondfahrern bereiten, aber auch hier schienen Leute von weit her zu kommen.«[322]

Als Ergebnis des Tages nannte Brandt zwei Punkte: »Erstens. Das ist das Konkrete. Wir treffen uns wieder am 21. Mai in Kassel. Das ist das politisch Wichtigste. Und das Zweite ist: Wir haben doch wohl beide, hoffe ich, etwas mehr verstanden von der Argumentation des anderen.«[323] Während des etwa einstündigen Aufenthaltes in Bebra sagte Brandt resümierend gegenüber Reportern, in Erfurt habe sich so viel zugetragen, dass er Stunden und Tage brauche, um das Erlebnis zu verarbeiten. Ein Journalist zitierte ihn mit den Worten: »Ich empfinde so, daß der Tag mich reicher gemacht hat.«[324] Gleichzeitig korrigierte der Kanzler öffentlich seine Charakterisierung von Stoph. Dieser sei nicht »starr«, wie er vor der Reise gesagt habe, sondern »fest«. Stoph setze sich dafür ein, was er für die Interessen der DDR halte, so Brandt.

Nachspiel

Tausende »hoffnungsbange« Menschen hatten dem Kanzler auf dem Bahnhofsvorplatz begeistert zugejubelt.[1] Für einige von ihnen hatte das ein bitteres Nachspiel: Am »Tag von Erfurt« wurden nach Angaben der Volkspolizei 109 und nach Angaben der Staatssicherheit 119 Menschen festgenommen.[2] Unter ihnen waren überdurchschnittlich viele junge Leute. Nach der Polizeistatistik waren 79 Festgenommene nicht älter als 25 Jahre. 71 Verhaftete stammten aus der Stadt Erfurt, 17 aus dem Bezirk Erfurt und 21 aus anderen Teilen der DDR. Gegen zwei Personen seien Ermittlungsverfahren und Haftbefehle erlassen worden. Bei den übrigen 107 Festgenommenen seien die »Handlungen bzw. deren Verhalten unterhalb der Schwelle der strafrechtlichen Relevanz« gewesen. Einige hätten Weisungen der Volkspolizei nicht befolgt und Menschenansammlungen fotografiert. Bei anderen gab es den »Verdacht auf Beifallskundgebungen für Brandt« oder den »Verdacht auf Zusammenrottung«. Ein Oberstleutnant der Volkspolizei beschrieb die Festgenommenen: »Wir schätzen ein, daß diejenigen, die den ersten Anstoß gaben, äußerst negative Figuren waren. Sie sitzen im Amt ein. Es sind Arbeitsbummelanten, mit langen Haaren und kommen von Gera und anderen Bezirken. Ein Summarium von negativen Elementen, 20 an der Zahl.«[3]

Am 30. März, mehr als zehn Tage nach dem Gipfeltreffen, war die Erfurter Staatssicherheit noch immer mit der Aufarbeitung der Vorgänge beschäftigt.[4] Inzwischen lagen jede Menge Fotos vom Bahnhofsvorplatz vor. Darunter waren auch zahlreiche Szenen aus dem Westfernsehen. Die Staatssicherheit hatte einfach den flimmernden Bildschirm abfotografiert. Nun wurden die Fotos Mitarbeitern und »zuverlässigen IM« vorgelegt, um die Menschen auf den Bildern zu identifizieren. Wenn ein Gesicht erkannt wurde, sollte eine »Einschätzung« zu der Person geschrieben werden. Nach einer Woche hatte die Staatssicherheit 29 Personen auf den Bildern identifiziert.[5] Auch 25 Lehrer und Parteischüler der Erfurter Bezirksparteischule erkannten die Ermittler in dem Gewühl. Diese Genossen, die dienstlich auf dem Platz waren, hatten nichts zu befürchten.

Ein Medienereignis in Ost und West

Die beiden öffentlich-rechtlichen Fernsehanstalten der Bundesrepublik konzentrierten sich am 19. März auf die Ereignisse in Erfurt. Ihre Berichterstattung richtete sich an Bundesbürger und an die DDR-Bevölkerung. Die ARD startete um 13 Uhr mit einer »Tagesschau«, die nur in den Gebieten entlang der innerdeutschen Grenze ausgestrahlt wurde.[6] Die reguläre »Tagesschau« um 20 Uhr abends wurde um 15 Minuten verlängert. Das ZDF sendete ab 15 Uhr immer wieder Sonderberichte und Informationen über das Treffen. Das Abendprogramm konzentrierte sich fast ausschließlich auf die politischen Ereignisse in Erfurt. Die Nachrichtensendung »heute« dauerte eine Stunde.

Im DDR-Fernsehen trat unmittelbar nach Beginn der Spitzengespräche Chefkommentator Karl-Eduard von Schnitzler auf und erklärte, die beiden deutschen Staaten stünden sich »feindlich, ja feindselig« gegenüber. Sie seien durch unterschiedliche Gesellschaftsformen geprägt, die miteinander nicht vereinbar seien. Schnitzler forderte die völkerrechtliche Anerkennung der DDR.[7] Das Treffen in Erfurt sei »keine Show für einen Händedruck«, sondern die Gelegenheit für die Bundesrepublik, mit der »abenteuerlichen Politik vom Kaiser bis zu Adenauer Schluß zu machen«. In Erfurt schlage für die Bundesregierung die »Stunde der Wahrheit«. Außerdem säßen sich am Konferenztisch »Schuldner und Gläubiger« gegenüber.

Den Jubel der Erfurter Bevölkerung und die turbulenten Szenen vor dem Tagungshotel verschwieg das DDR-Fernsehen.[8] Totalaufnahmen vom Bahnhofsvorplatz wurden nicht gesendet. Stattdessen berichteten die Medien ausführlich über die linientreuen Gegendemonstranten, die in Sprechchören Willi Stoph zugejubelt hatten.

Am Abend, gleich nach der Abfahrt Brandts, interviewte Karl-Eduard von Schnitzler Willi Stoph im »Erfurter Hof« für das DDR-Fernsehen.[9] Das Interview war zuvor schriftlich ausgearbeitet worden.[10] In dem Frage-und-Antwort-Spiel mit dem »Genossen Vorsitzenden« blieb kein Raum für spontane Äußerungen. Stoph las seine Antworten von Zetteln ab und schaute nicht einmal in die Fernsehkamera. Er charakterisierte das Treffen als »nützlich«. Die gegensätzlichen Auffassungen zwischen den beiden Regierungen seien offen zutage getreten. Dies sei jedoch weder für ihn noch für Brandt überraschend gewesen. Stoph sagte: »Wenn es allein an uns läge, so könnte schon das heutige Erfurter Treffen dazu beitragen, diese Besprechungen in echte Verhandlungen über die Normalisierung der Beziehungen zwischen der Deutschen Demokratischen Republik und der Bundesrepublik Deutschland auf völkerrechtlicher Grundlage hinüberzuleiten.« Bezüglich des Umgangstons mit dem Bundeskanzler sagte Stoph: »Ja, Sie können sicher sein, daß ich die Dinge beim Namen genannt habe, so wie wir das gewohnt sind und wie das den Vertretern der Arbeiter- und Bauernmacht entspricht.« Abschließend dankte Stoph den Erfurter Bürgern, dass sie das Treffen in so kurzer Zeit so gut vorbereitet hätten. Seine Delegation habe das Gefühl gehabt, von der vollen Übereinstimmung mit der Bevölkerung getragen zu sein, von einer Zustimmung, die sich auch während des Tages in herzlichen Kundgebungen und in zahlreichen Zuschriften geäußert habe. Aus ihnen habe auch die Entschlossenheit der Bürger gesprochen, ihren Arbeiter-und-Bauern-Staat allseitig zu stärken und weiterhin als eine feste Bastion des Friedens und des Sozialismus zu entwickeln.

Karl-Eduard von Schnitzler erklärte einige Tage später den Zuschauern seines »Schwarzen Kanals« jene Erfurter Ereignisse, die nicht in das übliche Bild von der DDR passten, auf seine typische Weise.[11] Den Jubel für Brandt vor dem Tagungshotel bezeichnete er als einen »organisierten Auflauf eines Haufens von Schreihälsen«, der durch bundesdeutsche Journalisten noch »ein bißchen mehr aufgeputscht« worden sei. Es sei »schwachsinnig oder bösartig«, aus solchen »Randerscheinungen« ein Politikum zu machen. Schließlich hätten am vergangenen Sonntag 99,83 Prozent der DDR-Bürger die Kandidaten der Einheitsliste gewählt. Schnitzler griff außerdem die bundesdeutsche Berichterstattung aus Erfurt scharf an. Es seien »ziemlich niederträchtig« aus Erfurt die »größten Märchen« erzählt worden, nur weil die DDR »einige notorische Lügner« nicht hereingelassen habe.

In der bundesdeutschen Presse war das Treffen zwischen Stoph und Brandt am nächsten Tag natürlich der Aufmacher. Die Zeitungen hatten bereits im Vorfeld das Treffen als historisch eingestuft. In der Berichterstattung stand zunächst die persönliche Begegnung der beiden Regierungschefs im Mittelpunkt, nicht der Jubel für den Kanzler. Sowohl »Süddeutsche Zeitung« als auch »Tagesspiegel« und »Welt« titelten mit einem dpa-Foto vom Händedruck zwischen Stoph und Brandt auf dem Hauptbahnhof. Das gleiche Motiv druckte die »Frankfurter Allgemeine Zeitung«, die auf ein Titelfoto traditionell verzichtete und auch zum Erfurter Treffen keine Ausnahme machen wollte, auf Seite drei. Statt des Händedruckes titelte »Bild« mit den »beiden besten Fotos von der Reise ins andere Deutschland«. Unter der fetten Überschrift »Laßt uns durch!« waren auf der Titelseite drängende Erfurter an einer kaum noch zu haltenden Polizeikette zu sehen. Daneben zeigte ein zweites Foto den Kanzler am Hotelfenster. Darunter der Balken: »›Willy Brandt ans Fenster‹ – riefen sie.« Das Foto vom Händedruck platzierte die Zeitung erst auf der dritten Seite. Auch in den dazugehörigen Texten setzte das Boulevardblatt ganz auf Emotion.[12]

Die Zeitungen dokumentierten außerdem die Grundsatzerklärungen von Brandt und Stoph im Wortlaut.[13] Nachdem die Bundesregierung im Vorfeld versucht hatte, keine allzu großen Erwartungen zu wecken, wurde das Treffen nun insgesamt als positiv gewertet.

»Ein Gefühl der Zusammengehörigkeit, der Gemeinsamkeit, auch der Verantwortung beider Teile für die Vergangenheit«, so kommentierte die »Frankfurter Allgemeine Zeitung«, »wurde überall sichtbar.«[14] Die Reise Brandts habe »im Bewußtsein der Bevölkerung Spuren hinterlassen«. »Der Wunsch nach der größeren Gemeinschaft« sei in der DDR-Bevölkerung »so lebendig wie eh und je.« Und in der »Süddeutschen Zeitung« hieß es: »Die Begegnung mit Menschen eines deutschen Staates, der bisher in Brandts Vorstellung nicht viel mehr als eine fremdartige Anhäufung von drei Buchstaben gewesen ist, läßt den Kanzler jetzt von Realitäten sprechen, die zu erleben diese Reise wert war.«[15] Für die »Welt« war »der Tag von Erfurt ein Tag des Volkes«.[16] Kein nationaler Drang habe die Menschen erfasst, sondern das Prinzip Hoffnung. Die Bewegung sei vom »lange aufgestauten Wunsch« angetrieben worden, »freier zu leben und freier zu reden, den Horizont zu öffnen und die Züge zu besteigen«. Der Wille nach

Selbstbestimmung in der DDR sei lebendig. Aber noch sei unklar, ob Erfurt den Bürgern genützt oder geschadet habe. Nach Ansicht der »Zeit« habe die Reise Brandts nach Erfurt Gefühle freigesetzt, »an deren Existenz man eigentlich nicht mehr recht geglaubt hatte«.[17]

Auch in der DDR-Presse war das Gipfeltreffen Titelthema. Allerdings wurde es anders gewichtet. Während in der bundesdeutschen Presse die ersten Berichte aus Erfurt mit dem Händedruck zwischen Brandt und Stoph illustriert worden waren, konzentrierte sich die DDR-Presse auf die Konferenzatmosphäre. Auf den Titelseiten wurde ein Foto gedruckt, das die beiden sich gegenübersitzenden Delegationen zeigte.[18] Es ging um Sachlichkeit, nicht um Menschlichkeit. Das »Neue Deutschland« berichtete außerdem auf der Titelseite mit zwei Fotos von der mittäglichen Demonstration vor dem Tagungshotel. Erfurter Bürger, schrieb die Zeitung in ihrer Bildunterschrift, hätten »demokratische Verhältnisse in Westdeutschland und völkerrechtliche Anerkennung der DDR gefordert«. Auf die morgendliche, spontane Demonstration ging die Zeitung nur in einer Randnotiz ein. Sie berichtete unter der Überschrift »Demonstration des Vertrauens zu Partei und Regierung« ausführlich über den Jubel für Stoph und die Sprechchöre, die von Brandt die Anerkennung der DDR gefordert hatten.[19] Lediglich »bestellte Provokateure und Leute von gestern«, die von westlichen Pressevertretern eifrig angestachelt worden seien, hätten am Morgen versucht, die Ordnung zu stören. Die »Werktätigen« hätten ihnen eine »machtvolle Antwort« erteilt. In den lokalen Parteiblättern war diese Passage nicht zu lesen.

Die Ausgabe des »Neuen Deutschland« am Tag nach dem Gipfel war nur schwer zu bekommen und schnell ausverkauft.[20] Lediglich hier waren Stophs und Brandts Grundsatzerklärungen im vollen Wortlaut abgedruckt. Die regionalen Parteizeitungen veröffentlichten nur eine »entschärfte« Version der Brandt-Rede.[21] In den Auszügen fehlten vor allem die Passagen über die angestrebten »menschlichen Erleichterungen«. Stophs Rede wurde im vollen Wortlaut publiziert.[22] Kommentare gab es nicht.

Am 25. März war Michael Kohl zu Gast beim »Neuen Deutschland«, um den Redakteuren Fragen zum Erfurter Treffen zu beantworten.[23] Kohl musste unter anderem erklären, weshalb der Minister für innerdeutsche Beziehungen bei dem Treffen dabei gewesen war. Kohl sagte: »Selbstverständlich sind wir nicht erfreut über die Teilnahme von Franke. Aber es wäre nicht richtig gewesen, das Zustandekommen des Treffens an der Teilnahme von Franke scheitern zu lassen.« Ein Redakteur kam auf Buchenwald zu sprechen. Er wollte wissen, ob Brandt sich den Besuch in der Gedenkstätte so vorgestellt habe. Kohl antwortete: »Die Tatsache des Besuchs der Gedenkstätten von Thälmann und Breitscheid wird voraussichtlich Diskussionen innerhalb der SPD auslösen. Brandt hat das international übliche Zeremoniell – wenn auch nicht erfreut – akzeptiert.« Nach dem Eindruck der nachmittäglichen Demonstration befragt, erklärte Kohl lapidar: »Außerhalb der Gespräche wurde das aufmerksam registriert.«

Die »Bild«-Zeitung, die keine eigenen Korrespondenten nach Erfurt schicken durfte, versuchte trotzdem authentische Eindrücke aus Erfurt zu erhaschen. Von Hamburg aus riefen Redakteure bei zwölf zufällig ausgewählten Telefonanschlüssen in Erfurt an, um »Blitz-Telefoninterviews« zu führen.[24] Die gekürzten Interviews wurden veröffentlicht, Familiennamen der Angerufenen wurden abgekürzt. Die Redakteure hatten bei ihren Anrufen Glück: Sie erwischten die 49-jährige Hausfrau Marga R., die tatsächlich vor dem Hotel auf dem Kanzler gewartet hatte. »Wir sind einfach durchgebrochen«, erzählte sie. Und weiter: »Wir schrien alle: Willy Brandt – Willy Brandt – ans Fenster – ans Fenster! Er zeigte sich wirklich und nickte uns zu.« Nicht alle Angerufenen sprachen mit den Westjournalisten so offen. Manche baten um Verständnis für ihr Schweigen. Andere sagten: »Uns geht es bei diesen Gesprächen nur um eins: nämlich die Anerkennung unseres Staates. Der Besuch des westdeutschen Kanzlers zeigt, daß er wenigstens nicht unsere Existenz anzweifelt.« Was die »Bild«-Redakteure nicht wussten, aber vielleicht ahnten: Die Staatssicherheit hörte die Telefonate ab.[25] Einige Gespräche wurden mitgeschnitten und verschriftet. Anschließend ermittelte die Staatssicherheit und überprüfte die Angerufenen – egal wie auskunftsfreudig sie gewesen waren.

Trotz Erfurt-Verbot landete »Bild« am Ende doch noch einen in Ost und West beachteten Coup: Am 20. März meldete das Blatt: »Ahlers für einen Tag Mitarbeiter der größten deutschen Zeitung«. Der Regierungssprecher, der in den letzten Wochen sowohl von der DDR als auch von »Bild« stark angefeindet worden war, hatte exklusiv für das Boulevard-Blatt einen Artikel über den Brandt-Besuch in Erfurt verfasst.[26] Ahlers verriet, dass Stoph anders gewesen sei, als er sich vorgestellt habe »nicht steif, sondern – bei aller Unerbittlichkeit und Festhalten an seiner Politik – im persönlichen Gespräch entgegenkommend und hilfsbereit«. Stoph habe sich außerdem als »Kenner und Liebhaber der Goethe-Forschung« erwiesen und habe mit »einschlägigen Zitaten aufwarten« können.

Dass sich nun zwei SED-Feindbilder verbündeten, nahm das »Neue Deutschland« zum Anlass, um gegen den »›Bild‹-Söldner« zu polemisieren.[27] Ahlers' Hinweis, dass Stoph Goethe zitiert habe, veranlasste die Parteizeitung zu dem Kommentar: »Nun mag sein, daß jemand, der Erfurt und die DDR soeben als ›halbwegs zivilisiertes Gebiet‹ genannt hatte, wirklich erstaunt ist, wenn der Kommunist Stoph mit Goethe ebenso kenntnisreich ›aufwarten‹ kann wie möglicherweise Ahlers mit Whisky-Marken.« Auch in der Bundesrepublik fiel der Nebenjob des Regierungssprechers auf. Die »Zeit« bezeichnete ihn als »Tausendsassa« und »naturbegabten politischen Gag-Ingenieur«.[28]

Post an Willi und Willy

In der DDR war das Gespräch zwischen Brandt und Stoph aufmerksam beobachtet worden. Während des Treffens gingen mehr als 60 Telegramme an die beiden in Erfurt ein.[29]

Viele der Schreiben an Stoph stammten von Betriebskollektiven, die die DDR-Politik unterstützten. Die Arbeiter im VEB Kombinat Fortschritt Landmaschinen aus Neustadt in Sachsen beispielsweise versicherten ihrem Ministerpräsidenten, »daß wir uns voll inhaltlich hinter Ihre Erklärung stellen« und die »Frauen und Mädchen des VEB Thermoplastwerk Bernsdorf« hofften, »daß die Verhandlungen erfolgreich verlaufen und der Frieden in Europa erhalten bleibt«. Aus Gera-Langenberg meldete sich die »Sparte Kleingärtner, Siedler und Kleintierzüchter« zu Wort. Sie stand »einmütig hinter den Maßnahmen« der Regierung und versprach, »durch die weitere Steigerung der Erträge in unseren Kleingärten, Siedlern und Kleintierzüchtern« zur »Sicherung des Friedens und zur Stärkung unserer DDR« beizutragen. Das »Frauenaktiv der Rassegeflügel-Zuchtsparte« aus Berlin-Rosenthal meldete sich ebenfalls bei Stoph und hoffte auf völkerrechtliche

Beziehungen zwischen den beiden deutschen Staaten. Auch einzelne DDR-Bürger griffen zur Feder und schrieben an den »lieben Genossen Stoph«, ebenso wie einige Gewerkschafter und DKP-Genossen aus der Bundesrepublik.

Brandt bekam ebenfalls nach Erfurt Post geschickt – von ähnlichen Absendern und mit dem gleichen Tenor: Arbeitskollektive aus der DDR und einzelne westdeutsche Gewerkschaftsmitglieder und Kommunisten forderten Brandt auf, »den Realitäten« ins Auge zu blicken und die DDR völkerrechtlich anzuerkennen.

Diese Schreiben – so sie wirklich ernst gemeint waren und nicht bestellt – spiegeln nur einen Teil der Stimmung in der DDR wider. Vor allem Studenten zeigten Sympathie für Brandt.[30] Aber auch viele andere Menschen schauten gespannt und mit gemischten Gefühlen nach Erfurt. Die Schriftstellerin Brigitte Reimann etwa bedauerte, dass sie an diesem historischen Tag nicht in Erfurt gewesen sei.[31] In ihrem Tagebuch notierte sie, wie sie das Gipfeltreffen am Radio verfolgt habe: »Wir sind heftig aufgeregt und rufen uns gegenseitig an. Brandt ist mit Jubel begrüßt worden. Eine schwierige Situation für uns. Unsere Kommentatoren reden von Provokationen. […] Was geschieht wirklich?« Die bestellten Sprechchöre verunsicherten sie: »Ob das die beste Geräuschkulisse für das Gespräch ist?« Reimann registrierte eine »äußerst gespannte Atmosphäre«. Und sie hatte Sorgen: »Hoffentlich wächst uns das nicht über den Kopf; immerhin haben wir das Ausland im Haus, jeder Vorfall wird registriert und ausgeschlachtet.«

Auch der junge Leipziger Historiker Hartmut Zwahr verfolgte den Tag gespannt am Radio.[32] Obwohl er ein »harter Klotz« sei, habe er Tränen in den Augen gehabt, als die Willy-Rufe aus dem Lautsprecher gedrungen seien. »Die Begegnung war sicher denkwürdig, ein historisches Ereignis von allererster Bedeutung«, notierte er in sein Tagebuch. Ihn bewegte vor allem der Jubel auf dem Bahnhofsvorplatz: »Das Ausmaß unserer Manipulierung, der Erfassung des Menschen im Interesse des Prinzips einer Minderheit, die sich mit der Arbeiterklasse identifiziert, wird in jeder einzelnen der Maßnahmen sichtbar, die den Mann auf der Straße, im Betrieb, die Schuljugend und wen auch immer vom Erfurter Bahnhofsvorplatz fernhalten sollten. Uns, die wir immer zu jedem Dreck aufmarschieren müssen, die jederzeit vollzählig in Bewegung gesetzt werden, wo die Beteiligung an Aufmärschen,

Kundgebungen durch Namenslisten und Kontrollen gesichert wird, gerade wir sollen nicht, wenn wir wollen, wo wir doch immer wollen müssen, wenn wir nicht wollen.« Es sei gut gewesen, so Zwahr, dass die Menschen Brandt ans Fenster gerufen hätten. Es sei ein Signal und ein »Ruf an die eigene Selbstachtung, sich nicht aufzugeben und im Kopfe nicht das zu bewegen und bedenkenlos aufzunehmen, was von den Sektierern ersonnen wird«. »Fehler im Protokoll« hätten Raum gegeben »für ein eindrucksvolles Bekenntnis zur Einheit der Nation, zu der wir uns bekennen müssen, ohne an der historischen Tatsache der Existenz der beiden deutschen Staaten zu rühren«.

Heimspiele

Als Ulrich Sahm am Morgen des 20. März in den Speisewagen zum Frühstück kam, traf er dort bereits den Kanzler.[33] Brandt saß schweigsam an Sahms Redeentwurf und arbeitete Blatt für Blatt durch. Gegen 8.30 Uhr erreichte der Sonderzug Bonn.[34] Kanzleramtsminister Horst Ehmke, Außenminister Walter Scheel, Unterhändler Egon Bahr und SPD-Bundesgeschäftsführer Hans-Jürgen Wischnewski erwarteten die Delegation im Nieselregen am Hauptbahnhof. Zur Begrüßung bekam Brandt einen Strauß Tulpen, Freesien und Iris. Der Kanzler wirkte wie abwesend. »Mit einem merkwürdig starren und in einer undurchdringlichen Weite verlorenen Blick« habe er durch seine wartenden Koalitionspartner hindurchgeschaut.[35]

Ab 9 Uhr informierte Brandt das Bundeskabinett und die Fraktionsvorsitzenden von SPD und FDP über die Gespräche in Erfurt. Die Fraktionschefs der Oppositionsparteien CDU und CSU waren ebenfalls zu der Sitzung geladen, sagten aber ab. Zur Begründung sagte Rainer Barzel, daß er nicht zur ersten Sondersitzung, auf der Stophs Einladung angenommen wurde, eingeladen worden war. Barzel und sein CSU-Kollege Richard Stücklen wurden durch Conrad Ahlers über die Gespräche vom Vortag informiert.

Brandts Worte notierte Sahm stichpunktartig: »Menschliches Erlebnis, das lange nachwirken wird. Aufmunternd, aber auch bedrückend. Menschen auf Feldern, in Orten, massiv in Eisenach, Arbeiter vor dem Werk. Nicht überschäumend, aber freundliche Stimmung. In Erfurt

Leute abgedrängt, turbulent. Am Fenster. Nachmittags Sprechchöre. Losungen nach Zetteln, abends immer noch. Fahrt nach Buchenwald. In Weimar schwarz vor Menschen. Überwiegend junge Menschen. Nicht aufrührerisch, freundlich.«[36] Buchenwald sei ein »Trick der Leute auf der anderen Seite« gewesen, denen sein Besuch nicht gepasst habe. Brandts Fazit: »Auch nicht Anschein einer dem Optimismus nahekommenden Einschätzung. Aber: ohne Lärm kann manches besser auseinandergesetzt werden.«

Um 10 Uhr gab Brandt eine kurze Erklärung im Bundestag ab. Der Plenarsaal war fast voll besetzt, das Bundeskabinett war vollständig erschienen. Auch mehrere Ministerpräsidenten und Landesminister saßen im Saal. Brandt war offensichtlich müde. Schatten lagen auf seinem »fahlgelben Gesicht«, schrieb ein Beobachter.[37] Als Brandt ans Rednerpult trat, gab es starken Beifall. Der Kanzler sprach leise »mit seiner tiefen, lübischen Stimme«. Im Saal war es still. »Eine ungewöhnliche Konzentration der gebannt lauschenden Abgeordneten strömte zum Redner hinauf«, bemerkte ein Journalist.[38]

Brandt begann seine politische Erklärung mit einem persönlichen Bekenntnis: »Meine kurze Reise nach Erfurt war, von allem anderen abgesehen, gewiß ein starkes menschliches Erlebnis. Dies gilt besonders für die Begegnung mit den Landsleuten, die in der DDR leben.«[39] Die Reise »war wichtig, sie war notwendig und sie war nützlich.« Brandt sprach in einem ruhigen Ton. Seine Sprache war konzentriert und präzise. »Nichts vom Volkstribun ist zu spüren, keine Effekthascherei schleicht sich ein. Es ist die Rede eines Staatsmannes«, berichtete die »Zeit«.[40] Der Kanzler präsentierte eine positive Bilanz. Zwar habe es, erklärte Brandt, in den Gesprächen mit Stoph tiefgreifende Differenzen gegeben, aber praktische Ergebnisse könnten erreicht werden. Von seinen Eindrücken hob Brandt hervor, dass es sich nicht um eine Fiktion, sondern um eine Realität handle, wenn er von der fortdauernden Wirklichkeit einer deutschen Nation gesprochen habe. Er halte daran fest, »dass die beiden Staaten in Deutschland füreinander nicht einfach Ausland sein können«. Der Kanzler bedauerte, dass sich die DDR in den Gesprächen auf eine Forderung nach Anerkennung konzentriert habe, ohne Hinweise zu geben, welche Verbesserungen sie für die Menschen ins Auge fasse. Beide Seiten müssten nun überlegen, auf welche Weise praktische Ergebnisse für das zweite Treffen anzustreben seien. »Erfurt konnte nur ein Anfang sein, es war ein Anfang.« Ulbrichts Vertragsentwurf komme für die künftige Zusammenarbeit zwischen den beiden deutschen Staaten nicht in Frage. Die Ziele der Bundesregierung seien »nachbarliche Zusammenarbeit und friedliche Koexistenz«. Brandt, fasste ein Beobachter den Auftritt zusammen, »agierte wie ein Mime, der eine Rolle spielt, die er sich mit Herzblut selbst geschrieben hat«.[41]

Das SED-Zentralorgan »Neues Deutschland« ging auf den Bericht Brandts kaum ein.[42] Seine Rede vor dem Bundestag, schrieb die Zeitung, habe sich mit den Ausführungen des Kanzlers in Erfurt gedeckt.

Um 12 Uhr traf sich in Ost-Berlin das SED-Politbüro zu einer außerordentlichen Sitzung.[43] Ulbricht und Honecker fehlten. Dafür wurden Winzer, Kohl und Voß zu der Sitzung hinzugezogen. Die Sitzung dauerte vier Stunden. Zunächst berichtete Stoph über die Erfurter Gespräche. Was er genau vortrug und wie er die Ereignisse vor dem Hotel bewertete, ist nicht überliefert. Das Protokoll verzeichnete nur, dass der Bericht »über den Verlauf« des Treffens »zustimmend zur Kenntnis genommen« wurde. »Das Politbüro spricht dem Genossen W. Stoph und der Delegation den Dank für die geleistete Arbeit aus.« Anschließend diskutierten die SED-Genossen den Entwurf für eine Entschließung der Volkskammer.

Am Abend informierte Ministerpräsident Stoph in einer fast zweistündigen Sitzung die Regierung über das Erfurter Treffen.[44] In einer knappen Pressemitteilung hieß es, der Ministerrat habe den Bericht »zustimmend zur Kenntnis« genommen. Er dankte der DDR-Delegation für ihr »konstruktives und beharrliches Bemühen«, im »Interesse des Friedens und der europäischen Sicherheit zu gleichberechtigten Beziehungen zwischen der DDR und der BRD auf der Grundlage des Völkerrechts, frei von jeder Diskriminierung, zu gelangen.« Der Ministerrat stimmt außerdem der »Grundlinie« Stophs bei der bevorstehenden Volkskammerrede zu.

Auch SED-Chef Walter Ulbricht äußerte sich an diesem Freitag zu dem Erfurter Treffen.[45] In der thüringischen Bezirksstadt Suhl hielt er unter freiem Himmel eine Rede anlässlich des 50. Jahrestages der Niederschlagung des Kapp-Putsches. Mehr als 10 000 Menschen standen bei Schneefall auf dem Karl-Marx-Platz, um die Rede Ulbrichts zu hören. In den ersten Reihen standen Mitglieder der paramilitärischen

Betriebskampfgruppen mit Stahlhelm. Die Demonstration war mehr als eine der üblichen Großveranstaltungen. Es ging darum, die Zustimmung der DDR-Bürger zur Staats- und Parteispitze zu demonstrieren. Ulbricht bewertete das Treffen Brandt – Stoph zwar ebenfalls als »nützlich«. Er bezeichnete jedoch die Haltung Brandts als »enttäuschend«, da sich dieser nicht bereitgefunden habe, »von gleichberechtigten völkerrechtlichen Beziehungen« zu sprechen. Ulbricht bemängelte, dass sich Brandt stets auf Verträge und Vereinbarungen der drei Westmächte zurückziehe, die die DDR niemals anerkenne, da sie gegen die DDR und ihre Verbündete gerichtet seien. Ulbricht schwor die Suhler darauf ein, dass die DDR ein souveräner Staat sei, der dem »westdeutschen Staat, der im Spätkapitalismus steckenblieb, weit voraus« sei. Das Protokoll verzeichnete an dieser Stelle »zustimmenden Beifall«. Ulbricht ging auch auf Brandts Forderung nach »menschlichen Erleichterungen« ein. Der SED-Chef gab die Schuld an der Spaltung Deutschlands und den damit »für viele Menschen nicht geringen menschlichen Erschwernissen […] namhaft bekannten herrschenden Kreisen Westdeutschlands«. »Wir haben«, sagte Ulbricht, »in der Deutschen Demokratischen Republik in zwei Jahrzehnten durch eine konsequente Politik der Menschlichkeit manche menschliche Schwierigkeit mildern können.« Aber die fehlende Anerkennung durch den Westen verhindere »den weiteren Abbau mancher noch vorhandenen Belastungen«.

Am Samstag, dem 21. März, präsentierte Willi Stoph seine Bilanz in der Volkskammer.[46] Einziger Tagesordnungspunkt der 16. Tagung in der Kongresshalle am Alexanderplatz, die Punkt 12 Uhr live im Radio und im Fernsehen übertragen wurde, war sein Bericht über das Erfurter Treffen. Als er ans Rednerpult trat, sei er, so das »Neue Deutschland«, mit »minutenlangem herzlichem Beifall« begrüßt worden.[47] Dann berichtete Stoph »in sachlichem Ton, wie es der Situation angemessen ist«. Er bezeichnete das Treffen abermals als »nützlich«. Gleichzeitig kritisierte Stoph, dass Brandt und die Bonner Delegation auf viele Fragen »nur ausweichende oder gar keine Antworten« gegeben hätten. »Verbale Friedensbeteuerungen« reichten nicht aus. Wie Ulbricht forderte auch der Ministerpräsident vehement die Anerkennung der DDR. Stoph sagte: »Ich habe Herrn Brandt angeboten, unverzüglich diplomatische Beziehungen zwischen der DDR und der

BRD aufzunehmen. Aber er war dazu nicht bereit.« Die Formeln »besondere innerdeutsche Beziehungen« und »spezifische Bedingungen in Deutschland« wies Stoph zurück: »Es gibt keinen Staat Deutschland, also kann es keine besonderen spezifischen Bedingungen in den Beziehungen zwischen unseren Staaten geben.« Die Formeln seien eine Diskriminierung der DDR und erhöben den Anspruch, sich jederzeit in die inneren Angelegenheiten der DDR einmischen zu können. Stoph versicherte den Abgeordneten, dass er sich bei den Gesprächen mit Brandt, auch bei den persönlichen unter vier Augen, von den Grundnormen der Politik der DDR habe leiten lassen.

Der langanhaltende Beifall am Ende des Berichts, so das »Neue Deutschland«, sei nicht nur »Ausdruck des Dankes« für die Information, sondern auch Dank für die »in Erfurt geleistete Arbeit, für die konsequente Vertretung der Interessen der Bevölkerung unserer Republik« gewesen.

Es folgte die »Aussprache« der Fraktionen der Blockparteien und Massenorganisationen. Sie stimmten Stophs Rede uneingeschränkt zu. Abschließend fassten die Abgeordneten einen einstimmigen Beschluss, in dem sie Stophs Bericht »voll und ganz« billigten und die DDR-Regierung beauftragten, die notwendigen Schritte zu ergreifen, um gleichberechtigte Beziehungen auf völkerrechtlicher Grundlage zwischen der DDR und der Bundesrepublik zu schaffen.[48]

Im Zusammenhang mit der Stoph-Rede veröffentlichte das »Neue Deutschland« eine Reihe von Telegrammen, die Betriebsbelegschaften an die Volkskammer geschickt hatten und die die enge Verbundenheit zwischen Regierung und Volk belegen sollten.[49] Die Lokalzeitungen druckten ähnliche Stellungnahmen ab.[50]

Nachdem Stoph und Brandt vor ihren jeweiligen Parlamenten über das Erfurter Treffen gesprochen hatten, schrieb Brandt am 25. März einen kurzen Brief an Stoph.[51] Erst im Zug habe er die »großartige ›Faust‹-Ausgabe« gesehen, ein Geschenk, das Stoph ihm vor der Abreise übergeben hatte. Dafür danke er. Dann wurde Brandt dienstlich. Er habe »einige meiner Herren« damit beauftragt, die Erfurter Reden durchzuarbeiten und »verbale oder sogar substantielle Berührungspunkte« zusammenzustellen. Brandt schlug vor, durch Unterhändler Gemeinsamkeiten suchen zu lassen, und bat um Stophs Meinung. Abschließend dankte Brandt erneut für die »vorzügliche Aufnahme in

Erfurt« und gab »der Hoffnung Ausdruck […], daß wir in Kassel einen gewissen Fortschritt erzielen«.

In Ost-Berlin liefen die Vorbereitungen für das zweite Treffen. Am 2. April tagte die Außenpolitische Kommission der SED, um die politische Lage nach dem Erfurter Treffen einzuschätzen.[52] In einem anschließend formulierten Papier, das die künftige Strategie gegenüber der Bundesregierung festlegen sollte, wurde das Treffen als ein »Teilerfolg« bewertet. Brandt habe »grobe Angriffe gegen die DDR« vermieden. »Damit versuchte er, Verständigungsbereitschaft vorzutäuschen und eine taktisch günstige Position für sich zu schaffen.« Gleichwohl habe der Kanzler »einige verbale Zugeständnisse« gemacht. So habe er unter anderem erklärt, dass eine Wiedervereinigung jetzt nicht möglich sei. Die Genossen empfehlen: »Ohne sich irgendwelchen Illusionen über den Charakter dieser Äußerungen zu machen, müssen sie aber für die Außenpolitik der DDR entsprechend ausgenutzt werden.« Dabei blieb das oberste Ziel unverrückbar: die diplomatische Anerkennung der DDR, die bis 1975 erreicht werden könne, so das Strategiepapier. Die Genossen setzten also weiterhin auf strikte Abgrenzung. Den deutsch-deutschen Kontakten schien keine große Zukunft beschieden.

Rapport bei den ausländischen Partnern

Bereits am 21. März, ein Tag nach Brandts Rückkehr aus Erfurt, traf der Brandt-Vertraute Bahr wieder in Moskau ein und berichtete dem sowjetischen Außenminister Gromyko über das Erfurter Treffen, noch bevor ein DDR-Diplomat angereist war. Sogar die stenographischen Protokolle hatte er mit nach Moskau gebracht.[53] Für den Unterhändler war dies wichtig: »Es war schade, Erfurt zu versäumen, aber wichtiger, des Kanzlers persönliche Eindrücke und Einschätzungen am Tage danach in Moskau mitteilen zu können.«[54] Bahr zog ein positives Fazit des ersten Gipfeltreffens: Die Bundesregierung habe »mit Befriedigung festgestellt«, dass beide Seiten das Treffen als »notwendig und gut« einschätzten.[55] Die Vorgeschichte solle deshalb vergessen werden. »Es sei seine […] tiefe Überzeugung, daß Politik nur dann gut sei, wenn sie sich in Übereinstimmung mit dem Gefühl des Menschen, der Völker, befinde.« Als Beispiel nannte Bahr aber nicht den Jubel vor dem Erfurter Tagungshotel, sondern das freundliche Winken der Menschen an der Fahrtstrecke nach Buchenwald, das sowohl dem DDR-Außenminister als auch dem Bundeskanzler gegolten habe. Bahr räumte ein, dass die Atmosphäre des Treffens »manchmal etwas steif«, aber stets sachlich und »menschlich in Ordnung« gewesen sei. Beide Seiten seien sich einig gewesen, »daß man eine Normalisierung zwischen beiden Staaten anstrebe«. Es müsse gleichberechtigte Beziehungen geben und die Diskriminierungen beendet werden. Bahr berichtete ausführlich über die einzelnen Verhandlungspositionen und Argumente, die in Erfurt auf beiden Seiten sichtbar geworden waren. Dann stellte Gromyko einige Fragen. Der Außenminister wollte genau wissen, ob Brandt mit dem Treffen zufrieden sei. Bahr bejahte grundsätzlich, ergänzte aber, dass das Treffen hätte besser sein können.

Die Bundesregierung unterrichtete auch ihre westlichen Alliierten über das Erfurter Treffen.[56] Allerdings nur schriftlich. Nachdem bereits der französische Präsident und der britische Premierminister informiert worden waren, setzte Brandt am 22. März einen Brief an den amerikanischen Präsidenten Richard Nixon auf.[57] Der Kanzler berichtete zunächst knapp über die Gespräche Bahrs in Moskau. Dann ging er auf seine Reise nach Erfurt ein. Er stand offenbar noch ganz unter dem Eindruck des jubelnden Empfangs: »Die vielen Zeichen der Verbundenheit, die mir von den Menschen im anderen Teil Deutschlands gegeben wurden, kann ich nicht unterbewerten. Man darf sie aber auch nicht überbewerten. Man muß sogar damit rechnen, daß diejenigen Kreise im Osten, die um die Konsolidierung der DDR fürchten, erneut zurückschrecken werden.«

In »sachlicher Hinsicht«, so Brandt, sei das Ergebnis der Begegnung »mager«. »Die ostdeutsche Seite beharrte, auch im persönlichen Gespräch, mit penetranter Entschiedenheit auf ihrer Deutung der Anerkennungsfrage.« Sie habe so gut wie keine Bereitschaft gezeigt, auf die »realen Fragen« einzugehen. Vor allem mit Blick auf die Berlin-Frage habe sich die DDR-Seite »besonders kompromißlos« gezeigt. Abschließend versicherte Brandt dem Präsidenten, ihm liege viel daran, »daß wir wegen unserer Kontakte mit Osteuropa und mit der DDR in sehr enger Fühlung bleiben«.

In Washington wurden Brandts Aktivitäten nicht ohne Misstrauen verfolgt.[58] Die Dynamik und die Schnelligkeit, mit der der Kanzler seine Ostpolitik betrieb, überraschten die Amerikaner. Wollte die Bundesrepublik plötzlich auf eigene Faust Politik machen? Nur fünf Tage später antwortete der US-Präsident.[59] In den USA sei das deutsch-deutsche Spitzentreffen aufmerksam verfolgt worden. Brandts Informationen über die Ost-Gespräche seien auf »großes Interesse« gestoßen, schrieb Nixon. Er lobte den Bundeskanzler für dessen Bemühungen, die westlichen Alliierten »über diese wichtigen Entwicklungen auf dem Laufenden zu halten«. Nixon bekannte, dass die Berichte über Brandts Empfang in Erfurt »tief bewegend« gewesen seien. »Sie haben oft von einer deutschen Nation gesprochen. Ich glaube, die Gültigkeit dieser Auffassung wurde durch jene Ostdeutschen gut veranschaulicht, die sich zu Ihrer Begrüßung versammeln konnten.« Mit Blick auf Brandts Informationen schätzte Nixon ein, »daß Ihre Aufgabe, die Auswirkungen der deutschen Teilung für das deutsche Volk und für die Sicherheit Europas zu mildern, langwierig und anstrengend sein wird«.

Erst am 1. April, also zwei Wochen nach dem deutsch-deutschen Spitzentreffen, meldete sich Walter Ulbricht in Moskau bei Leonid Breschnew, um Bericht zu erstatten.[60] Das Schreiben kam nicht nur reichlich spät, sondern war auch inhaltlich irreführend. Im Gegensatz zu Brandts Brief an Nixon spielte in dem Schreiben an den sowjetischen Verbündeten der Jubel der Ostdeutschen für den Bundeskanzler überhaupt keine Rolle. Stattdessen skizzierte Ulbricht in dem Brief an den »teuren Genossen Leonid Iljitsch« die Verhandlungsposition des Bundeskanzlers. Dieser habe stets versucht, innerdeutsche Beziehungen zu entwickeln. »Auch der Entwurf der westdeutschen Seite zu einem Kommuniqué hatte vor allem die nationale Einheit und innerdeutsche Beziehungen zum Inhalt.« Während Brandt die Bildung von gemeinsamen Kommissionen vorgeschlagen habe, habe Stoph darauf bestanden, zunächst grundsätzliche Fragen zu klären. »Die Bonner Regierung legt das Schwergewicht auf innerdeutsche Beziehungen, weil damit die Bundesrepublik als der völkerrechtlich souveräne Staat anerkannt wird und die DDR wie eine Provinz oder ein Land der Bundesrepublik behandelt werden soll.« Der SED-Chef informierte Breschnew außerdem darüber, dass sich die DDR zurzeit propagandistisch auf den ostdeutschen Vertragsentwurf konzentriere. Sonst bestehe die Gefahr, »daß die Bevölkerung der DDR doch auf diese sogenannten ›menschlichen Erleichterungen‹ hereinfällt oder sich überhaupt nicht auskennt, worum es eigentlich geht«. Abschließend schlug Ulbricht gemeinsame Gespräche mit den Spitzengenossen der KPdSU vor, um vor der Kasseler Begegnung die »weitere Taktik« zu vereinbaren. »Mit kommunistischem Gruß« unterzeichnete Ulbricht und legte dem Brief Stophs Aufzeichnungen über das abendliche Vieraugengespräch mit Brandt bei.

Karl Seidel vom DDR-Außenministerium bezeichnete später Ulbrichts Schreiben als »Unsinn«.[61] Er wisse nicht, wer es formuliert habe. Sein Ministerium jedenfalls nicht. »Man kann Brandt manches unterstellen, aber daß die DDR wie eine Provinz der BRD behandelt werden sollte, konnte man nicht einmal böswillig aus seinen Erklärungen herauslesen.«

Der sympathische Kanzler

In Erfurt blieb das Gipfeltreffen Tagesgespräch. Dabei ging es nicht nur um die politischen Deutungen der Gesprächsinhalte, sondern auch um die selektive Berichterstattung der DDR-Medien. Nach Angaben eines bundesdeutschen Journalisten missfiel es den Erfurtern, dass ihre »herzliche Begrüßung« des Kanzlers in der DDR-Presse verschwiegen worden war.[62] Trotz alledem werde der Besuch Brandts positiv in der Stadt beurteilt. Viele Menschen seien hoffnungsvoller geworden, Illusionen habe aber niemand. Ein anderer Journalist machte in Ost-Berlin vorwiegend Skepsis aus.[63] Ältere Menschen seien verbittert und wünschten sich, dass Brandt »offener und energischer« für die Belange der DDR-Bevölkerung eintrete. Dagegen sei bei jüngeren Menschen »eine fast leidenschaftslose Anteilnahme« zu spüren. Brandt berichtete Jahre später, er habe nach den Treffen in Erfurt und Kassel »viele bewegende Briefe aus der DDR« erhalten.[64] Sie hätten gezeigt, »welche Hoffnungen man dort in unsere Politik setzte«.

Nachdem in Erfurt nicht alles so gelaufen war, wie man sich das gedacht hatte, kümmerte sich die Staatssicherheit um die Stimmung nach dem Treffen. Mitte April legte sie der Spitze des Ministeriums eine entsprechende Analyse vor.[65] Auf das Treffen und die Erklärung Stophs habe es zahlreiche »zustimmende Äußerungen« gegeben, hieß es darin. In vielen Diskussionen werde »mit Hochachtung von der Verhandlungstaktik« des Ministerratsvorsitzenden gesprochen. Er habe »unbeirrt und in sachlicher und höflicher Form den Standpunkt unserer Regierung vertreten«. Auch mit dem Blick auf die bundesdeutsche Delegation könnten die Genossen zufrieden sein: »Die Haltung der Delegation der BRD und Willy Brandts wird vom überwiegenden Teil der Bevölkerung der DDR real eingeschätzt. […] In allen Bevölkerungsteilen wird immer stärker erkannt, daß es sich bei dem Erfurter Treffen um eine Klassenauseinandersetzung mit dem westdeutschen Imperialismus handelte.« Im Stimmungsbild nähmen jedoch auch »politisch-ideologische Unklarheiten einen größeren Umfang« ein. So registrierte die Staatssicherheit auch viel Sympathie für den Bundeskanzler. Er vertrete die Interessen des »kleinen Mannes«, heiße es überall in der DDR. Brandt habe »von Mensch zu Mensch« gesprochen.

Inzwischen waren auch im Kanzleramt nach und nach weitere Berichte über Ereignisse am Rande des Treffens eingetroffen. Die Informationen stammten vor allem von Bundesbürgern, die aus der DDR zurückgereist waren und ihre eigenen Erlebnisse und Beobachtungen sowie das, was ihnen zu Ohren gekommen war, dem Bundesgrenzschutz berichtet hatten. Den Wahrheitsgehalt konnten die Beamten nicht überprüfen.

Am 24. März reichte das Innenministerium ein Fernschreiben des Bundesgrenzschutzes an das Kanzleramt weiter.[66] Darin hieß es, dass es am 19. März in Erfurt eine »Totalkontrolle aller Reisenden« gegeben habe. Ehepaare seien in getrennten Räumen durchsucht worden und hätten sich völlig entkleiden müssen. Darüber hinaus seien Menschen, die Brandt bejubelt hatten, offenbar von der Staatssicherheit fotografiert oder gefilmt worden. »Mit Repressalien wird gerechnet«, schloss der Bericht.

Am nächsten Tag informierte das Innenministerium unter Berufung auf die Grenzschutzstelle Herleshausen über die Aussagen eines »Informanten«, der sich für mehrere Tage in Erfurt aufgehalten hatte.[67] Der Mann habe aus Gesprächen mit Verwandten und Bekannten erfahren, dass das Personal im Hotel »Erfurter Hof« während des Gipfeltreffens ausgetauscht und durch Mitarbeiter der Staatssicherheit ersetzt worden sei. Außerdem seien Erfurter Schüler zu ihrem Unmut am Nachmittag des 19. März »durch Vorträge und Veranstaltungen« in den Schulen festgehalten worden. An solchen Veranstaltungen hätten auch den Schülern »unbekannte Herren« teilgenommen. Beim spontanen Jubel für Brandt hätten Zivilisten, die nicht zur Presse gehörten, die Menschenmenge fotografiert. Die ihm bekannten Personen, die die Absperrungen auf dem Bahnhofsvorplatz durchbrochen hatten, seien von »sowjetzonalen Stellen« allerdings bisher nicht darauf angesprochen worden.

Am 1. April schickte das Innenministerium weitere Hintergrundinformationen an das Kanzleramt.[68] Ein Bundesbürger habe berichtet, dass am Abend des Brandt-Besuches in Erfurt mehrere Menschen von Zivilpersonen abgeholt und inhaftiert worden seien. »In Erfurt soll die Verhaftungswelle z. Zt. noch andauern.« Ein Student sei von der Universität verwiesen worden. Ihm sei Volksverhetzung vorgeworfen worden. Auch vier Studenten aus Arnstadt seien nach der Abreise Brandts »wegen Teilnahme an Demonstrationen anläßlich eines Staatsbesuches in der DDR am 19.3.1970« verhaftet worden Außerdem würden in Arnstadt Gerüchte kursieren, dass in Erfurt 200 bis 300 Menschen im Zusammenhang mit dem Brandt-Besuch verhaftet worden seien. Es gebe Stimmen, die meinten, »daß nach erfolgter Anerkennung des SBZ-Regimes noch rücksichtsloser vorgegangen wird als dies vor dem Treffen in Erfurt der Fall war«. Ähnliches wusste der Grenzschutz am folgenden Tag aus Dresdner Gaststätten zu berichten.[69] Auch dort hätten die DDR-Bürger davor gewarnt, die DDR anzuerkennen, da dann wieder mit einem »harten Kurs« zu rechnen sei. Sogar SED-Mitglieder würden sich – wenn auch vorsichtiger – ähnlich äußern.

Die Repressalien waren der Bundesregierung bekannt. Bereits am 26. März hatte Ministerialrat Stern bei einem Besuch im Haus des DDR-Ministerrates das Thema der Verhafteten angesprochen, allerdings diplomatisch indirekt.[70] Der Bundeskanzler, so Stern, sei nach seiner Rückkehr aus Erfurt gefragt worden, »ob es zuträfe, daß einige Bürger von Erfurt mit den dortigen Sicherheitsorganen Schwierigkeiten bekommen haben, weil sie in Diskussionen mit westdeutschen Journalisten oder Fernsehreportern verwickelt wurden«. Brandt habe geantwortet, er sei nicht zuständig, aber es sei sicher gut, »wenn die schwierige Aufgabe der beiden Regierungschefs nicht unnötig belastet würde«. Und weiter: »Bei ihm besteht auch der Eindruck, daß die Bürger der DDR, die den beiden Regierungschefs zuwinkten und die mit Journalisten sprachen, vor allem die beiden Regierungschefs auf dem schwierigen Weg zur Normalisierung der Beziehungen ermuntern wollten.« Die DDR gab sich bei dem Thema weniger diplomatisch. Hans Voß vom Außenministerium erklärte, es handele sich bei dieser Sache »um eine innere Angelegenheit der DDR« und er habe »nicht die Absicht, darüber mit Stern zu diskutieren«. Nach zehn Minuten war das Gespräch beendet. Wenige Tage später, Anfang April, teilte die Bundesregierung auf Anfrage der Opposition offiziell mit, dass sie »schon zu einem sehr frühen Zeitpunkt« für die Verhafteten aktiv geworden sei.[71]

Ende des Monats wurde Willy Brandt in einem »Spiegel«-Gespräch auf die Verhafteten in der DDR angesprochen und gefragt, ob er im Falle der 119 oder gar 143 Verhafteten interveniert habe.[72] Der Kanzler bestätigte, daß er von solchen Fällen gehört habe, allerdings nur von einer geringeren Zahl. Die »Spiegel«-Redakteure hakten nach: »Immerhin Verhaftungen …« Und Brandt ergänzte: »… Verhören, beziehungsweise Feststellen der Personalien, was ein Unterschied ist. Mir ist jedenfalls nicht bekannt, daß Leute festgehalten worden sind mit dem Ziel, ein Strafverfahren gegen sie zu führen. Aber da mögen meine Informationen nicht umfassend genug sein. Die Form, in der ich mich dazu geäußert habe, die möchte ich aus guten Gründen nicht bekanntgeben.«

Interne Ermittlungen

Bereits am 19. März hatte die Staatssicherheit den Schuldigen für die in ihren Augen blamablen Ereignisse vor dem »Erfurter Hof« ausgemacht: die Volkspolizei.[73] Trotz Aufforderung hätten die vor Ort Verantwortlichen zusätzliche Polizisten gar nicht oder erst zu spät eingesetzt. Außerdem habe die Kommunikation zwischen den einzelnen Polizeiverantwortlichen nicht funktioniert. So habe es zwischen der Bezirksdirektion und dem Einsatzstab keine Verbindung gegeben. Die Staatssicherheit kam zu dem Schluss: »Es kann eingeschätzt werden, daß die Situation von Seiten der VP nicht real eingeschätzt wurde.«

Der Chef der Sicherheitsabteilung im SED-Zentralkomitee, Walter Borning, sah dagegen in seiner ersten Analyse vor allem ein Versäumnis bei der »Mobilisierung«.[74] Die Verantwortlichen von Bezirksleitung, Staatssicherheit und Volkspolizei hätten auf »möglichst gedeckte« Maßnahmen gesetzt, da der Verkehrsablauf nicht gestört werden sollte und wenig Uniformen das Stadtbild prägen sollten. Die Zwischenfälle seien ein Beleg dafür, dass die »Gefährlichkeit des Gegners und seine Möglichkeit zur Vorbereitung und Durchführung einer organisierten Provokation« unterschätzt worden sei. Der Gegner habe »von außen her über sein Agentennetz« Organisatoren eingeschleust. Als Beleg dafür wurde angeführt, dass unter den »Rädelsführern« vor allem Studenten aus Magdeburg, Dresden und Ilmenau gewesen seien. Außerdem hätten bundesdeutsche Journalisten die Sprechchöre organisiert und angeheizt.

Am 25. März beschäftigte sich schließlich das Sekretariat des ZK der SED mit den Ereignissen vor dem Erfurter Hauptbahnhof.[75] In der von Erich Honecker, der für Sicherheitsfragen zuständig war, geleiteten Sitzung suchte man nach den Verantwortlichen für das Desaster. Deshalb hatte man den Erfurter SED-Bezirkschef Alois Bräutigam, den Leiter der Abteilung Staats- und Rechtsfragen beim ZK der SED Klaus Sorgenicht, den Leiter des Büros des Ministerrates Rudi Rost, den Abteilungsleiter für Sicherheitsfragen beim ZK des SED Walter Borning, den Stellvertreter des Ministers des Inneren Generalmajor Gerd Uhlig und den Stellvertreter des Ministers für Staatssicherheit Bruno Beater nacheinander zu einer insgesamt vierstündigen »Aussprache« einbestellt, um zu klären, wie es »provokatorischen Kräften« hatte gelingen können, 20 Minuten zu »randalieren«. Bei der »Aussprache«, die wohl eher einem Verhör glich, spielten die Motive der Demonstranten gar keine Rolle. Es ging allein um die Klärung »organisatorischer Mängel«.

Als Ergebnisse protokollierten die Spitzengenossen: »Die Vorbereitung des Erfurter Treffens wurde als Bestandteil des Klassenkampfes zwischen Sozialismus und Imperialismus unterschätzt.« Bei einigen Genossen habe es »ideologische Fehleinschätzungen« gegeben, die »teilweise bis zur politischen Verantwortungslosigkeit« geführt hätten. Vor allem habe es in Erfurt »keine einheitliche Leitung und Konzeption« gegeben, sondern einen »unkoordinierten Einsatz« verschiedener Kräfte. Die einzelnen Abteilungen hätten sich nur für ihr jeweiliges Ressort verantwortlich gesehen und sich nicht befugt gefühlt, darüber hinaus tätig zu werden.

Außerdem wurde die »defensive Konzeption« kritisiert. Damit das öffentliche Leben in der Stadt aufrechterhalten blieb, sei die Westseite des Bahnhofsvorplatzes nicht gesperrt worden. Die Verantwortlichen hätten darauf verzichtet, Agitatoren auf dem Platz einzusetzen. Personell seien die Sicherheitskräfte durchaus im Stande gewesen, die Lage zu beherrschen. »Es war auch genügend Zeit, um vor Ankunft Brandts alle entsprechenden Sicherheitsmaßnahmen einzuleiten und die zu dieser Zeit bereits im Ansatz erkennbare Provokation noch rechtzeitig zurückzudrängen.« Dazu habe jedoch ein einheitliches Kommando gefehlt. Sogar Befehle seien teilweise nicht ausgeführt worden. Der Erfurter SED-Chef Alois Bräutigam sagte zu seiner Verteidigung, dass er mehrmals um stärkere »Sicherungsmaßnahmen« gebeten habe. Es sei aber nichts passiert.

Auch die westdeutschen Journalisten seien von den Genossen unterschätzt worden. Schließlich müsse »ein großer Teil von ihnen als Agenten und Mitorganisatoren von Provokationen betrachtet werden«, die »als Anheizer und Organisatoren der Zwischenfälle in Erscheinung« getreten seien.

Die Historikerin Monika Kaiser fand Hinweise, die vor allem auf ein Versagen der Staatssicherheit hindeuten.[76] So habe es der Chef der DDR-Personenschützer, Franz Gold, abgelehnt, eine Bannmeile um den »Erfurter Hof« zu errichten, da man den Eindruck eines »normal pulsierenden Lebens« habe erwecken wollen. Der Generalmajor habe verlangt, dass im inneren Absperrungsbereich nur zivile Sicherheitskräfte und keine Uniformierten eingesetzt werden sollten. Die Staatssicherheit habe außerdem die Anweisung erteilt, die Straßenbahnlinie am Bahnhof doch nicht stillzulegen, und Mielkes Stellvertreter Beater habe »Funkstille angeordnet«. Hintergrund für diese Entscheidung sei die Angst gewesen, dass in Brandts Sonderzug möglicherweise der »Gegner« mithört.

Tags darauf berichtete SED-Bezirkschef Alois Bräutigam dem Sekretariat der Erfurter Bezirksleitung über die Berliner Untersuchungen. Die Parteispitze sei der Auffassung, »daß in Erfurt großer politischer Schaden für die Republik und das sozialistische Lager entstanden«

sei.[77] Als Ursache sei die »fehlende einheitliche Leitung« benannt worden. Die Bezirksleitung sei beauftragt worden, die Ursachen zu analysieren und »Schlußfolgerungen festzulegen«.

Auch innerhalb der Volkspolizei wurden die Vorfälle untersucht,[78] wobei die Polizei die vom MfS erhobenen Anschuldigungen nicht auf sich sitzen lassen wollte. Zwar räumte sie ein, dass die Zusammenarbeit zwischen Polizei und Staatssicherheit nicht funktioniert habe, warf aber der Staatssicherheit »passives Verhalten« vor. Als die Sperren kaum noch zu halten gewesen seien, habe ein MfS-Mann in Zivil der Polizei geraten: »Wenn Druck der Bevölkerung nicht gehalten wird, dann langsam auf Sperrgürtel MfS zukommen lassen, dort wird gehalten.« Auf diesen Hinweis sei nicht reagiert worden: »Eigene Kräfte wurden zum unbedingten Halten befohlen.«

In die gleiche Richtung argumentierte Innenminister und Polizeichef Generaloberst Friedrich Dickel, der am 30. März Erich Honecker seinen Abschlussbericht »über das außerordentliche politische Vorkommnis« vorlegte.[79] In seinem elfseitigen, streng vertraulichen Bericht[80] versuchte Dickel zu erklären, wie es zu den Pannen kommen konnte. Er sei am 12. März von Staatssicherheitsminister Erich Mielke über den bevorstehenden Besuch Brandts in Erfurt unterrichtet worden. Mielke habe ihm mitgeteilt, dass keine Weisungen des Innenministers in diesem Zusammenhang erforderlich seien, da alle »notwendigen Maßnahmen« zwischen den örtlichen Stellen der Staatssicherheit und der Volkspolizei abgestimmt würden. Trotzdem habe er die örtliche Polizeiführung über das bevorstehende Ereignis informiert. Für die Volkspolizei sollte Generalmajor Gerd Uhlig den Einsatz koordinieren. Bereits an den folgenden Tagen habe es erste Gespräche zwischen Staatssicherheit und Volkspolizei gegeben. Dabei seien die Aufgaben klar verteilt worden: Die Staatssicherheit war für den Bahnhofsvorplatz verantwortlich, die Volkspolizei für die »Tiefensicherung«. Weiter sei festgelegt worden, dass die Polizei im Umfeld des Tagungsortes größtenteils in Zivil eingesetzt werden sollte. Am 18. März, um 12 Uhr, sei aus Erfurt gemeldet worden, dass alle Vorbereitungen abgeschlossen seien. Bis zum Besuchstag um 8.30 Uhr hätten »sich in Erfurt keine Besonderheiten in der Lage auf dem Gebiet der öffentlichen Ordnung und Sicherheit« gezeigt. Anschließend berichtete er ausführlich, wie die Lage vor dem Hotel eskaliert sei. Als eine Ursache nannte er, dass es im Vorfeld unterlassen worden sei, »die Lage im Abschnitt Bahnhofstraße hinsichtlich möglicher Störungen und Provokationen allseitig zu beurteilen, nachdrücklich auf Gefährdungen hinzuweisen und auf den entsprechend notwendigen Sicherungsmaßnahmen zu bestehen«. Eine weitere Ursache seien die Festlegungen der Staatssicherheit gewesen, die von der Volkspolizei »als verbindlich angesehen« worden seien und »zur Grundlage der Ausarbeitung der Entschlüsse« genommen worden waren. Dickel kam zu dem Ergebnis, dass es zweckmäßiger gewesen wäre, die Bahnhofstraße vollständig abzusperren und sich nicht auf die Staatssicherheit zu verlassen, sondern eine »ausreichende eigene Beurteilung der Lage« vorzunehmen.

Der Minister kritisierte aber nicht nur das MfS, sondern auch die eigenen Mitarbeiter scharf. Die verantwortlichen Polizeichefs seien »nicht in vollem Umfange ihrer Verantwortung« nachgekommen. Der 1. Stellvertreter des Leiters des Volkspolizeikreisamtes Erfurt etwa habe die Lage in seinem Abschnitt nicht unter Kontrolle gehabt und habe versagt. Bei sich selbst dagegen sah Dickel keine Fehler. Als er am 19. März gegen 10 Uhr von den Vorfällen in Erfurt erfahren habe, habe er sofort alle »notwendigen Befehle« erteilt, um die »gestellten Aufgaben« zu lösen. Anschließend habe er eine exakte Berichterstattung aus Erfurt angefordert, um die Ursachen für das Desaster »in vollem Umfang« aufzudecken.

Auch MfS-Chef Mielke wies in seinem Abschlussbericht jede Schuld von sich.[81] Er habe eine Bannmeile rund um das Tagungshotel gefordert, so dass das Treffen ohne Beteiligung der Bevölkerung hätte stattfinden können. Dies sei aber durch einen »zentralen Beschluß der Partei- und Staatsorgane« verhindert worden, da es keine klare Aufgabenverteilung gegeben habe. Außerdem habe es keine zentrale Führungsspitze gegeben. Diese Aussage, so der Historiker Siegfried Suckut, war eine Kritik an Honecker. Die Botschaft lautete: Wäre Mielke allein für den Einsatz zuständig gewesen, wäre es nicht zu den Zwischenfällen gekommen. Um die Versäumnisse von Partei und Polizei in Erfurt zu belegen, listete Mielke jedenfalls 89 Verfehlungen auf.

Am 15. April beschäftigte sich das Sekretariat des ZK der SED noch einmal mit den Erfurter Ereignissen.[82] Die Genossen kamen nach zwei Sitzungen zu dem Schluss, dass die in Erfurt vorhandenen Sicherungskräfte ausgereicht hätten, um das Treffen abzusichern. Ingesamt hätten 407 Polizisten, 198 MfS-Mitarbeiter und 200 »gesellschaftliche Kräfte« von der Bezirksparteischule zur Verfügung gestanden. Es habe sich aber als unzweckmäßig erwiesen, die Bahnhofstraße für den Berufsverkehr nicht zu sperren. Bei den Planungen hätten sich die Sicherheitskräfte zu wenig auf Neugierige, »provokatorische Elemente« und westliche Journalisten eingestellt. Außerdem sei es ein Fehler gewesen, den Fahrkartenverkauf in das Gebäude der Reichsbahndirektion zu verlegen. Dadurch seien immer mehr Menschen in die Bahnhofstraße geströmt. Die Genossen stellten fest, dass Generalmajor Gerd Uhlig von der Volkspolizei seine Aufgaben nicht »mit aller Konsequenz« erfüllt habe, da er die Lage falsch eingeschätzt habe. Er war nun der Hauptschuldige und wurde im November 1970 vom Nationalen Verteidigungsrat der DDR als stellvertretender Polizeichef abgelöst.[83]

Damit hatte sich Mielke mit seiner Sicht durchgesetzt, dass letztlich nicht die Staatssicherheit, sondern die Volkspolizei das Desaster vor dem »Erfurter Hof« zu verantworten habe. Abschließend legten die Spitzengenossen fest, dass es bei ähnlichen Ereignissen künftig einen einheitlichen Führungsstab geben solle.

Zwei Wochen später beschloss das Politbüro: »Bei Veranstaltungen mit ähnlichem Charakter tritt das Leitungssystem der inneren Mobilmachung in Kraft. Das Sekretariat der SED hat jeweils dem Politbüro einen Vorschlag über die verantwortliche Leitung vorzulegen.«[84] Damit wurde festgelegt, dass bei künftigen deutsch-deutschen Gesprächen im Prinzip der innere Notstand erklärt wurde.

Ende Mai, nach dem Besuch Stophs in Kassel, beschäftigte sich die Spitze des Ministeriums für Staatssicherheit nochmals mit den Erfurter Vorfällen.[85] Mielkes Stellvertreter Bruno Beater gab dazu eine »selbstkritische Stellungnahme« ab, »weil er Fehler zugelassen habe«. Gleichzeitig schwor Minister Mielke seine Untergebenen auf die »verstärkte Abwehr der vielfältigen Methoden der politischen-ideologischen Diversion, die durch die Brandt-Scheel-Regierung raffinierter und stärker geworden« sei, ein. In seinem Referat zog Mielke zunächst eine positive Bilanz über die Treffen in Erfurt und Kassel.[86] Er stellte fest, dass die Treffen »erfolgreich durchgeführt« und die »von der Partei- und Staatsführung übertragenen Aufgaben zur allseitigen und zuverlässigen politisch-operativen Sicherung« gelöst worden seien. Abgesehen von den Vorkommnissen auf dem Erfurter Bahnhofsvorplatz seien die

»Feindhandlungen im normalen Rahmen« geblieben. So habe es nur vier »Hetzschmierereien« und 21 »anonyme Hetzbriefe, Karten und Telegramme« gegeben. Durch die Treffen seien aber auch »eine ganze Reihe von Problemen« sichtbar geworden, die es bisher nicht gegeben habe. So gebe es bei einem »beachtlichen Teil« der Bevölkerung »Unklarheiten sowie illusionäre und spekulative Vorstellungen«. Diese Menschen seien »in bestimmtem Maße und unter bestimmten Bedingungen durch den Gegner ansprechbar und auch zu mobilisieren«, so der Minister. Dies müsse bei künftigen Sicherungsaufgaben berücksichtigt werden. Die Erfurter Ereignisse hätten auch gezeigt, dass »feindliche und negative Personenkreise« noch nicht mit der »wiederholt geforderten Zielstrebigkeit, Gründlichkeit und notwendigen Verantwortung« ermittelt seien. Es genüge nicht, zu wissen, dass Menschen zum Empfang Brandts nach Erfurt fahren wollten, es müsse verhindert werden. Dann präsentierte Mielke seine Sicherheitsstatistik: Nach Auswertung des gesamten Film- und Fotomaterials sowie aller »offiziellen und inoffiziellen Möglichkeiten« sei es gelungen, insgesamt 750 Menschen zu identifizieren, die am 19. März aufgefallen seien. 485 seien in »operative Bearbeitung« genommen beziehungsweise »unter Personenkontrolle« gestellt worden. 187 von ihnen hatten auf dem Bahnhofsvorplatz Brandt zugejubelt, 64 an der Fahrtstrecke gewunken, 120 wollten nach Erfurt reisen, 102 waren vor und während des Treffens »negativ in Erscheinung getreten« und zwölf hatten am 19. März unentschuldigt auf Arbeit oder in der Schule gefehlt. Die Ereignisse hätten gezeigt, dass sich »bestimmte Personenkonzentrationen selbst organisieren« könnten. Der Minister kannte auch die Schuldigen an diesem Dilemma: In Erfurt sei dies »durch fehlende politische Klarheit und Orientierung der anderen Organe« möglich gewesen. Seine Konsequenz lautete: Künftig solle es »eine einheitliche Führung, eine zentrale Führungsspitze aller beteiligten Organe« geben. Die zentrale Führung müsse in den Händen der Staatssicherheit liegen. Das Erfurter Treffen war für Mielke die Chance, um seine Macht im SED-Staat auszubauen.

Eine Verschwörung gegen Ulbricht?

Obwohl alle zeitgenössischen Berichte – egal ob aus Ost oder West – keinen Hinweis auf einen organisierten Jubel für Brandt enthalten, sondern eindrücklich das Gegenteil belegen, wurden verschiedentlich Zweifel an der Spontaneität der Erfurter laut. In seinen »Erinnerungen« berichtete Egon Bahr, dass es in der Sowjetunion nach dem Erfurter Jubel misstrauische Stimmen gegeben habe: »So gut seien die Brüder in der DDR doch immer, unerwünschte Demonstrationen verhindern zu können, wenn sie wollen, und eine Absperrung so zu organisieren, daß sie hält.«[87]

Ähnliche Zweifel äußerte knapp 30 Jahre später auch die Historikerin Monika Kaiser. Die »praktische Umsetzung« der Sicherheitskonzeption habe »ein solches Maß an Dilettantismus« offenbart, »daß man unweigerlich mißtrauisch wird«.[88] Kaiser fiel es nach ihrem Aktenstudium schwer, »an solch eine unbeeinflußte Häufung von Zufällen und Fehlentscheidungen zu glauben«. »Es verwundert um so mehr, als den Widersprüchlichkeiten nicht weiter nachgegangen wurde und als der erwiesene Dilettantismus ohne Konsequenzen für die ›Schuldigen‹ blieb«.

Der ehemalige hohe SED-Funktionär und Redakteur des »Neuen Deutschland« Harri Czepuck erklärte 1999, die Sicherheitsvorkehrungen seien bewusst unzureichend gewesen.[89] Bei dieser Behauptung stützte er sich auf ein vertrauliches Gespräch, dass er »am Abend ›nach der Schlacht‹« mit dem Chef des DDR-Personenschutzes, Franz Gold, geführt habe. Gold habe ihm erzählt, es sei den Sicherheitskräften Tage zuvor »wohlbekannt« gewesen, dass eine »Massenkundgebung« geplant gewesen sei, um Brandt »zu begrüßen und zu huldigen«. Die »Pläne« seien »nicht zuletzt auch durch organisierende Einwirkung von außerhalb« vorangetrieben worden. Davon habe die örtliche SED-Bezirksleitung nichts gewusst. Zwar sei es noch »auf eigene Initiative« am Morgen gelungen, den Bahnhofsvorplatz freizuhalten. Aber als man in Berlin nachgefragt habe, »ob man nicht vorbeugende Maßnahmen für zu erwartende Demonstrationen treffen solle«, habe der in Sicherheitsfragen »sonst so pingelige Honecker« ausrichten lassen, »daß man nichts unternehmen« solle. »Man werde es verkraften.« Als Hintergrund für diese Entscheidungen nannte Gold Auseinandersetzungen in der SED-Spitze. Es sei darum gegangen, »die Ulbrichtschen

Vorstellungen über ein Zusammengehen mit den Sozialdemokraten ad absurdum« zu führen. Dem alternden SED-Chef sollte nicht nur bewiesen werden, »daß jede Annäherung an Westdeutschland gefährlich sei«, sondern auch, »den Leu zu wecken«.

2001 behauptete Reinhold Andert in einer Honecker-Biographie gar, dass hinter dem Jubel für Brandt Mielke und Honecker gesteckt hätten.[90] Diese Behauptung stützte er auf angebliche Aussagen Honeckers nach dessen Sturz. Durch den Jubel sei der Welt vor Augen geführt worden, »daß Willi Stoph und die DDR für ihre Bürgerinnen und Bürger nichts wert wären«. In Moskau hätten die Bilder vom Bahnhofsvorplatz »Verärgerung und Besorgnis« ausgelöst, es dräue eine Neuauflage des Volksaufstandes vom 17. Juni. »Der alte Ulbricht hatte sein Land nicht mehr im Griff, hieß es, er mußte schleunigst abgesetzt werden.« Während des Erfurter Jubels hätten Mielke und Honecker gemeinsam im Gästehaus des DDR-Staatsrates in Döllen gesessen und am Telefon »die ganze Aktion« kontrolliert. Junge Soldaten des MfS-Wachregimentes hätten in Zivilkleidung Brandt zugejubelt. Die uniformierten Sicherheitskräfte wären extra weitab von Erfurt stationiert gewesen. Als vor dem Tagungshotel die Absperrungen durchbrochen worden seien, sei in ganz Erfurt das Telefonnetz zusammengebrochen, »eine perfekt eingefädelte Intrige der Staatssicherheit auf Anweisung Erich Honeckers«, so Andert. Nachdem ein Jahr später der Sturz Ulbrichts gelungen sei, habe Honecker Mielke zum Dank zum Kandidaten des Politbüros und zu seinem Vertrauten gemacht.

Den durch nichts belegten Ausführungen Anderts widersprechen die Erinnerungen von Karl Seidel, der damals der DDR-Delegation angehört hatte. Er kam zu dem Schluss: »Es war schlichte Unfähigkeit der Erfurter Polizei und Sicherheitsorgane.«[91] »Die Demonstration für Brandt in Erfurt hatte für die DDR solche politisch schädlichen und langanhaltenden negativen Wirkungen, daß ich es für absurd halte anzunehmen, wir hätten das selbst organisiert.« Dem ist zuzustimmen, denn weder in den bislang erschlossenen Akten noch in den Augenzeugenberichten oder Film- und Fotodokumenten findet sich irgendein Hinweis darauf, dass der Jubel für Brandt vor dem »Erfurter Hof« von DDR-Seite inszeniert worden wäre oder auch nur erwünscht gewesen wäre. Das lässt durchaus die Möglichkeit offen, dass der spontane Jubel der Erfurter den Ulbricht-Gegnern in der DDR gelegen kam.

Erfurt – Ein Markstein auf dem Weg zur deutschen Einheit

Am Abend des 19. März 1970 verabschiedeten sich Willy Brandt und Willi Stoph frostig, nachdem sie sich in den vergangenen Stunden kaum nähergekommen waren. Die ersten deutsch-deutschen Gespräche waren faktisch ergebnislos verlaufen. Das Treffen in Erfurt enttäuschte all jene, die sich Großes davon erhofft hatten – ob menschliche Erleichterungen oder auch eine völkerrechtliche Anerkennung der DDR durch die Bundesrepublik. Die Zusammenkunft hatte der Weltöffentlichkeit die politischen Differenzen zwischen den deutschen Staaten in aller Deutlichkeit vor Augen geführt. Trotzdem begann mit den Gesprächen von Erfurt das Tauwetter in den deutsch-deutschen Beziehungen. Insofern war Brandts Besuch ein bedeutendes Ereignis für Deutschland, weil er bei allen politischen Differenzen beider Seiten auch die Bereitschaft und die Möglichkeit zeigte, miteinander zu sprechen.

Nachhaltig in Erinnerung blieben in erster Linie die berührenden Szenen auf dem Bahnhofsvorplatz, als jubelnde Menschen vor dem »Erfurter Hof« Willy Brandt einen unerwarteten Empfang bereiteten. Die Reise nach Erfurt – für Brandts Biographen Peter Merseburger der »Stoff für ein deutsches Drama«[1] – war eher von Emotionalität geprägt, als von nüchterner Politik. Das galt vor allem für den westdeutschen Kanzler, der knapp 20 Jahre später, wenige Monate vor dem Mauerfall, bekannte: »Der Tag von Erfurt. Gab es einen in meinem Leben, der emotionsgeladener gewesen wäre?«[2] Und in der Tat war Brandt, den der britische Historiker Timothy Garton Ash einmal als »Meister der gefühlsbetonten Verschwommenheit«[3] charakterisiert hat, von seiner Reise tief bewegt. »Manche meinen«, schrieb der Politikwissenschaftler Arnulf Baring, »Willy Brandt sei nie so sehr er selbst gewesen wie in Erfurt«[4] Und jene, die den Kanzler auf der Fahrt in das andere Deutschland begleitet hatten, berichteten, dass Brandt emotional aufgewühlt in Erfurt angekommen sei und seine Tränen kaum hätte unterdrücken können.

Doch zunächst hatte sich der Bundeskanzler alle Mühe gegeben, seine persönliche Betroffenheit in der Öffentlichkeit herunterzuspielen. Nicht nur in Erfurt selbst. Unmittelbar nach seiner Rückkehr in die Bundesrepublik umschrieb Brandt vor dem Bundestag seine Reise zwar als ein »starkes menschliches Erlebnis«, ging aber nicht weiter darauf ein.[5] Tags darauf bezeichnete er seinen Empfang in Erfurt als »freundlich, wohlmeinend und maßvoll«.[6] Er habe nichts Überschäumendes und nichts Hektisches gehabt, sondern sei von einer Natürlichkeit gewesen, frei von jeglichem Wunschdenken. Einen Monat später, noch vor dem zweiten deutsch-deutschen Spitzentreffen in Kassel, beschrieb der Kanzler in einem »Spiegel«-Gespräch den Erfurter Jubel als eine »stark gefühlsbetonte Manifestation«.[7] Er habe in diesem Moment »ganz bewußt« nichts getan, »um das anzuheizen«.

Solche beschwichtigenden Worte waren sicherlich nicht nur Ausdruck persönlicher Bescheidenheit, sondern nahmen Rücksicht auf sein politisches Gegenüber, mit dem die Gespräche in Erfurt gerade erst begonnen hatten. Überhaupt miteinander zu sprechen war zu diesem Zeitpunkt noch eine äußerst delikate und fragile Angelegenheit. Da galt es, alles zu vermeiden, was als Provokation missverstanden werden konnte, zumal den meisten Zeitgenossen klar war, dass der spontane Jubel der Erfurter nicht nur eine Begeisterung für Brandt ausgedrückt hatte, sondern auch einen kurzen, aber unübersehbaren Protest gegen die DDR-Führung und ihr Dogma, in ihrem Staat das bessere gesellschaftliche System aufgebaut zu haben. Da halfen auch die eiligst herbeigeschafften Gegendemonstranten mit ihren auswendig gelernten Sprechchören nichts. »Erfurt«, schrieb der Historiker Heinrich Potthoff, »zerriß in einem kurzen Moment den Traumschleier, in den sich die DDR-Herrscher hüllten.«[8] Der begeisterte Empfang, den die Erfurter dem Bundeskanzler bereiteten, erscheint noch gewichtiger, wenn man bedenkt, dass derartige freimütige politische Äußerungen in der Vergangenheit mehrheitlich brutal niedergeschlagen worden waren. Und nun hatte das Volk seine Staats- und Parteiführung vor aller Welt gedemütigt und die von der DDR-Regierung in den Gesprächen erhobene zentrale Forderung nach völkerrechtlicher Anerkennung durch die Bundesrepublik für einen Moment vor dem Tagungshotel konterkariert. Denn bei aller Sympathie, die sie für den Menschen Brandt empfunden haben mögen, so war er doch auch und vor allem der Kanzler der Bundesrepublik, der das deutsch-deutsche Verhältnis nicht wie das zwischen irgendwelchen Staaten behandelt wissen wollte und an der Einheit der deutschen Nation festhielt. Willy Brandt jedenfalls werden die Sympathiebekundungen, die ihm auf seiner Reise allerorten, nicht nur in Erfurt, sondern auch entlang der Zugstrecke und auf dem Weg nach Buchenwald, entgegenschlugen, den Rücken gestärkt und ihn zu einer Fortsetzung der von ihm eingeschlagenen Ostpolitik ermuntert haben. Brandt erlebte aber nicht nur die Zustimmung der Menschen für seine Politik und die allgemeine Entwicklung in der Bundesrepublik, er spürte vor allem das Miteinander, eine nicht erwartete Nähe zu den »anderen« Deutschen, dass die von ihm propagierte Einheit der Nation kein Hirngespinst, sondern eine Realität war. Die Menge vor dem »Erfurter Hof«, so der Historiker Eckart Conze, habe dem Kanzler zu verstehen gegeben, dass »die Nation nicht geteilt war«.[9]

Angesichts der Ereignisse von 1989 mag man sich verleiten lassen, vom 19. März 1970 eine gerade Linie zur Maueröffnung am 9. November 1989 und zur deutschen Einheit am 3. Oktober 1990 zu ziehen. Als wäre das, was knapp 20 Jahre später in eine machtvolle friedliche Revolution in der gesamten DDR mündete, 1970 in Erfurt im Kleinen geprobt worden sein. In diesem Sinne hat sich etwa der Historiker Rolf Steininger geäußert: »Wenn darüber spekuliert wird, wann denn wohl das Ende der DDR begann, so kann man ein Datum nennen: jenen 19. März 1970.«[10] Doch eine solche Kausalität anzunehmen wäre vermessen und ist wohl der Rückschau geschuldet. Denn es hätte auch ganz anders kommen können. Vor allem aber bedurfte es der Zustimmung der jeweiligen Bündnispartner, und die war Anfang der 70er Jahre bei allem Wohlwollen nicht gegeben. So ist dem Urteil des Brandt-Vertrauten Egon Bahr zuzustimmen: »Erfurt war als Ereignis bewegend, zeigte, wie schnell der Wunsch nach Einheit entflammbar ist, aber konnte in der Substanz keinen Fortschritt bringen, solange unsere Gespräche in Moskau ohne Ergebnis blieben.«[11] Und der spätere Außenminister der USA, Henry Kissinger, bewertete das Treffen noch weit nüchterner: »Seine Bedeutung lag darin, daß sich die politischen Führer der beiden deutschen Staaten zum erstenmal offiziell getroffen und miteinander gesprochen hatten. Die bisherige klassische Auffassung des Westens – daß jede endgültige Regelung der europäischen Frage die Wiedervereinigung voraussetze – war damit Geschichte geworden und zu den Akten gelegt.«[12] Eine solche Auffassung, Ende der 70er Jahre vorgetragen, hatte damals die Wirklichkeit für sich. Zwar hatte das Treffen in Erfurt selbst noch keine konkreten Ergebnisse gebracht, doch hatte es die Möglichkeit für weitere Gespräche eröffnet. Diese führten schließlich zwei Jahre später zu Unterzeichnung des Grundlagenvertrages, der die quasi wechselseitige staatsrechtliche Anerkennung der Bundesrepublik und der DDR bedeutete. Damit wurde die deutsche Zweistaatlichkeit politische Realität.

War das Treffen in Erfurt also ein Vorspiel für die deutsche Einheit oder im Gegenteil ein Bestandteil einer Politik, welche die gegebene deutschen Teilung zeitweilig zementierte? Eine Antwort darauf hängt davon ab, wie man die von Brandt und Bahr forcierte Ostpolitik grundsätzlich bewertet. Eines scheint allerdings heute – anders als noch in den 80er Jahren, als beispielsweise Arnulf Baring in seiner umfassenden Analyse der sozialliberalen Koalition dem Erfurter Treffen nur Randbemerkungen einräumte[13] – unzweifelhaft: Der Gipfel in Erfurt war ein entscheidendes Ereignis in der deutschen Nachkriegszeit, ein »historischer Anfang«,[14] der die deutsch-deutschen Beziehungen nachhaltig veränderte.[15] Nach Jahren der politischen Eiszeit versuchten beide Seiten miteinander ins Gespräch zu kommen. Wesentlich war, dass überhaupt ein Treffen stattgefunden hatte und man erstmals seit der gescheiterten Münchner Ministerpräsidentenkonferenz von 1947 den ersten Versuch unternommen hatte, auf höchster Ebene einen deutsch-deutschen Dialog zu führen.[16]

Willy Brandts Verdienst ist es, als neu gewählter Kanzler Bewegung in die stagnierenden innerdeutschen Verhältnisse gebracht zu haben. Er hat zwar nicht die Wiedervereinigung forciert, aber auch nicht die Möglichkeit einer solchen verbaut. Er sorgte für ein deutsch-deutsches Miteinander auf gleichberechtigter Ebene. Und das ist wohl das Wesentliche: Ihm ging es stets um ein Miteinander statt eines Gegeneinanders.

So ist Peter Graf von Kielmansegg zuzustimmen, der schrieb, dass der 19. März 1970 »zu Recht« ein Tag »von besonderer Bedeutung in der Geschichte der deutschen Teilung« sei, da die Menschen auf dem

Bahnhofsvorplatz damals dementierten, was im Hotel von Gastgeber Willi Stoph erklärt wurde – dass eine Einheit der deutschen Nation nicht mehr vorhanden sei.[17] Und auch dem Historiker Heinrich August Winkler, der in der »Bekundung gesamtdeutscher Gefühle« vor dem Hotel einen historischen Augenblick sieht, »der sich den Deutschen in Ost und West tief einprägte«.[18] Deswegen war – jenseits von Kausalität und Notwendigkeit – das Erfurter Treffen ein Markstein auf dem Weg zur deutschen Einheit, da es das Zusammengehörigkeitsgefühl der Deutschen der Öffentlichkeit vor Augen führte und die Hoffnung auf ein wirkliches Miteinander auch in schweren Zeiten aufrechterhielt.

Anhang

Anmerkungen

Vorwort (S. 9–16)

1 Marion Gräfin Dönhoff: Treffpunkt Erfurt, in: Die Zeit vom 20. März 1970, S. 1.

2 Willy Brandt: Regierungserklärung vom 28. Oktober 1969, in: Bundesministerium für innerdeutsche Beziehungen (Hrsg.): Texte zur Deutschlandpolitik. Bd. IV. Bonn 1970, S. 9–40, hier S. 12.

3 Vgl. u. a. Günter Schmid: Entscheidung in Bonn. Die Entstehung der Ost- und Deutschlandpolitik 1969/70. Köln 1979; Timothy Garton Ash: Im Namen Europas. Deutschland und der geteilte Kontinent. München 1993.

4 Vgl. Roger Engelmann: Brüchige Verbindungen. Die Beziehungen zwischen FDP und LDPD 1956–1966, in: ders./Paul Erker: Annäherung und Abgrenzung. Aspekte deutsch-deutscher Beziehungen 1956–1969. München 1993, S. 13–132.

5 Willy Brandt: Regierungserklärung vom 28. Oktober 1969, in: TzD, S. 9–40, hier S. 12.

6 Hermann Schreiber: Für einen Tag die heimliche Hauptstadt, in: Der Spiegel vom 23. März 1970, S. 33 f.

7 Markus Wolf: Spionagechef im geheimen Krieg. Erinnerungen. München 1997, S. 250.

8 Dettmar Cramer: Erfurt statt Berlin, in: Frankfurter Allgemeine Zeitung vom 14. März 1970, S. 2.

9 U.a. Deutschland Archiv 5/1970, S. 505–524; Presse und Informationsamt der Bundesregierung (Hrsg.): Erfurt. 19. März 1970. Eine Dokumentation. Bonn 1970; Bundesministerium für innerdeutsche Beziehungen (Hrsg.): Texte zur Deutschlandpolitik. Bd. IV. Bonn 1970 [künftig: TzD].

10 Zu den Gesprächen zwischen dem Vorsitzenden des Ministerrates der DDR, Willi Stoph, und dem Bundeskanzler der BRD, Willy Brandt, in Erfurt (Dokumente zur Politik der Deutschen Demokratischen Republik; Nr. 4). Dresden 1970.

11 Günther Schmid: Entscheidung in Bonn. Die Entstehung der Ost- und Deutschlandpolitik 1969/70. Köln 1979.

12 Hans-Peter Schwarz (Hrsg.): Akten zur Auswärtigen Politik der Bundesrepublik. 1970. Bd. I: 1. Januar bis 30. April 1970. München 2001 [künftig: AzAPdB]; Bundesminister des Inneren (Hrsg.): Dokumente zur Deutschlandpolitik. VI. Reihe/Bd. 1 (bearbeitet von Daniel Hofmann). München 2002 [künftig: DzD].

13 Helga Grebing u. a. (Hrsg.): Willy Brandt. Berliner Ausgabe. Bd. 6. Ein Volk der guten Nachbarn. Außen- und Deutschlandpolitik 1966–1974. Bonn 2005.

14 Vgl. Lisa Mundzeck: Der »Geist von Erfurt«. Das Gipfeltreffen am 19. März 1970 in der deutschen Presse, in: Steffen Rassloff (Hrsg.): »Willy Brandt ans Fenster!« Das Erfurter Gipfeltreffen 1970 und die Geschichte des »Erfurter Hofes«. Jena 2007, S. 82–100.

15 Detlef Nakath: Deutsch-deutsche Grundlagen. Zur Geschichte der politischen und wirtschaftlichen Beziehungen zwischen der DDR und der Bundesrepublik in den Jahren von 1969 bis 1982. Schkeuditz 2002, S. 39–76.

16 Heinrich Potthoff: Im Schatten der Mauer. Deutschlandpolitik 1961 bis 1990. Berlin 1999, S. 85–88.

17 Ash: Im Namen Europas.

18 Mary Elise Sarotte: A Small Town in (East) Germany. The Erfurt Meeting of 1970 and the Dynamics of Cold War Détente, in: Diplomatic History, Vol. 25, No. 1 (Winter 2001), S. 85–104.

19 Rassloff (Hrsg.): »Willy Brandt ans Fenster!«.

20 Detlef Nakath: Die Gespräche von Erfurt und Kassel 1970 und ihre internationale Dimension, in: Steffen Rassloff (Hrsg.): »Willy Brandt ans Fenster!« Das Erfurter Gipfeltreffen 1970 und die Geschichte des »Erfurter Hofes«. Jena 2007, S.16–47; Steffen Rassloff/Thomas Rothbarth: Das erste deutsch-deutsche Gipfeltreffen 1970 in Erfurt. Vorbereitungen – Verlauf – Folgen, in: ebd, S. 48–81; Mundzeck: Der »Geist von Erfurt«.

21 Willy Brandt: Begegnungen und Einsichten. Die Jahre 1960–1975. Hamburg 1976; ders: Erinnerungen. Berlin und München 2002.

22 Deutscher Bundestag (Hrsg.): Abgeordnete des Deutschen Bundestages. Aufzeichnungen und Erinnerungen. Bd. 15 (Wolfram Dorn). München 1996, S. 185.

23 Kurt Plück: Der Schwarz-rot-goldene Faden. Vier Jahrzehnte erlebte Deutschlandpolitik. Bonn 1996, S. 165.

24 Ulrich Sahm: »Diplomaten taugen nichts«. Aus dem Leben eines Staatsdieners. Düsseldorf 1994, S. 247–269.

25 Franjo Schmitt: Randbemerkungen. Deutsches aus Ost und West. Norderstedt 2004, S. 130–135.

26 Egon Bahr: Zu meiner Zeit. München 1996, S. 308.

27 Karl Seidel: Berlin-Bonner Balance. 20 Jahre deutsch-deutsche Beziehungen. Erinnerungen und Erkenntnisse eines Beteiligten. Berlin 2002, S. 78–86; ders.: Nachtrag. Erinnerungen eines Beteiligten an 20 Jahre Beziehungen zwischen der DDR und der BRD. Berlin 2006, S. 96–102.

28 Hermann von Berg: Vorbeugende Unterwerfung. Politik im realen Sozialismus. München 1988, S. 166–169.

29 Hans Ulrich Kempski: Um die Macht. Sternstunden und sonstige Abenteuer mit den Bonner Bundeskanzlern 1949 bis 1999. Berlin 1999, S. 147–158; Beate Klarsfeld: Wherever They May Be! One Woman's Battle Against Nazism. New York 1975, S. 113 ff.

Kontaktversuche (S. 19–77)

1 Arnulf Baring: Machtwechsel. Die Ära Brandt-Scheel. Stuttgart 1982, S. 265.
2 Bahr: Zu meiner Zeit, S. 284 ff.
3 Ebd., S. 263; vgl. auch: Wjatscheslaw Keworkow: Der geheime Kanal. Moskau, der KGB und die Bonner Ostpolitik. Berlin 1995.
4 Vgl. Bahr: Zu meiner Zeit, S. 273.
5 Wolf: Spionagechef im geheimen Krieg, S. 237.
6 Ebd., S. 249.
7 Vgl. Hubertus Knabe: Die unterwanderte Republik. Stasi im Westen. Berlin 1999, S. 31–38.
8 Hermann von Berg: Gegendarstellung zur Akte BStU, MfS GH 25/87 vom August 1993, Bl. 2.
9 BStU, MfS GH 25/87, Bd. 8, Bl. 152.
10 Vgl. Hubertus Knabe: Der diskrete Charme der DDR. Stasi und Westmedien. Berlin 2001, S. 146–150.
11 BStU, MfS GH 25/87, Bd. 8, Bl. 233 f.
12 Ebd., Bl. 296–301.
13 Ebd., Bl. 272.
14 Vgl. Knabe: Der diskrete Charme der DDR, S. 56–58; 126–129.
15 BStU, MfS GH 65/88, Bd. 13, Bl. 32 ff.
16 Dettmar Cramer: »Deutsche Momentaufnahmen«, in: Mut zur Einheit. Festschrift für Johann Baptist Gradl. Köln 1984, S. 55–69, hier S. 62 ff.
17 BStU, MfS GH 25/87, Bd. 8, Bl. 247–250.
18 Ebd., Bl. 237–246.
19 Vermerk von Bahr über Gespräch mit von Berg am 26. Oktober 1969, in: DzD, S. 3 ff.
20 BStU, MfS GH 25/87, Bd. 8, Bl. 247–250.
21 Vermerk von Bahr über Gespräch mit von Berg am 26. Oktober 1969, in: DzD, S. 3 ff.
22 BStU, MfS GH 25/87, Bd. 8, Bl. 247–250, hier Bl. 250.
23 Cramer: »Deutsche Momentaufnahmen«, S 55–69, hier S. 64.
24 Willy Brandt: Regierungserklärung vom 28. Oktober 1969, in: TzD, S. 9–40, hier S. 12; vgl. Baring: Machtwechsel, S. 244–253; Jens Hacker: Deutsche Irrtümer. Schönfärber und Helfershelfer der SED-Diktatur im Westen. Berlin und Frankfurt am Main 1992, S. 137 ff.
25 Vgl. Helga Grebing u. a. (Hrsg.): Willy Brandt. Berliner Ausgabe. Bd. 3. Berlin bleibt frei: Politik in und für Berlin 1947–1966. Bonn 2004; Brandt: Erinnerungen, S. 9–17.
26 Erklärung des Ministeriums für Auswärtige Angelegenheiten, in: Neues Deutschland vom 31. Oktober 1969, S. 2.
27 Vgl. Detlef Nakath: Gewaltverzicht und Gleichberechtigung. Zur Parallelität der deutsch-sowjetischen Gespräche und der deutsch-deutschen Gipfeltreffen in Erfurt und Kassel im Frühjahr 1970, in: Deutschland Archiv 31 (1998), S. 196–213, hier S. 197; Monika Kaiser: Machtwechsel von Ulbricht zu Honecker. Funktionsmechanismen der SED-Diktatur in Konfliktsituationen 1962–1972. Berlin 1997, S. 325–332.
28 Vorlage an das Politbüro des ZK der SED: Einschätzung des Programms der westdeutschen SPD/FDP-Regierung vom 29. Oktober 1969, in: DzD, S. 9–16.

29 Notizen Honeckers über außerordentliche Politbüro-Sitzung am 20. Oktober 1969, in: DzD, S. 23–26.
30 Vgl. Jochen Stelkens: Machtwechsel in Ost-Berlin. Der Sturz Walter Ulbrichts 1971, in: Vierteljahrshefte für Zeitgeschichte 45 (1997), S. 503–533, hier S. 524 und 529.
31 Mitschrift des persönlichen Mitarbeiters Ulbrichts, Berger, am 30. Oktober 1969, in: DzD, S. 26–31, hier S. 28.
32 Disposition Honeckers für die außerordentliche Politbürositzung, in: DzD, S. 19–22.
33 Vgl. Norbert F. Pötzel: Erich Honecker. Eine deutsche Biographie. Stuttgart und München 2002, S. 86; Mario Frank: Walter Ulbricht. Eine deutsche Biographie. Berlin 2001, S. 405 f.
34 Kaiser: Machtwechsel, S. 460.
35 Protokoll der außerordentlichen Politbüro-Sitzung am 30. Oktober 1969, in: DzD, S. 22 f.
36 Telegramm von Ulbricht an Breschnew vom 30. Oktober 1969, in: DzD, S. 31 f.
37 Erwartungen und Meinungen zu Brandts Regierungsprogramm, in: Neues Deutschland vom 4. November 1969, S. 2.
38 M. A.: Einmischungspolitik muß beendet werden, in: Neues Deutschland vom 6. November 1969, S. 2.
39 Vgl. Otto Winzer: Für Sicherheit und Zusammenarbeit der Völker Europas, in: Neues Deutschland vom 4. November 1969, S. 1 f.; Erwartungen und Meinungen zu Brandts Regierungsprogramm, in: Neues Deutschland vom 4. November 1969, S. 2.
40 F. K. Zur neuen Regierung in Bonn, in: Neues Deutschland vom 9. November 1969, S. 1f.
41 Willi Stoph: Die neue Funktion der Wissenschaft in der sozialistischen Gesellschaft, in: Neues Deutschland vom 13. November 1969, S. 3.
42 BStU, MfS GH 25/87, Bd. 8, Bl. 216–220.
43 BStU, MfS GH 65/88, Bd. 13, Bl. 51 f.
44 Schreiben von Winzer an Ulbricht vom 18. November 1969, in: DzD, S. 61–64; siehe auch Kaiser: Machtwechsel, S. 332–337.
45 Dieser Vorschlag wurde Ulbricht 1971 zum Vorwurf gemacht, um ihn zu stürzen. Vgl. Stelkens: Machtwechsel in Ost-Berlin, S. 503–533, hier S. 520.
46 Schreiben von Ulbricht an Breschnew vom 20. November 1969, in: DzD, S. 67–70.
47 Bericht Ulbrichts über Sitzung mit KPdSU-Führung vom 2. Dezember 1969 sowie Notizen Honeckers, in: DzD, S. 88–98; vgl. Nakath: Deutsch-deutsche Grundlagen, S. 45; Stelkens: Machtwechsel in Ost-Berlin, S. 503–533, hier S. 521.
48 Walter Ulbricht: Die neue Situation in der westdeutschen Bundesrepublik und die Beziehungen der beiden deutschen Staaten, in: Neues Deutschland vom 14. Dezember 1969, S. 6 f.
49 PA AA MfAA, G-A 153, Bl. 8–14, Bericht von Voß und Kohl über die Übergabe des Ulbricht-Briefes an den Bundespräsidenten.
50 PA AA MfAA, G-A 153, Bl. 15–17, Ablaufplan für die Übergabe des Briefes von Ulbricht an Heinemann. Vgl. Walter Ulbricht: Die neue Situation in der westdeutschen Bundesrepublik und die Beziehungen der beiden deutschen Staaten, in: Neues Deutschland vom 14. Dezember 1969, S. 6 f.

51 PA AA MfAA, G-A 153, Bl. 8–14, Bericht von Voß und Kohl über die Übergabe des Ulbricht-Briefes an den Bundespräsidenten.

52 Schreiben Walter Ulbrichts vom 17. Dezember 1969 an Gustav Heinemann und Entwurf eines Vertrages, in: TzD, S. 143–147.

53 PA AA, B 38-IIAI, Bd. 322, Bl. 24 ff.

54 Vermerk von Bahr vom 18. Dezember 1969, in: DzD, S. 150–153.

55 BA Berlin, SAPMO, DC 20/17270, Bl. 2.

56 Ebd., Bl. 3.

57 PA AA MfAA, G-A 153, Bl. 19–22, Bericht von Kohl und Voß über die Übergabe eines Briefes von Heinemann an Ulbricht; BStU, MfS GH 25/87, Bd. 8, Bl. 223–226.

58 Schreiben Gustav Heinemanns vom 19. Dezember 1969 an Walter Ulbricht, in: TzD, S. 148.

59 PA AA MfAA, G-A 153, Bl. 19–22, Bericht von Kohl und Voß über die Übergabe eines Briefes von Heinemann an Ulbricht; BStU, MfS GH 25/87, Bd. 8, Bl. 223–226.

60 PA AA, B 38-IIAI, Bd. 322, Bl. 40 ff.

61 Vertragsentwurf der DDR – Schritt für Frieden und Sicherheit, in: Neues Deutschland vom 30. Dezember 1969, S. 2; 31. Dezember 1969, S. 2; 1. Januar 1970, S. 7; 2. Januar S. 2; 3. Januar 1970, S. 7; 4. Januar 1970, S. 2; 5. Januar 1970 S. 2; 6. Januar 1970 S. 7; 7. Januar 1970, S. 2.

62 Ilse Spittmann: Deutschlandpolitik. Gespräche mit der DDR, in: Deutschland Archiv 3 (1970), S. 324–329, hier S. 324.

63 Aufzeichnungen der Arbeitsgruppe »Vertragsentwurf Ulbricht« vom 23. Dezember 1969, in: DzD, S. 161–166; vgl. Schmid: Entscheidung in Bonn, S. 129 f.

64 Vorlage von Carl Werner Sanne für Bahr vom 30. Dezember 1969, in: DzD, S. 169–174.

65 Willy Brandt: Bericht zur Lage der Nation am 14. Januar 1970, in: TzD, S. 201–221.

66 Brandt: »Bundesrepublik fest in NATO-System integriert«, in: Neues Deutschland vom 15. Januar 1970, S. 1.

67 BStU, MfS GH 25/87, Bd. 8, Bl. 181; BStU, MfS GH 65/88, Bd. 13, Bl. 53 f.

68 Walter Ulbricht gibt Montag Pressekonferenz, in: Neues Deutschland vom 18. Januar 1970, S. 1.

69 Vertragsentwurf der DDR dient Sicherheit und Frieden, in: Neues Deutschland vom 20. Januar 1970, S. 1; Walter Ulbricht: Für friedliche völkerrechtliche Beziehungen zwischen beiden souveränen deutschen Staaten, in: ebd., S. 3 f.; Walter Ulbricht beantwortet die Fragen der Journalisten, in: ebd., S. 4 ff.; Weitere Antworten auf Fragen von Journalisten, in: Neues Deutschland vom 22. Januar 1970, S. 6; siehe auch Protokoll der Pressekonferenz des Vorsitzenden des Staatsrates der DDR und Ersten Sekretärs des ZK der SED, Walter Ulbricht, am 19. Januar 1970 in der Hauptstadt der DDR (Dokumente zur nationalen Politik der DDR; Nr. 2). Dresden 1970.

70 PA AA MfAA, G-A 153, Bl. 25 f., Vermerk von Schüßler und Voß über die Übergabe des Briefes von Brandt an Stoph; BA Koblenz, B 136/6689, Übergabe des Briefes des Bundeskanzlers an den Vorsitzenden des Ministerrates vom 26. Januar 1970, n. pag.

71 TzD, S. 277.

72 Baring: Machtwechsel, S. 258.
73 PA AA MfAA, G-A 153, Bl. 27–34, Einschätzung zum Brief Brandts an Stoph vom 22. Januar 1970.
74 Kaiser: Machtwechsel, S. 350 f.
75 Völkerrechtliche Anerkennung der DDR erforderlich, in: Neues Deutschland vom 24. Januar 1970, S. 1.
76 A. K.: Tatsachen kontra Mystik, in: Neues Deutschland vom 24. Januar 1970, S. 2.
77 Otto Winzer: Kontinuität unheilvoller Außenpolitik in Bonn, in: Neues Deutschland vom 24. Januar 1970, S. 6.
78 BA Koblenz, B 136/6689, Dr. Sanne an Kanzleramtsminister, n. pag.
79 Nakath: Gewaltverzicht und Gleichberechtigung, S. 196–213, hier S. 201 f.; Kaiser: Machtwechsel, S. 351 f.
80 PA AA MfAA, G-A 153, Bl. 43 f., undatierte inoffizielle Übersetzung für Außenminister Winzer.
81 BStU, MfS GH 65/88, Bd. 13, Bl. 58.
82 BA Berlin, SAPMO, DC 20/17270, Bl. 4; BA Koblenz, N 1474/114, Ulrich Sahm: Der Weg nach Erfurt (I) [künftig: Tagebuch Sahm, I], Tagebucheintrag 12. Februar 1970.
83 Bloß keinen Frühling, in: Der Spiegel vom 23. Februar 1970, S. 21–31, hier S. 25.
84 Tagebuch Sahm, I, 12. Februar 1970.
85 PA AA MfAA, G-A 153, Bl. 38–42, Bericht von Kohl und Voß über die Übergabe des Briefes von Stoph an Brandt.
86 Vgl. Schmid: Entscheidung in Bonn, S. 236 f.
87 Tagebuch Sahm, I, 12. Februar 1970.
88 PA AA MfAA, G-A 153, Bl. 38–42, Bericht von Kohl und Voß über die Übergabe des Briefes von Stoph an Brandt.
89 Tagebuch Sahm, I, 12. Februar 1970.
90 BA Koblenz, B 136/6447, Brief von Stoph an Brandt vom 11. Februar 1970, n. pag.; PA AA MfAA, G-A 153, Bl. 35–37; Brief, in: Neues Deutschland vom 13. Februar 1970, S. 1 und 3; abgedruckt in: TzD, S. 291–293.
91 Die Bundesregierung erwägt eine Einladung Stophs nach Hannover, in: Die Welt vom 16. März 1970, S. 2.
92 Vgl. Botschafter Allardt (Moskau) an das Auswärtige Amt am 22. Februar 1970, in: AzAPdB, S. 302 f.
93 Neues Deutschland vom 13. Februar 1970, S. 3.
94 Walter Ulbricht empfing P. A. Abrassimow, in: Neues Deutschland vom 14. februar 1970, S 1.
95 Ash: Im Namen Europas, S. 107.
96 BStU, Archiv der Zentralstelle, HV A, Nr. 161, Bl. 93 f.
97 Tagebuch Sahm, I, 13. Februar 1970.
98 Tagebuch Sahm, I, 15. Februar 1970.
99 Brandt: Erinnerungen, S. 225.
100 Tagebuch Sahm, I, 15. Februar 1970.
101 Bloß keinen Frühling, in: Der Spiegel vom 23. Februar 1970, S. 21–31, hier S. 30.
102 BStU, Archiv der Zentralstelle, HV A, Nr. 161, Bl. 99 f.
103 Tagebuch Sahm, I, 16. Februar 1970.

104 BA Koblenz, B 145/6110, Bemerkungen zu einem Besuch des Bundeskanzlers in Ostberlin vom 16. Februar 1970, n. pag.; vgl. BStU, Archiv der Zentralstelle, HV A, Nr. 161, Bl. 100.
105 BA Koblenz, B 136/6689, Betr.: Anerkennungsrelevanz vom 17. Februar 1970, n. pag.
106 Instruktion für die Mitarbeiter im Büro des Ministerrates der DDR vom 16. februar 1970, in: DzD, S. 266 f.
107 Tagebuch Sahm, I, 18. Februar 1970; siehe auch: Bloß keinen Frühling, in: Der Spiegel vom 23. Februar 1970, S. 21–31, hier S. 23. Vgl. Staatssekretär Duckwitz an Außenminister Scheel am 16. Februar 1970, in: AzAPdB, S. 251 f.
108 Abgedruckt in: TzD, S. 294 f.
109 Tagebuch Sahm, I, 18. Februar 1970.
110 BA Koblenz, B 145/6110, Vorbereitung des Treffens des Bundeskanzlers mit dem Vorsitzenden des Ministerrates vom 18. Februar 1970, n. pag.; B 136/6689, Ergebnisvermerk über die Besprechung am 18. Februar 1970, n. pag.
111 BA Koblenz, B 136/6447, Anmerkungen von Fritsch zu der Besprechung am 18. Februar 1970, n. pag.
112 PA AA, B 38-IIAI, Bd. 323, Bl. 15 f.
113 Schreiben des Bundeskanzlers der BRD an den Vorsitzenden des Ministerrates der DDR, in: Neues Deutschland vom 19. Februar 1970, S. 1.
114 DDR für gleichberechtigte völkerrechtliche Beziehungen, in: Neues Deutschland vom 20. Februar 1970, S. 2.
115 Zur Antwort des Bonner Kanzlers, in: Neues Deutschland vom 20. Februar 1970, S. 2.
116 Aufzeichnungen des Ministerialdirektors Ruete, in: AzAPdB, S. 292–294.
117 BStU, MfS GH 25/87, Bd. 8, Bl. 198.
118 BA Koblenz, B 136/6689, Betr.: Beamten-Delegation zur Vorbereitung des Besuchs des Herrn Bundeskanzlers in Ost-Berlin vom 19. Februar 1970, n. pag.
119 Aufzeichnungen des Staatssekretärs im Bundeskanzleramt Bahr vom 19. Februar 1970, in: DzD, S. 272–274.
120 Bahr: Zu meiner Zeit, S. 308.
121 BA Berlin, SAPMO, DC 20/17270, Bl. 5; BA Koblenz, B 136/6689, Fernschreiben von Michael Kohl an Horst Ehmke vom 20. Februar 1970, n. pag.
122 Tagebuch Sahm, I, 20. Februar 1970.
123 Vgl. BA Berlin, SAPMO, DC 20/17270, Bl. 7.
124 H. Reiser: Im Rückwärtsgang zum Vorgespräch, in: Süddeutsche Zeitung vom 3. März 1970, S. 4.
125 Werner Diederichs: In Ost-Berlin verhandelt ein kühler Analytiker, in: Die Welt vom 10. März 1970, S. 4.
126 Werner Barm: Stophs Unterhändler ist kein Apparatschik, in: Die Welt vom 12. März 1970, S. 4.
127 BA Koblenz, B 136/6447, Vermerk von Germelmann zu abhörsicheren Telefonverbindungen vom 20. Februar 1970, n. pag.
128 BA Koblenz, B 136/6447, Vermerk von Germelmann zu Funkverbindungen vom 20. Februar 1970, n. pag.
129 BA Berlin, SAPMO, DY 30 3556, Bl. 22–26.

130 Ebd., Bl. 27.

131 Erich Honecker: Zu den Lehren der Geschichte und einigen aktuellen politischen Fragen, in: Neues Deutschland vom 22. Februar 1970, S. 4 f.

132 G. L: Den »Schwebezustand zwischen Krieg und Frieden« beenden, in: Neues Deutschland vom 23. Februar 1970, S. 2; Wer stellt eigentlich Maximalfoderungen?, in: Neues Deutschland vom 24. Februar 1970, S. 2; Albert Norden: Bonn muß den globalen kalten Krieg gegen die DDR beenden!, in: Neues Deutschland vom 27. Februar 1970, S. 6.

133 Bernt Conrad: Erhielt Bahr den entscheidenden Tip in Moskau von Gromyko?, in: Die Welt vom 14. März 1970, S. 7.

134 Zitiert nach: Kaiser: Machtwechsel, S. 355.

135 Spannender Film, in: Der Spiegel vom 2. März 1970, S. 32; PA AA MfAA, G-A 420, Bd. 16, Bl. 112; BA Berlin, SAPMO, DC 20/17270, Bl. 8; siehe auch BA Koblenz, B 136/6447, Sahm an Bundeskanzler am 23. Februar 1970, n. pag.; Tagebuch Sahm, I, 23. Februar 1970.

136 PA AA MfAA, G-A 420, Bd. 16, Bl. 111 f.

137 Vorlage des Ministerialdirektors Sahm an Brandt vom 23. Februar 1970, in: DzD, S. 277–280.

138 BA Koblenz, B 136/6447, Sahm an Bundeskanzler am 23. Februar 1970 (technische Vorbereitung), n. pag.

139 BA Koblenz, B 145/6110, Anmerkungen zur Vorbereitung der Bundeskanzler-Reise nach Ostberlin vom 23. Februar 1970, n. pag.

140 Tagebuch Sahm, I, 23. Februar 1970.

141 BA Koblenz, B 145/6110, Meine Vorstellungen über die publizistischen Begleithandlungen zur Reise nach Ostberlin vom 25. Februar 1970, n. pag.

142 Harri Czepuck: Wer stellt eigentlich Maximalforderungen? in: Neues Deutschland vom 24. Februar 1970, S. 2.

143 Zum Besuch des sowjetischen Außenministers, in: Neues Deutschland vom 24. Februar 1970, S. 1 f.

144 Meinungsaustausch im Geiste brüderlicher Verbundenheit, in: Neues Deutschland vom 25. Februar 1970, S. 1 f.

145 Gespräch von Ulbricht mit Gromyko am 24. Februar 1970, in: DzD, S. 293–324; vgl. Karl-Heinz Schmidt: Dialog über Deutschland. Studien zur Deutschlandpolitik von KPdSU und SED (1960–1979). Baden-Baden 1998, S. 228–246.

146 Ebd., S. 246.

147 PA AA MfAA, G-A 420, Bd. 16, Bl. 113–119, Kurzinformation über Gespräch Gromyko und Winzer am 25. Februar 1970 (Vormittag).

148 Kommuniqué, in: Neues Deutschland vom 28. Februar 1970, S. 1.

149 Brief von Bahr an Brandt vom 7. März 1970, in: DzD, S. 354–357.

150 Seidel: Nachtrag, S. 98.

151 Dettmar Cramer: Erfurt statt Berlin, in: Frankfurter Allgemeine Zeitung vom 14. März 1970, S. 2.

152 PA AA, B 38-IIAI, Bd. 323, Bl. 42–48.

153 Tagebuch Sahm, I, 26. Februar 1970.

154 Tagebuch Sahm, I, 27. Februar 1970; vgl. PA AA, B 38-IIAI, Bd. 323, Bl. 29.

155 BA Berlin, SAPMO, DC 20/17547, Bl. 24.

156 Plück: Der Schwarz-rot-goldene Faden, S. 165.

157 BStU, MfS GH 25/87, Bd. 8, Bl. 175; BStU, MfS GH 65/88, Bd. 13, Bl. 68.

Verhandlungspoker (S. 78–128)

1 Tagebuch Sahm, I, 2. März 1970.
2 Dettmar Cramer: Protokollfragen erzwingen weiteres Vorbereitungsgespräch, in: Frankfurter Allgemeine Zeitung vom 3. März 1970, S. 1; Willi Kinnigkeit: Ich darf Sie bitten, hereinzukommen ..., in: Süddeutsche Zeitung vom 3. März 1970, S. 3.
3 Journalisten behindert – Pässe genau kontrolliert, in: Bild vom 3. März 1970, S. 2.
4 Tagebuch Sahm, I, 2. März 1970.
5 Willi Kinnigkeit: Treffen Brandt-Stoph wird vorbereitet, in: Süddeutsche Zeitung vom 3. März 1970, S. 1.
6 Tagebuch Sahm, I, 2. März 1970.
7 Brüderliche Zusammenarbeit, in: Neues Deutschland vom 1. März 1970, S. 1.
8 Willi Kinnigkeit: Brandts Begegnung mit Stoph wird vorbereitet, in: Süddeutsche Zeitung vom 2. März 1970, S. 4.
9 BA Koblenz, B 136/6689, Technische Fragen des Besuches des Herrn Bundeskanzlers, n. pag.
10 Spannender Film, in: Der Spiegel vom 2. März 1970, S. 33.
11 Dieter Schröder: Brandt hält Treffen mit Stoph noch vor Ostern für möglich, in: Süddeutsche Zeitung vom 5. März 1970, S. 2.
12 Alles Kollegen, in: Der Spiegel vom 9. März 1970, S. 28.
13 BA Koblenz, B 136/6689, Protokollarische Niederschrift des vorbereitenden Gesprächs der Delegationen am 2. März 1970, n. pag.
14 PA AA MfAA, G-A 154, Niederschrift des Gespräches am 2. März 1970, Bl. 1.
15 Ebd., Bl. 2; siehe auch BA Koblenz, B 136/6689, Protokollarische Niederschrift des vorbereitenden Gesprächs der Delegationen am 2. März 1970, n. pag.
16 Vgl. BA Berlin, SAPMO, DC 20/17547, Bl. 17.
17 Tagebuch Sahm, I, 2. März 1970.
18 Alles Kollegen, in: Der Spiegel vom 9. März 1970, S. 28.
19 Tagebuch Sahm, I, 2. März 1970.
20 Willi Kinnigkeit: Treffen Brandt-Stoph wird vorbereitet, in: Süddeutsche Zeitung vom 3. März 1970, S. 1; David Binder: 2 Germany's Aides Confer On Brandts-Stoph Parley, in: The New York Times vom 3. März 1970, S. 10.
21 Hans Erich Bilges: Zank um Bechers Hymne, in: Die Welt vom 7. März 1970, S. 3.
22 Journalisten behindert – Pässe genau kontrolliert, in: Bild vom 3. März 1970, S. 2.
23 Tagebuch Sahm, I, 2. März 1970; siehe auch: Schneefreie Fahrbahn für die fünf Unterhändler aus Bonn, in: Die Welt vom 3. März 1970, S. 5.
24 BStU, MfS GH 25/87, Bd. 8, Bl. 175; BStU, MfS GH 65/88, Bd. 13, Bl. 68.
25 PA AA MfAA, G-A 154, Niederschrift des Gespräches am 2. März 1970, Bl. 53; BA Koblenz, B 136/6689, Protokollarische Niederschrift des vorbereitenden Gesprächs der Delegationen am 2. Mär 1970, n. pag.
26 Tagebuch Sahm, I, 2. März 1970.
27 PA AA MfAA, G-A 154, Niederschrift des Gespräches am 2. März 1970, Bl. 68–73.; BA Koblenz, B 136/6689, Zeitlicher Ablaufplan für das Treffen, n. pag.
28 Tagebuch Sahm, I, 2. März 1970.

29 Gespräch zwischen Brandt und Wilson am 2. März 1970, in: DzD, S. 336–341, hier S. 339.

30 Tagebuch Sahm, I, 2. März 1970.

31 NDR, Tagesschau vom 2. März 1970.

32 Die Vorgeschichte der Ost-Berliner Vereinbarung, in: Frankfurter Allgemeine Zeitung vom 13. März 1970, S. 4; Journalisten behindert – Pässe genau kontrolliert, in: Bild vom 3. März 1970, S. 2.

33 HO: Stillschweigen über das Gespräch Ulbrichts mit Ameronger, in: Frankfurter Allgemeine Zeitung vom 3. März 1970, S. 3; HOE: Ulbricht spricht mit Ameronger, in: Süddeutsche Zeitung vom 3. März 1970, S. 2; Hans-Erich Bilges: Wenn Otto Wolff mit Ulbricht spricht ..., in: Die Welt vom 4. März 1970, S. 3.

34 Bedeutende Gespräche mit Vertretern Frankreichs, Großbritanniens, Schwedens, der westdeutschen Bundesrepublik und der VAR, in: Neues Deutschland vom 3. März 1970, S. 3.

35 Hans-Erich Bilges: Wenn Otto Wolff mit Ulbricht spricht ..., in: Die Welt vom 4. März 1970, S. 3.

36 Bedeutende Gespräche mit Vertretern Frankreichs, Großbritanniens, Schwedens, der westdeutschen Bundesrepublik und der VAR, in: Neues Deutschland vom 3. März 1970, S. 3.

37 Tagebuch Sahm, I, 2. März 1970.

38 Vgl. Jürgen Tern: Auftakt in Ost-Berlin, in: Frankfurter Allgemeine Zeitung vom 6. März 1970, S. 1.

39 Bedeutende Gespräche mit Vertretern Frankreichs, Großbritanniens, Schwedens, der westdeutschen Bundesrepublik und der VAR, in: Neues Deutschland vom 3. März 1970, S. 3.

40 BA Berlin, SAPMO, DC 20/17547, Bl. 6–16.

41 BA Berlin, SAPMO, DC 20/17549.

42 BA Berlin, SAPMO, DC 20/17547, Bl. 19 f.

43 Tagebuch Sahm, I, 3. März 1970.

44 PA AA MfAA, G-A 154, Niederschrift des Gespräches am 3. März 1970, Bl. 85 ff. Zusammenfassender Vermerk des Bundeskanzleramtes über die Besprechungen mit der DDR, ohne Datum, in: DzD, S. 364–367, hier S. 365.

45 Tagebuch Sahm, I, 3. März 1970.

46 Willi Kinnigkeit: Neues Treffen für Donnerstag vereinbart, in: Süddeutsche Zeitung vom 4. März 1970, S. 1.

47 Vorgespräche unterbrochen. Berlin-Frage im Mittelpunkt, in: Die Welt vom 4. März 1970, S. 2.

48 Ebd., S. 1.

49 Dieter Schröder: Brandt hält Treffen mit Stoph noch vor Ostern für möglich, in: Süddeutsche Zeitung vom 5. März 1970, S. 1.

50 BStU, MfS GH 25/87, Bd. 8, Bl. 178; BStU, MfS GH 65/88, Bd. 13, Bl. 72 f.

51 BStU, MfS GH 25/87, Bd. 8, Bl. 179; BStU, MfS GH 65/88, Bd. 13, Bl. 76.

52 BStU, MfS GH 25/87, Bd. 8, Bl. 202; BStU, MfS GH 65/88, Bd. 13, Bl. 74.

53 BA Berlin, SAPMO, DY 30 J IV 2/2A/1425.

54 Vorlage von Stoph für das Politbüro vom 23. Februar, in: DzD, S. 280–293.

55 BA Berlin, SAPMO, DY 30 J IV 2/2A/1425, Bl. 2.

56 Die Ostberliner Vorgespräche ohne wesentliche Störungen, in: Frankfurter Allgemeine Zeitung vom 4. März 1970, S. 4. Das Oberlandesgericht Düssel-

dorf verurteilte Wienand 1996 zu zweieinhalb Jahren Haft und einer Million Mark Geldstrafe wegen Spionage zugunsten der DDR. Das Gericht sah es als erwiesen an, daß Wienand zwischen 1976 und 1989 unter dem Decknamen »Streit« für die Staatssicherheit spioniert und dafür insgesamt 1,3 Millionen Mark erhalten hatte. Wienand bestritt stets die Vorwürfe. Wienand galt als Vertrauter Wehners.

57 Aufzeichnung von Behrendt über das Gespräch mit Wienand vom 5. März 1970, in: DzD, S. 343–346.

58 Dieter Schröder: Brandt hält Treffen mit Stoph noch vor Ostern für möglich, in: Süddeutsche Zeitung vom 5. März 1970, S. 1.

59 Ebd.

60 Tagebuch Sahm, I, 4. März 1970.

61 Dettmar Cramer: Sahms Suche nach Kompromissen mit Ost-Berlin, in: Frankfurter Allgemeine Zeitung vom 6. März 1970, S. 1.

62 PA AA MfAA, G-A 154, Niederschrift des Vier-Augen-Gespräches am 5. März 1970, Bl. 125–131; Tagebuch Sahm, I, 5. März 1970. Siehe auch: Zusammenfassender Vermerk des Bundeskanzleramtes über die Besprechungen mit der DDR, ohne Datum, in: DzD, S. 364–367, hier S. 366.

63 Willi Kinnigkeit: Sahm: Es zeichnet sich noch nichts ab, in: Süddeutsche Zeitung vom 6. März 1970, S. 1.

64 Gegessen wird im Westen, in: Bild vom 6. März 1979, S. 1.

65 Ahlers: 16. oder 18. März, in Süddeutsche Zeitung vom 6. März 1970, S. 1.

66 Tagebuch Sahm, I, 5. März 1970.

67 PA AA MfAA, G-A 154, Niederschrift des Vier-Augen-Gespräches am 5. März 1970, Bl. 132 f.; Tagebuch Sahm, I, 5. März 1970.

68 Zusammenfassender Vermerk des Bundeskanzleramtes über die Besprechungen mit der DDR, ohne Datum, in: DzD, S. 364–367, hier S. 366.

69 Tagebuch Sahm, I, 5. März 1970; siehe auch: Ehmke an Bahr am 5. März 1970, in: AzAPdB, S. 376–379.

70 Technische Vorgespräche fortgesetzt, in: Neues Deutschland vom 6. März 1970, S. 2.

71 Tagebuch Sahm, I, 5. März 1970.

72 Willi Kinnigkeit: Sahm: Es zeichnet sich noch nichts ab, in: Süddeutsche Zeitung vom 6. März 1970, S. 1; Gespräche mit Ost-Berlin sind vorerst festgefahren, in: Die Welt vom 6. März 1970, S. 1.

73 Ebd.

74 Dettmar Cramer: Sahms Suche nach Kompromissen mit Ost-Berlin, in: Frankfurter Allgemeine Zeitung vom 6. März 1970, S. 1.

75 Ebd.

76 BStU, MfS GH 25/87, Bd. 8, Bl. 199; BStU, MfS GH 65/88, Bd. 13, Bl. 80.

77 Ehmke an Bahr am 5. März 1970, in: AzAPdB, S. 376–379.

78 Störfeuer vergiftet Atmosphäre für Gespräche, in: Neues Deutschland vom 6. März 1970, S. 2.

79 Dettmar Cramer: Streit um West-Berlin gefährdet das Gespräch Brandt-Stoph, in: Frankfurter Allgemeine Zeitung vom 7. März 1970, S. 1.

80 Brandts Treffen mit Stoph fraglich, in: Süddeutsche Zeitung vom 7. März 1970, S. 1.

81 Hans Schuster: Ein Phänomen: Die unberührte Stadt, in: Süddeutsche Zeitung vom 7. März 1979, S. 4.

82 Brandts Treffen mit Stoph fraglich, in: Süddeutsche Zeitung vom 7. März 1970, S. 1.

83 Zitiert nach: Brandt nennt Ost-Berliner Bedingungen »unakzeptabel«, in: Die Welt vom 7. März 1970, S. 2.

84 NDR, Bericht aus Bonn vom 6. März 1970.

85 BA Koblenz, B 136/6689, Beitrag zum Interview des Herrn Bundeskanzlers durch Gerd Ruge am 6.3.1970, n. pag.

86 Dettmar Cramer: Die Einheitspartei stellt neue Bedingungen, in: Frankfurter Allgemeine Zeitung vom 7. März 1970, S. 2.

87 Tagebuch Sahm, I, 6. März 1970.

88 Bahr an Scheel, in: AzAPdB, S. 389f.

89 Diethelm Schröder: Ost-Berlin will, daß Willy Brandt West-Berlin verrät, in: Bild vom 7. März 1970, S. 1.

90 Wer muß zurückstecken?, in: Neues Deutschland vom 7. März 1970, S. 2.

91 PA AA MfAA, G-A 512, Tagebuch Otto Winzer, Jahrgang 1970, Eintrag 7. März 1970.

92 Alleinvertretungsanmaßung – pur, in: Neues Deutschland vom 8. März 1970, S. 2.

93 Albert Norden: Stellt die Weichen für eine neue Politik, westdeutsche Arbeiter!, in: Neues Deutschland vom 8. März 1970, S. 3f.

94 Bonner Zusage steht noch aus, in: Neues Deutschland vom 8. März 1970.

95 Vgl. J. T.: Vom Scheitern bedroht, in: Frankfurter Allgemeine Zeitung vom 9. März 1970, S. 1.

96 BA Koblenz, B 136/6689, Aktennotiz von Stern für Sahm, n. pag.

97 Brandts Treffen mit Stoph fraglich, in: Süddeutsche Zeitung vom 7. März 1970, S. 1; Chance beim Tango, in: Der Spiegel vom 16. März 1970, S. 28.

98 Werner Diederichs: In Ost-Berlin verhandelt ein kühler Analytiker, in: Die Welt vom 10. März 1970, S. 4.

99 Tagebuch Sahm, I, 7. März 1970.

100 Tagebuch Sahm, I, 8. März 1970.

101 Ebd.

102 BA Koblenz, B 136/6689, Brief von Brandt an Stoph vom 8. März 1970, n. pag.; PA AA MfAA, G-A 153, Bl. 49. Der Wortlaut des Brandt-Briefs an Stoph, in: Süddeutsche Zeitung vom 10. März 1970, S. 2; Wortlaut des Briefes an Willi Stoph, in: Die Welt vom 10. März 1970, S. 2; Brandts neuer Vorschlag an Stoph, in: Frankfurter Allgemeine Zeitung vom 11. März 1970, S. 4.

103 Tagebuch Sahm, I, 8. März 1970.

104 BA Berlin, SAPMO, DC 20/17270, Bl. 9.

105 Ebd., Bl. 10.

106 Frankfurter Allgemeine Zeitung vom 9. März 1970, S. 1.

107 Süddeutsche Zeitung vom 9. März 1970, S. 1.

108 Alles Kollegen, in: Der Spiegel vom 9. März 1970, S. 28.

109 »Ost-Berlin ist keine Bonner Eckkneipe«, in: Bild vom 9. März 1970, S. 1.

110 Bonn fühlt noch einmal in Ostberlin vor, in: Süddeutsche Zeitung vom 9. März 1970, S. 1; Bundeskanzler Brandt besteht auf Besuch in West-Berlin, in: Die Welt vom 9. März 1970, S. 1.

111 PA AA MfAA, G-A 421, Bd. 17, Bl. 19–24, Entwurf der Erklärung vom 7. März 1970.

112 Erklärung des Ministerrates der DDR, in: Neues Deutschland vom 10. März 1970, S. 1; Die Erklärung des DDR-Ministerrates, in: Süddeutsche Zeitung vom 10. März 1970, S. 2.

113 Dettmar Cramer: Ost-Berlin verzögert Entscheidung über Brandts Besuch, in: Frankfurter Allgemeine Zeitung vom 10. März 1970, S. 1; Chance beim Tango, in: Der Spiegel vom 16. März 1970, S. 28.

114 PA AA MfAA, G-A 421, Bd. 17, Bl. 25–32, Zusatzdirektive für die Fortsetzung der Gespräche.

115 PA AA MfAA, G-A 154, Niederschrift des Gespräches am 9. März 1970, Bl. 134–17; Tagebuch Sahm, I, 9. März 1970; siehe auch: Zusammenfassender Vermerk des Bundeskanzleramtes über die Besprechungen mit der DDR, ohne Datum, in: DzD, S. 364–367, hier S. 366.

116 PA AA MfAA, G-A 154, Niederschrift des Vier-Augen-Gespräches am 9. März 1970, Bl. 151–154.

117 Tagebuch Sahm, I, 9. März 1970.

118 PA AA MfAA, G-A 154, Niederschrift des Gespräches am 9. März 1970, Bl. 161 f.

119 Tagebuch Sahm, I, 9. März 1970.

120 BA Koblenz, B 136/6689, Betr. Vorgespräche für Treffen Bundeskanzler/Stoph, n. pag.

121 Zitiert nach: Spitmann: Deutschlandpolitik, S. 329.

122 Technische Vorgespräche fortgesetzt, in: Neues Deutschland vom 10. März 1970, S. 1.

123 Brandt Suggests Moving Stoph Talks From Berlin, in: The New York Times vom 10. März 1970, S. 11.

124 Festgefahren, in: Bild vom 10. März 1970, S. 10.

125 Treffen Brandt-Stoph in Wien?, in: Bild vom 11. März 1970, S. 10.

126 Treffen mit Stoph nicht in Sicht, in: Süddeutsche Zeitung vom 11. März 1970, S. 1.

127 Dettmar Cramer: Bonn läßt Ost-Berlin im Zugzwang, in: Frankfurter Allgemeine Zeitung vom 11. März 1970, S. 1.

128 Dettmar Cramer: Das Hin und Her mit dem Treffpunkt, in: Frankfurter Allgemeine Zeitung vom 11. März 1970, S. 2.

129 Dettmar Cramer: Bonn läßt Ost-Berlin im Zugzwang, in: Frankfurter Allgemeine Zeitung vom 11. März 1970, S. 1.

130 BA Koblenz, B 136/6689, Betr. Ort der Begegnung mit Stoph vom 10. März 1970, n. pag.

131 Bonn muß endlich Vorbedingungen aufgeben!, in: Neues Deutschland vom 11. März 1970, S. 1f.

132 Heute wieder Vorgespräche in Ostberlin, in: Süddeutsche Zeitung vom 12. März 1970, S. 2.

133 Dettmar Cramer: Bonn wartet die Antwort Ost-Berlins auf Brandts Vorschlag ab, in: Frankfurter Allgemeine Zeitung vom 12. März 1970, S. 1f.

134 Tagebuch Sahm, I, 10. März 1970.

135 BA Berlin, SAPMO, DY 30 J IV 2/2/1272, Bl. 5.

136 Bahr an Brandt, in: AzAPdB, S. 448 f.

137 Bahr an Brandt, in: AzAPdB, S. 449, FN 6.

138 Tagebuch Sahm, I, 11. März 1970; Vorlage von Sahm für Brandt vom 10. März 1970, in: DzD, S. 375 f.

139 PA AA MfAA, G-A 421, Bd. 17, Bl. 38 f., Schreiben von Winzer an Ulbricht, Stoph, Honecker und Axen vom 11. März 1970; abgedruckt in: DzD, S. 390 f.

140 PA AA MfAA, G-A 421, Bd. 17, Bl. 41 f., Schreiben von Winzer an Stoph, Norden und Axen vom 11. März 1970.

141 BA Berlin, SAPMO, DY 30 J IV 2/2A/1427, Bl. 142 f.

142 Bahr an Brandt, in: AzAPdB, S. 458 f.

143 AdsD Bonn, Dep. Bahr 429 B/Mappe 1, Bahr an Brandt am 12. März 1970.

144 Tagebuch Sahm, I, 12. März 1970.

145 BA Koblenz, B 136/6689, Betr. Fortsetzung des Gesprächs Sahm/Schüßler, n. pag.

146 Brandt und Stoph werden sich am 19. März in Erfurt treffen, in: Die Welt vom 13. März 1970, S. 1.

147 Hans-Erich Bilges: Entspannung bei Gemüsesuppe, in: Die Welt vom 14. März 1970, S. 7.

148 Ebd.

149 PA AA MfAA, G-A 154, Niederschrift des Gespräches am 12. März 1970, Bl. 163–236; BA Koblenz, B 136/6689, Protokoll Donnerstag, 12. März 1970, n. pag.; Tagebuch Sahm, II, 12. März 1970.

150 Chance beim Tango, in: Der Spiegel vom 16. März 1970, S. 28.

151 BA Koblenz, B 136/6689, Protokoll Donnerstag, 12. März 1970, n. pag.

152 Tagebuch Sahm, II, 12. März 1970.

153 In manchen Veröffentlichungen wird als Zeitpunkt für den Erfurt-Vorschlag 11.47 Uhr genannt, siehe u. a.: Brandt mit Sonderzug nach Erfurt. Rückreise noch am Konferenztag, in: Süddeutsche Zeitung vom 14. März 1970, S. 1.

154 Ort eines zweiten Treffens Brandt – Stoph noch ungewiß, in: Frankfurter Allgemeine Zeitung vom 14. März 1970, S. 1.

155 Tagebuch Sahm, II, 12. März 1970.

156 Werner Diederichs: Brandt erfuhr vom »Durchbruch«, als er gerade schwedisch sprach, in: Die Welt vom 14. März 1970, S. 7.

157 Brandt trifft Stoph in Erfurt, in: Süddeutsche Zeitung vom 13. März 1970, S. 1.

158 Die Vorgeschichte der Ost-Berliner Vereinbarung, in: Frankfurter Allgemeine Zeitung vom 13. März 1970, S. 4; Brandt trifft Stoph in Erfurt, in: Süddeutsche Zeitung vom 13. März 1970, S. 1; DDR-Vorschlag führte zu Übereinkunft, in: Neues Deutschland vom 13. März 1970, S. 1; Two Germanys agree on summit next week, in: The Washington Post vom 13. März 1970, S. 6.

159 BA Koblenz, N 1474/114, Ulrich Sahm: Der Weg nach Erfurt (II) [künftig: Tagebuch Sahm, II], Tagebucheintrag 12. März 1970.

160 Chance beim Tango, in: Der Spiegel vom 16. März 1970, S. 28.

161 Brandt trifft Stoph in Erfurt, in: Süddeutsche Zeitung vom 13. März 1970, S. 1; »Ich hoffe, ich habe meine Pflicht getan«, in: Hamburger Abendblatt vom 13. März 1970, S. 2.

162 Tagebuch Sahm, II, 12. März 1970.

163 Dettmar Cramer: Der Ost-Berliner Vorschlag nach der Mittagspause: Erfurt, in: Frankfurter Allgemeine Zeitung vom 13. März 1970, S. 1.

164 Brandt trifft Stoph in Erfurt, in: Süddeutsche Zeitung vom 13. März 1970, S. 2.

165 In Erfurt beginnt ein langer Marsch, in: Hamburger Abendblatt vom 13. März 1970, S. 1.

166 Das deutsche Wunder, in: Süddeutsche Zeitung vom 13. März 1970, S. 4.

167 BStU, MfS GH 25/87, Bd. 8, Bl. 195; BStU, MfS GH 65/88, Bd. 13, Bl. 78.

168 Zitiert nach: Unsere Initiative, in: Thüringische Landeszeitung vom 14. März 1970, S. 1 f.

169 DDR-Vorschlag führt zu Übereinkunft, in: Neues Deutschland vom 13. März 1970, S. 1.

170 Ergebnis konstruktiver DDR-Politik, in: Thüringer Tageblatt vom 14. März 1970, S. 2.

171 Einigung über Treffen – Ergebnis unserer konstruktiven Politik, in: Das Volk vom 13. März 1970; S. 1 f.

172 Die Bundesregierung erwägt eine Einladung Stophs nach Hannover, in: Die Welt vom 16. März 1970, S. 2.

173 Brandt mit Sonderzug nach Erfurt. Rückreise noch am Konferenztag, in: Süddeutsche Zeitung vom 14. März 1970, S. 2; Bernt Conrad: Erhielt Bahr den entscheidenden Tip in Moskau von Gromyko?, in: Die Welt vom 14. März 1970, S. 7.

174 Brandt und Stoph einig: Zweites Treffen in der Bundesrepublik, in: Die Welt vom 14. März 1970, S. 1.

175 »Wie sind Sie für Erfurt präpariert?«, in: Süddeutsche Zeitung vom 18. März 1970, S. 3.

176 Dettmar Cramer: Die sowjetische Botschaft in Bonn begrüßt Treffen, in: Frankfurter Allgemeine Zeitung vom 13. März 1970, S. 4.

177 Dettmar Cramer: Erfurt statt Berlin, in: Frankfurter Allgemeine Zeitung vom 14. März 1970, S. 2.

178 Vgl. u. a. Erfurt – Stadt der Blumen und des Fürstentages, in: Frankfurter Allgemeine Zeitung vom 13. März 1970, S. 4; Brandt and Stoph to meet Thursday, in: The New York Times vom 13. März 1970, S. 1; Ernst-Otto Maetzke: Erfurter Kennziffern und Marksteine, in: Frankfurter Allgemeine Zeitung vom 14. März 1970, S. 4; Christian Schütze: Hier beginnen Dinge, die anderswo enden, in: Süddeutsche Zeitung vom 14. März 1970, S. 3; In Erfurt trafen sich Napoleon und der Zar, in: Die Welt vom 14. März 1970, S. 7.

179 Walter Görlitz: Eine Stadt mit Tradition für deutsche Sozialdemokraten, in: Die Welt vom 18. März 1970, S. 4.

180 1891 in Erfurt beschlossen – in unserer sozialistischen Republik Wirklichkeit geworden, in: Neues Deutschland vom 17. März 1970, S. 2; In Erfurt verkündet – in unserer sozialistischen DDR Wirklichkeit geworden, in: Neues Deutschland vom 19. März 1970, S. 2; siehe auch: Das Programm in der DDR verwirklicht, in: Das Volk vom 18. März 1970, S. 3; Wir handeln in seinem Sinne, in: Das Volk vom 19. März 1970, S. 3.

Startschuss (S. 129–185)

1 Tagebuch Sahm, II, 13. März 1970.

2 Vgl. BA Koblenz, B 136/6689, Informationen für Pressekonferenz, n. pag.

3 Brandt mit Sonderzug nach Erfurt. Rückreise noch am Konferenztag, in: Süddeutsche Zeitung vom 14. März 1970, S. 1.

4 Zitiert nach: Ironische Bemerkung von Ahlers erzürnt Erfurter Bürgermeister, in: Die Welt vom 17. März 1970, S. 2.

5 NDR, Tagesschau vom 13. März 1970.
6 Dr. Schüßler erläuterte Einzelheiten des Treffens W. Stoph und W. Brandt, in: Neues Deutschland vom 14. März 1970, S. 2.
7 BStU, MfS GH 25/87, Bd. 8, Bl. 194.
8 Brandt mit Sonderzug nach Erfurt. Rückreise noch am Konferenztag, in: Süddeutsche Zeitung vom 14. März 1970, S. 2; 2d Meeting also set for Brandt and Stoph, in: The New York Times vom 14. März 1970, S. 7; Nach den Regierungschefs sollen die Experten deutsche Probleme anpacken, in: Süddeutsche Zeitung vom 16. März 1970, S. 2; Die Bundesregierung erwägt eine Einladung Stophs nach Hannover, in: Die Welt vom 16. März 1970, S. 2; DDR-Anerkennung nur gegen Zusagen, in: Süddeutsche Zeitung vom 17. März 1970, S. 2; Noch Unklarheiten vor dem Treffen in Erfurt, in: Die Welt vom 17. März 1970, S. 1; Auch Mainz bewirbt sich, in: Süddeutsche Zeitung vom 19. März 1970, S. 2.
9 Olaf Ihlau: Kassel rüstet sich zum zweiten Treffen, in: Süddeutsche Zeitung vom 21. März 1970, S. 2.
10 BA Koblenz, B 136/6447, Fernschreiben von Oetting an Brandt vom 14. März 1970, n. pag.
11 BA Koblenz, B 136/6447, Fernschreiben von Ließ an Ehmke vom 18. März 1970, n. pag.
12 BA Koblenz, B 136/6447, Telegramm von Dregger an Brandt vom 16. März 1970, n. pag.
13 BA Koblenz, B 136/6447, Fernschreiben von Fuchs an Brandt vom 18. März 1970, n. pag.
14 BA Koblenz, B 136/6447, Schreiben von Högn an Ehmke vom 18. März 1970, n. pag.
15 BA Koblenz, B 136/6447, Telegramm von Schmitt an Ehmke vom 18. März 1970, n. pag.
16 BA Koblenz, B 136/6689, Guillaume an Ehmke am 13. März 1970, n. pag.
17 Breitscheid kam bereits bei einem Luftangriff auf Buchenwald am 24. August 1944 ums Leben.
18 Ob Guillaume den Vorschlag zum Buchenwald-Besuch aus eigenem Antrieb machte oder ob er zuvor Instruktionen aus der DDR erhalten hatte, lässt sich nicht mehr klären.
19 Günter Guillaume: Die Aussage. Berlin 1988, S. 172–174.
20 Tagebuch Sahm, II, 15. März 1970.
21 Tagebuch Sahm, II, 16. März 1970.
22 Eghard Mörbitz: Stimmproben des Kanzlers im Sonderzug, in: Frankfurter Rundschau vom 20. März 1970, S. 3.
23 BA Koblenz, B 136/6689, Fernschreiben von Sahm an Schüßler vom 16. März 1970, n. pag.; BA Berlin, SAPMO, DC 20/17270, Bl. 14; Dettmar Cramer: Einmütigkeit im Kabinett über Brandts Erfurt-Reise, in: Frankfurter Allgemeine Zeitung vom 18. März 1970, S. 1.
24 Erfurt: Tag für Tag, in: Frankfurter Allgemeine Zeitung vom 17. März 1970, S. 2.
25 Dettmar Cramer: Das Erfurter Treffen – Zäsur für die Einheitspartei, in: Frankfurter Allgemeine Zeitung vom 18. März 1970, S. 2.
26 Tagebuch Sahm, II, 17. März 1970.
27 BA Berlin, SAPMO, DY 30 J IV 2/2/1273, Bl. 16–18.
28 BA Berlin, SAPMO, DC 20/17548, Bl. 4 ff.

29 BA Koblenz, B 136/6689, Fernschreiben von Schüßler an Sahm vom 17. März 1970, n. pag; BA Berlin, SAPMO, DC 20/17548, Bl. 17.
30 BA Berlin, SAPMO, DC 20/17548, Bl. 18 ff.
31 PA AA MfAA, G-A 154, Bl. 266–272, Kurzbericht zur Klärung protokollarisch-technischer Modalitäten am 17. März 1970 in Erfurt.
32 Tagebuch Sahm, II, 17. März 1970.
33 BA Koblenz, B 136/6689, Vermerk von Stern vom 16. März 1970, n. pag.
34 BA Koblenz, B 136/6689, Schlichter an Stern vom 17. März 1970, n. pag.
35 BA Koblenz, B 136/6447, Telegramm von VOS an Brandt vom 18. März 1970, n. pag.; siehe auch: »Aller Opfer gedenken«, in: Hamburger Abendblatt vom 19. März 1970, S. 2.
36 Willy Brandts Reise nach Deutschland und Ankunft in Buchenwald, in: Die Welt vom 26. März 1970, S. 10.
37 Zu Breitscheids Grab, in: Frankfurter Allgemeine Zeitung vom 19. März 1970, S. 3.
38 Brandt überquert um 7.45 Uhr die Zonengrenze, in: Frankfurter Allgemeine Zeitung vom 19. März 1970, S. 4.
39 Außenminister Winzer begleitet Bundeskanzler Brandt nach Buchenwald, in: Neues Deutschland vom 19. März 1970, S. 1.
40 BA Berlin, SAPMO, DC 20/17548, Bl. 7 f.
41 Wolf: Spionagechef im geheimen Krieg, S. 267.
42 Vgl. Stephan Konopatzky: Möglichkeiten und Grenzen der SIRA-Datenbanken. Die Beispiele Günter Guillaume und Werner Stiller, in: Georg Herbstritt/Helmut Müller-Enbergs (Hrsg.): Das Gesicht dem Westen zu … DDR-Spionage gegen die Bundesrepublik Deutschland. Bremen 2003, S. 112–132, hier bes. S. 118–126.
43 BStU, MfS HV A/MD/3, SIRA-TDB 12 XV/19142/60.
44 BStU, Archiv der Zentralstelle, HV A, Nr. 162, Bl. 94–99.
45 BStU, Ast. Erfurt, BdL 1904, Bd. 4, Bl. 3.
46 BStU, Ast. Erfurt, BdL 1902, Bd. 2, Bl. 123–125.
47 Vgl. Rainer Erices/Jan Schönfelder: Die Akte Schäfermeier-Kossenhaschen. Die verschwiegene Geschichte des »Erfurter Hofes«, in: Mitteilungen des Vereins für die Geschichte und Altertumskunde von Erfurt, 69. Heft (2008), S. 183–204.
48 BStU, Ast. Erfurt, BdL 1902, Bd. 2, Bl. 174.
49 Ebd., Bl. 92–105.
50 Hier ist jetzt sehr viel zu tun, in: Bild vom 14. März 1970, S. 2.
51 Noch Unklarheiten vor dem Treffen in Erfurt, in: Die Welt vom 17. März 1970, S. 1.
52 Bonner »Vortrupp« schon in Erfurt, in: Hamburger Abendblatt vom 17. März 1970, S. 1; Doch nicht zu Fuß zum Gipfel? Zur »Statthalterei« ist es zu weit, in: Bild vom 17. März 1970, S. 1.
53 BStU, Ast. Erfurt, BdL 1901, Bd. 1, Bl. 66 ff.
54 ThHStA Weimar, Bezirksbehörde der Deutschen Volkspolizei Erfurt 20.1 Nr. 5, Bl. 15–36.
55 BA Berlin, SAPMO, DY 30/11294/987, Bl. 13–15.
56 ThHStA Weimar, Bezirksbehörde der Deutschen Volkspolizei Erfurt 20.1 Nr. 412, Bl. 36.
57 ThHStA Weimar, Bezirksbehörde der Deutschen Volkspolizei Erfurt 20.1 Nr. 132, Bl. 169 f.

58 BStU, Ast. Erfurt, BdL 1902, Bd. 2, Bl. 77–80.
59 ThHStA Weimar, Bezirksbehörde der Deutschen Volkspolizei Erfurt 20.1 Nr. 412, Bl. 38.
60 BStU, Ast. Erfurt, BdL 1902, Bd. 2, Bl. 77–80.
61 BStU, Ast. Erfurt, BdL 1904, Bd. 4, Bl. 11.
62 ThHStA Weimar, Bezirksbehörde der Deutschen Volkspolizei Erfurt 20.1 Nr. 412, Bl. 48.
63 ThHStA Weimar, Bezirksbehörde der Deutschen Volkspolizei Erfurt 20.1 Nr. 5, Bl. 25 f.
64 Ebd., Bl. 33.
65 BStU, Ast. Erfurt, BdL 1902, Bd. 2, Bl. 2.
66 BStU, Ast. Erfurt, BdL 1902, Bd. 2, Bl. 63 f.
67 BStU, Ast. Erfurt, VIII S 571, Bl. 1.
68 Ebd., Bl. 37.
69 Ebd., Bl. 48.
70 BStU, Ast. Erfurt, BdL 1904, Bd. 4, Bl. 4.
71 Ebd., Bl. 8 f.
72 ThHStA Weimar, Bezirksbehörde der Deutschen Volkspolizei Erfurt 20.1 Nr. 412, Bl. 37.
73 BA Berlin, SAPMO, DC 20/17547, Bl. 32 f.
74 Ebd., Bl. 41.
75 Ebd., Bl. 34 f.
76 Ebd., Bl. 36 f.
77 BStU, Ast. Erfurt, BdL 1902, Bd. 2, Bl. 48–52.
78 BA Berlin, SAPMO, DC 20/17547, Bl. 38.
79 BStU, Ast. Erfurt, BdL 1901, Bd. 1, Bl. 56; BStU, Ast. Erfurt, BdL 1902, Bd. 2, Bl. 115 ff.
80 BStU, Ast. Erfurt, BdL 1904, Bd. 4, Bl. 4.
81 BA Koblenz, B 136/6689, Referat II/2 Reise des Herrn Bundeskanzlers nach Erfurt, n. pag.
82 BA Koblenz, B 145/6110, Fernschreiben zu den Vorbereitungen der DDR für das Gespräch des Bundeskanzlers mit Stoph in Erfurt vom 17.3.1970, n. pag.
83 BA Koblenz, B 136/6689, Innenministerium an Kanzleramt vom 17. März 1970, n. pag.
84 Brandt erwartet vom Treffen in Erfurt noch keine Fortschritte, in: Die Welt vom 18. März 1970, S. 2; Großer Putz im Hauptbahnhof von Erfurt, in: Hamburger Abendblatt vom 18. März 1970, S. 13.
85 BA Koblenz, B 136/6689, Innenministerium an Kanzleramt vom 18. März 1970, 16:32 Uhr, n. pag.
86 BA Koblenz, B 136/6689, Innenministerium an Kanzleramt vom 18. März 1970, 10:15 Uhr, n. pag.
87 BA Koblenz, B 136/6689, Innenministerium an Kanzleramt vom 24. März 1970, n. pag.
88 Tagebuch Sahm, II, 14. und 15. März 1970.
89 Von »halbwegs zivilisierten« Alleinvertretern, in: Neues Deutschland vom 15. März 1970, S. 2.; siehe auch: Karlheinz Renfordt: SED-Ärger über Ahlers, in: Frankfurter Allgemeine Zeitung vom 17. März 1970, S. 4; Ironische Bemerkung von Ahlers erzürnt Erfurter Bürgermeister, in: Die Welt vom 17. März 1970, S. 2.

90 Erfurter Bürger: Ahlers soll sich halbwegs zivilisiert benehmen, in: Neues Deutschland vom 16. März 1970, S. 2.

91 Erfurter Bürger weisen Frechheiten von Ahlers entschieden zurück, in: Neues Deutschland vom 17. März 1970, S. 2.

92 Hans Ulrich Kempski: Die Realität zu sehen, war die Reise wert, in: Süddeutsche Zeitung vom 21. März 1970, S. 3; Lothar Ruehl: Brandt: Die Einheit der deutschen Nation ist für uns eine historische Realität, in: Die Welt vom 21. März 1970, S. 3.

93 Selbst wenn er manchmal zuviel piept ..., in: Bild vom 17. März 1970, S. 2. Ahlers hatte zu Jahresbeginn den Springer-Verlag heftig attackiert. Er hatte den Zeitungen in einem Interview vorgeworfen, »Kampfpresse« zu sein und Nachrichten zu verfälschen. Diese Äußerungen lösten eine heftige Debatte aus, die unter anderem auch im Bundestag geführt wurde. Vgl. u. a. Große Feier, in: Der Spiegel vom 6. April 1970, S. 33 f.; Hans-Peter Schwarz: Axel Springer. Berlin 2008, S. 508 f.

94 Ironische Bemerkung von Ahlers erzürnt Erfurter Bürgermeister, in: Die Welt vom 17. März 1970, S. 2.

95 Die Bundesregierung erwägt eine Einladung Stophs nach Hannover, in: Die Welt vom 16. März 1970, S. 2.

96 Kabinett legt Linie für Gespräch zwischen Brandt und Stoph fest, in: Die Welt vom 16. März 1970, S. 1.

97 Völkerrechtliche Anerkennung der DDR nur im Austausch gegen feste Zusagen, in: Süddeutsche Zeitung vom 17. März 1970, S. 1.

98 Tagebuch Sahm, II, 16. März 1970; Ost-Berlin: Wir wollen Anerkennung!, in: Hamburger Abendblatt vom 16. März 1970, S. 1.

99 Dettmar Cramer: Brandts Erfurt-Rede heute im Kabinett, in: Frankfurter Allgemeine Zeitung vom 17. März 1970, S. 1.

100 DRA, OBC 0018497.

101 Tagebuch Sahm, II, 17. März 1970.

102 Bonn gegen zu große Hoffnungen auf das Erfurter Gipfeltreffen, in: Süddeutsche Zeitung vom 19. März 1970, S. 1.

103 Tagebuch Sahm, II, 17. März 1970; Dettmar Cramer: Einmütigkeit im Kabinett über Brandts Erfurt-Reise, in: Frankfurter Allgemeine Zeitung vom 18. März 1970, S. 1.

104 Brandt erwartet vom Treffen in Erfurt noch keine Fortschritte, in: Die Welt vom 18. März 1970, S. 1.

105 Ab nach Kassel, in: Der Spiegel vom 23. März 1970, S. 25–29, hier S. 27.

106 »Wie sind Sie für Erfurt präpariert?«, in: Süddeutsche Zeitung vom 18. März 1970, S. 3; vgl. Kempski: Um die Macht, S. 148.

107 Peter Merseburger: Willy Brandt. Visionär und Realist. Stuttgart und München 2002, S. 602.

108 Tagebuch Sahm, II, 17. März 1970.

109 PA AA, B 38-IIAI, Bd. 323, Bl. 74–77.

110 BA Berlin, SAPMO, DY 30 J IV 2/2/1273, Bl. 1 ff.

111 BStU, Ast. Erfurt, BdL 1904, Bd. 4, Bl. 2.

112 Ebd., Bl. 7; BStU, Ast. Erfurt, VIII S 571, Bl. 53.

113 BStU, Ast. Erfurt, BdL 1904, Bd. 4, Bl. 11 f.

114 Ebd., Bl. 13.

115 Ebd., Bl. 15.

116 Ebd., Bl. 17.
117 Ebd., Bl. 19.
118 Ebd., Bl. 20; BStU, Ast. Erfurt, VIII S 571, Bl. 59.
119 BStU, Ast. Erfurt, BdL 1904, Bd. 4, Bl. 10.
120 Ebd., Bl. 15.
121 Ebd., Bl. 8 f.
122 Tagebuch Sahm, II, Schreiben von Weichert vom 16. März 1970 an Sahm.
123 PA AA MfAA, G-A 154, Bl. 266–272, Kurzbericht zur Klärung protokolla-
    risch-technischer Modalitäten am 17. März 1970 in Erfurt.
124 Ebd..
125 BStU, Ast. Erfurt, BdL 1901, Bd. 1, Bl. 58 f.
126 PA AA MfAA, G-A 154, Bl. 266–272, Kurzbericht zur Klärung protokolla-
    risch-technischer Modalitäten am 17. März 1970 in Erfurt.
127 In späteren Dokumenten ist von 48 Journalisten die Rede.
128 PA AA MfAA, G-A 512, Tagebuch Otto Winzer, Jahrgang 1970, Eintrag
    16. März 1970
129 PA AA MfAA, G-A 154, Bl. 266–272, Kurzbericht zur Klärung protokolla-
    risch-technischer Modalitäten am 17. März 1970 in Erfurt.
130 BA Berlin, SAPMO, DC 20/17270, Bl. 12 f.
131 Vgl. Jochen Staadt/Tobias Voigt/Stefan Wolle: Feind-Bild Springer. Ein Ver-
    lag und seine Gegner. Göttingen 2009.
132 Zu den Hintergründen vgl. Schwarz: Axel Springer, S. 437–444, hier S. 443.
133 Siehe unter anderem Horst Knietzsch: Die Anatomie einer Symbolfigur, in:
    Neues Deutschland vom 4. März 1970, S. 4; Springer ohne Maske, in: Neues
    Deutschland vom 5. März 1970, S. 5; Springer – Sprecher der Reaktion, in:
    Neues Deutschland vom 8. März 1970; Machtfrage – Klassenfrage, in: Neues
    Deutschland vom 9. März 1970, S. 4.
134 Springer Hetze gegen Erfurt, in: Neues Deutschland vom 17. März 1970,
    S. 2; siehe auch: Wer will davon schweigen?, in: Das Volk vom 17. März
    1970, S. 2.
135 H. K.: Traditionsbewußtes »Bild«, in: Neues Deutschland vom 19. März
    1970, S. 2.
136 Steine auf dem Weg nach Erfurt, in: Thüringer Tageblatt vom 18. März 1970,
    S. 2.
137 Springers »Menschlichkeit«, in: Thüringische Landeszeitung vom 17. März
    1970, S. 1.
138 Ein Charakterbild, in: Neues Deutschland vom 22. März 1970, S. 2.
139 Wie groß ist eigentlich Pankows Angst?, in: Bild vom 18. März 1970, S. 2.
140 Friedrich Ludwig Müller/Diethelm Schröder: Schießen Sie nicht auf den Fal-
    schen!, in: Bild vom 19. März 1970, S. 1.
141 Im Dezember 1990 wurde bekannt, dass Schröder von 1956 bis 1987 für das
    Ministerium für Staatssicherheit der DDR spioniert hatte. Dafür war er eigens
    in die Bundesrepublik eingeschleust worden. 1992 verurteilte das Düsseldor-
    fer Oberlandesgericht den früheren »Bild«- und »Spiegel«-Redakteur wegen
    geheimdienstlicher Agententätigkeit zu einer Bewährungsstrafe von einem
    Jahr und neun Monaten. Schröder, der seine Unschuld beteuerte, hatte unter
    dem Decknamen »Schrammel« hauptsächlich journalistische Lageberichte
    und den Inhalt vertraulicher Gespräche mit führenden Politikern in den
    Osten geliefert. Vgl. Knabe: Der diskrete Charme der DDR, S. 210–214.

142 BA Berlin, SAPMO, DC 20/17548, Bl. 11.
143 PA AA MfAA, G-A 154, Bl. 266–272, Kurzbericht zur Klärung protokollarisch-technischer Modalitäten am 17. März 1970 in Erfurt.
144 BStU, Ast. Erfurt, BdL 1904, Bd. 4, Bl. 14.
145 BA Berlin, SAPMO, DC 20/17548, Bl. 2 f.
146 BA Koblenz, B 136/6689, Fernschreiben von Ehmke an Kohl vom 17. März 1970, n. pag.; vgl. Eduard Neumaier: Reise nach Erfurt mit Hoffen und Zagen, in: Der Journalist vom April 1970, S. 2–5.
147 BA Koblenz, B 136/6689, Fernschreiben von Kohl an Ehmke vom 17. März 1970, n. pag.
148 BA Koblenz, B 136/6689, Fernschreiben von Ehmke an Kohl vom 18. März 1970, n. pag.
149 BA Koblenz, B 136/6689, Fernschreiben von Schüßler an Sahm vom 18. März 1970, n. pag.
150 Tagebuch Sahm, II, 17. März 1970.
151 Eduard Neumaier: Reise nach Erfurt mit Hoffen und Zagen, in: Der Journalist vom April 1970, S. 2–5.
152 Vielen Journalisten wurde die Reise nach Erfurt verweigert, in: Die Welt vom 19. März 1970, S. 2.
153 Viele Fragezeichen zur Berichterstattung, in: Frankfurter Allgemeine Zeitung vom 17. März 1970, S. 4; Dettmar Cramer: Einmütigkeit im Kabinett über Brandts Erfurt-Reise, in: Frankfurter Allgemeine Zeitung vom 18. März 1970, S. 1; Eduard Neumaier: Reise nach Erfurt mit Hoffen und Zagen, in: Der Journalist vom April 1970, S. 2–5.
154 Formalitäten für Erfurt, in: Süddeutsche Zeitung vom 18. März 1970, S. 2.
155 BStU, Ast. Erfurt, BdL 1904, Bd. 4, Bl. 6.
156 350 Journalisten aus 42 Ländern akkreditiert, in: Neues Deutschland vom 18. März 1970, S. 1.
157 520 Journalisten aus 51 Ländern akkreditiert, in: Neues Deutschland vom 19. März 1970, S. 1.
158 616 Journalisten aus aller Welt in Erfurt akkreditiert, in: Neues Deutschland vom 20. März 1970, S. 2; vgl. BStU, Ast. Erfurt, BdL 1901, Bd. 1, Bl. 60, 76–129.
159 BStU, Ast. Erfurt, BdL 1901, Bd. 1, Bl. 33; siehe auch ebd., Bl. 44.
160 Ebd., Bl. 13.
161 Dettmar Cramer: Brandt auf dem Weg nach Erfurt, in: Frankfurter Allgemeine Zeitung vom 19. März 1970, S. 1.
162 Protest des Vereins der Auslandpresse, in: Der Journalist vom April 1970, S. 5.
163 Belgrad spricht von Affront der »DDR«, in: Die Welt vom 21. März 1970, S. 2.
164 Großzügig ausgestattetes Pressezentrum, in: Thüringische Landeszeitung vom 20. März 1970.
165 Karl-Hermann Flach: Als erster erschien ausgerechnet Ahlers am Fenster, in: Frankfurter Rundschau vom 20. März 1970, S. 3.
166 BStU, Ast. Erfurt, BdL 1901, Bd. 1, Bl. 61 f.
167 BA Koblenz, B 136/6689, Fernschreiben Innenministerium an Kanzleramt vom 18. März 1970, n. pag.
168 BA Koblenz, B 136/6689, Fernschreiben Bundeskriminalamt an Bundespresseamt vom 18. März 1970, n. pag.

169 Eduard Neumaier: Reise nach Erfurt mit Hoffen und Zagen, in: Der Journalist vom April 1970, S. 2–5.

170 Wir sind dafür, daß zwischen DDR und BRD Verhältnis friedlicher Koexistenz entsteht, in: Neues Deutschland vom 18. März 1970, S. 1.

171 Vgl. Andreas Wilkens: Der unstete Nachbar. Frankreich, die deutsche Ostpolitik und die Berliner Vier-Mächte-Verhandlungen 1969–1974. München 1990, hier bes. S. 87 f.

172 17.12.1969 bis 17.3.1970, in: Neues Deutschland vom 17. März 1970, S. 1.

173 Vertrag, in: Neues Deutschland vom 18. März 1970, S. 2; siehe auch: Vertrag, in: Das Volk vom 18. März 1970, S. 3.

174 DDR-Delegation für Erfurter Gespräch, in: Neues Deutschland vom 18. März 1970, S. 1.

175 BA Berlin, SAPMO, DC 20/I/3 777, Bl. 1–28.

176 DDR-Ministerrat bestätigte Konzeption Willi Stophs, in : Neues Deutschland vom 19. März 1970, S. 1.

177 Tagebuch Sahm, II, 18. März 1970.

178 BStU, Ast. Erfurt, BdL 1901, Bd. 1, Bl. 63.

179 BStU, Ast. Erfurt, BdL 1904, Bd. 4, Bl. 16.

180 Dettmar Cramer: Morgen Beratung der Regierung, in: Frankfurter Allgemeine Zeitung vom 16. März 1970, S. 4; Nach den Regierungschefs sollen die Experten deutsche Probleme anpacken, in: Süddeutsche Zeitung vom 16. März 1970, S. 2.

181 Im Interesse der Menschen und des Friedens, in: Bulletin der Bundesregierung vom 20. März 1970, S. 382.

182 Klaus Bossig (Hrsg.): Regierungszüge der DDR. Freiburg im Breisgau 2001, S. 111.

183 Vgl. BA Berlin, SAPMO, DC 20/17548, Bl. 13 f.

184 Tagebuch Sahm, II, 18. März 1970.

185 »Gute Fahrt, Herr Brandt!«, in: Hamburger Abendblatt vom 19. März 1970, S. 15.

186 Bundeskanzler Brandt im Sonderzug, in: Die Welt vom 19. März 1970, S. 1; vgl. auch: Brandt aus Bonn abgereist, in: Neues Deutschland vom 19. März 1970, S. 1.

187 3 Loks ziehen den Deutschland-Zug, in: Bild vom 18. März 1970, S. 1.

188 Viele Fragezeichen zur Berichterstattung, in: Frankfurter Allgemeine Zeitung vom 17. März 1970, S. 4.

189 Tangomusik soll roten Spionen die Ohren verstopfen, in: Bild vom 18. März 1970, S. 2.

190 BA Koblenz, B 136/6689, Vermerk von Grünewald: Reise des Herrn Bundeskanzlers nach Erfurt vom 13. März 1970, n. pag; siehe auch PA AA, B 38-IIAI, Bd. 323, Bl. 81.

191 3 Loks ziehen den Deutschland-Zug, in: Bild vom 18. März 1970, S. 1; Tangomusik soll roten Spionen die Ohren verstopfen, in: Bild vom 18. März 1970, S. 2.

192 Traditionsbewußtes »Bild«, in: Neues Deutschland vom 19. März 1970, S. 2; siehe auch: »Bild« kennt sich aus, in: Das Volk vom 19. März 1970, S. 2.

193 BA Berlin, SAPMO, DC 20/17548, Bl. 9.

194 Hans Ulrich Kempski: Der Tag, an dem Deutsche jubeln und weinen, in: Süddeutsche Zeitung vom 20. März 1970, S. 2.

195 Tagebuch Sahm, II, Speisekarte, 18. März 1970.
196 Tagebuch Sahm, II, 18. März 1970.
197 Manfred Eichhöfer: Ab Zonengrenze unter Dampf, in: Die Welt vom 20. März 1970, S. 3.
198 Dettmar Cramer: Der Empfang des Bundeskanzlers in Erfurt mit spürbarer Herzlichkeit bei der Bevölkerung, in: Frankfurter Allgemeine Zeitung vom 20. März 1970, S. 4.
199 Hans Ulrich Kempski: Der Tag, an dem Deutsche jubeln und weinen, in: Süddeutsche Zeitung vom 20. März 1970, S. 2.
200 Eghard Mörbitz: Stimmproben des Kanzlers im Sonderzug, in: Frankfurter Rundschau vom 20. März 1970, S. 3; Claus Jacobi: Protokoll einer Reise in das andere Deutschland, in: Welt am Sonntag vom 22. März 1970, S. 2.
201 Dettmar Cramer: Der Empfang des Bundeskanzlers in Erfurt mit spürbarer Herzlichkeit bei der Bevölkerung, in: Frankfurter Allgemeine Zeitung vom 20. März 1970, S. 4.
202 Hans Ulrich Kempski: Der Tag, an dem Deutsche jubeln und weinen, in: Süddeutsche Zeitung vom 20. März 1970, S. 2; siehe dazu auch: Eghard Mörbitz: Stimmproben des Kanzlers im Sonderzug, in: Frankfurter Rundschau vom 20. März 1970, S. 3.
203 Manfred Bissinger und Jochen Steinmayr: Der Tag, als der Kanzler kam, in: Stern vom 25. März 1970, S. 35 und 178 ff.
204 Manfred Eichhöfer: Ab Zonengrenze unter Dampf, in: Die Welt vom 20. März 1970, S. 3.
205 Manfred Bissinger und Jochen Steinmayr: Der Tag, als der Kanzler kam, in: Stern vom 25. März 1970, S. 35 und 178 ff.
206 Claus Jacobi: Protokoll einer Reise in das andere Deutschland, in: Welt am Sonntag vom 22. März 1970, S. 2.
207 Bossig (Hrsg.): Regierungszüge der DDR, S. 112.
208 Hans Peter Sommer: Brandt und Stoph an einem Tisch, in: Hamburger Abendblatt vom 19. März 1970, S. 1.
209 Hans Ulrich Kempski: Der Tag, an dem Deutsche jubeln und weinen, in: Süddeutsche Zeitung vom 20. März 1970, S. 2.
210 BA Koblenz, B 136/6447, Fernschreiben von BND vom 19. März 1970, n. pag.
211 Dr. Schüßler erläuterte Einzelheiten des Treffens W. Stoph und W. Brandt, in: Neues Deutschland vom 14. März 1970, S. 2.
212 Der Sonderzug gilt als exterritorial, in: Frankfurter Allgemeine Zeitung vom 19. März 1970, S. 4.
213 Pressezentrum nahm Arbeit auf, in: Neues Deutschland vom 19. März 1970, S. 1.
214 Hans Ulrich Kempski: Der Tag, an dem Deutsche jubeln und weinen, in: Süddeutsche Zeitung vom 20. März 1970, S. 2.
215 Karl-Hermann Flach: Als erster erschien ausgerechnet Ahlers am Fenster, in: Frankfurter Rundschau vom 20. März 1970, S. 3.
216 BStU, Ast. Erfurt, BdL 1901, Bd. 1, Bl. 68.
217 Pressezentrum nahm Arbeit auf, in: Neues Deutschland vom 19. März 1970, S. 1.
218 Plück: Der Schwarz-rot-goldene Faden, S. 169.
219 Wolfgang Fricke: Brandts Gesicht war von Müdigkeit gezeichnet, in: Hamburger Abendblatt vom 20. März 1970, S. 2.

220 Eduard Neumaier: Reise nach Erfurt mit Hoffen und Zagen, in: Der Journalist vom April 1970, S. 2–5.

221 BStU, Ast. Erfurt, BdL 1902, Bd. 2, Bl. 41–44.

222 Fahnen und Transparente beherrschen Erfurter Stadtbild, in: Die Welt vom 19. März 1970, S. 2.

223 Voraussetzungen geschaffen, in: Thüringische Landeszeitung vom 19. März 1970, S.1; »Erfurter Hof« vorbereitet, in: Neues Deutschland vom 19. März 1970, S. 2.

224 BA Berlin, SAPMO, DY 30/11294/987, Bl. 18–20.

225 Mitteilung der Reichsbahn, in: Thüringische Landeszeitung vom 17. März 1970, S. 1.

226 Amtliche Bekanntmachung, in: Das Volk vom 18. März 1970, S. 4.

227 David Binder: On Eve of Brandt-Stoph Talks, Erfurt Stores Are Well Stocked, in: New York Times vom 19. März 1970, S. 10.

228 Putzbrigaden bringen Erfurt auf Hochglanz, in: Bild vom 18. März 1970, S. 1.

229 Claus Jacobi: Protokoll einer Reise in das andere Deutschland, in: Welt am Sonntag vom 22. März 1970, S. 2.

230 Ab nach Kassel, in: Der Spiegel vom 23. März 1970, S. 25–29, hier S. 26.

231 Plück: Der Schwarz-rot-goldene Faden, S. 170.

232 BStU, Ast. Erfurt, BdL 1902, Bd. 2, Bl. 130 ff.

233 BA Berlin, SAPMO, DC 20/17547, Bl. 3–5.

234 Plück: Der Schwarz-rot-goldene Faden, S. 170.

235 Ministerpräsident Stoph in Erfurt herzlich begrüßt, in: Neues Deutschland vom 19. März 1970, S. 1; Herzlich begrüßt, in: Thüringische Landeszeitung vom 19. März 1970, S. 1; Herzliche Begrüßung für DDR-Delegation zu Erfurter Gesprächen, in: Das Volk vom 19. März 1970, S. 1; BStU, Ast. Erfurt, BdL 1904, Bd. 4, Bl. 19.

236 Karl-Hermann Flach: Als erster erschien ausgerechnet Ahlers am Fenster, in: Frankfurter Rundschau vom 20. März 1970, S. 3; siehe auch: 520 Journalisten aus 51 Ländern akkreditiert, in: Neues Deutschland vom 19. März 1970, S. 2.

237 BStU, Ast. Erfurt, VIII S 571, Bl. 26 f.

238 Ebd., Bl. 27.

239 Interhotel »Elephant« präsentiert sich noch attraktiver, in: Das Volk vom 13. März 1970; S. 8.

240 Karl-Hermann Flach: Als erster erschien ausgerechnet Ahlers am Fenster, in: Frankfurter Rundschau vom 20. März 1970, S. 3.

241 BStU, Ast. Erfurt, VIII S 571, Bl. 27.

242 Schweigen, als Beate kam, in: Bild vom 20. März 1970, S. 2.

243 Vgl. Beate Klarsfeld: Le Retour aux Sources, in: Combat vom 22. März 1970.

244 Bloß keinen Frühling, in: Der Spiegel vom 23. Februar 1970, S. 21–31, hier S. 25 f.

245 K. W. f.: Kontrahenten mit Parteiauftrag, in: Sozialdemokratischer Pressedienst vom 5. März 1970, S. 5.

246 Hans-Erich Bilges: Stoph – ein Verwalter der Macht, in: Die Welt vom 19. März 1970, S. 4.

247 Joe Alex Morris Jr.: The Enigmatic Willi Stoph: A Leader, but a Follower, in: The Washington Post vom 19. März 1970, S. 22.

248 Der Gesprächspartner Brandts: Willi Stoph, in: Frankfurter Allgemeine Zeitung vom 19. März 1970, S. 4.

249 Werner Barm: In Erfurt eine gemeinsame Deutschstunde, in: Die Welt vom 18. März 1970, S. 4.

250 Willi Kinnigkeit: Vom Maurer zum Meister straffer Staatsführung, in: Süddeutsche Zeitung vom 19. März 1970, S. 3.

251 Werner Barm: Stophs Zeit kommt noch. Der DDR-Ministerpräsident hält mehr von Wissenschaftlern als von Funktionären, in: Die Zeit vom 13. März 1970, S. 2.

252 Rolf Zundel: Seit Erfurt ist alles anders, in: Die Zeit vom 27. März 1970, S. 2; From Bricklayer to Organization Man, in: Time Magazin vom 30. März 1970.

253 Willi Stoph – Karriere auf leisen Sohlen, in: Bild vom 14. März 1970, S. 2.

254 Two Germanys agree on summit next week, in: The Washington Post vom 13. März 1970, S. 6; From Bricklayer to Organization Man, in: Time Magazine vom 30. März 1970.

255 Bloß keinen Frühling, in: Der Spiegel vom 23. Februar 1970, S. 21–31, hier S. 26.

256 »Wie sind Sie für Erfurt präpariert?«, in: Süddeutsche Zeitung vom 18. März 1970, S. 3.

257 BA Koblenz, B 136/6689, Schlichter an Stern vom 17. März 1970, n. pag.

258 K. W. f.: Kontrahenten mit Parteiauftrag, in: Sozialdemokratischer Pressedienst vom 5. März 1970, S. 5.

259 BA Berlin, SAPMO, DC 20/17548, Bl. 16.

260 Walter Ulbricht beantwortet die Fragen der Journalisten, in: Neues Deutschland vom 20. Januar 1970.

261 »Einstieg« oder völkerrechtliche Anerkennung, in: Neues Deutschland vom 19. März 1970, S. 2.

262 Diese Männer fahren mit Willy Brandt nach Erfurt, in: Bild vom 14. März 1970, S. 2.

263 Vgl. Engelmann: Brüchige Verbindungen, S. 13–132.

264 Vgl. Schmid: Entscheidung in Bonn, S. 236 f.

265 Diese Männer fahren mit Willy Brandt nach Erfurt, in: Bild vom 14. März 1970, S. 2.

266 Bloß keinen Frühling, in: Der Spiegel vom 23. Februar 1970, S. 21–31, hier S. 31.

267 BA Koblenz, B 136/6689, Einsatzverfügung vom 17. März 1970, n. pag.

Gipfeltreffen (S. 189–246)

1 Nach den Regierungschefs sollen die Experten deutsche Probleme anpacken, in: Süddeutsche Zeitung vom 16. März 1970, S. 2; Brandt is looking to meeting with Stoph ›without illusions‹, in: The New York Times vom 15. März 1970, S. 17.

2 Dettmar Cramer: Morgen Beratung der Regierung, in: Frankfurter Allgemeine Zeitung vom 16. März 1970, S. 4.

3 Nach den Regierungschefs sollen die Experten deutsche Probleme anpacken, in: Süddeutsche Zeitung vom 16. März 1970, S. 2.

4 »Wie sind Sie für Erfurt präpariert?«, in: Süddeutsche Zeitung vom 18. März 1970, S. 3.

5 Dettmar Cramer: Die sowjetische Botschaft in Bonn begrüßt Treffen, in: Frankfurter Allgemeine Zeitung vom 13. März 1970, S. 4.

6 Das deutsche Wunder, in: Süddeutsche Zeitung vom 13. März 1970, S. 4.

7 Chance beim Tango, in: Der Spiegel vom 16. März 1970, S. 28.

8 Bundesbürger geteilter Meinung über Chancen des Erfurter Treffens, in: Süddeutsche Zeitung vom 18. März 1970, S. 2.

9 Hundert Münchner an Willy Brandt/Anträge von SPD-Unterbezirken, in: Neues Deutschland vom 15. März 1970; S. 1; Westdeutsche Bürger: Bonn muß DDR anerkennen!, in: Neues Deutschland vom 18. März 1970, S. 1; Telegrammflut an Brandt: DDR endlich anerkennen!, in: Neues Deutschland vom 19. März 1970, S. 2.

10 BA Berlin, SAPMO, DY 30/3558, Bl. 177.

11 Max Reimann: Endlich die DDR anerkennen!, in: Neues Deutschland vom 13. März 1970, S. 1 f.; DKP-Kommunalpolitiker für DDR-Anerkennung, in: Neues Deutschland vom 16. März 1970, S. 1; Massenaktionen der DKP, in: Neues Deutschland vom 18. März 1970, S. 6.

12 Herbert Mies: Im Arbeiterinteresse: Völkerrechtlicher Vertrag, in: Neues Deutschland vom 18. März 1970, S. 6.

13 Eine weltweite Bewegung für die Anerkennung der DDR, in: Neues Deutschland vom 18. März 1970, S. 6.

14 BA Berlin, SAPMO, DY 30/3558, Bl. 175 ff.

15 Das höchste Ziel einer menschlichen Politik, in: Neues Deutschland vom 15. März 1970, S. 2.

16 Springers »Menschlichkeit«, in: Thüringische Landeszeitung vom 17. März 1970, S. 1.

17 Der Monate lang geschwiegen, in: Thüringer Tageblatt vom 18. März 1970, S. 2.

18 Hermann Rudolph: Drüben jetzt andere Stimmung als beim Redneraustausch, in: Frankfurter Allgemeine Zeitung vom 13. März 1970, S. 2.

19 Karl-Alfred Odin: Leipziger Achselzucken über das Erfurter Treffen, in: Frankfurter Allgemeine Zeitung vom 19. März 1970, S. 2.

20 Dettmar Cramer: Das Erfurter Treffen – Zäsur für die Einheitspartei, in: Frankfurter Allgemeine Zeitung vom 18. März 1970, S. 2.

21 Karlheinz Renfordt: Was man in Erfurt spricht, in: Frankfurter Allgemeine Zeitung vom 19. März 1970, S. 4.

22 BStU, Ast. Erfurt, VIII S 571, Bl. 31 ff.; vgl. auch: Rassloff/Rothbarth: Das erste deutsch-deutsche Gipfeltreffen 1970 in Erfurt, S. 51.

23 Jochen Staadt: Die geheime Westpolitik der SED 1960–1970. Von der gesamtdeutschen Orientierung zur sozialistischen Nation. Berlin 1993, S. 292.

24 BStU, MfS ZAIG 1799, Bl. 1–11.

25 Hans Peter Sommer: Brandt und Stoph an einem Tisch, in: Hamburger Abendblatt vom 19. März 1970, S. 1.

26 Manfred Eichhöfer: Ab Zonengrenze unter Dampf, in: Die Welt vom 20. März 1970, S. 3.

27 Hans Ulrich Kempski: Der Tag, an dem Deutsche jubeln und weinen, in: Süddeutsche Zeitung vom 20. März 1970, S. 2.

28 Bossig (Hrsg.): Regierungszüge der DDR, S. 112.

29 Dettmar Cramer: Der Empfang des Bundeskanzlers in Erfurt mit spürbarer Herzlichkeit bei der Bevölkerung, in: Frankfurter Allgemeine Zeitung vom 20. März 1970, S. 4.

30 BStU, Ast. Erfurt, BdL 1902, Bd. 2, Bl. 131.

31 Tagebuch Sahm, II, 19. März 1970. Siehe auch: Brandt wirkte ›ernst und gefaßt‹, in: Thüringische Landeszeitung vom 20. März 1970, S. 6.

32 Tagebuch Sahm, II, 19. März 1970. Siehe auch: Hans Peter Sommer: Brandt und Stoph an einem Tisch, in: Hamburger Abendblatt vom 19. März 1970, S. 1; Manfred Bissinger und Jochen Steinmayr: Der Tag, als der Kanzler kam, in: Stern vom 25. März 1970, S. 35 und 178 ff.

33 Claus Jacobi: Protokoll einer Reise in das andere Deutschland, in: Welt am Sonntag vom 22. März 1970, S. 2.

34 PA AA MfAA, G-A 467, Vermerk von Kohl über den Empfang des Bundeskanzlers, Bl. 38–41.

35 Vgl. Engelmann: Brüchige Verbindungen, S. 13–132.

36 Tagebuch Sahm, II, 19. März 1970.

37 Berg: Vorbeugende Unterwerfung, S. 166.

38 Dettmar Cramer: Der Empfang des Bundeskanzlers in Erfurt mit spürbarer Herzlichkeit bei der Bevölkerung, in: Frankfurter Allgemeine Zeitung vom 20. März 1970, S. 4.

39 Claus Jacobi: Protokoll einer Reise in das andere Deutschland, in: Welt am Sonntag vom 22. März 1970, S. 2.

40 Manfred Bissinger und Jochen Steinmayr: Der Tag, als der Kanzler kam, in: Stern vom 25. März 1970, S. 35 und 178 ff.

41 Rolf Zundel: Seit Erfurt ist alles anders, in: Die Zeit vom 27. März 1970, S. 2.

42 Dettmar Cramer: Der Empfang des Bundeskanzlers in Erfurt mit spürbarer Herzlichkeit bei der Bevölkerung, in: Frankfurter Allgemeine Zeitung vom 20. März 1970, S. 4.

43 Brandt: Begegnungen und Einsichten, S. 490.

44 Claus Jacobi: Protokoll einer Reise in das andere Deutschland, in: Welt am Sonntag vom 22. März 1970, S. 2.

45 Hans Ulrich Kempski: Der Tag, an dem Deutsche jubeln und weinen, in: Süddeutsche Zeitung vom 20. März 1970, S. 2.

46 Müller/Schröder/Kirchner: Vor dem Hotel liegt der 30-Meter-Teppich, in: Bild vom 19. März 1980, S. 2.

47 BA Koblenz, B 136/6689, Innenministerium an Kanzleramt vom 24. März 1970, n. pag.

48 Manfred Bissinger und Jochen Steinmayr: Der Tag, als der Kanzler kam, in: Stern vom 25. März 1970, S. 35 und 178 ff.

49 Herzlich begrüßt, in: Thüringische Landeszeitung vom 19. März 1970, S. 1; Ministerpräsident Stoph in Erfurt herzlich begrüßt, in: Neues Deutschland vom 19. März 1970, S. 1 f.; Erfurt ist auf Treffen vorbereitet, in: Das Volk vom 19. März 1970, S. 1.

50 BStU, Ast. Erfurt, BdL 1904, Bd. 4, Bl. 22.

51 BA Berlin, SAPMO, DY 30/11294/987, Bl. 18–20.

52 BA Berlin, SAPMO, DY 30/11294/987, Bl. 2–12, hier Bl. 7.

53 ThHStA Weimar, Bezirksbehörde der Deutschen Volkspolizei Erfurt 20.1, Nr. 133, Bl. 11.

54 BStU, Ast. Erfurt, BdL 1904, Bd. 4, Bl. 23.

55 Hermann Schreiber: Für einen Tag die heimliche Hauptstadt, in: Der Spiegel vom 23. März 1970, S. 33 f.
56 BA Berlin, SAPMO, DY 30/11294/987, Bl. 2–12.
57 Christian Schütze: Sieg beim Lokomotivenwechsel, in: Süddeutsche Zeitung vom 21. März 1970, S. 18.
58 ThHStA Weimar, Bezirksbehörde der Deutschen Volkspolizei Erfurt 20.1, Nr. 133, Bl. 13.
59 Hermann Schreiber: Für einen Tag die heimliche Hauptstadt, in: Der Spiegel vom 23. März 1970, S. 33 f.
60 BA Berlin, SAPMO, DY 30/11294/987, Bl. 18–20.
61 ThHStA Weimar, Bezirksbehörde der Deutschen Volkspolizei Erfurt 20.1, Nr. 133, Bl. 13.
62 BStU, Ast. Erfurt, BdL 1904, Bd. 4, Bl. 23.
63 Manfred Bissinger und Jochen Steinmayr: Der Tag, als der Kanzler kam, in: Stern vom 25. März 1970, S. 35 und 178 ff.
64 G. Markscheffel: In Erfurt wurde »unter der Nullgrenze« begonnen, in: Sozialdemokratischer Pressedienst vom 20. März 1970, S. 2.
65 Tagebuch Sahm, II, 19. März 1970.
66 Manfred Bissinger und Jochen Steinmayr: Der Tag, als der Kanzler kam, in: Stern vom 25. März 1970, S. 35 und 178 ff.
67 Walter Henkels: Zaungast in Erfurt, in: Frankfurter Allgemeine Zeitung vom 21. März 1970, S. 2.
68 Frankfurter Allgemeine Zeitung vom 20. März 1970, S. 3.
69 Walter Henkels: Zaungast in Erfurt, in: Frankfurter Allgemeine Zeitung vom 21. März 1970, S. 2.
70 Klarsfeld: Wherever They May Be!, S. 114.
71 Hans Ulrich Kempski: Der Tag, an dem Deutsche jubeln und weinen, in: Süddeutsche Zeitung vom 20. März 1970, S. 2.
72 Brandt: Begegnungen und Einsichten, S. 491.
73 Ja, ja, Sie kenne ich, in: Süddeutsche Zeitung vom 20. März 1970, S. 2.
74 Manfred Bissinger und Jochen Steinmayr: Der Tag, als der Kanzler kam, in: Stern vom 25. März 1970, S. 35 und 178 ff.
75 Claus Jacobi: Protokoll einer Reise in das andere Deutschland, in: Welt am Sonntag vom 22. März 1970, S. 2.
76 Walter Henkels: Zaungast in Erfurt, in: Frankfurter Allgemeine Zeitung vom 21. März 1970, S. 2.
77 Claus Jacobi: Protokoll einer Reise in das andere Deutschland, in: Welt am Sonntag vom 22. März 1970, S. 2.
78 Klarsfeld: Wherever They May Be!, S. 114.
79 Dettmar Cramer: Der Empfang des Bundeskanzlers in Erfurt mit spürbarer Herzlichkeit bei der Bevölkerung, in: Frankfurter Allgemeine Zeitung vom 20. März 1970, S. 4.
80 Walter Henkels: Zaungast in Erfurt, in: Frankfurter Allgemeine Zeitung vom 21. März 1970, S. 2.
81 Brandt: Begegnungen und Einsichten, S. 491.
82 Dettmar Cramer: Der Empfang des Bundeskanzlers in Erfurt mit spürbarer Herzlichkeit bei der Bevölkerung, in: Frankfurter Allgemeine Zeitung vom 20. März 1970, S. 4.

83 Hermann Schreiber: Für einen Tag die heimliche Hauptstadt, in: Der Spiegel vom 23. März 1970, S. 33 f.

84 Ebd.

85 Willy Brandt erzählt aus Erfurt, in: Stern vom 25. März 1970, S. 26–35.

86 BA Berlin, SAPMO, DY 30/11294/987, Bl. 18–20, hier Bl. 19.

87 Tagebuch Sahm, II, 19. März 1970.

88 Walter Henkels: Zaungast in Erfurt, in: Frankfurter Allgemeine Zeitung vom 21. März 1970, S. 2.

89 BA Berlin, SAPMO, DY 30/11294/987, Bl. 2–12, hier Bl. 7.

90 Hans Reiser: Brandt und Stoph wollen Dialog fortsetzen, in: Süddeutsche Zeitung vom 20. März 1970, S. 1; Walter Henkels: Zaungast in Erfurt, in: Frankfurter Allgemeine Zeitung vom 21. März 1970, S. 2.

91 David Binder: Brandt and Stoph Meet for Day of ›Useful‹ Talks, in: New York Times vom 20. März 1970, S. 12.

92 BA Berlin, SAPMO, DY 30/11294/987, Bl. 2–12, hier Bl. 7.

93 Claus Jacobi: Protokoll einer Reise in das andere Deutschland, in: Welt am Sonntag vom 22. März 1970, S. 2.

94 Hermann Schreiber: Für einen Tag die heimliche Hauptstadt, in: Der Spiegel vom 23. März 1970, S. 33 f.

95 Plück: Der Schwarz-rot-goldene Faden, S. 173.

96 Tagebuch Sahm, II, 19. März 1970.

97 Seidel: Berlin-Bonner Balance, S. 80.

98 Berg: Vorbeugende Unterwerfung, S. 166.

99 Claus Jacobi: Protokoll einer Reise in das andere Deutschland, in: Welt am Sonntag vom 22. März 1970, S. 2.

100 Dettmar Cramer: Der Empfang des Bundeskanzlers in Erfurt mit spürbarer Herzlichkeit bei der Bevölkerung, in: Frankfurter Allgemeine Zeitung vom 20. März 1970, S. 4.

101 Manfred Bissinger und Jochen Steinmayr: Der Tag, als der Kanzler kam, in: Stern vom 25. März 1970, S. 35 und 178 ff.

102 Hermann Schreiber: Für einen Tag die heimliche Hauptstadt, in: Der Spiegel vom 23. März 1970, S. 33 f.

103 Walter Henkels: Zaungast in Erfurt, in: Frankfurter Allgemeine Zeitung vom 21. März 1970, S. 2.

104 BA Berlin, SAPMO, DY 30/11294/987, Bl. 18–20.

105 BStU, Ast. Erfurt, VIII S 571, Bl. 37.

106 Ebd., Bl. 59.

107 BStU, MfS BV Erfurt AS 4/71 Bde. 1–17.

108 Dettmar Cramer: Das Hin und Her mit dem Treffpunkt, in: Frankfurter Allgemeine Zeitung vom 11. März 1970, S. 2.

109 Christel Sudau: Ostberlin will nichts riskieren, in: Süddeutsche Zeitung vom 12. März 1970, S. 4.

110 Wolf: Spionagechef im geheimen Krieg, S. 249.

111 Plück: Der Schwarz-rot-goldene Faden, S. 173.

112 Hans Reiser: Brandt und Stoph wollen Dialog fortsetzen, in: Süddeutsche Zeitung vom 20. März 1970, S. 1.

113 Karl-Hermann Flach: Als erster erschien ausgerechnet Ahlers am Fenster, in: Frankfurter Rundschau vom 20. März 1970, S. 3.

114 Claus Jacobi: Protokoll einer Reise in das andere Deutschland, in: Welt am Sonntag vom 22. März 1970, S. 2.

115 Hermann Schreiber: Für einen Tag die heimliche Hauptstadt, in: Der Spiegel vom 23. März 1970, S. 33 f. Angeblich soll auch Willi Stoph dem Kanzler mit den Worten »Die Leute wollen Sie sehen« zugeraten haben, ans Fenster zu treten. Das behauptet zumindest Wolfram Dorn in seinen »Aufzeichnungen und Erinnerungen«. Einen weiteren Hinweis auf eine solche Absprache gibt es nicht. Vgl. Deutscher Bundestag (Hrsg.): Abgeordnete, S. 187.

116 Claus Jacobi: Protokoll einer Reise in das andere Deutschland, in: Welt am Sonntag vom 22. März 1970, S. 2.

117 Plück: Der Schwarz-rot-goldene Faden, S. 173.

118 Claus Jacobi: Protokoll einer Reise in das andere Deutschland, in: Welt am Sonntag vom 22. März 1970, S. 2.

119 Willy Brandt erzählt aus Erfurt, in: Stern vom 25. März 1970, S. 26–35.

120 Brandt: Begegnungen und Einsichten, S. 491.

121 Hans Ulrich Kempski: Der Tag, an dem Deutsche jubeln und weinen, in: Süddeutsche Zeitung vom 20. März 1970, S. 2.

122 Claus Jacobi: Protokoll einer Reise in das andere Deutschland, in: Welt am Sonntag vom 22. März 1970, S. 2.

123 Hans Ulrich Kempski: Der Tag, an dem Deutsche jubeln und weinen, in: Süddeutsche Zeitung vom 20. März 1970, S. 2.

124 Brandt: Begegnungen und Einsichten, S. 491.

125 Plück: Der Schwarz-rot-goldene Faden, S. 173.

126 Brandt: Erinnerungen, S. 226.

127 Lothar Ruehl: Brandt: Die Einheit der deutschen Nation ist für uns eine historische Realität, in: Die Welt vom 21. März 1970, S. 3.

128 Rudolf Augstein: Dulles oder nichts?, in: Der Spiegel vom 23. März 1970, S. 26.

129 Manfred Bissinger und Jochen Steinmayr: Der Tag, als der Kanzler kam, in: Stern vom 25. März 1970, S. 35 und 178 ff.

130 Hans Peter Sommer: Szenen, die man nicht vergißt, in: Hamburger Abendblatt vom 20. März 1970, S. 2.

131 Hermann Schreiber: Für einen Tag die heimliche Hauptstadt, in: Der Spiegel vom 23. März 1970, S. 33 f.

132 Vgl. Rolf Zundel: Seit Erfurt ist alles anders, in: Die Zeit vom 27. März 1970, S. 2.

133 Bonn wartet auf Informationen, in: Süddeutsche Zeitung vom 20. März 1970, S. 2.

134 Georg Schröder: Minister Franke sah sich in Bonn 300 ungläubigen Gesichtern gegenüber, in: Die Welt vom 21. März 1970, S. 2.

135 Lawrence Fellows: Brandt Terms Stoph Meeting a Hopeful First Step, in: New York Times vom 21. März 1970, S. 3.

136 Manfred Bissinger und Jochen Steinmayr: Der Tag, als der Kanzler kam, in: Stern vom 25. März 1970, S. 35 und 178 ff.

137 Karlheinz Renfordt: Skepsis bei den Erfurtern, in: Frankfurter Allgemeine Zeitung vom 20. März 1970, S. 4.

138 Walter Henkels: Zaungast in Erfurt, in: Frankfurter Allgemeine Zeitung vom 21. März 1970, S. 2.

139 Hans Peter Sommer: Szenen, die man nicht vergißt, in: Hamburger Abendblatt vom 20. März 1970, S. 2.

140 Lothar Ruehl: Brandt: Die Einheit der deutschen Nation ist für uns eine historische Realität, in: Die Welt vom 21. März 1970, S. 3.

141 Herbert Kremp: Erfurt – der Tag des Volkes, in: Die Welt vom 21. März 1970, S. 4.

142 Wo wären wir, in: Der Spiegel vom 23. März 1970, S. 29–32, hier S. 21.

143 Karl-Heinz Janssen: Rapport aus Erfurt, in: Die Zeit vom 27. März 1970, S. 16.

144 David Binder: The Two Germanys Meet and A Cry Goes Up, in: New York Times vom 22. März 1970, S. 18.

145 PA AA MfAA, G-A 512, Tagebuch Otto Winzer, Jahrgang 1970, Eintrag 19. März 1970.

146 ThHStA Weimar, Bezirksparteiarchiv der SED Erfurt, Bezirksleitung der SED Erfurt Altregistratur Nr. 7163 Bd. 2, Bl. 74.

147 BA Berlin, SAPMO, DY 2/3/1615; vgl. Seidel: Berlin-Bonner Balance, S. 80.

148 BStU, Ast. Erfurt, VIII S 571, Bl. 60.

149 Unter roten Fahnen dem »Kapitalisten« spontanen Beifall, in: Die Welt vom 20. März 1970, S. 3.

150 Hermann Schreiber: Für einen Tag die heimliche Hauptstadt, in: Der Spiegel vom 23. März 1970, S. 33 f.

151 BStU, Ast. Erfurt, BdL 1904, Bd. 4, Bl. 24.

152 Manfred Bissinger und Jochen Steinmayr: Der Tag, als der Kanzler kam, in: Stern vom 25. März 1970, S. 35 und 178 ff.

153 BA Berlin, SAPMO, DY 30/11294/987, Bl. 18–20.

154 Dettmar Cramer: Der Empfang des Bundeskanzlers in Erfurt mit spürbarer Herzlichkeit bei der Bevölkerung, in: Frankfurter Allgemeine Zeitung vom 20. März 1970, S. 4.

155 BA Berlin, SAPMO, DY 30/11294/987, Bl. 18–20.

156 Hans Reiser: Zwischen Erfurt und Kassel, in: Süddeutsche Zeitung vom 21. März 1970, S. 4.

157 BStU, Ast. Erfurt, BdL 1904, Bd. 4, Bl. 25.

158 BA Berlin, SAPMO, DY 30/11294/987, Bl. 2–12, hier Bl. 8.

159 BA Berlin, SAPMO, DY 30/11294, Information an das Politbüro des ZK, n. pag.

160 BStU, Ast. Erfurt, BdL 1902, Bd. 2, Bl. 3 f.; BStU, Ast. Erfurt, BdL 1904, Bd. 4, Bl. 24.

161 BStU, MfS 4739, Bl. 1–50.

162 BStU, Ast. Erfurt, BdL 1904, Bd. 4, Bl. 25.

163 BStU, Ast. Erfurt, VIII S 571, Bl. 34.

164 ThHStA Weimar, Bezirksbehörde der Deutschen Volkspolizei Erfurt 20.1, Nr. 133, Bl. 15.

165 Panne im Plan, in: Der Spiegel vom 30. März 1970, S. 34 f.

166 Demonstration des Vertrauens zu Partei und Regierung, in: Neues Deutschland vom 20. März 1970, S. 2.

167 Karlheinz Renfordt: Skepsis bei den Erfurter, in: Frankfurter Allgemeine Zeitung vom 20. März 1970, S. 4.

168 Claus Jacobi: Protokoll einer Reise in das andere Deutschland, in: Welt am Sonntag vom 22. März 1970, S. 2.

169 Walter Henkels: Zaungast in Erfurt, in: Frankfurter Allgemeine Zeitung vom 21. März 1970, S. 2; Hans Ulrich Kempski: Die Realität zu sehen, war die Reise wert, in: Süddeutsche Zeitung vom 21. März 1970, S. 3.

170 Friedliche Koexistenz erfordert gleichberechtigte, völkerrechtliche Beziehungen, in: Neues Deutschland vom 20. März 1970, S. 2.

171 Demonstration des Vertrauens zu Partei und Regierung, in: Neues Deutschland vom 20. März 1970, S. 2.

172 Dettmar Cramer/Karlheinz Renfordt: Bonn auf Stophs Reparationsforderungen vorbereitet, in: Frankfurter Allgemeine Zeitung vom 20. März 1970, S. 4.

173 Friedliche Koexistenz erfordert gleichberechtigte, völkerrechtliche Beziehungen, in: Neues Deutschland vom 20. März 1970, S. 2.

174 Seidel: Berlin-Bonner Balance, S. 80.

175 Hans Peter Sommer: Szenen, die man nicht vergißt, in: Hamburger Abendblatt vom 20. März 1970, S. 2.

176 Hermann Schreiber: Für einen Tag die heimliche Hauptstadt, in: Der Spiegel vom 23. März 1970, S. 33 f.

177 Am 21. Mai in Kassel Fortsetzung des Gesprächs zwischen Brandt und Stoph, in: Tagesspiegel vom 20. März 1970, S. 2.

178 Hermann Schreiber: Für einen Tag die heimliche Hauptstadt, in: Der Spiegel vom 23. März 1970, S. 33 f.

179 Hans Ulrich Kempski: Die Realität zu sehen, war die Reise wert, in: Süddeutsche Zeitung vom 21. März 1970, S. 3.

180 Lothar Ruehl: Brandt: Die Einheit der deutschen Nation ist für uns eine historische Realität, in: Die Welt vom 21. März 1970, S. 3.

181 BStU, Ast. Erfurt, BdL 1904, Bd. 4, Bl. 34.

182 Hermann Schreiber: Für einen Tag die heimliche Hauptstadt, in: Der Spiegel vom 23. März 1970, S. 33 f.; Claus Jacobi: Protokoll einer Reise in das andere Deutschland, in: Welt am Sonntag vom 22. März 1970, S. 2.

183 Vgl. Matthias Rogg: Armee des Volkes? Militär und Gesellschaft in der DDR. Berlin 2008.

184 Manfred Bissinger und Jochen Steinmayr: Der Tag, als der Kanzler kam, in: Stern vom 25. März 1970, S. 35 und 178 ff.

185 Claus Jacobi: Protokoll einer Reise in das andere Deutschland, in: Welt am Sonntag vom 22. März 1970, S. 2.

186 Manfred Bissinger und Jochen Steinmayr: Der Tag, als der Kanzler kam, in: Stern vom 25. März 1970, S. 35 und 178 ff.

187 Friedliche Koexistenz erfordert gleichberechtigte, völkerrechtliche Beziehungen, in: Neues Deutschland vom 20. März 1970, S. 2.

188 Tagebuch Sahm, II, 19. März 1970.

189 Seidel: Berlin-Bonner Balance. S. 81.

190 DzD, S. 398–435, hier S. 398–419.

191 Seidel: Berlin-Bonner Balance, S. 81.

192 DzD, S. 398–435, hier S. 398–419.

193 Seidel: Berlin-Bonner Balance, S. 81.

194 Brandt: Begegnungen und Einsichten, S. 492.

195 Brandt: Erinnerungen, S. 226.

196 DzD, S. 398–435, hier S. 398–419.

197 Eduard Neumaier: Reise nach Erfurt mit Hoffen und Zagen, in: Der Journalist vom April 1970, S. 2–5.

198 Tagebuch Sahm, II, 19. März 1970; vgl. auch: Ash: Im Namen Europas, S. 192.

199 Walter Henkels: Zaungast in Erfurt, in: Frankfurter Allgemeine Zeitung vom 21. März 1970, S. 2.

200 Tagebuch Sahm, II, 19. März 1970.

201 BStU, Ast. Erfurt, BdL 1901, Bd. 1, Bl. 63 f.

202 Ebd., Bl. 69.

203 Kontaktpersonen bildeten für die Staatssicherheit »keine Kategorie inoffizieller Mitarbeiter und unterscheiden sich grundsätzlich von diesen. Kontaktpersonen sind vertrauenswürdige Bürger der Deutschen Demokratischen Republik, die zur Lösung bestimmter Aufgaben angesprochen werden. Es erfolgt keine Anwerbung als Kontaktperson.« Zitiert nach: Helmut Müller-Enbergs: Inoffizielle Mitarbeiter des Ministeriums für Staatssicherheit. Teil 1: Richtlinien und Durchführungsbestimmungen. 3. Aufl., Berlin 2001, S. 205.

204 Claus Jacobi: Protokoll einer Reise in das andere Deutschland, in: Welt am Sonntag vom 22. März 1970, S. 2.

205 Gespräche während des Mittagessen, in: DzD, S. 435–437.

206 Claus Jacobi: Protokoll einer Reise in das andere Deutschland, in: Welt am Sonntag vom 22. März 1970, S. 2.

207 Seidel: Berlin-Bonner Balance, S. 83.

208 Gespräche während des Mittagessen, in: DzD, S. 435–437.

209 Ab nach Kassel, in: Der Spiegel vom 23. März 1970, S. 25–29, hier S. 26.

210 Tagebuch Sahm, II, 19. März 1970.

211 Ebd.

212 Demonstration des Vertrauens zu Partei und Regierung, in: Neues Deutschland vom 20. März 1970, S. 2.

213 NDR, Wochenspiegel vom 22. März 1970.

214 Claus Jacobi: Protokoll einer Reise in das andere Deutschland, in: Welt am Sonntag vom 22. März 1970, S. 2.

215 ThHStA Weimar, Bezirksbehörde der Deutschen Volkspolizei Erfurt 20.1, Nr. 133, Bl. 17.

216 BStU, Ast. Erfurt, BdL 1901, Bd. 1, Bl. 64.

217 Dettmar Cramer/Karlheinz Renfordt: Erfurt hat noch keine Annäherung gebracht, in: Frankfurter Allgemeine Zeitung vom 20. März 1970, S. 1; Hans Reiser: Brandt und Stoph wollen Dialog fortsetzen, in: Süddeutsche Zeitung vom 20. März 1970, S. 2.

218 Aufzeichnungen des Bundeskanzlers, in: AzAPdB, S. 489–495; Gespräche während des Mittagessen, in: DzD, S. 435–437, hier S. 436 f.

219 Hans Reiser: Brandt und Stoph wollen Dialog fortsetzen, in: Süddeutsche Zeitung vom 20. März 1970, S. 2.

220 Hans Ulrich Kempski: Die Realität zu sehen, war die Reise wert, in: Süddeutsche Zeitung vom 21. März 1970, S. 3; Ab nach Kassel, in: Der Spiegel vom 23. März 1970, S. 25–29, hier S. 26.

221 Mit Goethe durch das Jahr. Ein Kalender für das Jahr 1970. Zürich und Stuttgart 1969. Ahlers zitierte später einen anderen, politischeren, Goethe-Spruch: »Deutschland sei eins, daß der städtische Reisepaß eines weimarischen Bürgers von den Grenzbeamten eines großen Nachbarstaates nicht für unzulänglicher gehalten werde als der Paß eines Ausländers. Es sei von Inland

und Ausland unter deutschen Staaten überall keine Rede mehr.« Vgl. Conrad Ahlers: Der Mann, der heute in BILD schreibt, weiß mehr über Erfurt als alle Journalisten. Denn der Mann saß an der Seite des Bundeskanzlers am Konferenz-Tisch, in: Bild vom 20. März 1970, S. 2.

222 Deutscher Bundestag (Hrsg.): Abgeordnete, S. 188.
223 Tagebuch Sahm, II, 19. März 1970.
224 Siehe auch: Bonn wartet auf Informationen, in: Süddeutsche Zeitung vom 20. März 1970, S. 2.
225 Claus Jacobi: Protokoll einer Reise in das andere Deutschland, in: Welt am Sonntag vom 22. März 1970, S. 2.
226 DzD, S. 398–435, hier S. 420–435.
227 Tagebuch Sahm, II, 19. März 1970.
228 DzD, S. 398–435, hier S. 420–435.
229 BA Berlin, SAPMO, DY 30/11294, Information an das Politbüro des ZK, n. pag.
230 Hermann Schreiber: Für einen Tag die heimliche Hauptstadt, in: Der Spiegel vom 23. März 1970, S. 33 f.
231 Walter Henkels: Zaungast in Erfurt, in: Frankfurter Allgemeine Zeitung vom 21. März 1970, S. 2.
232 BStU, Ast. Erfurt, BdL 1904, Bd. 4, Bl. 31.
233 Demonstration des Vertrauens zu Partei und Regierung, in: Neues Deutschland vom 20. März 1970, S. 2.
234 Brandt: Begegnungen und Einsichten, S. 499.
235 PA AA MfAA, G-A 512, Tagebuch Otto Winzer, Jahrgang 1970, Eintrag 19. März 1970.
236 Deutscher Bundestag (Hrsg.): Abgeordnete, S. 189.
237 Hans Peter Sommer: Szenen, die man nicht vergißt, in: Hamburger Abendblatt vom 20. März 1970, S. 2.
238 G. Markscheffel: In Erfurt wurde »unter der Nullgrenze« begonnen, in: Sozialdemokratischer Pressedienst vom 20. März 1970, S. 4.
239 Panne im Plan, in: Der Spiegel vom 30. März 1970, S. 34 f.
240 In der Mahn- und Gedenkstätte Buchenwald, in: Neues Deutschland vom 20. März 1970, S. 6.
241 BStU, Ast. Erfurt, BdL 1904, Bd. 4, Bl. 32.
242 BA Koblenz, B 136/6689, Vermerk von Fritsch vom 20. März 1970, n. pag.
243 In der Mahn- und Gedenkstätte Buchenwald, in: Neues Deutschland vom 20. März 1970, S. 6.
244 Karl-Heinz Janssen: Rapport aus Erfurt, in: Die Zeit vom 27. März 1970, S. 16.
245 Walter Henkels: Zaungast in Erfurt, in: Frankfurter Allgemeine Zeitung vom 21. März 1970, S. 2.
246 Manfred Bissinger und Jochen Steinmayr: Der Tag, als der Kanzler kam, in: Stern vom 25. März 1970, S. 35 und 178 ff.
247 Wettstreit der Gesänge, in: Die Zeit vom 27. März 1970, S. 2.
248 Hans Peter Sommer: Szenen, die man nicht vergißt, in: Hamburger Abendblatt vom 20. März 1970, S. 2.
249 Walter Henkels: Zaungast in Erfurt, in: Frankfurter Allgemeine Zeitung vom 21. März 1970, S. 2.
250 BA Koblenz, B 136/6689, Vermerk von Fritsch vom 20. März 1970, n. pag.

251 Walter Henkels: Zaungast in Erfurt, in: Frankfurter Allgemeine Zeitung vom 21. März 1970, S. 2.

252 Schwur von Buchenwald in der DDR erfüllt, in: Das Volk vom 20. März 1970, S. 2; Mahnende Worte an den Bundeskanzler, in: Neues Deutschland vom 20. März 1970, S. 6.

253 In der Mahn- und Gedenkstätte Buchenwald, in: Neues Deutschland vom 20. März 1970, S. 6.

254 Erfurter Treffen beendet, in: Thüringer Tageblatt vom 21. März 1970, S. 2.

255 Walter Henkels: Zaungast in Erfurt, in: Frankfurter Allgemeine Zeitung vom 21. März 1970, S. 2.

256 Die Toten von Buchenwald, in: Die Welt vom 20. März 1970, S. 4.

257 Hans Ulrich Kempski: Die Realität zu sehen, war die Reise wert, in: Süddeutsche Zeitung vom 21. März 1970, S. 3; Lothar Ruehl: Brandt: Die Einheit der deutschen Nation ist für uns eine historische Realität, in: Die Welt vom 21. März 1970, S. 3.

258 Hermann Schreiber: Für einen Tag die heimliche Hauptstadt, in: Der Spiegel vom 23. März 1970, S. 33 f.

259 »Man wird Wege finden«, in: Der Spiegel vom 23. März 1970, S. 28.

260 Hans Reiser: Zwischen Erfurt und Kassel, in: Süddeutsche Zeitung vom 21. März 1970, S. 4.

261 Wo wären wir, in: Der Spiegel vom 23. März 1970, S. 29–32, hier S. 29.

262 In Erfurt trafen sich gleichberechtigte Partner, in: Neues Deutschland vom 23. März 1970, S. 2.

263 Brandt: Begegnungen und Einsichten, S. 499.

264 BA Berlin, SAPMO, DY 30/3568, Bl. 329 f.

265 BA Berlin, SAPMO, DC 20/17553, Bl. 36.

266 BStU, MfS ZAIG 1799, Bl. 12–21.

267 DRA, OBC 0019803.

268 Seidel: Nachtrag, S. 99.

269 In der Mahn- und Gedenkstätte Buchenwald, in: Neues Deutschland vom 20. März 1970, S. 6; vgl. Klarsfeld: Wherever They May Be!, S. 115.

270 Tagebuch Sahm, II, 19. März 1970.

271 Hermann Schreiber: Für einen Tag die heimliche Hauptstadt, in: Der Spiegel vom 23. März 1970, S. 33 f.

272 Friedliche Koexistenz erfordert gleichberechtigte, völkerrechtliche Beziehungen, in: Neues Deutschland vom 20. März 1970, S. 2.

273 Begeisterte Hochrufe für Willi Stoph, in: Das Volk vom 20. März 1970, S. 2.

274 Friedliche Koexistenz erfordert gleichberechtigte, völkerrechtliche Beziehungen, in: Neues Deutschland vom 20. März 1970, S. 2.

275 Ab nach Kassel, in: Der Spiegel vom 23. März 1970, S. 25–29, hier S. 27; Manfred Bissinger und Jochen Steinmayr: Der Tag, als der Kanzler kam, in: Stern vom 25. März 1970, S. 35 und 178 ff.; Eghard Mörbitz: Stimmproben des Kanzlers im Sonderzug, in: Frankfurter Rundschau vom 20. März 1970, S. 3.

276 BStU, Ast. Erfurt, BdL 1904, Bd. 4, Bl. 29.

277 Ebd.

278 ThHStA Weimar, Bezirksbehörde der Deutschen Volkspolizei Erfurt 20.1, Nr. 132, Bl. 45.

279 BStU, Ast. Erfurt, BdL 1904, Bd. 4, Bl. 30.

280 Ebd., Bl. 32.

281 Lothar Ruehl: Brandt: Die Einheit der deutschen Nation ist für uns eine historische Realität, in: Die Welt vom 21. März 1970, S. 3.

282 ThHStA Weimar, Bezirksbehörde der Deutschen Volkspolizei Erfurt, 20.1, Nr. 133, Bl. 18.

283 Hermann Schreiber: Für einen Tag die heimliche Hauptstadt, in: Der Spiegel vom 23. März 1970, S. 33 f.

284 BStU, Ast. Erfurt, BdL 1904, Bd. 4, Bl. 33.

285 Brandt: Begegnungen und Einsichten, S. 499.

286 Falschmeldung, in: Der Spiegel vom 30. März 1970, S. 24.

287 Eduard Neumaier: Reise nach Erfurt mit Hoffen und Zagen, in: Der Journalist vom April 1970, S. 2–5.

288 Tagebuch Sahm, II, 19. März 1970.

289 Aufzeichnungen des Bundeskanzlers, in: AzAPdB, S, 489–495, hier S. 491–495; Niederschrift von Stoph, in: DzD, S. 459–464.

290 Vgl. BStU, MfS GH 25/87, Bd. 8, Bl. 215.

291 Brandt: Begegnungen und Einsichten, S. 498.

292 Aufzeichnungen des Bundeskanzlers, in: AzAPdB, S, 489–495, hier S. 491–495; Niederschrift von Stoph, in: DzD, S. 459–464; Tagebuch Sahm, II, 19. März 1970; PA AA MfAA, G-A 467, Zu den Verhandlungen über die gemeinsame Pressemitteilung, Bl. 49–53.

293 Claus Jacobi: Protokoll einer Reise in das andere Deutschland, in: Welt am Sonntag vom 22. März 1970, S. 2.

294 DzD, S. 398–435, hier S. 433 ff.

295 Tagebuch Sahm, II, 19. März 1970.

296 Claus Jacobi: Protokoll einer Reise in das andere Deutschland, in: Welt am Sonntag vom 22. März 1970, S. 2.

297 Tagebuch Sahm, II, 19. März 1970.

298 Brandt: Erinnerungen, S. 227 f.

299 Aufzeichnungen des Bundeskanzlers, in: AzAPdB, S. 489–495, hier S. 495; Niederschrift von Stoph, in: DzD, S. 459–464.

300 Pressemitteilung, in: Neues Deutschland vom 20. März 1970, S. 1 f.; Gemeinsames Kommuniqué über das Treffen in Erfurt, in: TzD, S. 365.

301 Hans Ulrich Kempski: Die Realität zu sehen, war die Reise wert, in: Süddeutsche Zeitung vom 21. März 1970, S. 3.

302 Hans Reiser: Brandt und Stoph wollen Dialog fortsetzen, in: Süddeutsche Zeitung vom 20. März 1970, S. 2.

303 Hans Ulrich Kempski: Die Realität zu sehen, war die Reise wert, in: Süddeutsche Zeitung vom 21. März 1970, S. 3.

304 Friedliche Koexistenz erfordert gleichberechtigte, völkerrechtliche Beziehungen, in: Neues Deutschland vom 20. März 1970, S. 2.

305 Hans Peter Sommer und Wilhelm Stampfel: Brandt: Wir haben hart verhandelt, in: Hamburger Abendblatt vom 20. März 1970, S. 1.

306 Hans Ulrich Kempski: Die Realität zu sehen, war die Reise wert, in: Süddeutsche Zeitung vom 21. März 1970, S. 3.

307 Brandt: Begegnungen und Einsichten, S. 500.

308 Bossig (Hrsg.): Regierungszüge der DDR, S. 114.

309 Hermann Schreiber: Für einen Tag die heimliche Hauptstadt, in: Der Spiegel vom 23. März 1970, S. 33 f.

310 Brandt: Begegnungen und Einsichten, S. 500.

311 Claus Jacobi: Protokoll einer Reise in das andere Deutschland, in: Welt am Sonntag vom 22. März 1970, S. 2.

312 BStU, Ast. Erfurt, BdL 1904, Bd. 4, Bl. 36.

313 Dettmar Cramer: Was die Deutschen hüben und drüben bewegt hat, in: Frankfurter Allgemeine Zeitung vom 21. März 1970, S. 5.

314 BStU, Ast. Erfurt, BdL 1904, Bd. 4, Bl. 35.

315 Hans Peter Sommer und Wilhelm Stampfel: Brandt: Wir haben hart verhandelt, in: Hamburger Abendblatt vom 20. März 1970, S. 1.

316 Hans Ulrich Kempski: Die Realität zu sehen, war die Reise wert, in: Süddeutsche Zeitung vom 21. März 1970, S. 3.

317 Brandt: Begegnungen und Einsichten, S. 500.

318 Tagebuch Sahm, II, 19. März 1970; PA AA MfAA, G-A 467, Vermerk von Kohl über die Rückfahrt Bl. 59–63.

319 Walter Henkels: Zaungast in Erfurt, in: Frankfurter Allgemeine Zeitung vom 21. März 1970, S. 2.

320 Friedliche Koexistenz erfordert gleichberechtigte, völkerrechtliche Beziehungen, in: Neues Deutschland vom 20. März 1970, S. 2.

321 Wolfgang Fricke: Brandts Gesicht war von Müdigkeit gezeichnet, in: Hamburger Abendblatt vom 20. März 1970, S. 2.

322 Christian Schütze: Sieg beim Lokomotivenwechsel, in: Süddeutsche Zeitung vom 21. März 1970, S. 18.

323 NDR, Wochenspiegel vom 22. März 1970.

324 Hans Peter Sommer und Wilhelm Stampfel: Brandt: Wir haben hart verhandelt, in: Hamburger Abendblatt vom 20. März 1970, S. 1.

Nachspiel (S. 247–274)

1 Ash: Im Namen Europas, S. 59.

2 ThHStA Weimar, Bezirksbehörde der Deutschen Volkspolizei Erfurt 20.1, Nr. 134; BStU, MfS HA IX 12758, Abschlussbericht vom 22. März 1970.

3 ThHStA Weimar, Bezirksbehörde der Deutschen Volkspolizei Erfurt 20.1, Nr. 134.

4 BStU, Ast. Erfurt, VIII S 571, Bl. 71.

5 Ebd., Bl. 72.

6 Das Treffen von Erfurt, in: Süddeutsche Zeitung vom 19. März 1970, S. 11.

7 Zitiert nach: Schnitzler: Zwei feindliche Welten, in: Frankfurter Allgemeine Zeitung vom 20. März 1970, S. 4.

8 DDR-Berichte verschweigen den Jubel, in: Süddeutsche Zeitung vom 20. März 1970, S. 2; Rundfunk und Fernsehen der »DDR« verschweigen Jubel für den Bundeskanzler, in: Die Welt vom 20. März 1970, S. 2; Das verschwieg das Ost-Berliner Fernsehen, in: Hamburger Abendblatt vom 20. März 1970, S. 11; East Germany Omits Live TV of Arrival, in: New York Times vom 20. März 1970, S. 12; Christel Sudau: Spontaneität war nicht gefragt, in: Süddeutsche Zeitung vom 21. März 1970, S. 18.

9 Vertragsentwurf liegt nach wie vor auf dem Tisch, in: Neues Deutschland vom 20. März 1970, S. 1 f.

10 PA AA MfAA, G-A 467, Bl. 64–68.

11 DRA, OBC 0019803.

12 Vgl. auch: Wieder mal das »alte Mütterchen«, in: Neues Deutschland vom 21. März 1970, S. 2.

13 Siehe unter anderem: Die Grundsatzerklärung Stophs, in: Süddeutsche Zeitung vom 20. März 1970, S. 8; Stoph: Kein Friede ohne Anerkennung, in: Die Welt vom 20. März 1970, S. 6; Wortlaut der Erklärung Stophs, in: Frankfurter Allgemeine Zeitung vom 20. März 1970, S. 6; Die Grundsatzerklärung Brandts, in: Süddeutsche Zeitung vom 20. März 1970, S. 9; Brandt: Fortschritte für den Frieden erreichen, in: Die Welt vom 20. März 1970, S. 7; Wortlaut der Erklärung Brandts vom 20. März 1970, S. 5.

14 Dettmar Cramer: Der Empfang des Bundeskanzlers in Erfurt mit spürbarer Herzlichkeit bei der Bevölkerung, in: Frankfurter Allgemeine Zeitung vom 20. März 1970, S. 4.

15 Hans Ulrich Kempski: Die Realität zu sehen, war die Reise wert, in: Süddeutsche Zeitung vom 21. März 1970, S. 3.

16 Herbert Kremp: Erfurt – der Tag des Volkes, in: Die Welt vom 21. März 1970, S. 4.

17 Rolf Zundel: Seit Erfurt ist alles anders, in: Die Zeit vom 27. März 1970, S. 2.

18 Neues Deutschland vom 20. März 1970, S. 1; Thüringer Tageblatt vom 20. März 1970, S. 1; Thüringische Landeszeitung vom 20. März 1970. S. 1; Das Volk vom 20. März 1970, S. 1.

19 Demonstration des Vertrauens zu Partei und Regierung, in: Neues Deutschland vom 20. März 1970, S. 2.

20 Arno Hahnert: Hat sich das Fahrgeld gelohnt?, in: Die Zeit vom 3. April 1970, S. 2.

21 Ausführungen des Bundeskanzlers der Bundesrepublik Deutschland, in: Neues Deutschland vom 20. März 1970, S. 8; Aus der Erklärung von Bundeskanzler Brandt, in: Thüringer Tageblatt vom 20. März 1970; Aus der Erklärung von Bundeskanzler Brandt, in: Thüringische Landeszeitung vom 20. März 1970; Aus der Erklärung von Bundeskanzler Brandt, in: Das Volk vom 20. März 1970, S. 7.

22 Erklärung, in: Neues Deutschland vom 20. März 1970, S. 3 f.; Erklärung, in: Thüringer Tageblatt vom 20. März 1970, S. 3 f.; Erklärung, in: Thüringische Landeszeitung vom 20. März 1970; Erklärung, in: Das Volk vom 20. März 1970, S. 3 f.

23 PA AA MfAA, G-A 155, Bl. 155–162.

24 Heute Abend hol' ich eine Flasche Wein aus dem Keller, in: Bild vom 20. März 1970, S. 2.

25 BStU, Ast. Erfurt, 160/72.

26 Conrad Ahlers: Der Mann, der heute in BILD schreibt, weiß mehr über Erfurt als alle Journalisten. Denn der Mann saß an der Seite des Bundeskanzlers am Konferenz-Tisch, in: Bild vom 20. März 1970, S. 2.

27 Ein Charakterbild, in: Neues Deutschland vom 22. März 1970, S. 2.

28 H. G.: À la Conny, in: Die Zeit vom 27. März 1970, S. 1.

29 BA Berlin, SAPMO, DC 20/17551–17553.

30 Vgl. Staadt: Die geheime Westpolitik der SED, S. 291.

31 Brigitte Reimann: Alles schmeckt nach Abschied. Tagebücher 1964–1970. Berlin 1998, S. 308 f.

32 Hartmut Zwahr: Die erfrorenen Flügel der Schwalbe. DDR und »Prager Frühling«. Tagebuch einer Krise. Bonn 2008, S. 336 ff.

33 Tagebuch Sahm, II, 20. März 1970.

34 Börries Gallasch: Freesien und Iris zur Begrüßung in Bonn, in: Hamburger Abendblatt vom 20. März 1970, S. 1.

35 Lothar Ruehl: Brandt: Die Einheit der deutschen Nation ist für uns eine historische Realität, in: Die Welt vom 21. März 1970, S. 3.

36 Tagebuch Sahm, II, 20. März 1970.

37 Walter Henkels: Zaungast in Erfurt, in: Frankfurter Allgemeine Zeitung vom 21. März 1970, S. 2.

38 Georg Schröder: Minister Franke sah sich in Bonn 300 ungläubigen Gesichtern gegenüber, in: Die Welt vom 21. März 1970, S. 2.

39 Willy Brandt: Erklärung vom 20. März 1970, in: TzD, S. 366–370, hier S. 366.

40 Rolf Zundel: Seit Erfurt ist alles anders, in: Die Zeit vom 27. März 1970, S. 2.

41 Lothar Ruehl: Brandt: Die Einheit der deutschen Nation ist für uns eine historische Realität, in: Die Welt vom 21. März 1970, S. 3.

42 Erklärung Brandts vor dem Bundestag, in: Neues Deutschland vom 21. März 1970, S. 5.

43 BA Berlin, SAPMO, DY 30 J IV 2/2/1274, Bl 1.

44 BA Berlin, SAPMO, DC 20/I/3 777, Bl. 29 ff.; Willi Stoph informierte den Ministerrat, in: Neues Deutschland vom 21. März 1970, S. 1.

45 Unsere Republik sichert den Frieden und die Menschlichkeit, in: Neues Deutschland vom 21. März 1970, S. 1; Walter Ulbricht: Der Frieden in Europa braucht den starken Friedensstaat DDR, in: Neues Deutschland vom 21. März 1970, S. 3 f.

46 16. Sitzung der Volkskammer einberufen, in: Neues Deutschland vom 20. März 1970, S. 2; Rundfunk und Fernsehen übertragen Volkskammersitzung, in: Neues Deutschland vom 21. März 1970, S. 2.

47 Frieden durch feste völkerrechtliche Garantien sichern, in: Neues Deutschland vom 22. März 1970, S. 1 f.; Willi Stoph: Gleichberechtigte, völkerrechtliche Beziehungen zwischen der DDR und der BRD – Beitrag zur europäischen Sicherheit und zum Frieden, in: Neues Deutschland vom 22. März 1970, S. 3 f.

48 Beschluß, in: Neues Deutschland vom 22. März 1970, S. 1.

49 Wir stehen hinter dem Vertragsentwurf der DDR, in: Neues Deutschland vom 22. März 1970, S. 3.

50 Walter Hoppe: Klare Haltung, in: Thüringische Landeszeitung vom 20. März 1970, S. 1; Erich Dannecker: Bekenntnis, in: Thüringische Landeszeitung vom 21. März 1970, S. 1.

51 PA AA MfAA, G-A 153, Bl. 50 f.

52 Einschätzung und Vorschläge der Außenpolitischen Kommission, in: DzD, S. 458–473; vgl. Rolf Steininger: »Es wächst die Gefahr des Eindringens des Nationalismus in der DDR«. Wie die SED die Ostpolitik der Regierung Brandt/Scheel 1970 einschätzte, in: Frankfurter Allgemeine Zeitung vom 19. März 1992, S. 8; Staadt: Die geheime Westpolitik der SED, S. 294; Kaiser: Machtwechsel, S. 360 f.

53 Vgl. Protokolle nach Moskau, in: Der Spiegel vom 30. März 1970, S. 27 f.

54 Bahr: Zu meiner Zeit, S. 308.

55 Gespräch Bahr–Gromyko, in: AzAPdB, S. 495–507.

56 Vgl. Protokolle nach Moskau, in: Der Spiegel vom 30. März 1970, S. 27 f.

57 Brandt an Nixon, in: AzAPdB, S. 507 f.

58 Vgl. Henry A. Kissinger: Memoiren 1968–1973. München 1979, S. 566; Baring: Machtwechsel, S. 260–263.

59 Nixon an Brandt, in: Grebing u. a. (Hrsg.): Willy Brandt: Berliner Ausgabe, Bd. 6, S. 290 f.

60 Ulbricht an Breschnew, in: DzD, S. 458 – 464.

61 Seidel: Berlin-Bonner Balance, S. 85.

62 Karlheinz Renfordt: In Erfurt danach – Hoffnung ohne Illusionen, in: Frankfurter Allgemeine Zeitung vom 21. März 1970, S. 6.

63 Arno Hahnert: Hat sich das Fahrgeld gelohnt?, in: Die Zeit vom 3. April 1970, S. 2.

64 Brandt: Begegnungen und Einsichten, S. 509.

65 BStU, MfS ZAIG 1799, Bl. 12–21.

66 BA Koblenz, B 136/6689, Innenministerium an Kanzleramt vom 24. März 1970, n. pag.

67 BA Koblenz, B 136/6447, Innenministerium an Kanzleramt vom 25. März 1970, n. pag.

68 BA Koblenz, B 136/6447, Innenministerium an Kanzleramt vom 1. April 1970, n. pag.

69 BA Koblenz, B 136/6447, Innenministerium an Kanzleramt vom 2. April 1970, n. pag.

70 PA AA MfAA, G-A 153, Bl. 52, Bericht von Voß die Übergabe des Brandt-Briefes an Stoph.

71 Bundesregierung bemüht sich um verhaftete Erfurter Bürger, in: Die Welt vom 4. April 1970.

72 »Die Anerkennungsfrage ist ja so schillernd«, in: Der Spiegel vom 20. April 1970, S. 36 – 47.

73 BA Berlin, SAPMO, DY 30/11294/987, Bl. 18–20.

74 Staadt: Die geheime Westpolitik der SED, S. 292.

75 BA Berlin, SAPMO, DY 30/11294, Information an das Politbüro des ZK, n. pag.; BA Berlin; vgl. Panne im Plan, in: Der Spiegel vom 30. März 1970, S. 34 f.

76 Kaiser: Machtwechsel, S. 358 f.

77 ThHStA Weimar, Bezirksparteiarchiv der SED Erfurt, Bezirksleitung der SED Erfurt IV B/2/3-122, Bl. 15.

78 ThHStA Weimar, Bezirksbehörde der Deutschen Volkspolizei Erfurt 20.1, Nr. 133, Bl. 10–19.

79 BA Berlin, SAPMO, DY 30/11294/987, Bl. 16 f.

80 Ebd., Bl. 2–12.

81 Siegfried Suckut: Willy Brandt in der DDR. Oder: Die Schwierigkeiten des MfS mit der »Autoritätsperson im Weltmaßstab«, in: Jahrbuch für Historische Kommunismusforschung 2008. Berlin 2008, S. 170–182, hier S. 175 f.

82 BA Berlin, SAPMO, DY 30/11294/987, Beschluß des Sekretariats des ZK zu den Vorkommnissen am 19.3.1970 in Erfurt. (n. pag.)

83 Vgl. Armin Wagner: Walter Ulbricht und die geheime Sicherheitspolitik der SED. Der Nationale Verteidigungsrat der DDR und seine Vorgeschichte (1953–1971). Berlin 2002, S. 227 f.

84 Staadt: Die geheime Westpolitik der SED, S. 293.

85 BA Berlin, SAPMO, DY 30/IV A 2/12/131 Schreiben von Bornig an Honecker vom 3. Juni 1970, n. pag.

86 BStU, MfS 4739, Bl. 1–50.

87 Bahr: Zu meiner Zeit, S. 308.

88 Kaiser: Machtwechsel, S. 358 f.

89 Harri Czepuck: Meine Wendezeiten. Erinnerungen, Erwägungen, Erwartungen. Berlin 1999, S. 278 f.

90 Reinhold Andert: Nach dem Sturz. Gespräche mit Honecker. Leipzig 2001, S. 171–174. Anderts zweifelhafte Ausführungen enthalten zahlreiche sachliche Fehler: Das Treffen fand nicht am 26. März, sondern am 19. März 1970 statt. Die Darstellung Anderts, dass Stoph hinter Brandt »betreten« am Hotelfenster gestanden habe, ist durch nichts belegt. Auch die Behauptung, dass nach dem Jubel für Brandt Ulbricht Stoph angewiesen habe, die »vorbereiteten Vereinbarungen« nicht zu unterschreiben, entbehrt jeder Grundlage.

91 Seidel: Berlin-Bonner Balance, S. 80.

Erfurt – Ein Markstein auf dem Weg zur deutschen Einheit (S. 275–279)

1 Merseburger: Willy Brandt, S. 602.

2 Brandt: Erinnerungen, S. 226.

3 Ash: Im Namen Europas, S. 99.

4 Baring: Machtwechsel, S. 199.

5 Willy Brandt: Erklärung vom 20. März 1970, in: TzD, S. 366–370, hier S. 366.

6 Brandt über Erfurt, in: Süddeutsche Zeitung vom 23. März 1970, S. 2.

7 »Die Anerkennungsfrage ist ja so schillernd«, in: Der Spiegel vom 20. April 1970, S. 36–47.

8 Potthoff: Im Schatten der Mauer, S. 88.

9 Eckart Conze: Die Suche nach Sicherheit. Eine Geschichte der Bundesrepublik Deutschland von 1949 bis in die Gegenwart. München 2009, S. 446.

10 Rolf Steininger: »Es wächst die Gefahr des Eindringens des Nationalismus in der DDR«. Wie die SED die Ostpolitik der Regierung Brandt/Scheel 1970 einschätzte, in: Frankfurter Allgemeine Zeitung vom 19. März 1992, S. 8.

11 Bahr: Zu meiner Zeit, S. 308.

12 Kissinger: Memoiren, S. 568.

13 Baring: Machtwechsel, S. 199, 288.

14 Fritz Stern: Fünf Deutschland und ein Leben. Erinnerungen. München 2007, S. 337.

15 Peter Graf Kielmansegg: Nach der Katastrophe. Eine Geschichte des geteilten Deutschland. Berlin 2000, S. 518.

16 Edgar Wolfrum: Die geglückte Demokratie. Geschichte der Bundesrepublik Deutschland von ihren Anfängen bis zur Gegenwart. Stuttgart 2006, S. 298.

17 Kielmansegg: Nach der Katastrophe, S. 518.

18 Heinrich August Winkler: Der lange Weg nach Westen II. Deutsche Geschichte 1933–1990. München 2000, S. 285.

Literaturverzeichnis

Quelleneditionen

Bundesminister des Inneren (Hrsg.): Dokumente zur Deutschlandpolitik. VI. Reihe/
Bd. 1 (bearbeitet von Daniel Hofmann). München 2002. (DzD)

Bundesministerium für innerdeutsche Beziehungen (Hrsg.): Texte zur Deutschlandpolitik. Bd. IV. Bonn 1970. (TzD)

Grebing, Helga u. a. (Hrsg.): Willy Brandt. Berliner Ausgabe. Bd. 3. Berlin bleibt
frei: Politik in und für Berlin 1947–1966. Bonn 2004.

Grebing, Helga u. a. (Hrsg.): Willy Brandt. Berliner Ausgabe. Bd. 6. Ein Volk der
guten Nachbarn. Außen- und Deutschlandpolitik 1966–1974. Bonn 2005.

Potthoff, Heinrich: Bonn und Ost-Berlin 1969–1982. Dialog auf höchster Ebene
und vertrauliche Kanäle. Bonn 1997.

Presse- und Informationsamt der Bundesregierung (Hrsg.): Erfurt. 19. März 1970.
Eine Dokumentation. Bonn 1970.

Protokoll der Pressekonferenz des Vorsitzenden des Staatsrates der DDR und Ersten Sekretärs des ZK der SED, Walter Ulbricht, am 19. Januar 1970 in der
Hauptstadt der DDR (Dokumente zur nationalen Politik der DDR; Nr. 2). Dresden 1970.

Schwarz, Hans-Peter (Hrsg.): Akten zur Auswärtigen Politik der Bundesrepublik.
1970. Bd. I: 1. Januar bis 30. April 1970. München 2001. (AzAPdB)

Zu den Gesprächen zwischen dem Vorsitzenden des Ministerrates der DDR,
Willi Stoph, und dem Bundeskanzler der BRD, Willy Brandt, in Erfurt (Dokumente zur Politik der Deutschen Demokratischen Republik; Nr. 4). Dresden
1970.

Erinnerungen und Sekundärliteratur

Andert, Reinhold: Nach dem Sturz. Gespräche mit Honecker. Leipzig 2001.

Ash, Timothy Garton: Im Namen Europas. Deutschland und der geteilte Kontinent. München 1993.

Bahr, Egon: Zu meiner Zeit. München 1996.

Baring, Arnulf: Machtwechsel. Die Ära Brandt-Scheel. Stuttgart 1982.

Bender, Peter: Die »Neue Ostpolitik« und ihre Folgen. Vom Mauerbau bis zur
Wiedervereinigung. München 1995.

Berg, Hermann von: Vorbeugende Unterwerfung. Politik im realen Sozialismus.
München 1988.

Binder, David: The Other German. Willy Brandt's Life & Times. Washington D.C.
1975.

Bossig, Klaus (Hrsg.): Regierungszüge der DDR. Freiburg im Breisgau 2001.

Bräutigam, Hans Otto: Ständige Vertretung. Meine Jahre in Ost-Berlin. Hamburg
2009.

Brandt, Willy: Begegnungen und Einsichten. Die Jahre 1960–1975. Hamburg
1976.

Brandt, Willy: Erinnerungen. Berlin und München 2002.

Conze, Eckart: Die Suche nach Sicherheit. Eine Geschichte der Bundesrepublik Deutschland von 1949 bis in die Gegenwart. München 2009.

Cramer, Dettmar: Deutschland nach dem Grundvertrag. Stuttgart 1973.

Cramer, Dettmar: Deutsche Momentaufnahmen, in: Mut zur Einheit. Festschrift für Johann Baptist Gradl. Köln 1984, S. 55–69.

Czepuck, Harri: Meine Wendezeiten. Erinnerungen, Erwägungen, Erwartungen. Berlin 1999.

Deutscher Bundestag (Hrsg.): Abgeordnete des Deutschen Bundestages. Aufzeichnungen und Erinnerungen. Bd. 15 (Wolfram Dorn). München 1996.

Engelmann, Roger: Brüchige Verbindungen. Die Beziehungen zwischen FDP und LDPD 1956–1966, in: ders./Erker, Paul: Annäherung und Abgrenzung. Aspekte deutsch-deutscher Beziehungen 1956–1969. München 1993, S. 13–132.

Erices, Rainer/Schönfelder, Jan: Die Akte Schäfermeier-Kossenhaschen. Die verschwiegene Geschichte des »Erfurter Hofes«, in: Mitteilungen des Vereins für die Geschichte und Altertumskunde von Erfurt, Heft 69 (2008), S. 183–204.

Frank, Mario: Walter Ulbricht. Eine deutsche Biographie. Berlin 2001.

Guillaume, Günter: Die Aussage. Berlin 1988.

Guillaume, Günter: Im Dachstübchen des Olymp, in: Eichner, Klaus/Schramm, Gotthold (Hrsg.): Top-Spione im Westen. Berlin 2008, S. 276–281.

Hacker, Jens: Deutsche Irrtümer. Schönfärber und Helfershelfer der SED-Diktatur im Westen. Berlin/Frankfurt am Main 1992.

Hoffmann, Dierk: Honecker in Bonn. Deutsch-deutsche Spitzentreffen 1947–1990, in: Wengst, Udo/Wentker, Hermann (Hrsg.): Das doppelte Deutschland. 40 Jahre Systemkonkurrenz. Berlin 2008, S. 333–356.

Kaiser, Monika: Machtwechsel von Ulbricht zu Honecker. Funktionsmechanismen der SED-Diktatur in Konfliktsituationen 1962–1972. Berlin 1997.

Kempski, Hans Ulrich: Um die Macht. Sternstunden und sonstige Abenteuer mit den Bonner Bundeskanzlern 1949 bis 1999. Berlin 1999.

Keworkow, Wjatscheslaw: Der geheime Kanal. Moskau, der KGB und die Bonner Ostpolitik. Berlin 1995.

Kielmansegg, Peter Graf: Nach der Katastrophe. Eine Geschichte des geteilten Deutschland. Berlin 2000.

Kissinger, Henry A.: Memoiren 1968–1973. München 1979.

Klarsfeld, Beate: Wherever They May Be! One Woman's Battle Against Nazism. New York 1975.

Knabe, Hubertus: Der diskrete Charme der DDR. Stasi und Westmedien. Berlin 2001.

Knabe, Hubertus: Die unterwanderte Republik. Stasi im Westen. Berlin 1999.

Konopatzky, Stephan: Möglichkeiten und Grenzen der SIRA-Datenbanken. Die Beispiele Günter Guillaume und Werner Stiller, in: Herbstritt, Georg/Müller-Enbergs, Helmut (Hrsg.): Das Gesicht dem Westen zu ... DDR Spionage gegen die Bundesrepublik Deutschland. Bremen 2003, S. 112–132.

Merseburger, Peter: Willy Brandt. Visionär und Realist. Stuttgart und München 2002.

Müller-Enbergs, Helmut: Inoffizielle Mitarbeiter des Ministeriums für Staatssicherheit. Teil 1: Richtlinien und Durchführungsbestimmungen. 3. Aufl., Berlin 2001.

Mundzeck, Lisa: Der »Geist von Erfurt«. Das Gipfeltreffen am 19. März 1970 in der deutschen Presse, in: Rassloff, Steffen (Hrsg.): »Willy Brandt ans Fenster!« Das Erfurter Gipfeltreffen 1970 und die Geschichte des »Erfurter Hofes«. Jena 2007, S. 82–100.

Nakath, Detlef: Deutsch-deutsche Grundlagen. Zur Geschichte der politischen und wirtschaftlichen Beziehungen zwischen der DDR und der Bundesrepublik in den Jahren von 1969 bis 1982. Schkeuditz 2002.

Nakath, Detlef: Die Gespräche von Erfurt und Kassel 1970 und ihre internationale Dimension, in: Rassloff, Steffen (Hrsg.): »Willy Brandt ans Fenster!« Das Erfurter Gipfeltreffen 1970 und die Geschichte des »Erfurter Hofes«. Jena 2007, S.16–47.

Nakath, Detlef: Erfurt und Kassel. Zu den Gesprächen zwischen dem BRD-Bundeskanzler Willy Brandt und dem DDR-Ministerratsvorsitzenden Willi Stoph im Frühjahr 1970. Berlin 1995.

Nakath, Detlef: Gewaltverzicht und Gleichberechtigung. Zur Parallelität der deutsch-sowjetischen Gespräche und der deutsch-deutschen Gipfeltreffen in Erfurt und Kassel im Frühjahr 1970, in: Deutschland Archiv 31 (1998), S. 196–213.

Ohse, Marc-Dietrich: Jugend nach dem Mauerbau. Anpassung, Protest und Eigensinn (DDR 1961–1974). Berlin 2003.

Plück, Kurt: Der Schwarz-rot-goldene Faden. Vier Jahrzehnte erlebte Deutschlandpolitik. Bonn 1996.

Pötzel, Norbert F.: Erich Honecker. Eine deutsche Biographie. Stuttgart und München 2002.

Potthoff, Heinrich: Im Schatten der Mauer. Deutschlandpolitik 1961 bis 1990. Berlin 1999.

Rassloff, Steffen (Hrsg.): »Willy Brandt ans Fenster!« Das Erfurter Gipfeltreffen 1970 und die Geschichte des »Erfurter Hofes«. Jena 2007.

Rassloff, Steffen/Rothbarth, Thomas: Das erste deutsch-deutsche Gipfeltreffen 1970 in Erfurt. Vorbereitungen – Verlauf – Folgen, in: Rassloff, Steffen (Hrsg.): »Willy Brandt ans Fenster!« Das Erfurter Gipfeltreffen 1970 und die Geschichte des »Erfurter Hofes«. Jena 2007, S. 48–81.

Reimann, Brigitte: Alles schmeckt nach Abschied. Tagebücher 1964–1970. Berlin 1998.

Rogg, Matthias: Armee des Volkes? Militär und Gesellschaft in der DDR. Berlin 2008.

Sahm, Ulrich: »Diplomaten taugen nichts«. Aus dem Leben eines Staatsdieners. Düsseldorf 1994.

Sarotte, Mary Elise: A Small Town in (East) Germany. The Erfurt Meeting of 1970 and the Dynamics of Cold War Détente, in: Diplomatic History, Bd. 25, Nr. 1 (Winter 2001), S. 85–104.

Schmid, Günter: Entscheidung in Bonn. Die Entstehung der Ost- und Deutschlandpolitik 1969/70. Köln 1979.

Schmidt, Karl-Heinz: Dialog über Deutschland. Studien zur Deutschlandpolitik von KPdSU und SED (1960–1979). Baden-Baden 1998.

Schmitt, Franjo: Randbemerkungen. Deutsches aus Ost und West. Norderstedt 2004.

Schwarz, Hans-Peter: Axel Springer. Berlin 2008.

Seidel, Karl: Berlin-Bonner Balance. 20 Jahre deutsch-deutsche Beziehungen. Erinnerungen und Bekenntnisse eines Beteiligten. Berlin 2002.

Seidel, Karl: Nachtrag. Erinnerungen eines Beteiligten an 20 Jahre Beziehungen zwischen der DDR und der BRD. Berlin 2006.

Spits, F. C.: Erfurt und die »Einheit der deutschen Nation«, in: Beiträge zur Konfliktforschung 1+2 1971, S. 64–115.

Spittmann, Ilse: Deutschlandpolitik. Gespräche mit der DDR, in: Deutschland Archiv 3 (1970), S. 324–329.

Staadt, Jochen: Die geheime Westpolitik der SED 1960–1970. Von der gesamtdeutschen Orientierung zur sozialistischen Nation. Berlin 1993.

Staadt, Jochen/Voigt, Tobias/Wolle, Stefan: Feind-Bild Springer. Ein Verlag und seine Gegner. Göttingen 2009.

Stelkens, Jochen: Machtwechsel in Ost-Berlin. Der Sturz Walter Ulbrichts 1971, in: Vierteljahrshefte für Zeitgeschichte 45 (1997), S. 503–533.

Stern, Fritz: Fünf Deutschland und ein Leben. Erinnerungen. München 2007.

Suckut, Siegfried: Willy Brandt in der DDR. Oder: Die Schwierigkeiten des MfS mit der »Autoritätsperson im Weltmaßstab«, in: Jahrbuch für Historische Kommunismusforschung 2008. Berlin 2008, S. 170–182.

Wagner, Armin: Walter Ulbricht und die geheime Sicherheitspolitik der SED. Der Nationale Verteidigungsrat der DDR und seine Vorgeschichte (1953–1971). Berlin 2002.

Wilkens, Andreas: Der unstete Nachbar. Frankreich, die deutsche Ostpolitik und die Berliner Vier-Mächte-Verhandlungen 1969–1974. München 1990.

Winkler, Heinrich August: Der lange Weg nach Westen II. Deutsche Geschichte 1933–1990. München 2000.

Wolf, Markus: Spionagechef im geheimen Krieg. Erinnerungen. München 1997

Wolfrum, Edgar: Die geglückte Demokratie. Geschichte der Bundesrepublik Deutschland von ihren Anfängen bis zur Gegenwart. Stuttgart 2006.

Zwahr, Hartmut: Die erfrorenen Flügel der Schwalbe. DDR und »Prager Frühling«. Tagebuch einer Krise. Bonn 2008.

Abkürzungsverzeichnis

AA	Auswärtiges Amt
ADN	Allgemeiner Deutscher Nachrichtendienst
ARD	Arbeitsgemeinschaft der öffentlich-rechtlichen Rundfunkanstalten der Bundesrepublik Deutschland
Ast.	Außenstelle
BA	Bundesarchiv
BND	Bundesnachrichtendienst
BRD	Bundesrepublik Deutschland
BStU	Bundesbeauftragte für die Unterlagen des Staatssicherheitsdienstes der ehemaligen DDR
CDU	Christlich Demokratische Union Deutschlands
CIA	Central Intelligence Agency
ČSSR	Tschechoslowakische Sozialistische Republik
CSU	Christlich-Soziale Union
DDR	Deutsche Demokratische Republik
DKP	Deutsche Kommunistische Partei
dpa	Deutsche Presse-Agentur
FAZ	Frankfurter Allgemeine Zeitung
FBI	Federal Bureau of Investigation
FDGB	Freier Deutscher Gewerkschaftsbund
FDJ	Freie Deutsche Jugend
FDP	Freie Demokratische Partei
GMS	Gesellschaftlicher Mitarbeiter Sicherheit beim Ministerium für Staatssicherheit
HO	Handelsorganisation
IGA	Internationale Gartenbauausstellung der sozialistischen Länder
KGB	Komitee für Staatssicherheit (sowjetischer Geheimdienst)
KPD	Kommunistische Partei Deutschlands
KPdSU	Kommunistische Partei der Sowjetunion
KZ	Konzentrationslager
LDPD	Liberal-Demokratische Partei Deutschlands
LPG	Landwirtschaftliche Produktionsgenossenschaft
MfAA	Ministerium für Auswärtige Angelegenheiten
MfS	Ministerium für Staatssicherheit
NATO	North Atlantic Treaty Organization
NDR	Norddeutscher Rundfunk
NPD	Nationaldemokratische Partei Deutschlands
NS	Nationalsozialismus
NVA	Nationale Volksarmee
PA	Politisches Archiv
PHS	Parteihochschule
RIAS	Rundfunk im amerikanischen Sektor
SAPMO	Stiftung Archiv der Parteien und Massenorganisationen der DDR
SBZ	Sowjetische Besatzungszone

SED	Sozialistische Einheitspartei Deutschlands
SPD	Sozialdemokratische Partei Deutschlands
SRR	Sozialistischen Republik Rumänien
SU	Sowjetunion
ThHStA	Thüringer Hauptstaatsarchiv
UKW	Ultrakurzwelle
UNO	United Nations Organization
USA	United States of America
VAR	Vereinigte Arabische Republik
VEB	Volkseigener Betrieb
VP	Volkspolizei
ZDF	Zweites Deutsches Fernsehen
ZK	Zentralkomitee

Abbildungsnachweis

Personenregister

Die Namen von Willy Brandt und Willi Stoph wurden aufgrund der Häufigkeit Ihres Vorkommens nicht in das Register aufgenommen.
Römische Seitenzahlen verweisen auf Bildunterschriften im Bildteil.